WTO FTA CPTPP

国際貿易・投資の
ルールを
比較で学ぶ

飯野 文 著
Aya IINO

弘文堂

はしがき

1. 本書の背景と問題意識

戦後、GATT 及びそれを引き継いだ WTO を中心に形成されてきた国際通商秩序は、地域貿易協定（Regional Trade Agreement: RTA）の拡大により変容を遂げつつある。RTA は、貿易に関する基本的なルールを定める WTO のルールを前提に、WTO のルールをモデルとするものも多い。また、WTO の諸協定を詳細化するだけでなく、WTO のルールのない分野の規律を発展させている場合もある。これらの RTA の大半は自由貿易協定（Free Trade Agreement: FTA）である。

特に、近年の FTA は様々な分野を含むようになっており、FTA（自由貿易協定）という名称ながら、貿易にとどまらない経済関連ルールを含み、その対象範囲を広げている。大型、また広域の RTA を中心に、WTO のルールを前提としつつも、様々な分野を含む包括的なルールをもつものもみられる。なかでも CPTPP（日本では「TPP11 協定」とも呼ばれる）は、既存の FTA をある程度集約し、反映するだけでなく先進的なルールを含み、今後の貿易・投資ルールの基盤の一つとなり得る意義をもつ。国際通商秩序は、まさに過渡期、そして収れんしていく過程にある。

過渡期には、WTO のルール、多くの RTA のルール、CPTPP のルールに目を配り、その共存により生じる問題を意識しながら全体像を捉えていくこと、いずれ WTO と RTA、RTA 間のルールの調整と収れんが必要となることを想定し、望ましい方向性を各々が考えていくことが重要であると考える。

そこで本書は、WTO のルール、RTA のルールの傾向、CPTPP のルールを対置させる構成をとっている。RTA のルールについては、分野別に WTO の各協定と RTA のルールとを比較検討した先行研究に依ってルールの傾向の把握を試みている。

勿論、RTA のルールの傾向は一時的な現在の姿をとらえたものに過ぎず、分析対象とされるRTAも先行研究ごとに異なるといった限界はある。それでもなお、1990年代以降に増加傾向にあったRTAの発効件数は、RTAの大型化などを要因として2015年前後から減少に転じたともいわれており、RTAをある程度俯瞰するには時宜を得たとみることもできる。そして、RTAのルールの傾向を一定程度把握し、それを通じてWTOのルールとRTAのルールとの関係に生じ得る様々な課題を認識することは可能と考える。

多くのFTAを中心とするRTAが既に存在することで、WTOのルールとRTAのルールとの関係で生じる本質的な課題は出現していると思われる。本書では、ルールの基本的内容にとどまらず、そうした課題を扱うことも意図した。ただし、それが十分に果たせなかった部分も多い。今後の課題である。

2. 本書のポイントと使用上の留意点

本書は、貿易と投資に関わるルールの内容とその歴史、現状と課題を対象とし、WTOのルールと比較しながらRTAとCPTPPを把握し得る構成となっている。また、本文に加えて、補論で様々なトピックもとりあげている。WTOについては、2018年頃から改革の議論が開始されていることに鑑み、本書では、その議論の動向も含めながら、WTOのルールの概要とRTAのルールの世界的な傾向を扱っている。さらに、CPTPPについては、2019年1月に開催された第1回会合における決定事項も本書の対象としている。

本書を使用する上での留意点は下記の通りである。

・**WTOのルールとは何か**：本書ではWTO法という用語を用いず、初学者にもなじみやすいとの趣旨から、WTOのルールという呼び方をしている。「WTOのルール」は、WTO協定、加盟国による行動と決定、WTO紛争処手続上の判例を含む趣旨で用いている（GATT体制下のものも含む）（WTO協定は本書1章**2.**（1）「WTOの全体像」参照）。

・**WTOのドーハ・ラウンドについて**：2001年開始のドーハ・ラウンド（多角的貿易交渉）は長期に渡り、2015年以降はその継続の有無について加盟国間でも見解が異なる状況にある。本書は、いずれかの見解に従うものではないが、表記上、ラウンドの継続を前提としている（本書1章**1.**（3）「WTOの展開」参照）。

・**地域貿易協定（Regional Trade Agreement: RTA）とは何か**：自由貿易協定（Free Trade Agreement: FTA）と関税同盟の総称として用いている（それぞれの定義は本書3章**1.**（1）「RTAとは何か」参照）。ただし、上述の通りその大部分はFTAである。なお、本文中でもFTAに限定できる場合にはそのように表記している場合もある。
・**WTO紛争処理手続の判例の表記方法**：WTO紛争処理手続上の判例名の表記は、紙幅の関係から本文の脚注では簡易な表記とし、正式名称による引用判例一覧を別途含めた（GATT体制下の判例も含む）。
・**本書が対象とするCPTPPの範囲**：CPTPPについては、紙幅の関係からサイドレターと各締約国の附属書を扱っていない（サイドレターは本書4章**1.**「CPTPPの全体像」参照）。また、同様の理由から、5章（税関当局及び貿易円滑化）など本文で若干ふれるにとどまっている章がある。
・**CPTPPが定義する用語について**：本書でふれたCPTPPが定義する用語（関税、企業など）は、原則として初出時にその定義を記述している。
・**CPTPPの条文について**：CPTPPには、前文、1〜7条、末文、附属書があり、そこでTPP協定の規定の大部分が組み込まれている。本書はこの1〜7条をI〜VII条と表記し、組み込まれるTPP協定の規定と区別している（本書4章**1.**（1）「CPTPP前文・I〜VII条・附属書」参照）。
・**条文の表記方法**：条文は、原則として項までを含んで条で表記している。ただし、本文中必要な場合には、分けて表記している場合もある（GATT20条b項など）。
・**脚注と参考文献について**：本書では脚注を最小限とするよう試みたが、判例や文献の引用など他者の見解の場合、本文の理解に不可欠な用語の定義などを脚注で記載している。引用文献は、紙幅の関係から本文中では簡易な表記とし、章ごとに引用文献を中心に主要な参考文献一覧を付した。
・**本書が対象とする時点**：本書は、原則として2018年末時点の状況を対象とし、可能な限り、それ以降の状況も含めている。本文中でも、特に必要と考えられる場合のほか、2018年時点でない場合にはそれを明記している。

3. 謝辞

本書の作成にあたり、多くの方々からこれまで御指導を頂いた。慶應義塾大学の恩師である田村次朗先生（慶應義塾大学教授）と金子晃先生（慶應義塾大学名誉教授）には卒業後も御助言を賜ってきた。松下満雄先生（東京大学名誉教授・元WTO上級委員）には、本書の契機となった多くのディスカッションを始め、本書へのコメントを頂いた。筆者が民間シンクタンク、外務省（専門調査員）の勤務時にお世話になった谷口安平先生（京都大学名誉教授・元WTO上級委員）、中川淳司先生（中央学院大学教授・東京大学名誉教授）、渡邉頼純先生（関西国際大学教授・慶應義塾大学名誉教授）には折に触れ御助言を賜った。同様の時期にWTOの紛争処理の実務でお世話になった梅島修先生（高崎経済大学教授・米国NY州他弁護士）は貿易救済措置を中心に本書に対する専門的なコメントを賜った。

日本大学では、同僚の先生方が御支援下さった。根田正樹先生（高岡法科大学長・元日本大学教授）は本書の構想を後押しして下さり、石井美緒先生（日本大学准教授・弁護士）には御専門の分野を中心に貴重な御助言を賜った。

また、全てのお名前を挙げることはできないが、上記の勤務を通じてお世話になった官公庁、JETROの方々には本書にも御助言を頂いた。先生方と御助言を下さった方々に心からの感謝と御礼を申し上げたい。ただし、本書に誤りや問題があればすべて筆者の責任である。

また本書は、日本大学商学部飯野ゼミのリサーチ・チームに大きく支えられている。なかでも、岡野翔君（9期）、山野辺湧希君（同）とは、本書の草案から最終稿近くまでディスカッションや校正を2年近くに亘って一緒に行った。2人には感謝の念に堪えない。同チームの各期のメンバーをはじめ、CPTPPや様々な協定の整理を支援してくれたゼミ生達に感謝したい。

本書は、弘文堂の高岡俊英氏のご尽力なくして完成に至らなかった。温かく支えて下さった同氏に深く御礼申し上げたい。

国際貿易や投資、さらに国際経済ルールを学習する学生諸氏、貿易、投資関連の職務に携わる社会人の方々、そして広く貿易問題に一般的な関心を有する方々に本書を手に取って頂く機会があれば幸いである。

2019年7月

飯野　文

CONTENTS

第3章 地域貿易協定（RTA）の拡大とWTO

第4章 CPTPPの全体像と基本的なルール

第5章 農業貿易

第1章　国際貿易体制の成立と展開

第二次世界大戦後、国際貿易の発展には国際貿易体制が大きく貢献してきた。ここで国際貿易体制とは、国際貿易に関する国家の権利義務を規定するルールと、ルール遵守のための手続や組織などで構成される仕組みを意味する。具体的には、1947年に成立した関税及び貿易に関する一般協定（General Agreement on Tariffs and Trade: GATT）と、それを引き継いで1995年に成立した世界貿易機関（World Trade Organization: WTO）である。GATTの成立当初23か国に過ぎなかった加盟国数は、徐々に拡大した。WTOの加盟国数は164か国（「独立の関税地域」を含む。2018年末時点）に達し、世界貿易のほとんどをカバーしている（「独立の関税地域」は後掲**2.**（3）③参照）[1)]。

GATT-WTOの下では「ラウンド」と呼ばれる多角的貿易交渉が幾度か行われ、主に鉱工業品の関税引下げと、補助金や数量制限など関税以外の貿易障壁（非関税障壁）の削減及び撤廃が進められた。こうした貿易障壁の削減と撤廃は、原則として全ての加盟国に適用される。それが加盟国の増加に伴って拡大していく形で貿易の自由化が推進されてきた。

他方、このような多国間の国際貿易体制のほかにも国家間の貿易関係には、二国間、複数国間、地域的な枠組みが存在し、GATTにも当初からそれを前提とした規定が存在した。なかでもGATTが規律の対象とした枠組みは関税同盟と自由貿易地域で、両者は総称して地域経済統合、これらを形成する協定は地域貿易協定（Regional Trade Agreement: RTA）と呼ばれる。本書でも、関税同盟と自由貿易地域を形成する協定を総称してRTAと呼ぶ。

国際貿易は、多国間貿易体制であるGATT-WTOを中心に発展してきたが、2000年前後から自由貿易地域を形成する自由貿易協定（Free Trade Agreement: FTA）が増加したのに伴ってRTAも存在感を増しており、両方で国際貿易を

1)　GATTでは「締約国」と邦訳されるが、本書ではWTOの加盟国と共に「加盟国」で統一した。

中心とする国際経済分野を規律している。そこでまず本章では、GATT-WTOの歴史的経緯と全体像について概観する。

1. GATT-WTOの成立と展開

（1） GATT成立の経緯

第一次世界大戦後、1929年の世界大恐慌を経て経済環境が悪化するのに伴って、諸国は国内産業の保護（保護貿易主義）を先鋭化させ、市場の囲い込みに努めた。まず1930年、米国で輸入品に対する高関税の賦課を中心としたスムート・ホーレイ法が制定された。続いて1931年以降、英国が英連邦特恵、日本が満州、台湾、朝鮮に経済ブロック圏、ドイツが南欧諸国との間で広域経済圏を設定し、世界は「経済ブロック化」と呼ばれる状況に陥った。一般に経済ブロックとは、特定諸国の間で形成される排他的及び閉鎖的な経済領域をさし、域内では自由に貿易が行われるが、域外との貿易は制限される。1930年代、経済ブロック化により世界経済は分断されることとなり、保護貿易主義とも相まって、1939年の第二次世界大戦勃発の要因の一つとなった。

米国は、1930年代初頭の高関税政策が経済ブロック化を招き、米国の輸出不振、不況の深刻化につながったことを踏まえて貿易政策を転換し、1934年に互恵通商協定法を制定、本法の下で諸国と通商協定を締結し、互恵的に関税を引下げていく政策をとっていた。

戦時中から、英米を中心に戦後の構想についての議論が開始され、自由な通商体制を構築していく理念が追求された。その理念は、1941年の大西洋憲章や1944年のブレトンウッズ会議にみることができる。大西洋憲章は、世界の通商と原料の均等な利用促進（4項）や経済分野の協力推進（5項）などを規定する全8項からなる。後者は、ブレトンウッズ（米国・ニューハンプシャー州）で44か国が参加した国際会議で、為替の安定と戦後の復興を中心的議題とした。為替の安定は国際通貨基金（International Monetary Fund: IMF）、戦後の復興は国際復興開発銀行（International Bank for Reconstruction and Development: IBRD、世界銀行とも呼ばれる）を創設して追求されることとなった。これをブレトンウッズ体制と呼ぶ。

貿易面では、1945年に米国が「世界貿易と雇用の拡大に関する提案」を公表し、国際貿易機構（International Trade Organization: ITO）設立、相互の関税引下げ、特恵関税（主に経済ブロック化に伴って導入された域内を優遇する関税）の廃止を提案した（特恵は本書2章1.（3）「最恵国待遇原則の例外・免除等」参照）。この提案に基づき、当時創設されていた国連の下で検討会議が開催され、ITO創設を含め幅広い分野の自由化を盛り込んだITO憲章（合意地に因んでハヴァナ憲章とも呼ばれる）が1948年に53か国で合意、署名された。しかし、その内容は貿易以外に雇用や競争政策も含むなど野心的に過ぎたため、2か国（オーストラリア、リベリア）の批准にとどまり、結局ITO憲章は発効せずITOも成立しなかった。

他方で、米国提案に基づく関税引下げなどの交渉が1947年に23か国が参加して行われていた。第二次世界大戦の保護貿易主義が残存していた状況のなか、これらの国々は貿易自由化につながるこの交渉成果を早期に実現すべく、交渉中のITO憲章の中から関連部分のみ暫定的に適用する方法を選択した。この関連部分がGATTであり（1965年GATT第4部追加）、「GATTの暫定適用に関する議定書」に基づいて1948年から暫定的にGATTが適用されることとなった。

このように、GATTは当初、ITO設立まで暫定的に適用されるとの位置づけであったが、ITO憲章が発効しなかった結果、代わってその後の国際貿易を規律していくこととなった。その背景には、第一次世界大戦後に世界大恐慌を経て諸国が経済ブロックを形成し、第二次世界大戦へと至った反省を踏まえて、世界平和の確立には世界的な経済的繁栄、雇用の増大、生活水準の向上が必要であるとの国際社会の認識があった。さらに、その実現には自由かつ多角的な貿易と投資、為替の自由化を基礎とする国際経済秩序が不可欠であるとの理念があった。

（2） GATTの展開とWTOの成立

GATT発足直後の大きな課題は各国の関税の引下げであった。**図表1**に示す通り、1960年代までに6回のラウンドが行われ、関税譲許（一般に、関税率の引下げと引下げる割合を約束すること）が達成された（関税譲許は本書2章3.（2）「関税譲許・譲許の停止及び撤回・譲許表の修正」参照）。交渉参加国も徐々に増え、WTOによれば、1950、1960年代に関税の引下げにより世界貿易は年平均8%の成長を遂げたという[2]。敗戦国であった日本は1955年にGATTに加盟し、第4回ラウンドから参加した。

関税引下げが進む一方、非関税障壁はGATTに関連ルールがありながらも例外などが設けられ、削減と撤廃が進まなかった。関税引下げを通じた貿易自由化が進み、外国産業との競争が激化していくなか、1970年代の石油ショックを契機として世界経済の停滞が起こると、各国は補助金やアンチ・ダンピング措置など非関税障壁を通じた保護主義的政策をさらにとるようになった。そこで、1973～79年に開催された東京ラウンドでは、関税譲許に加えて非関税障壁の規律に取り組むこととされ、「東京ラウンド・コード」と呼ばれる一連のルールが合意された。具体的には、補助金相殺措置、貿易の技術的障害(「スタンダード・コード」とも呼ばれる)、輸入許可（ライセンス）手続、政府調達、関税評価、アンチ・ダンピング（AD）(ケネディ・ラウンドで合意済のルールを発展)、民間航空機貿易、酪農品、牛肉に関するルールである[3]。加えて、GATTに含まれる貿易紛争処理のための規定（GATT22条、23条）に基づき行われていた紛争処理に関する慣行を明文化した「通報、協議、紛争解決及び監視に関する了解（1979年了解)」、徐々に増えていた発展途上国（以下、途上国）の加盟国に対する特別な取扱いを恒久的なものとする「授権条項（enabling clause)」[4]が合意された。途上国への特別な取扱いとは、一般の関税率よりも低率の関税を適用することなどを例外的に認めるもので、先進国による一般特恵制度（Generalized System of Preferences: GSP）もこれにあたる（授権条項、GSPは本書2章1.（3）「最恵国待遇原則の例外・免除等」及び2章補論「貿易と開発」参照)。

東京ラウンドは成果が大きかったが、東京ラウンド・コードはGATTの加盟国全てに適用されるわけではなく、各ルールを受諾するかどうかは加盟国の選択に委ねられていた。その結果、加盟国間で権利義務関係が異なるほか、自国に有利なルールに基づいて貿易紛争の処理のための場を変更するフォーラム・ショッピングが起きるといった問題が生じた。

---

2)　WTO "Understanding", p. 13.

3)　各分野は、本書2章以降の関連する章を参照。なお、酪農品、牛肉については、これらのルールをWTOで継承した国際酪農品協定、国際牛肉協定があったが、1997年末に失効した。

4)　正式名称は、「異なるかつ一層有利な待遇並びに相互主義及び開発途上国のより十分な参加」（1979年11月28日の決定）である。

東京ラウンド終了後、第二次石油ショックによる世界経済の停滞により、加盟国の保護主義的傾向が続いた。特に農業分野の貿易自由化は依然として進展しなかった。一方、米国、欧州、日本などの先進国で、産業の高度化に伴うサービス貿易の増加、技術革新に伴う知的財産権保護の必要性の高まりを受け、保護主義を牽制すると同時にGATT規律下にないサービス貿易や知的財産権といった新分野を議論する必要性が各国に認識された。こうして1986～94年にウルグアイ・ラウンドが行われた。

ウルグアイ・ラウンドでは、サービス貿易について「サービスの貿易に関する一般協定（General Agreement on Trade in Services: GATS）」、知的財産権については「知的所有権の貿易関連の側面に関する協定（Agreement on Trade-Related Aspects of Intellectual Property Rights: TRIPS協定）」という新分野のルールが合意された。また、同ラウンドでは工業品の平均3.9％の関税削減、農産品の関税化が合意されると同時に、貿易救済措置分野のルールの強化、紛争処理手続の協定化、一方的措置の封じ込めや、輸出自主規制などの灰色措置の禁止も達成された（輸出自主規制は本章**補論3**の**2.**「様々な輸出入政策」、灰色措置は本書7章**1.**（1）⑤「灰色措置の禁止」参照）。一方的措置の多くは米国の措置であり、主に1974年通商法で導入された301条、1988年包括通商競争力法で強化、導入されたスーパー301条、スペシャル301条がある。一方的措置については、例えば紛争解決了解23条、輸出自主規制については、セーフガードに関する協定11.1.b条が禁じている（両協定は本章**2.**（2）「WTO協定の構造」参照）。

また、これら物品、サービス、知的財産権の貿易に関する諸協定を管轄する機関としてWTOが成立し、GATTという協定から堅固な基盤を持つ国際機関へと移行した。WTO体制下では、GATTは物品貿易を規律するルールとして適用されている。1948年から適用されていたGATTは作成年に鑑みGATT1947とされ、WTOに組み込まれたGATT1994とは法的には別個のものと位置づけられている。GATT1947は、WTO成立から1年後に失効した。GATT1947とGATT1994の内容はほぼ同じであるが、GATT1994にはGATT1947に加えて加盟国による様々な決定や了解などが含まれる。現在、単にGATTと引用される場合、GATT1994をさす場合が多い。本書でも、協定としてのGATTについて1994を略し、GATTと呼ぶ。加えて、本書で

GATTという場合、広くGATT体制をさすことがある。

なお、繊維貿易はGATTの枠外に位置づけられてきたことに注意が必要である（本章**補論1**「繊維貿易に関する規律の経緯」参照）。

図表1　GATT体制下のラウンドの経緯

開催年	ラウンド開催地又は呼称	参加国数	交渉概要	平均関税削減率	平均関税率
1947	第1回　於ジュネーブ	23	関税譲許	35%	N.A.
1949	第2回　於アネシー	33	関税譲許	35%	N.A.
1950	第3回　於トーキー	34	関税譲許	35%	N.A.
1956	第4回　於ジュネーブ	22	関税譲許	35%	N.A.
1960-61	第5回　ディロン・ラウンド	45	関税譲許	35%	N.A.
1962-67	第6回　ケネディ・ラウンド	48	関税譲許、AD	35%	9%
1973-79	第7回　東京ラウンド	99	関税譲許、基準認証、AD、補助金相殺措置、輸入ライセンス、政府調達など	34%	6%
1986-94	第8回　ウルグアイ・ラウンド	123	関税譲許、WTO協定、WTO設立	38%	4%

（出所）WTO *"Understanding"* p. 16及びJackson（2000）p. 74より筆者作成。

補論1　繊維貿易に関する規律の経緯

繊維及び繊維製品（以下、繊維製品）は工業品であるが、農産品と同様に今なおセンシティブ産業・品目であることも多い（センシティブ産業・品目は本章**補論3**の1.（1）「関税の意義と目的」参照）。一般に、産業は、軽工業から重化学工業へ、その後先端技術産業へと発展し、軽工業である繊維産業は、高度な技術力や大規模な生産設備を必要としないため、労働力が豊富な途上国が優位性を持ち得る。特に衣料品部門は、需要の多様性や流行変化の速さから本来は小規模生産が多い産業である。そこで、産業が発展した先進国では繊維産業が衰退産業となって産業の保護が求められるようになる一方、発展段階の初期にある途上国では、繊維産業が発達し、輸出を拡大するようになる。

GATT体制下では、第二次世界大戦終了後、復興し始めた日本の繊維産業の輸出急増が問題視され、その後は増加した途上国の主要産業としての繊維産業の取扱いに焦点が移っていった。輸入急増に対処する手段としてGATTにはセーフガード条項（GATT19条）があるが、セーフガード措置を輸入源によらず発動しなければならないという無差別適用の原則があるなどその発動要件は厳格であり、特定国からの繊維製品の輸入を制限できない状況があった（セーフガードは本書7章**1.**（1）「セーフガード（SG）措置」参照）。

代わって、こうした途上国からの繊維製品の流入を恐れた先進国が、輸入国と輸出国の合意により貿易を管理するため輸出自主規制を行ったほか、市場秩序維持協定を締結した。締結された協定は、特定国からの繊維製品の輸入制限や貿易量の調整を可能とする1961年短期繊維取り決め（～1962年）、1962年長期繊維取り決め（～1973年）、1974年多角的繊維取り決め（～1994年）である。つまり、もともと繊維貿易はGATTの枠外に置かれていたといえる。

ウルグアイ・ラウンドでは、多角的繊維取り決めに基づく措置を10年間で徐々に撤廃することなどを定めた「繊維及び繊維製品（衣類を含む。）に関する協定」（繊維協定と呼ばれる）が合意された。繊維協定は、10年の経過期間の後、繊維製品をGATTに統合することを規定した。繊維貿易は、WTOで2005年からようやく鉱工業品と同様のルールに服することとなった。

一方、本書で扱う環太平洋パートナーシップに関する包括的及び先進的な協定（Comprehensive and Progressive Agreement for Trans-Pacific Partnership: CPTPP）では、繊維及び繊維製品に関して、工業品よりも厳格な原産地規則や、輸入の増加によって国内産業に重大な損害等を引き起こしている場合に、一定の条件のもとに関税の限定的な引上げが可能な特別の緊急措置など、特別のルールが定められている（本書4章**補論2**「原産地規則」も参照）。

（3）　WTOの展開

1995年のWTOの成立以降、その活動は大きく2001年のドーハ・ラウンド（正式名称はドーハ開発アジェンダ。本書ではドーハ・ラウンドと呼ぶ）開始まで、ドーハ・ラウンド開始から2008年の合意決裂前後まで、2010年前後から生じた先行合意[5)]の動き以降という三段階に分けて捉えることができる。

全般的には、ドーハ・ラウンド開始以降、交渉の長期化と停滞の一方で、並行的に FTA の増加と大型・広域の FTA 締結に向けた動きがみられると共に、WTO 内外で「プルリ」合意（後掲 **2.**（1）参照）と呼ばれる分野別の交渉が進展したことが特徴的である（FTA は本書 3 章参照）。加えて、2015 年の閣僚宣言以降は、ラウンドの存続自体について加盟国の見解が分かれ、ラウンド対象事項の一括受諾はかなり実現が困難な状況にある。以下では、WTO での合意事項を中心に WTO の活動状況をみる。

① **WTO 成立後からドーハ・ラウンド開始まで**　1995 年の WTO 成立直後、加盟国の関心は WTO の円滑な機能確保と新たに生じた課題への対応にあった。そこで、経済の一層のグローバル化など経済環境の変化に伴って焦点となった、投資、競争、政府調達における透明性、貿易の円滑化という 4 分野の検討開始が合意された。4 分野は、1996 年シンガポール閣僚会議で合意されたため、シンガポール・イシューと呼ばれ、貿易円滑化のみ 2004 年に交渉対象となった。また、情報化の進展に伴って、情報技術製品などの関税撤廃を定める情報技術協定（Information Technology Agreement: ITA、正式名称は「情報技術製品の貿易に関する閣僚宣言」）が合意された。さらに 1998 年ジュネーブ閣僚会議では、当時徐々に拡大しはじめた電子商取引について関税の不賦課を内容とする宣言が採択された（ITA は本書 2 章 **3.**（3）「情報技術製品の貿易に関する閣僚宣言（情報技術協定（ITA））」、電子商取引は本書 12 章参照）。

他方、1998 年ジュネーブ閣僚会議の前後から、WTO は非政府組織（Non Governmental Organization: NGO）に代表される市民社会から、グローバリゼーションの象徴として批判を受けるようになった。反 WTO の動きは新ラウンド開始を目指した 1999 年シアトル閣僚会議で頂点を迎え、NGO などのデモにより会議の開催自体が困難になるほどの状況に陥った。シアトル閣僚会議が失敗した要因には、WTO 加盟国の多くを占めるに至った途上国の影響力の増加と、これらの国々による先進国主導の意思決定への反対姿勢などがある。

② **2001 年ドーハ・ラウンド開始から 2008 年頃まで**　2001 年に開催され

5)　アーリーハーベストとも呼ばれる。

たドーハ閣僚会議でドーハ・ラウンドの開始が合意された。2001年9月11日に生じた米国同時多発テロにより、国際社会が結束する必要性が強く認識されたことが合意の契機の一つとなった。

ドーハ・ラウンドは、閣僚会議で採択された「ドーハ閣僚宣言」に基づいて、農業、鉱工業品、サービス、ルール、貿易円滑化、開発、環境、知的財産権という8分野を対象に、貿易の自由化や貿易関連ルールの策定などを目指して行われている交渉である。また、その交渉は一括受諾を原則とする（一括受諾は本章**2.**（2）「WTO協定の構造」参照）。8分野の中でも、特に交渉が先鋭化する分野は、各国の利害対立の激しい農業（関税削減などの市場アクセス向上と補助金の削減または撤廃）と鉱工業品市場アクセス（Non Agricultural Market Access: NAMA）である。

ドーハ・ラウンドは停滞と再開を繰り返しながら長期に渡っている。2004年7月に大枠の合意（「枠組み合意（July Package）」と呼ばれる）に至り、主に、農業について輸出補助金（同等の効果をもつ輸出信用などを含む）の撤廃と国内助成の削減、シンガポール・イシューについて貿易円滑化を交渉対象とすることを決定した後、2008年夏頃に交渉が中断した。その直後、米国におけるリーマン・ブラザーズ破綻など金融危機が生じたことから、各国とも国内産業救済のために貿易制限措置を発動し、ラウンドはさらに停滞した。

③　2010年前後の先行合意への動きとそれ以降　2010年頃より合意できそうな分野を先に合意する先行合意の可能性が加盟国間で徐々に追求され始め、2011年ジュネーブ閣僚会議では、一括受諾は当面困難であり、先行合意を検討するアプローチを模索するという趣旨の議長声明が採択された。もともとドーハ閣僚宣言では、一括受諾を原則としながらも交渉全体のバランスを考慮した上で先行合意を可能とする余地も残されていた[6)]。この会議は先行合意への途を拓いたという意味で転換点といえ、これが後に2013年バリ閣僚会議における「バリ・パッケージ」と呼ばれる部分合意、2015年ナイロビ閣僚会議での「新しいアプローチ」の模索、「プルリ」交渉の合意と進展につながったといえる。

---

6)　WT/MIN (01)/DEC/1 20 November 2001, para. 47.

2013年バリ閣僚会議では貿易円滑化、農業の一部、開発に関するバリ・パッケージ合意と会議後の作業計画の作成（1年以内の期限）を含むバリ閣僚宣言が採択された。大きな成果は、貿易円滑化協定が合意に至った点である。同協定は、WTO成立以降初めて全加盟国が合意した協定である点でWTOの存在意義が再確認されたものといえる。貿易円滑化協定は、受諾加盟国間で2017年に発効した。

2015年ナイロビ閣僚会議では、ITA対象品目の拡大交渉が妥結し、また、農業の輸出補助金の原則撤廃が合意された（農業の詳細は本書5章**1.**（3）②「2015年輸出競争に関する閣僚決定」参照）。他方、ラウンドの進め方については加盟国間で合意なく、ドーハ閣僚宣言をベースに交渉継続するという立場（主に途上国）と新しいアプローチが必要とする立場（主に先進国）とが閣僚宣言に両論併記された。つまり、ドーハ・ラウンドの継続について明示的合意はないともいえ、例えば米国などはここでラウンドは終了したとみる一方、インドなどは終了をコンセンサスで合意しない限り継続するとの立場をとっている。こうした状況下、2017年ブエノスアイレス閣僚会議では、漁業補助金に関する作業計画などが閣僚決定に至ったが、閣僚宣言ではなく議長声明との形でまとめられた。以上のように、一括受諾は極めて困難な状況にあるといえる（2018年末時点）[7]。

（4）　WTOの課題

ドーハ・ラウンドが長期に渡っている背景には、加盟国数が164か国（2018年末時点）と多くなり、従来行ってきたコンセンサス方式（本章**2.**（3）②参照）による意思決定が難しいこと、加盟国の4/5を占める途上国の増加に加え、中国やインドなどの台頭により従来の先進国主導が難しくなったこと、途上国の構成も多様となったにもかかわらず、交渉は依然として「途上国」「後発開発途上国（Least Developed Country: LDC）」の分類のまま行われていること、途上国に比して先進国は既に大幅に関税を引下げており、残存する農業やNAMAといった分野は国内的な妥協が極めて困難であることなどがあげられる。

ドーハ・ラウンドの間に世界経済環境も変化し、IT技術の一層の発展など新しく検討が必要な課題も生じている。さらには、二国間、複数国間、地域間

7）　本書では、ドーハ・ラウンドの継続を前提とした表記で統一する。

で締結するRTAへの各国の傾斜が顕著となっている。環太平洋パートナーシップ（Trans-Pacific Partnership: TPP）協定に米国が参加表明したのは2008年のドーハ・ラウンドの中断直後というタイミングであり、ラウンドの停滞とRTAの拡大が相互に関連していることは否定できないだろう。

他方で、WTOの貿易紛争処理制度は、概ね有効に機能してきた。WTOでは、ある加盟国の措置が協定に違反すると考えられる場合などに、WTOに申立（しばしば「提訴」と呼ばれる）を行えるが、1995年の成立以来、この制度は加盟国に活発に利用されている（紛争処理制度は本書14章参照）。ただし、2016年頃から米国がWTOの紛争処理制度の一部である上級委員会の委員の再任と選任をブロックするなどの問題が生じており、紛争処理制度と共にWTOの改革と現代化のための取組みが端緒についたところである（本章補論2「WTOの改革・現代化のための取組み」参照）。

補論2　WTOの改革・現代化のための取組み

WTO紛争処理制度は有効に機能してきたが、2016年頃より米国が上級委員会（以下、上級委）の再任と選出をブロックし、上級委員会が定員7名に欠けるという事態が生じた（現状3名〔2018年末時点〕)。個別紛争を担当するのは3名の上級委員であるため、3名を下回れば審理が不可能となる。

米国が再任と選出を拒否する理由として紛争解決機関（後掲2.(3)①参照）などでこれまでにあげた理由は、上級委が紛争処理手続を定める紛争解決了解（DSU）に反して次のような行為を行っているというものである。

・紛争解決に不必要な勧告的意見（advisory opinion）を通じた法の創造
・パネルの事実認定の審査
・先例拘束性がないなかでパネルに対する上級委報告遵守の主張
・上級委報告の発出期限90日の超過

加えて、上級委員会在職中に担当した紛争事案を任期後にも引続き担当していることの懸念（上級委員会規則15が関連ルールを規定するため「Rule15」問題と呼ばれる）もあげられている。とはいえ、米国は包括的な改善提案は出しておらず、米国による真の意図や狙いは完全には明らかになっていない。

こうした事態が生じた背景には、ラウンドの長期化にも表れているように、新しいルールやルールの解釈などを加盟国のコンセンサスで合意できないというWTOの立法機能不全、その背景にある「途上国」の多様化や加盟国数の増加、中国の補助金の未通報問題などの透明性の欠如、などの要因が絡み合っている。米国が上級委による解釈など紛争処理制度に関連して懸念を示すのは今回が初めてではないが、上級委員の再任と選出のブロックという大きな行動をとったことには、紛争処理制度自体への懸念に加えて、昨今のWTOの機能不全も関わっているだろう。

2018年頃から、上記の事態の打開のために各国から具体的提案が出始め、WTOの改革・現代化に関する取組みが始まりつつある。特に、2018年9月のEUによる包括的提案、11月の日・米・EUの透明性に関する共同提案のほか、限定国が参加する閣僚会合開催（オタワ会合、2018年10月）がこうした取組みの例である。

取組みの焦点は、第一に紛争処理制度の維持・改革（米国の懸念に対応して上級委の再任及び選出を可能とするための改善）、第二に貿易ルール作り（交渉機能の再活性化のため、電子商取引など現代的要請のある分野のルール作りや補助金の規律強化、途上国の卒業問題など）、第三にWTOの監視機能と透明性の強化（補助金の未通報問題などへの対処）、である。

米国の真意は定かではないものの、今後重要なのはWTOの瓦解を防ぐための着実な改革の進展である。合意するルールの遵守を確保できる範囲での紛争処理制度の現実的な改革が達成されるか、意思決定方法やルール策定方法を現代化しつつも多国間主義というWTOの性格を維持できるか、途上国の参加と合意をどう確保するか、といった諸点が注目される。

2. WTOの全体像

（1）WTOの地位・目的・役割

WTOは、法人格を有する組織であり（WTO設立協定第8.1条）、WTO設立協定と多角的貿易協定（同附属書1〜3）の実施及び運用の円滑化と、これらの協定の目的の達成、及び複数国間貿易協定（同附属書4、プルリ協定とも呼ばれる）の実施と運用のための枠組みを提供する（これらはWTO協定（後掲（2）図表3）と総称されることがある[8]）（同3.1条）。WTO設立協定の目的は、生活水準の向上、完

8）本書でもWTO協定はこの意味で用いる。

全雇用と高水準の実質所得及び有効需要とこれらの着実な増加の確保、物品とサービスの生産及び貿易の拡大、世界の資源の最適な利用、WTOになって追加された途上国への配慮と環境の保護及び保全、である（同前文、GATT前文）。

WTOの役割として重要なのは次の5点である。第一に、WTO協定の運用である。第二に、多角的貿易交渉（ラウンド）の場の提供であり、これにより関税削減と撤廃や貿易関連ルールの策定などが行われる。第三に、貿易紛争の処理であり、GATT体制下の紛争処理手続に比べて強化されている。第四に、貿易政策の監視であり、これは貿易政策検討制度（Trade Policy Review Mechanism: TPRM）を通じて行われる。第五に、貿易に関する能力の向上とアウトリーチを通じたWTOの基盤強化があげられよう。前者については途上国に対する技術支援やトレーニングが行われ、後者に関してはNGOとの定期的な対話や国際機関との関係強化、メディア対応など対外的な活動が行われている[9)]。

図表2　WTOの基礎

所在地	：ジュネーブ（スイス）
設立	：1995年1月1日（1986-94年のウルグアイ・ラウンド交渉の成果）
公用語	：英語、フランス語、スペイン語
予算	：主に加盟国の分担金。分担比率は国際貿易におけるシェアに基づいて決定 （予算額は毎年変動し詳細はWTOのホームページで公開）
事務局[10)]	：600人超

（出所）WTO *"FACT FILE"*、*"Overview of the WTO Secretariat"* に基づき筆者作成。

（2）WTO協定の構造

WTOは、WTO協定を円滑に実施及び運用する機能を有する。**図表3**はWTO協定の全体像を示している。

WTOは、WTO設立協定の発効に伴って成立し、この協定には附属書が4つある。附属書1Aは物品の貿易に関する多角的協定であり、GATTを含め

9)　WTO "*What we do*".

10)　事務局はWTO設立協定に基づいて設置され、事務局長は閣僚会議が任命する（WTO設立協定6.1、6.2条）。事務局の役割は、理事会や委員会の準備や文書作成などを通じた加盟国支援、途上国に対する技術的支援、世界貿易の状況の監視及び分析、対外的な情報公開、閣僚会議の組織、紛争処理時の法的助言、加盟を希望する国への助言である。

図表3　WTO協定の構造

世界貿易機関を設立するマラケシュ協定〔＝WTO設立協定〕

- 附属書1
  - 附属書1A　物品の貿易に関する多角的協定
    - 1994年の関税及び貿易に関する一般協定〔＝GATT 1994〕
    - 農業に関する協定〔＝農業協定〕
    - 衛生植物検疫措置の適用に関する協定〔＝SPS協定〕
    - 繊維及び繊維製品（衣類を含む。）に関する協定〔＝繊維協定〕（2004年末に失効）
    - 貿易の技術的障害に関する協定〔＝TBT協定〕
    - 貿易に関連する投資措置に関する協定〔＝TRIMS協定〕
    - 1994年の関税及び貿易に関する一般協定第6条の実施に関する協定〔＝アンチ・ダンピング協定/AD協定〕
    - 1994年の関税及び貿易に関する一般協定第7条の実施に関する協定〔＝関税評価協定〕
    - 船積み前検査に関する協定〔＝船積前検査協定〕
    - 原産地規則に関する協定〔原産地規則協定〕
    - 輸入許可手続に関する協定〔＝輸入許可手続協定/輸入ライセンス協定〕
    - 補助金及び相殺措置に関する協定〔＝補助金協定/SCM協定〕
    - セーフガードに関する協定〔＝セーフガード協定/SG協定〕
    - 貿易の円滑化に関する協定〔＝貿易円滑化協定〕
  - 附属書1B　サービスの貿易に関する一般協定〔＝GATS〕
  - 附属書1C　知的所有権の貿易関連の側面に関する協定〔＝TRIPS協定〕
- 附属書2
  - 紛争解決に係る規則及び手続に関する了解〔＝紛争解決了解/DSU〕
- 附属書3
  - 貿易政策検討制度〔＝TPRM〕
- 附属書4　複数国間貿易協定
  - 民間航空機貿易に関する協定
  - 政府調達に関する協定〔＝政府調達協定/GPA〕
  - 国際酪農品協定（1997年末に失効）
  - 国際牛肉協定（同上）

（注1）［　］内は呼称。

（注2）「繊維及び繊維製品（衣類を含む）に関する協定」は、10年の経過期間を経て2004年末に失効（繊維貿易は本章補論1「繊維貿易に関する規律の経緯」を参照）。またITAはこの図表に含まれていない（ITAは本書2章3.（3）「情報技術製品の貿易に関する閣僚宣言（情報技術協定（ITA））」参照）。

（注3）政府調達協定は、2012年の改正を経て2014年に発効した。

（出所）WTOホームページ等より筆者作成。

物品貿易に関連する14の協定がある。附属書1Bはサービス貿易協定（GATS）、附属書1Cは知的所有権の貿易関連の側面に関する協定（TRIPS協定）、附属書2は紛争解決に係る規則及び手続に関する了解（Understanding on rules and Procedures Governing the Settlement of Disputes: DSU／紛争解決了解[11]）、附属書3は貿易政策検討制度（TPRM）、附属書4は複数国間貿易協定（民間航空機貿易に関する協定、政府調達協定）を定める。

附属書1〜3までは、一括受諾（シングルアンダーテイキング）によって全加盟国を拘束するが、附属書4は受諾した加盟国のみを拘束する。附属書4の協定は、複数国間（plurilateral）からプルリ協定と呼ばれることもある。

なお、ドーハ・ラウンドの長期化に伴って、WTO内外で複数関心国が集まり特定分野の交渉を行う事象がみられ、これらも「プルリ」と呼ばれることがある。WTO設立協定附属書4の意味での「プルリ」協定とWTO内外で行われる複数国の分野別の「プルリ」交渉・協定があることに注意が必要である。近年の「プルリ」交渉の例としては、上述の通りITA拡大交渉が妥結に至った例があるが、そのほかにもWTO外での環境物品の貿易自由化交渉、サービス貿易分野の新しい協定（Trade in Services Agreement: TiSAと呼ばれる）の交渉がある（2018年末時点）。ただし、これらは、いずれWTO協定の一部となる可能性もある。

2013年バリ閣僚会議で合意された貿易円滑化協定は、WTO協定の改正を規定するWTO設立協定10.3条が「加盟国の三分の二が受諾した時に当該改正を受諾した加盟国について効力を生じ、その後はその他の各加盟国について、それぞれによる受諾の時に効力を生ずる」と定めることに基づいて、2/3の受諾に達した2017年に発効し、受諾国について効力が生じている。

（3）WTOの機構

①　WTOの組織　WTOの最高意思決定機関は2年に一回会合を行う閣僚会議である（**図表4**の最上位参照）。閣僚会議が開催されない間は、一般理事会がその任務を遂行し、一般理事会は、同時に貿易政策検討制度（TPRM）を管轄する貿易政策検討機関（Trade Policy Review Body: TPRB）、紛争処理手続を管轄

11）本書では、名称で用いられている場合には「紛争解決」を用いるが、そのほかの場合には“dispute settlement”を「紛争処理」とする。

する紛争解決機関（Dispute Settlement Body: DSB）としても機能する（WTO設立協定4.1〜4.4条）。

一般理事会の下には、物品貿易理事会、サービス貿易理事会、知的所有権の貿易関連の側面に関する（TRIPS）理事会が設置され、各々補助機関を設置できる（同4.5、4.6条）。**図表4**が示すように、各理事会に下部機関が設けられている。

また、ドーハ・ラウンドのため一般理事会の下に交渉を管轄する貿易交渉委員会（Trade Negotiation Committee: TNC）とその下に交渉対象事項に関連する組織と交渉に特化した交渉グループが設置されている。これらには、全ての加盟

図表4　WTOの機構

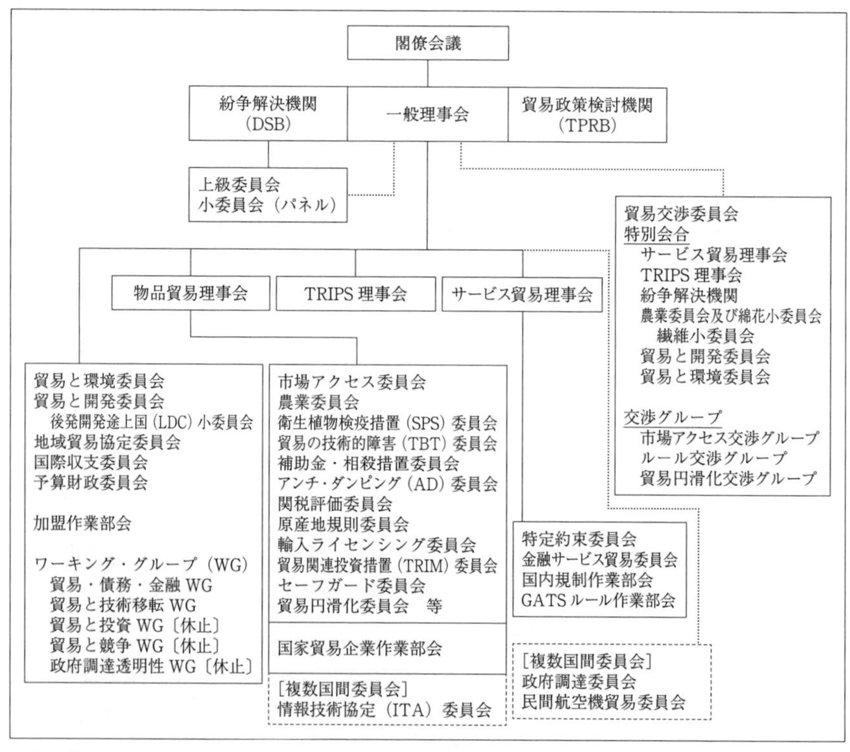

（出所）WTOホームページ等より筆者作成。

国が参加可能である（ただし、複数国間貿易協定の関連委員会を除く）。

② **意思決定**　WTOの意思決定は、原則としてコンセンサス方式で行われる（同9.1条）。コンセンサス方式とは、審議事項の決定に際し、会合に出席しているいずれの加盟国からも正式に反対が表明されない限り決定がなされる方式である（同注1）。コンセンサス方式により決定できない場合には、各加盟国が一票を有する投票が行われ、原則として過半数の議決が行われる（同条）。加盟国数の増加に伴って、現実にはコンセンサス方式による意思決定が難しい局面も多くなっているが、投票が行われる例はほぼみられない。

協定解釈に関する決定については、加盟国の3/4以上の多数決により行われるほか（同9.2条）、基本原則の一部などを除く協定の改正（同10条）については、コンセンサス方式で決定されない場合に2/3以上の多数決で決定が行われるなど、同方式によらない場合もある。協定が定める加盟国の義務の免除（waiver: ウェーバーと呼ばれる）（同9.3条）、新規加盟国の加盟の条件（同12.2条）については、WTO設立協定上、義務免除は3/4以上の多数決、新規加盟に関しては2/3以上の多数決の議決を要したが、加盟国数の増加に伴って、一般理事会決定によりコンセンサス方式に変更されている[12)]。

また、紛争処理手続に関連して、パネル設置やパネル及び上級委員会報告の採択などの一部の手続について、ネガティブ・コンセンサスと呼ばれる方法が採用されている。これは、ある行為をしないことをコンセンサスで決定しない限り、当該行為をすることが決定されることを意味する（紛争処理手続は本書14章参照）。

③ **加盟と脱退**　WTOには全ての国、または独立の関税地域がWTOと合意した条件に基づいて加盟することができる（同12.1条）[13)]。「独立の関税地域」とは、国ではないものの、対外通商関係とWTO協定が規定する事項について完全な自治権を有する地域をさす。例えば、香港や台湾が独立の関税地域としてWTOに加盟している。

図表5はWTOへの加盟手続の流れを示す。**図表5**が示すように、加盟交渉

---

12)　WT/L/93, 24 November 1995.

13)　WTO設立協定第12条は「加入」と訳されるが一般的に「加盟」という表現が使用されるため、本書では「加盟」を用いる。

は、大きく加盟作業部会での多国間交渉と、WTO 加盟国との二国間交渉という二つのプロセスを経る。

WTO からの脱退も可能である。脱退は、WTO の事務局長が書面による脱退の通告を受けてから 6 か月後に効力が生じるが（同 15.1 条）、2018 年末時点で脱退した国・地域はない。

図表 5　WTO 加盟手続の流れ

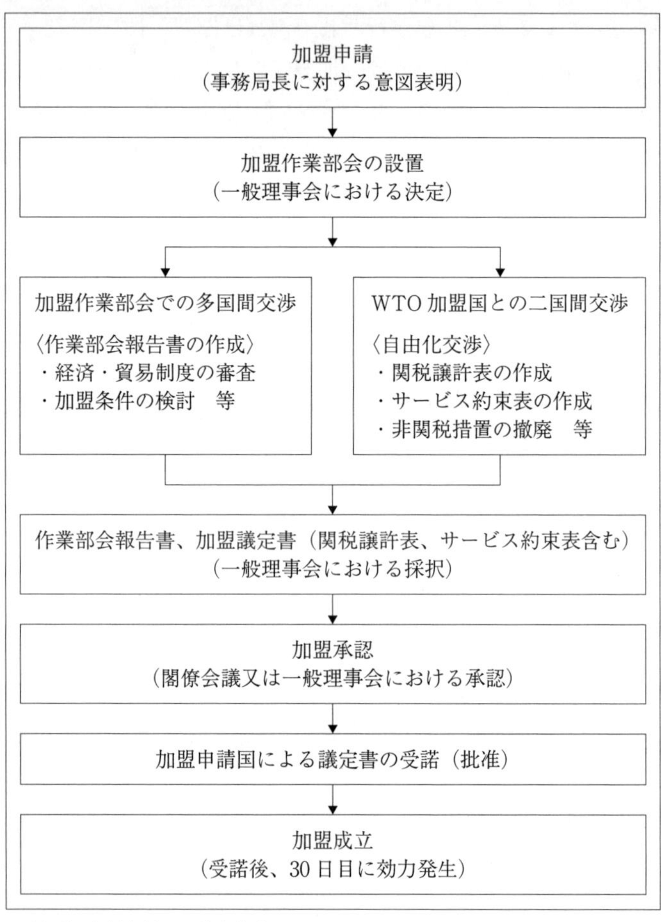

（出所）各種資料より筆者作成。

参考文献〈第1章〉
・津久井茂充『ガットの全貌：コンメンタール・ガット』日本関税協会、1993年。
・Irwin., D. A. et al., *The Genesis of the GATT,* Cambridge Univ. Press, 2008.
・Jackson., J. H., *The World Trading System,* MIT Press, 2000.
・WTO, *Overview of the WTO Secretariat*
（http://www.wto.org/english/thewto_e/secre_e/intro_e.htm）
・WTO, *Understanding the WTO.*
（http://www.wto.org/english/thewto_e/whatis_e/whatis_e.htm#understanding_chapter）
・WTO, *What we do*（https://www.wto.org/english/thewto_e/whatis_e/what_we_do_e.htm）
・WTO, *WorldTrade Report 2011: TheWTO and preferential trade agreements: From co-existence to coherence,* WTO, 2011.

補論3　関税と輸出入政策[14)]

1．様々な関税

（1）　関税の意義と目的

一般に「関税」は、輸入時に輸入品に対して課される税をさし、輸出に際して輸出品に課される税は「輸出税」と呼ばれることが多い。WTO体制下で加盟国が譲許するのは輸入関税である。本書でも、「関税」という時は輸入関税をさす（なお、CPTPPは関税を定義する。本書4章**2.**（2）「CPTPPの基本的なルール」参照）。

関税は国家の貿易政策の一つであり、主な目的としては、第一に輸入品との競争からの国内産業の保護、第二に財政収入の確保、があげられる。先進国の財政収入に占める関税収入は低く、例えば日本は2%程度である[15)]。一方、途上国にとって、関税収入は国家財政の観点から重要な地位を占めることがある。そこで、先進国にとっての関税の意義は主に国内産業の保護であるが、途上国にとっては収入源としても重要な場合がある。WTOのラウンドで、保護すべき国内産業をもたないような途上国まで容易に関税引下げに合意できないのは、このような背景もあるといえる。

では、なぜ関税により国内産業の保護が行われるのだろうか。その理由の一つとして、保護対象の国内産業の存続や、その産業の雇用確保があげられる。

14)　**補論3**の用語等の説明は、主に税関「関税のしくみ」（http://www.customs.go.jp/shiryo/kanzei_shikumi. htm）及び藤本（1998）による。
15)　2016年度決算ベースで1.7%。経済産業省「2018年版不公正貿易報告書」（http://www.meti.go.jp/committee/summary/0004532/2018/pdf/02_05.pdf）、p. 191。

しかしながら、本来は競争力を失った産業が保護されると、消費者が安価な輸入品を入手できず不利益を被り得る点に留意が必要である。また、途上国では、将来的に有望であるものの、現時点では発展段階にあって競争力に欠ける国内産業（幼稚産業）を関税によって輸入品との競争から守ることで国内産業の育成をはかる場合もある。先進国では、日本の農業分野など、センシティブ産業・品目（国内産業に対する影響の大きさや国内政治などが理由で、その国にとって自由化が特に困難である産業・品目の意）を高関税により保護している場合もある。

輸出税が課される目的としては、税収確保のほか、国内の供給不足への対応や天然資源の保全などがあげられる。また、国内の加工産業の発展が目途される場合もある。具体的には、国内経済を一次産品の輸出に依存している途上国が、一次産品の輸出に輸出税を課す一方で、一次産品を原料として生産された加工品の輸出に無税または低税率を適用することで国内の加工産業の育成と発展を目指す。ただし、この方法は輸入国側がタリフ・エスカレーションと呼ばれる関税構造（国内の製造業保護のため、原材料は無税・低関税で輸入する一方、加工品については加工度の高いものほど関税率を高くする方法[16]）をとっている場合には効果が失われる。

（2）　関税の形態

①　従価税と従量税　　関税の主な形態に、従価税と従量税がある。従価税とは、輸入品の価格に応じて課される税をさし、日本で最も一般的である。従価税については、輸入品の価格変動に応じて関税額も変化するため、インフレ対応可能であるなどの長所がある一方、輸入品の適正価格の把握の難しさや、輸入品の価格低下に伴う関税額の低下により国内産業保護という機能が失われるなどの短所がある。

従量税とは、輸入品の数量（個数、容積、重量など）に応じて課される税をさす。関税額が比較的容易に算定できる一方、物価変動があった場合には税負担の不均衡が生じるといった短所がある。

②　差額関税　　差額関税とは、輸入品の価格と政策的に決められている一定水準の価格との差額を税額とする関税である。輸入品の価格が一定水準を下回っても、その安価な輸入品が市場に出回ることを防止できる。日本の例と

16)　WTO Glossary “tariff escalation”. (https://www.wto.org/english/thewto_e/glossary_e/glossary_e.htm)

して、豚肉の差額関税制度がある。

③　**季節関税**　　季節関税は、輸入の時期によってある産品の関税率を変える関税をさす。果物など、季節性のある国産品が市場に出回る際に、競合する輸入品に高い関税を課す一方、その他の季節には低い関税を課すことで、国内産業を保護しながら消費者の需要に応えることができる。

④　**関税割当制度**　　関税割当制度とは、ある産品の輸入に対して一定数量までは無税または低税率（これを一次税率と呼ぶ）の関税を課す一方、一定数量を超える輸入分には高税率の関税（これを二次税率と呼ぶ）を課す制度である。一次税率により安価に輸入品を国内に提供すると同時に、二次税率により国内産業を保護する。具体的には**図表1**の通りである。日本では、皮革製品、ナチュラルチーズ、こんにゃくいもなどが関税割当の対象である。

図表1　関税割当制度

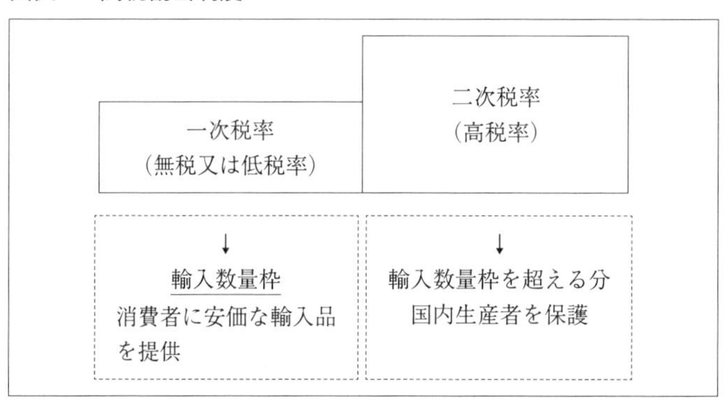

（出所）各種資料より筆者作成。

（3）　関税の種類

関税の主な種類としては、協定税率（譲許税率）、特恵税率（一般特恵税率・FTA税率）、国定税率があげられる。

協定税率（譲許税率）とは、WTO協定上、加盟国が譲許表に記載した税率で関税率の上限を示す。ただし、実際に課される関税率は、上限の譲許税率よりも低い場合がある。このように実際に課される税率は実行税率（appplied tariff）と呼ばれる。実際にWTO加盟国全てに課されている税率は実行MFN税率（Most Favoured Nation: 最恵国待遇）といわれる。

特恵税率とは、ある特定の国や地域の産品に対して、他国の産品よりも低く課される税率をさし、主に、一般特恵税率とFTA税率がある。一般特恵税率は、一般特恵制度の下で対象となる途上国からの輸入品に対して適用される税率で、その他の先進国等からの輸入品に対する税率よりも低い。

FTA税率とは、FTAに基づいて、FTA締約国に対して適用される税率である。日本でFTAは、経済連携協定（Economic Partnership Agreement: EPA）の名称が付されているため、EPA税率と呼ばれる。FTAは締約国との間でのみ貿易を自由化する趣旨であるので、MFN税率よりも低い税率である。

国定税率は、法律に基づいて定められる税率をさす。日本で関税率は主に「関税定率法」と「関税暫定措置法」という二つの法律によって決定される。品目ごとの関税率は、財務省から毎年公表される「実行関税率表」に記載されている。実行関税率表では、これらの法律によって定められた税率が記載され、基本税率（関税定率法による税率で、事情変更ない限り長期に適用される基本的税率）、暫定税率（一時的に基本税率が課せない場合に暫定的に適用される税率で、例として関税割当制度の一次税率があげられる）、協定税率、特恵税率、特別特恵税率（LDCからの輸入品に適用される低税率）、EPA税率が記載されている。原則として、EPA税率、一般特恵税率、協定税率、暫定税率、基本税率の順に低い税率が適用される。ただし、輸入品が原産地規則を満たすことが前提である（原産地規則は本書4章**補論2**「原産地規則」参照）。

（4）関税分類

どの品目がどのような分類に該当するかという関税分類は、現在、HS条約（International Convention on the Harmonized Commodity Description and Coding System: 商品の名称及び分類についての統一システムに関する国際条約、1983年採択、1988年発効）が定めている。

図表2　HS条約に基づく品目（大分類）

第1部　動物（生きているものに限る。）及び動物性生産品
第2部　植物性生産品
第3部　動物性又は植物性の油脂及びその分解生産物、調製食用脂並びに動物性又は植物性のろう
第4部　調製食料品、飲料、アルコール、食酢、たばこ及び製造たばこ代用品
第5部　鉱物性生産品
第6部　化学工業（類似の工業を含む。）の生産品
第7部　プラスチック及びゴム並びにこれらの製品
第8部　皮革及び毛皮並びにこれらの製品、動物用装着具並びに旅行用具、ハンドバッグその他これらに類する容器並びに腸の製品
第9部　木材及びその製品、木炭、コルク及びその製品並びにわら、エスパルトその他の組物材料の製品並びにかご細工物及び枝

条細工物

第10部　木材パルプ、繊維素繊維を原料とするその他のパルプ、古紙並びに紙及び板紙並びにこれらの製品

第11部　紡織用繊維及びその製品

第12部　履物、帽子、傘、つえ、シートステッキ及びむち並びにこれらの部分品、調製羽毛、羽毛製品、造花並びに人髪製品

第13部　石、プラスター、セメント、石綿、雲母その他これらに類する材料の製品、陶磁製品並びにガラス及びその製品

第14部　天然又は養殖の真珠、貴石、半貴石、貴金属及び貴金属を張つた金属並びにこれらの製品、身辺用模造細貨類並びに貨幣

第15部　卑金属及びその製品

第16部　機械類及び電気機器並びにこれらの部分品並びに録音機、音声再生機並びにテレビジョンの映像及び音声の記録用又は再生用の機器並びにこれらの部分品及び附属品

第17部　車両、航空機、船舶及び輸送機器関連品

第18部　光学機器、写真用機器、映画用機器、測定機器、検査機器、精密機器、医療用機器、時計及び楽器並びにこれらの部分品及び附属品

第19部　武器及び銃砲弾並びにこれらの部分品及び附属品

第20部　雑品

第21部　美術品、収集品及びこつとう

（出所）実行関税率表より筆者作成。

HS条約の加盟国は157か国・地域（156か国及びEU）（2019年2月末時点）で、国際貿易の対象となる商品のほとんどをカバーする。HS分類は、項4桁、号6桁の数字で分類される項目で、21部、97類から成立している（部について**図表2**参照）。HS分類上、数字で付される番号はHSコードと呼ばれることもある。

日本では、号の下にさらに3桁の細分類を設けていることがあり、号の6桁との合計9桁の数字が用いられている。

各国で関税分類を共通化する主な意義としては、第一に、統一性及び透明性の向上をはかり、恣意的な分類を防止して適正な関税賦課を促進すること、第二に、関税交渉時の指標とすること、第三に、輸出入の流れを計測する貿易統計作成上の必要性、がある。

2. 様々な輸出入政策

輸出入政策も国家の貿易政策の手段の一つであり、輸入に際してとられる輸入禁止・輸入制限、輸入促進措置と、輸出に際してとられる輸出禁止・輸出制限、輸出促進措置がある。広くは関税も、輸入を制限する手段の一つである。

（1）　輸入政策

主な輸入政策には、輸入を禁止・制限するものに輸入禁制、輸入割当制、輸

入許可制があり、輸入促進策として輸入促進地域の設定などがある。輸入禁制とは輸入禁止措置を意味し、WTO協定上は一般的例外などを除いて数量制限は原則として認められない（GATT11. 1条）。日本では、関税法上の輸入禁制品として麻薬、覚醒剤、拳銃、偽造通貨、わいせつ物、偽ブランド品（知的財産権侵害物品）などがある。

輸入割当（import quota: IQ）とは、特定品目について、輸入数量の総量（「枠」）を決定し、その枠を輸入者や輸出国別に割り当てる制度である。輸入割当対象の品目はIQ品目とも呼ばれる。総量が既定であるため、割当量以上の輸入はできない点で関税割当制度と異なる。輸入割当により数量制限を行う場合には、無差別原則の遵守が必要である（同13. 1条）。日本では、非自由化品目の近海魚、のり、たらこなどのほか、国際条約を履行する観点から、「絶滅の恐れのある野生動植物の種の国際取引に関する条約（1975）」（ワシントン条約と呼ばれる）附属書I掲載の動植物なども対象となっている。同条約では、附属書I、II、III掲載品目の商業目的の取引を禁止するなどの制限が設けられている。

輸入許可制度（輸入ライセンス制度）とは、申請に基づいて輸入許可（ライセンス）を与える制度である。ライセンスの配分が行政裁量に委ねられる場合があるため、恣意的かつ不透明な運用が行われないよう、WTOでは輸入許可手続協定（輸入ライセンス協定）がある。

輸入促進策についても様々なものがあり、例えば、特定品目の輸入者に対する税制面での優遇、輸入拡大に必要な資金の低利融資といった政策金融などがある。

（2）　輸出政策

主な輸出政策には、輸出を禁止・制限する措置として、輸出禁制、輸出制限措置、輸出自主規制などがある一方、輸出促進策として貿易保険制度や保税制度、輸出補助金の提供などがある。輸出禁制とは輸出禁止措置を意味し、WTO協定上は一般的例外などを除いて、原則として認められない（同11. 1条）。日本の輸出禁制品には、麻薬、覚醒剤、わいせつ物、偽ブランド品などのほか、前述のワシントン条約など国際条約で規制対象となっている産品も含まれる。

輸出自主規制とは、輸入国と輸出国とが調整の上で、輸入国の国内産業保護のために輸出国産業が輸出を自主的に制限する措置である。一見、私企業の措置であるが、数量調整の際に政府が関与する場合もある。こうした措置は

GATT体制下で1950年頃より発生し、1970年代以降に多用されていたが、現在ではWTOのセーフガード協定で禁止されている（SG協定11. 1. b条）。また、国際市場における競争力をつけるために輸出を条件として補助金が提供されることがあるが、輸出補助金はWTOの補助金協定により禁じられている（補助金協定3. 1条）（両協定は本書7章参照）。

貿易保険制度とは、輸出入取引に伴って生じる非常危険（取引相手国において政治的要因、戦争など不可抗力によって生じる危険などで、カントリー・リスクとも呼ばれる）や信用危険（取引相手の倒産による不払いなど）のように、通常の保険で救済できない危険を引き受ける保険で、主に公的機関が運営するものをさす。この制度により、政情の不安定な国や制度インフラの整っていない途上国との取引も行われ得る。日本では、政府が株式全てを保有する株式会社日本貿易保険（Nippon Export and Investment Insurance: NEXI）が業務を行っている。

保税制度とは、外国から到着した貨物を保税（関税などの税金を支払わず、外国貨物のままで維持する状態）し、蔵置・加工・製造、展示、運送などを可能とする制度で、大きく分けて「保税地域制度」と「保税運送制度」の二つがある。保税地域制度では、保税可能区域が設定され、保税運送制度では、保税地域、港、空港間で保税した貨物の運送が可能となる。保税が可能であると、例えば、輸入部品や原材料等の関税などを支払わずに保税区域で加工して完成品を再輸出でき、輸出が促進される。加工貿易（一般に原材料を輸入し、製品を輸出する形態）の奨励手段として有効である。メキシコなど中南米諸国のマキラドーラ政策や、中国の輸出加工区などがよく知られている。

参考文献〈補論3〉

・津久井茂充『ガットの全貌：コンメンタール・ガット』日本関税協会、1993年。
・藤本進編『図説　日本の関税　改訂版』財経詳報社、1998年。
・UFJ総合研究所新戦略部通商政策ユニット編『WTO入門』日本評論社、2004年。
・税関ホームページ（http://www.customs.go.jp/）
・WCOホームページ（http://www.wcoomd.org/）

第2章　GATT-WTO の基本原則と例外

GATT の基本原則には、主に、最恵国待遇原則、内国民待遇原則、関税引下げの原則、数量制限の一般的廃止がある。これらは、そもそも GATT に明示的に規定されるほか、前章でみた WTO の各協定にも直接または間接的に反映されている。また、透明性の確保も WTO 協定全体を通じて重視されている。

貿易障壁の中でも代表的なものとして、関税と数量制限がある。GATT-WTO 体制では、関税は許容されるが、数量制限は原則として容認されない。関税は、企業努力によって品質や価格面で競争力をつけて支払を行えば越えられる障壁であるが、数量制限は、輸出入可能な貿易量の上限を設定してしまうため、企業努力では対応できないものである。また、関税は具体的な数値が明らかになるので各国に公平に適用され得るが、数量制限は、輸出入可能な数量の配分を行政当局が決定するなど、行政裁量に委ねられる部分が大きく、差別的また恣意的な適用が行われる余地もある。そこで、数量制限は関税に比べて不透明かつ公平性が担保され難く、貿易に対する弊害が大きいと捉えられている。このため、GATT-WTO 体制下では、市場アクセスの改善を目指し、関税は禁止せず、関税交渉を通じた関税の引下げを定める一方、数量制限は原則として廃止することが定められている。

なお、GATT には GATT 上の義務の例外である一般的例外と安全保障例外が定められるほか、基本原則ごとの例外と免除等が規定される場合がある。また、国際収支上の理由による輸入制限なども認められる。

本章では、基本原則及びその例外と免除等を扱う。加えて、市場アクセスを妨げ得るその他の貿易障壁として、国家貿易企業について概観する。

1. 最恵国待遇原則

（1）　最恵国待遇原則の概要

一般に、最恵国待遇（Most Favored Nation Treatment: MFN）原則とは、通商条約などに基づいて、条約の締約国が第三国に与えるか、または将来与える可能性のある待遇よりも不利でない待遇を条約の他の締約国にも与えることを意味する。例えば、A—B国間で通商条約を締結している場合、A国がC国から輸入される自動車に5%の関税（関税率が「待遇」となる）を課している場合、B国から輸入される同種の自動車についても5%の関税を課す。つまり、国家間で待遇面での差別をしないという趣旨である。このように最恵国待遇原則を通じて、貿易の条件が平等化されていき、貿易自由化が促進される。最恵国待遇原則の歴史は古く、その趣旨は変遷したものの、GATT1条は、加盟国は他の加盟国との輸出入関係において、他国（WTO非加盟国を含む）の産品に供与する最も有利な待遇を、他の加盟国の同種の産品に対して即時かつ無条件に供与しなければならないという一般的最恵国待遇原則を定める。

同条はこの待遇として以下をあげる。すなわち、輸出入（またはその支払）に関連する全ての関税及び課徴金とその徴収方法、輸出入に関連する規則及び手続、輸入品に課される直接または間接の内国税その他の内国課徴金、輸入品の国内販売、提供、購入、輸送、分配、使用に関する法令及び要件である。先の例で示した関税率にとどまらず、輸出入手続や国内制度上の扱いなどについても、WTO加盟国間で待遇に差を設けてはならないことを定めている。

とはいえ、単純な例であるが、WTO加盟国のA国、B国、C国が貿易関係にある時、A国からみて、B国から輸入される産品が自動車、C国から輸入される産品がオートバイの場合、自動車とオートバイとの間で関税率が異なることはあり得る。自動車とオートバイは異なる産品であり、産品ごとに関税率は異なり得るからである。そこでGATT1条は、「同種の産品」について最恵国待遇を供与する義務を定める。

WTO加盟国は、以上のように、GATT1条に基づく最恵国待遇義務を負う。上述の通り、最恵国待遇原則は、WTOの各協定にも取り入れられている。

（2）　同種性の判断基準

GATTは、同種の産品の定義を規定しない。そこで、ある産品と他の産品がどのような場合に同種となるかの基準については、GATT体制下の1970年国境税調整作業部会報告書[1)]で基準とされた物理的特性、最終用途、消費者の嗜好と、その後の貿易紛争の判例で用いられた関税分類が使われている。ただし、GATT-WTOの先例によれば、これらの基準は絶対的なものではない。例えば、内国民待遇原則（後掲2.参照）に関わる先例は、「同種性の概念は相対的なもので、異なる規定の適用ごとに（同種性の）範囲はアコーディオンのように伸縮する」と判示している[2)]。

法律で特定国からの輸入品のみ差別するなど、明示的に原産国を特定して同種の産品を不利に扱う場合（法律上の差別）は最恵国待遇原則に反することが明らかであるが、原産国を特定せずに同種の産品と考えられる産品を不利に扱う場合（事実上の差別）、同種性の判断が特に重要となる。GATT下で提起されたスペインとブラジル間の貿易紛争では、スペインが関税分類を変更の上、ある種の未焙煎コーヒー豆に関税0%、その他の未焙煎コーヒー豆に対して関税7%を課した。この結果、ブラジルから輸入される未焙煎コーヒー豆の大半に7%の関税が課されることとなり、ブラジルが同種の産品であるコーヒー豆の関税格差が最恵国待遇原則に反すると主張して紛争処理手続上の申立を行った。本件を審査したパネルは、輸入国であるスペインの関税分類を尊重する姿勢をみせながらも、これらのコーヒー豆の最終用途、物理的特性（販売・取引時の産品の形状）などを基準に同種性を認定し、同種の産品間に関税差があるとして、スペインの最恵国待遇義務違反を認定した[3)]。

（3） 最恵国待遇原則の例外・免除等

最恵国待遇原則の例外・免除等としては、主に、特恵制度、アンチ・ダンピング（AD）税及び相殺関税がある。特恵待遇は、一般に、特定の原産地からの輸入品に対してのみ低い関税を適用するなどの特別な待遇を意味し、途上国に対する一般特恵制度（Generalized System of Preferences: GSP）と、関税同盟及び自由貿易地域における域内の特恵がある。

---

1) GATT Working Party Report, Border Tax Adjustments, L/3464, adopted 2 December 1970, BISD 18S/97.

2) Japan-Alcoholic Beverages II/AB, p. 21.

3) Spain-Unroasted Coffee/GATT Panel.

①　**途上国に対する一般特恵制度**　途上国に対する一般特恵制度とは、途上国に対してのみ、より有利で特別な待遇を与える制度で先進国が有する。例えば、途上国からの輸入品に対して、先進国からの輸入品よりも低い関税率を適用するものがあげられる[4]。この制度が最恵国待遇原則に反するとされない根拠は、1979年東京ラウンドの際に決定された「授権条項」による（本章補論「貿易と開発」参照）。授権条項は、途上国の経済発展に資するため、途上国に対して「異なるかつより有利な待遇（differential and more favorable treatment）」を与えることを、一定の条件の下で認めるものである。

②　**関税同盟及び自由貿易地域における特恵**　関税同盟及び自由貿易地域とは、GATT24条などに基づいて一定の条件の下で形成が認められるもので、いずれも域内でのみ関税撤廃などの貿易自由化を行う点で、域外からの輸入品を差別的に扱うこととなり、最恵国待遇原則に反する。しかし、GATT24条などの条件に従って形成される限り許容される（関税同盟と自由貿易地域の相違は、本書3章図表2参照）。

③　**アンチ・ダンピング（AD）税及び相殺関税**　WTO体制下では、ある加盟国からある産品が正常価額（通常は輸出国における通常の取引上の価格）より低い価格で輸出されることをダンピングと呼ぶが、このダンピングに対抗して一定の条件の下に特別の関税を課すAD税は、特定国からのダンピング輸入に課されるため、最恵国待遇原則に反する。また、貿易を歪曲するなど他の加盟国の利益に悪影響を及ぼす補助金に対抗する相殺関税は、補助金を供与した加盟国からの輸入品に対して課されるので、同原則に反する。しかし、いずれもGATTの関連規定を根拠に許容される（AD税と相殺関税は本書7章参照）。

2. 内国民待遇原則

（1）　内国民待遇原則の概要

一般に、内国民待遇（National Treatment: NT）原則とは、通商条約などに基づいて、条約の締約国の国産品より不利でない待遇を他の締約国からの輸入品に供与することを意味する。例えば、A—B国間でこの原則を含む通商条約を締

---

4)　WTO Glossary “GSP”. (https://www.wto.org/english/thewto_e/glossary_e/glossary_e.htm)

結している場合、A 国が国産酒に酒税 10% という内国税を課していると、B 国からの同種の輸入酒にも 10% の酒税を課す。つまり、国産品と輸入品との間で待遇面での差別をしないという趣旨である。内国民待遇原則を通じて、輸入国市場での国産品と輸入品との競争条件が平等化され、貿易自由化が促進されることになる。

GATT は 3 条で内国の課税及び規則に関する内国民待遇の確保を定め、その待遇の主な対象として、以下をあげる。すなわち、直接または間接の内国税その他の課徴金（3.2 条）、国内販売、提供、購入、輸送、分配、使用に関する法令及び要件（3.4 条）、国内供給源からの供給について特定数量または割合で混合、加工、使用を要求する国内数量規則（以下、混合規則）（3.5 条）である。上述した酒税のような内国税にとどまらず、国産品と輸入品との競争条件に関わる国内手続や制度上の扱いなどについても「国内生産に保護を与えるように（GATT3.1 条）」適用されるべきではないことを定め、保護主義の回避を目途する。

内国税その他の課徴金（3.2 条）については、酒税の例がある。販売などに関する法令及び要件（3.4 条）の例としては、輸入アルコール飲料にのみ特別の販売や輸送を義務づける措置、輸入雑誌に対してのみ販売経路を制限するような措置がある。混合規則（3.5 条）の例には、醤油を生産する際に、原料の 20% に国産大豆を使用する条件を課す措置がある。前者は、輸入品に追加的なコストを強制し、後者は国産品を有利に扱うこととなり、いずれも国産品と輸入品との間の競争条件を変更するので内国民待遇原則に反する。

とはいえ、最恵国待遇原則と同様に、国産品と輸入品が同種の産品でなければ待遇を異にしても内国民待遇義務違反は問われない。加えて、内国民待遇原則の場合には、同種性のほかに、産品間の「直接的競争・代替可能性」も問題になる場合がある。つまり、国産品と輸入品とが、直接的競争・代替可能な関係にあるときにも待遇差が問題とされることがある。以下で具体的な事例に基づいてみることにする。

（2）「同種の産品」・「直接競争・代替可能産品」と判断基準

WTO 体制下で生じた「日本―酒税」事件[5)]では、蒸留酒ごとに異なる酒税を課していた日本の酒税制度について、米国、EC（当時）、カナダが内国民待遇原則に反すると主張し、WTO紛争処理手続上の申立を行った。この制度の下では、国産の焼酎に比べてウォッカ、ウィスキーなどの輸入酒に高額の酒税が課されていた。本件を審査したパネルと上級委員会は、国産品と輸入品との関係について、焼酎とウォッカは物理的特性、最終用途、消費者の嗜好、関税分類という基準に照らして同種の産品であると判断した。一方、焼酎とウィスキーなどの間には需要の交差価格弾力性（一方の製品価格の変動が他方の製品の需要に影響を及ぼす関係）があることを認め、直接競争・代替可能産品であると判断した。

内国税については、GATT3.2条が同種の国産品と輸入品との間では国産品に課すものを「超えて」輸入品に課されることはない、と定める（GATT3.2条第1文）。加えて同条の注釈及び補足規定（同附属書I）は、課税対象の産品と、「そのように課税されない」直接的競争・代替可能産品との間に競争関係がある場合、国内生産に保護を与えるように課税されていると内国民待遇義務に違反すると規定する（同第2文）。

そこで上記の事件では、焼酎とウォッカについては、国産品である焼酎の課税額を「超えて」ウォッカに課税されていたため内国民待遇義務違反であること、焼酎とウィスキーなどについては、ウィスキーなどに対する課税と焼酎との課税差は無視できるレベルではないため「そのように（焼酎のように）課税されない」ことに加え、国内生産を保護しており、内国民待遇義務に違反すると判断された。審理において日本は、酒税制度は保護主義的な目的、つまり国内生産に保護を与えるような制度ではないと反論したが、このような「目的効果アプローチ」と呼ばれる反論は、まず産品間の同種性または直接競争・代替可能性を検討し、次に同種産品間または直接競争・代替可能産品間の待遇差を検討するという本件パネルと上級委員会が行った「二段階アプローチ」により否定された。

国内での販売などに関する法令及び要件の内国民待遇義務を定めるGATT3.4条は、同種の産品に対し、国産品よりも「不利でない待遇」を供与すると規定するのみで、直接競合・代替可能産品について規定しない。そこで、同種で

---

5)　Japan-Alcoholic Beverages II/Panel, AB.

ある国産品と輸入品との競争関係だけが問われることになる。ただし、3.2条の「同種」の範囲より、3.4条の「同種」の範囲は広い（ただし、3.2条の規定する直接競争代替可能産品を含む範囲は超えない）と考えられる。そうでなければ、内国税その他の課徴金に比べて、内国の法令及び要件に対する規律は緩やかとなってしまう（差別が許容される範囲が広くなる）からである。最恵国待遇の節で指摘した通り、「同種性の概念は相対的なもので、異なる規定の適用ごとに（同種性の）範囲はアコーディオンのように伸縮する」ということである。

（3）「不利でない待遇」（GATT3.4条）

国内での販売などに関する法令及び要件については、同種の輸入品に対して国産品よりも「不利でない待遇」の供与が義務であることは上述した。この義務は、このような法令及び要件を「国内生産に保護を与えるように輸入産品又は国内産品に適用してはならない」と規定する3.1条を具体的に体現したものといえる[6)]。先例によれば、輸入品に対する「不利でない待遇」とは、実効性ある競争機会を意味する[7)]。そこで、産品の国籍を理由に形式的に異なる待遇を与えるだけでは不利な待遇とはいえない。また、形式的に同等の待遇が与えられていても不利な待遇となる場合もある[8)]。重要なのは、問題となった措置により、競争条件が輸入品に不利に変更されたかどうかであり、また、その原因が産品の国籍に由来する必要がある。例えば、形式的に国産品と輸入品が同一の待遇を受けている場合に、輸入品の市場シェアが低いために単位当たりの輸入品の負担が大きくなるとの状況[9)]は、産品の国籍に由来しない事情であるため、不利な待遇とされなかった先例がある[10)]。

以上のように、WTO加盟国は、GATT3条の内国民待遇原則の下で、国産品と同種の輸入品を差別しない（ただし、内国税その他の課徴金については直接競争・代替関係にある産品を含む）義務を負う。上述の通り、内国民待遇原則はWTO

---

6)　EC-Asbestos/AB, para. 100.
7)　US-Section 337/GATT Panel, para. 5. 11.
8)　Korea-Various Measures on Beef/AB, paras. 135-136.
9)　たばこ販売時に一定の供託金を義務づける制度下で、輸入たばこの市場シェアが低いために単位当たりで考えれば輸入品の負担が重くなる。
10)　Dominican Republic-Import and Sale of Cigarettes/AB, para. 96.

の各協定に取り入れられている。

より詳細には、内国税その他の課徴金については同種の国産品と輸入品間で課税差をつけてはならず、直接競争・代替可能関係にある国産品と輸入品間では、課税差があり、それが国内生産に保護を与えるように適用されているかが問題となる。逆に、課税差があっても、国内生産が保護されていなければ違反とならない。国内での販売などに関する法令及び要件については、同種の国産品と輸入品間で、輸入品に「不利でない待遇」が与えられているかどうかが重要である。

（4）　内国民待遇原則の例外・免除等

内国民待遇原則の例外・免除等としては、主に、政府調達（GATT3.8.a条）、国内生産者のみに対する補助金（同b条）、映画フィルム上映時間の国産映画への割当（同3.10条、4条）がある（ただし、政府調達は本書11章参照）。

国内生産者のみに対する補助金については、補助金を外国生産者に提供せず、国内生産者にのみ提供しても内国民待遇義務違反に問われないという趣旨である。ただし、この補助金が広く捉えられると輸入品の差別は国産品への補助金とされ、内国民待遇原則の意義が失われてしまう。そこで、税の減免などはここでいう補助金に含まず、支払が直接行われるものが該当すると限定的に考えられている[11)]。また、補助金は、貿易歪曲効果などがある場合、補助金協定の規律対象となる（補助金は本書7章参照）。

なお、国産映画に優先的に上映時間を割当てることも許容される。この規定は、情報通信技術が発達した現代においては従来の意義は失われたといえるが、貿易協定で文化保護のための措置が許容された例としての意義があるだろう。

3. 関税引下げの原則

（1）　関税交渉と関税引下げ方式

本書1章でみた通り、GATT体制下では、数次のラウンドを通じて関税率が引下げられてきた。GATTは、加盟国が、関税その他輸出入に関する課徴金の水準の実質的な引下げを目指して、随時に、相互的かつ互恵的に交渉する

11）　Canada-Periodicals/AB, pp. 33-34.

ことが可能であると規定する（GATT28条の二）。この規定に基づき、加盟国は関税交渉[12]を行ってきたのである。

関税交渉は、個々の産品について、または加盟国が認める多角的な手続を通じて行うことができる（同2項(a)）。伝統的には、「リクエスト・オファー方式」、「フォーミュラ方式」と呼ばれる方式が採用されてきた。

「リクエスト・オファー方式」では、二国間で関税引下げを要求（request）する品目リストを交換し、次にそのリクエストに応じてどれだけ自国が関税を引下げられるかという回答（offer）リストを提示する。その上で両国間で交渉を行い、関税引下げに伴ってどの程度輸入が増加するかを定量的に予測しながら、結果として関税引下げ効果が互恵的になるよう調整して交渉を進める。「フォーミュラ方式」とは、あらかじめ関税引下げ率や引下げ幅を定めた公式（フォーミュラ）に基づいて、一律に、あるいは経済発展の段階に応じて関税引下げを行う方式である。

こうして得られた関税交渉の結果は、最恵国待遇原則を通じて、他の加盟国にも適用される（これを交渉結果の「均てん」と表現することも多い）。このように、相互かつ互恵的な交渉と最恵国待遇原則により、全体的な関税率の引下げがはかられるのである。

GATTでは、1960年代前半のディロン・ラウンドまではリクエスト・オファー方式を用いた交渉が行われていたが、同年代半ばのケネディ・ラウンドでは原則として鉱工業品の関税を一律に50%引下げるフォーミュラ方式、1970年代東京ラウンドでは高い関税率を課している国ほど関税引下げ率の幅を大きくするというフォーミュラ方式がとられた。1980年代後半のウルグアイ・ラウンドでは、化学品、医薬品など特定産品についてフォーミュラ方式も採用された。GATT初期、関税引下げが交渉の中心であった時代には、いずれの交渉方式を用いても関税引下げが最終的に各国の輸出入量に与える影響を交渉時に予測することが比較的容易であったが、現在は関税交渉に加えてサービス貿易分野や知的財産権分野なども含んで交渉範囲が広く、交渉結果の予測が難しくなっている。ドーハ・ラウンドを含めラウンドが長期に渡る要因の一つとい

---

12)　ラウンドは、多角的貿易交渉をさすが、GATT28条の二は「関税交渉」と題されるため本節では「関税交渉」を用いる。

えるだろう。

(2)　関税譲許・譲許の停止及び撤回・譲許表の修正

関税交渉の結果は、各国ごとの「譲許表」と呼ばれる表に産品ごとに記載される（記載することを「バインドする」と表現する場合もある）。しばしば、「関税を譲許する」という表現がみられるが、これは関税交渉を行って関税を引下げ、それを譲許表に記載することを表すものといえる。また、譲許表に記載された関税率は、当該品目の関税率の上限を示すもので、譲許税率と呼ばれる（実際には、譲許税率よりも低い関税が課される場合もある）。加盟国は他の加盟国に対して、譲許表に定める待遇より不利でない待遇を与えなければならず（GATT2. 1. a 条）、また、譲許税率を超える関税と輸入関連のその他の全ての租税や課徴金を課せられることはない（同 2. 1. b 条）。

関税譲許後の譲許の停止または撤回や、譲許表の修正も一定の条件の下で可能である。例えば、WTO を脱退した国に対しては、譲許の全部または一部を停止または撤回できる（同 27 条）。ただし、1995 年の WTO 成立以降、脱退した国は今のところ存在しない（2018 年末時点）。

譲許表の修正（譲許の撤回を含む）を希望する加盟国は、当初交渉した国など実質的な利害関係を有する国と補償案を提案しながら再交渉し、合意することが必要である（同 28.1 条）。合意に至らない場合でも譲許は修正できるが、その場合には交渉相手国が実質的に等価値の譲許を撤回できる（同 28. 3 条）。

(3)　情報技術製品の貿易に関する閣僚宣言（情報技術協定（ITA））

WTO 成立後、1996 年に日本の提案に基づいて情報技術産品の関税撤廃を目指す交渉が行われ、同年のシンガポール閣僚会議開催中、29 か国（EC15 か国（当時）を含む）が「情報技術製品の貿易に関する閣僚宣言（Ministerial Declaration on Trade in Information Technology Products）」（情報技術協定、Information Technology Agreement: ITA とも呼ばれる）に合意した。ITA の参加国は、ITA に列挙されたコンピュータ、半導体などの情報関連機器、部品について一定期間内に関税を撤廃することとした。

一方、技術革新に伴って、コンピュータとテレビ、FAX とスキャナとプリンタなどの融合製品が登場すると、例えばITA に基づきコンピュータには関税率 0%、他方でテレビには関税を課している場合、融合製品にいずれの関税率を適用するのかといった問題が生じ、実際に次のような貿易紛争も生じた。

2008年、日本はITA対象として無税とされるべきデジタル複合機、PC用液晶モニター、セット・トップ・ボックス（録画機能付き放送受信機）について、EUがそれぞれをアナログ式コピー機（関税率6%）、ビデオモニター（同14%）、ビデオ機器（同13.9%）に分類し、関税を課しているとして、台湾、米国と共にWTO紛争処理手続上の申立を行い、2010年にパネルは申立国側の主張を認める判断を下した。

一方、日本等がEUを申し立てた2008年、EUは同時にITAの拡大交渉を提案していたが、当時米国は時期尚早であると主張した。2011年にEUは問題となった関税率を変更するため、関連するEU規則及び関税分類の変更を公表し、これによりDSB勧告[13)]を実施したとの立場をとった。しかし申立国側は、デジタル複合機の一部に対する2.2%の関税の残存や、EUの税関当局による改正済の関連規則・関税分類の具体的運用が明らかでないなどとして懸念を表明した。

ITAは、長年にわたり対象品目の見直しが行われず、上記のような新製品なども対象に含められなかった。そこで2012年から品目の拡大交渉が開始され、2015年に最終的な品目リスト（約140品目を201品目に拡大）と宣言文が採択されるに至り、同年に開催されたWTOナイロビ閣僚会議で、原則3年間での関税撤廃に最終合意した（「拡大ITA」と呼ばれる）。これにより、ITA参加国・地域は82、そのうち拡大ITA参加国・地域は55（いずれもEUとEU加盟28か国を含む）となり、世界のIT製品の貿易のほとんどを占める。関税撤廃は2016年7月から開始し、2019年7月までに201品目の9割、2024年1月には参加国全ての対象品目の関税の撤廃が予定されている。関税撤廃の対象品目については、一定期間後また定期的にアップデートするかどうか検討することも合意されている。

（4）　関税譲許関連の義務の例外・免除等

関税譲許関連の義務の主な例外・免除等としては、内国民待遇原則に合致して課される内国税に相当する課徴金（GATT2.2.a条）、AD税と相殺関税（同2.2.

13)　パネル報告（及び上級委員会報告）が加盟国に採択されるとDSB勧告となる（本書14章参照）。

b条)、セーフガード(safeguard: SG)措置(同19条)がある。

① 内国民待遇原則に合致して課される内国税に相当する課徴金(GATT2. 2. a条)　関税譲許後であっても、産品の輸入に際して内国民待遇原則に合致する形で内国税に相当する課徴金を課すことは可能である。この条項は、特に国境税調整との関係で重要である。一般に、国境税調整とは、ある産品に輸出国、輸入国の双方で二重に課税されるのを防ぐために国境で行われる調整をさす。例えば、国産品にある内国税を課している場合に、同種の輸入品の母国では同じ種類の税ではあるものの低率の税しか課せられていないと、輸入国市場では国産品よりも輸入品が競争上優位になる。そこで、国境税調整という考え方のもとで、輸入品の母国では輸出に際してこの内国税の免除・還付・払い戻し(輸出還付)を行い、輸入国においてはこの輸出還付を条件に、国産品と輸入品に同額の税を課す。ただし、産品への課税なので、直接税ではなく消費税や酒税などの間接税が対象である。この条項は、こうした国境税調整の主な根拠の一つになっている。

② アンチ・ダンピング(AD)税及び相殺関税、セーフガード(SG)措置　貿易救済措置の中で、GATT2. 2. b条で明示的に加盟国が関税譲許後にも課すことが認められているものとして、AD税と相殺関税がある。これらは譲許税率を超えることになるが、それぞれ関連ルールであるGATT6条とAD協定、または同条と補助金協定に合致して課すことは許容される。

輸入増加により国内産業に重大な損害等が生じている場合に関税率の引上げの形でとられるSG措置も、GATT19条とSG協定に従う限り認められる(貿易救済措置は本書7章参照)。

4. 数量制限の一般的廃止

(1) 数量制限の一般的廃止の概要

加盟国には、輸出入の数量制限を一般的に廃止する義務があり、新たに導入することも認められない(GATT11. 1条)。

数量制限とは、例えば、ある産品の輸入量を年間10万トンとするなど数量的に制限することをさす。制限の形態は、数量割当、許可制など様々であるが、加盟国が一般的に廃止しなければならない数量制限には、関税その他の課徴金以外の全ての措置が広く含まれる。

ただし、下記でみるようにGATTの定める一定の条件に従って、また、加盟国の産品に無差別に適用されれば例外的に認められることがある（同13条「数量制限の無差別適用」）。

（２） 数量制限の一般的廃止の例外・免除等

数量制限の一般的廃止の主な例外・免除等としては、食糧などの不足の防止のための一時的な輸出禁止または制限（GATT11. 2. a条）、特定の目的のために行われる漁業産品（fisheries product）の輸入制限（同11. 2. c条）、SG措置がある。

① 食糧などの不足防止のための一時的な輸出禁止または制限（GATT11. 2. a条）

GATT11. 2条及び同a項は、「食糧その他輸出国にとって不可欠の産品の危機的な不足を防止し、又は緩和するために一時的に課するもの」には数量制限の一般的廃止を適用しないと規定する。不可欠の産品については、本条項の起草経緯によれば、食糧以外では有限天然資源が念頭に置かれていたものの、絶対的な基準はなく、各加盟国の実情を勘案して考えるべきとされている[14)]。また、危機的な不足は、一般的な景気後退ではなく、飢餓による穀物の欠乏や外国における食糧の価格高騰などをさし、これを防止するための予防的措置として一時的な輸出制限が認められる[15)]。

本条項は長年、貿易紛争の争点とならなかったが、2012年に初めて出された先例によれば、「一時的」とは限定された期間を意味するため、一時的不足に対応するための措置とは「暫定的」な措置をさし、また「危機的不足」とは「決定的に重要な不足」をいう[16)]。そこで、同11. 2. a条の措置には、不可欠産品の決定的に重要な不足に対応するための暫定的措置が該当すると考えられる。

② 特定の目的のために行われる漁業産品の輸入制限（GATT11. 2. c条）

農産品と漁業産品（fisheries product）については、国産品の生産量の制限や一時的な過剰に際して、同種または代替品である輸入品の輸入量を調整するため輸入制限を行うことが認められてきた。しかし、ウルグアイ・ラウンドで農業協

14）　津久井（1993）p. 368、WTO "Analytical Index", p. 326.

15）　食糧の輸出禁止または制限を新設する場合には、農業協定が定める条件に従うことが必要である（本書5章1.（2）⑤「その他の規律」参照）。

16）　China-Raw Materials/AB, paras. 323-324.

定が成立し、農産品に関する非関税措置を原則として関税化することが加盟国に義務づけられたため、この条項は漁業産品（同）についてのみ適用される（農業協定は本書5章参照）。

漁業産品（同）について上記の目的で措置をとる場合、輸入制限を行う加盟国は、将来の特定の期間に輸入を許可する産品の総量または総価額（変更の場合はその数量又は価額）の公表が必要となる。また、国内生産量（すなわち漁獲量）を制限するために輸入制限を行う場合は、国内生産量と輸入量の割合が、過去の代表的期間[17]における両者の割合よりも低くなってはならないという条件を満たす必要がある。

③　セーフガード（SG）措置　輸入増加により国内産業に重大な損害等が生じている場合に、輸入数量制限の形でとられるSG措置は、GATT19条とSG協定に従ってとられる限り認められる。

5. 例外・免除ほか

（1）　一般的例外

①　一般的例外の意義　一般的例外を規定するGATT20条は、GATTに反する場合でも、公徳の保護や人と動植物の生命または健康の保護に必要な措置、有限天然資源の保存に関する措置など、貿易の自由化という価値とは異なる非貿易的な価値を追求するための国内政策を、加盟国が一定の条件の下でとることを例外として許容するものである。代表的な例として、ある加盟国の環境保護措置が貿易に影響を与えるといった貿易と環境の問題がある。このような非貿易的価値に関わる措置は、基本原則などのルールに違反しても例外措置に合致すれば一定の条件の下にとることが認められる。一般的例外は、GATT20条のほかサービスの貿易に関する一般協定（GATS）14条など、WTOの各協定に規定される場合がある。

一般的例外条項は、特に貿易紛争の場面で被申立国が援用する。ある加盟国の措置をルール違反であるとして他の加盟国がWTO紛争処理手続上の申立を行った場合、被申立国は仮にルール違反であるとしても一般的例外に該当す

17)　この期間を3年とした先例がある。EEC-Apples I (Chile)/GATT Panel, para. 4. 8.

るので許容されると反論する。したがって、ある措置が一般的例外に該当するかどうかは、しばしばパネルや上級委員会の審理を通じて判断されることになる。

② **一般的例外条項の構成**　GATT20条は、柱書と呼ばれる部分とa～hの各項で構成される。柱書は、加盟国が同様の条件の下にある諸国の間で恣意的もしくは正当と認められない差別待遇の手段となるような方法で、または国際貿易の偽装された制限となるような方法で適用しない限り、加盟国がa～hの各項の措置をとることを妨げられない、と規定する[18)]。

各項は、(a) 公衆の保護のために必要な措置、(b) 人と動植物の生命または健康の保護のために必要な措置、(c) 金または銀の輸出入に関する措置、(d) 税関行政法令や知的財産権法などGATTの規定に反しない法令の遵守確保に必要な措置、(e) 刑務所労働の産品に関する措置、(f) 美術的、歴史的、考古学的価値のある国宝の保護のためにとられる措置、(g) 有限天然資源の保存に関する措置（ただし国内の生産または消費制限と関連して実施される場合に限る）、(h) 商品協定などに従ってとられる措置、を規定する。

例えば、ある加盟国が絶滅する恐れのある海洋生物の保護のため、この海洋生物が混獲される漁法で獲られた水産物の輸入を禁止した場合を考えてみよう。この輸入禁止措置は、おそらくg項の有限天然資源の保存に関する措置に該当する可能性が高い。そして、この措置が、柱書の定めるように同様の条件下にある諸国間で恣意的または正当と認められない差別となる方法で、または国際貿易の偽装された制限となるような方法で適用されていなければ柱書の条件を満たし、輸入禁止というGATT11.1条の定める数量制限の一般的廃止の原則に反する措置でも許容されることになる。

③ **一般的例外条項の適用**　実際の貿易紛争では、加盟国の措置と20条との整合性が詳細に検討される。上記の例でいえば、特定の水産物の輸入禁止がg項の有限天然資源の保存に関する措置なのか、「関する」というのはどのような場合をいうのか、特定の水産物の輸入禁止措置が同様の漁法が採用されている他国からの輸入品に不適用であるといった恣意的または正当と認められ

---

18)　GATS14条などの柱書も同内容を規定する。

ない差別がないか、有限天然資源の保存といいながら実際には輸入品と競合する国産品を保護していないか、つまり偽装された貿易制限に該当しないかなどの点が問題となる。また、そもそも輸入禁止措置がルールに違反しているか、違反しているとしても一般的例外に該当するという点をいずれの国が証明しなければならないのかといった立証責任の配分も重要である。

これらの諸点は、個別の貿易紛争に関する判例を通じて明らかとなってきた。a〜hの各項の中でも、特に援用例が多いのはb項とg項である。その背景には、非貿易的事項の中でも、特に貿易と環境の問題を巡ってGATT体制下より貿易紛争が生じた経緯があり、環境保護措置に最も関連するのがb項とg項であるとの事情がある。一般的例外は、ルールからの逸脱を認めるものであるため、パネルや上級委員会に厳格に解されてきたが、近年では地球温暖化問題など環境保護に対する世界的な意識の高まりを受け、環境保護措置として認められる基準は緩やかに解されるようになってきている（環境を扱う本書13章も参照）。

（2） 安全保障例外

安全保障例外は、加盟国が自国の安全保障上の利益の保護のために必要であると認める国内政策について、GATTに反するとしても例外として認めるものである。安全保障上の利益の概念はGATTに規定されているわけではなく、しかも加盟国が自己判断する形となっているため、濫用される危険性を内包する。安全保障例外は、加盟国の自己抑制により援用例はほとんどなかったが、2018年頃から散見されるようになっており[19]、安易な援用が懸念される。

具体的に安全保障例外条項（GATT21条）は、①公表すれば自国の安全保障上の重大な利益に反すると同国が認める情報の提供要求、②同利益の保護のために必要であると同国が認める措置（核物質に関する措置、武器等に関する措置、戦時その他の国際関係の緊急措置）を妨げること、③国際平和及び安全の維持のための国連憲章に基づく義務に従う措置をとるのを妨げること、のいずれかをGATTが定めると解してはならないと規定する。なお、安全保障例外は

19） 例えば、Russia-Traffic in Transit/Panel. また2018年には、トランプ政権下の米国が安全保障を理由に、鉄鋼とアルミニウム製品の関税引上げ及び輸入数量制限を行い、WTO紛争処理手続で9ヶ国と米国とで係争中である（2019年6月末時点）。

GATT21条のほかGATS14条の2など、WTOの各協定に規定される場合がある。

（3）　国際収支擁護のための制限

国際収支の擁護のための制限は、ある国の国際収支が悪化している場合に輸入制限措置をとれないとすると、この国の対外支払手段が枯渇して貿易が縮小するだけでなく、正常な経済秩序の維持ができなくなるおそれがあるために認められるものである（GATT12.1条）。ただし、為替準備や国際収支などの問題については、国際通貨基金（International Monetary Fund: IMF）の決定に従うこととなっているため（同15.2条）、国際収支擁護のための制限はIMFと連動して援用されてきた。

具体的には、「IMF協定14条国（経済力が弱く国際収支に不安が残るため為替制限が認められる国）」は、GATT12条を援用できるが、経常取引を自由化した国として「IMF協定8条国（8条の義務（①経常取引の支払制限の廃止、②差別的通貨措置の禁止、③通貨の自由交換性の維持）を受け入れた国）」に移行すると、国際収支の悪化を理由に輸入を制限すること、すなわち12条の援用は認められない。GATT成立初期には、戦争を経て国際収支困難な状況にあった多くの国がIMF協定14条国であったが、徐々に先進国のほとんどが同8条国に移行した。そこで先進国にとって、この条項はほぼ意味をなさないといえる。

他方、途上国、特に「経済が低生活水準を維持することができるにすぎず、かつ開発の初期の段階にある締約国」（GATT18.4.a条、これ以外の加盟国は12条を援用する）については、別途、急速な開発過程にある場合に国際収支上の困難に陥ることがあるとして、一定の条件の下で輸入制限を行うことが認められてきた（同18条B）。しかし、この条項は濫用される傾向にあったため、ウルグアイ・ラウンドで「1994年のGATTの国際収支に係る規定に関する了解」が合意され、GATT12条及び18条Bを援用するための条件が強化された。例えば、輸入制限を行う国には、撤廃時期の速やかな公表、数量制限を避けて「貿易の流れを乱す影響が最も少ない措置」の優先的採用、透明な運用、WTOの国際収支委員会との協議や定期的審査の受け入れなどが求められる。右の措置は、同了解で、「価格を基礎とする措置」と呼ばれ、輸入課徴金などが例示される。

以上の結果、現在、国際収支擁護のための制限は、金融危機時の一時的な輸入制限などに限定されている（2018年末時点）。

（4）　その他

例外・免除等としては、以上にあげたほか、ウェーバー（義務免除）、紛争処理手続を通じて行われる譲許その他の義務の停止（対抗措置とも呼ばれる）がある（ウェーバーは本書1章**2.**(**3**)②「意思決定」参照）。

紛争処理手続を通じて行われる譲許その他の義務の停止は、同手続の一環として行われるものである。貿易紛争がWTOの紛争処理手続に申し立てられると、協議、パネル審査と報告書の公表、さらに上訴があった場合、上級委員会審査と報告書の公表、紛争解決機関（DSB）によるこれらの報告書の採択と勧告という段階を経て、被申立国の措置とWTO協定との整合性の有無が確定する。しかし、被申立国が非整合的と判断された措置を是正または撤廃しない場合、申立国は紛争解決了解（DSU）の定める条件に従って、DSBの承認を経てから譲許その他の義務の停止を行うことが可能である。具体的な措置の例として、被申立国からの輸入品に対する関税引上げや輸入数量制限がある。このような措置は、基本原則に沿わないが、譲許その他の義務の停止を行う場合に可能である（紛争処理手続は本書14章参照）。

6. 国家貿易企業

国家貿易企業を規律するルールの対象となるのは、国家が設立した貿易に従事する企業や、輸出入のいずれかを伴う購入や販売を行う排他的または特別の権利を国家に正式にまたは事実上与えられた企業である（GATT17. 1. a条）。

国家貿易企業は、国家から独占的地位を保障されることになるため、輸入国間の差別や輸出入制限、透明性に欠けるなど、その事業が貿易に悪影響を与える場合がある。そこで、GATT17条とウルグアイ・ラウンドで合意された「1994年のGATT第17条の解釈に関する了解」は国家貿易企業に関するルールを定める。具体的には、加盟国は国家貿易企業が無差別原則に従って行動することを約束すると同時に（同17. 1. a条）、17. 1. a条によって、国家貿易企業には商業的考慮（価格、品質など）のみに従って購入または販売を行うこと、他加盟国の企業に対して通常の商慣習に従って購入または販売に参加する競争機会を与えること、が要求される（同17.1.b条）。また、加盟国には国家貿易企業について WTO に通報する義務がある（上記了解）。

日本が国家貿易企業として WTO に通報している例としては、輸入枠内で指定乳製品などの輸入と販売などを行う農畜産業振興事業団、タバコの生産を独占的に行う日本たばこ産業株式会社がある（2018年通報）[20)]。諸外国では、カナダやオーストラリアで小麦の輸出独占や国産品買入れなどを行う小麦ボードの例がある。

参考文献〈第2章〉

・WTO, *Analytical Index: Guide to GATT Law and Practice.*
（https://www.wto.org/english/res_e/publications_e/ai17_e/gatt1994_e.htm）

・WTO "WTO Glossary"（https://www.wto.org/english/thewto_e/glossary_e/glossary_e.htm）

補論　貿易と開発

GATT-WTO 体制において途上国は自己宣言的であり、後発開発途上国（Least Developed Country: LDC）のみ国連が認める国が該当する（WTO 設立協定11.2条）。同体制下では、途上国をめぐり貿易と開発の問題が長年取りあげられてきた。

まず1960～1970年代、植民地から独立を果たした途上国は、先進国と発展段階が異なるために対等な競争が困難であるとして、GATT 体制下で特別待遇の供与などを求めた。この結果、1965年に GATT 第4部「貿易と開発」が追加され、途上国への配慮が規定された（1966年発効）。また、1979年には授権条項が合意され、途上国に対する特恵待遇の供与を認める一般特恵制度が恒久的に認められることになった。

1980年代になると、途上国の中にも貿易を通じて発展を遂げたアジア諸国など、新興工業経済地域と呼ばれる国々が登場した。また、途上国の一部に累積債務問題が発生し、それに対する IMF の支援条件として市場重視型の経済政策がこれらの国々に導入された。こうした状況を経て途上国の姿勢も変化し、GATT 体制下のウルグアイ・ラウンドに積極的に参加するようになった。

同ラウンドを経て成立した WTO 体制下では、WTO 設立協定の前文で、持続可能な開発と LDC の経済開発ニーズに応じた貿易量の確保が新たに言及され、貿易と開発に配慮がなされた。また、WTO の各協定では、途上国に対す

20） G/STR/N/17/JPN, 11 Octber 2018.

る特別かつ異なる待遇（Special and Differential Treatment: S&D）の供与が規定された。各協定に含まれるS&D 規定は、①途上国の貿易機会の増加、②途上国の利益保護、③途上国による約束、措置、政策手段の利用の柔軟性、④協定実施の経過期間、⑤技術支援、⑥ LDC への優遇、という六つに分類できる[21)]。

一方、WTO 協定には、知的財産権の保護とそのための国内手続の整備を義務づける TRIPS 協定など、財政的また人的資源に乏しい途上国にとって実施が難しいルールも多かった。このため、1998 年頃から途上国が各協定の実施期間の延長などを求める主張を始めた（「実施問題」と呼ばれる）。途上国の懸念はさらに広がり、1999 年のシアトル閣僚会議が失敗する要因ともなった（本書1章 **1.**（3）「WTO の展開」参照）。2001 年から開始されたラウンドは、こうした事情を反映し「ドーハ開発アジェンダ」（本書ではドーハ・ラウンドと呼称）との名称が付され、貿易と開発の問題が前面にうち出されている。その後、実施問題は、一部については実施のための経過期間の延長などの対応がなされ、未解決の問題についてはラウンドでの検討が継続している。

WTO における貿易と開発に関するその他の取組みの例としては、2005 年に開始された「貿易のための援助（Aid for Trade）」がある。この取組みでは、主に、途上国の生産能力の向上とインフラ整備を目的として、国際機関や各加盟国が行う援助の調整が行われる。その成果はグローバル・レビューと呼ばれる2年に一度の審査で評価される（2007 年から評価開始）。また、S&D の技術支援規定に基づき、WTO 事務局や加盟国の一部がキャパシティ・ビルディングと呼ばれる途上国の能力向上のための支援活動を行っている。この活動では、各協定の理解向上のためのセミナーや途上国に対する専門家派遣などが行われる。ただし、WTO は援助機関でないため、支援は技術協力にとどまることに留意が必要である。

途上国は、WTO の加盟国の 4/5 近くを占め、原則として一国一票のコンセンサス方式を採用する WTO 体制では意思決定を左右する。このため、近年は WTO の意思決定が極めて困難になっている。ドーハ・ラウンドが長期に渡っている要因の一つでもある（本書1章 **1.**（4）「WTO の課題」参照）。加えて、近年では途上国の多様化も著しく、先進国にとってもこれまでのように LDC、途上国という区分だけで貿易と開発の問題に対応することは難しくなっている。

他方、近年増加している地域貿易協定（Regional Trade Agreement: RTA）は、

21）　WTO（2001）pp. 4-5.

WTO と比べると途上国にとって相対的に不利な局面も多い。もともと RTA は相互にメリットがある国の間の協定であるが、途上国の中にはそうしたメリットを提供できず、また貿易品目に乏しく RTA の締結が難しい場合もあり、RTA のネットワークから取り残され得る。さらに、少数国が交渉する RTA では、経済力などを有する大国が有利となり、大国との力関係が交渉や協定の内容に影響を及ぼす。加えて、WTO では途上国も数の力を発揮できるが、RTA ではそれも難しい（RTA は本書 3 章参照）。

ドーハ・ラウンドでは途上国に関連する決定がこれまでにいくつか行われているものの、途上国の中にはそれでもなお一層の待遇改善を求める国や、ラウンドの一括受諾に固執し、意思決定を困難にしている国もある。WTO の改革・現代化のための取組みでは途上国の卒業問題など貿易と開発の問題も対象である。WTO が機能不全となり RTA に偏った場合の上記のようなリスクを途上国も意識した上で、WTO 改革・現代化の議論に参加していくことが期待される（WTO 改革・現代化は本書 1 章**補論 2**「WTO の改革・現代化のための取組み」参照）。

参考文献〈補論〉

・WTO, *World Trade Report 2014: Trade and development: recent trends and the role of the WTO,* 2014.

・WTO “Aid For Trade”
（https://www.wto.org/english/tratop_e/devel_e/a4t_e/aid4trade_e.htm）

・WTO “Implementation of Special and Differential Treatment Provisions in WTO Agreements and Decisions, “WT/COMTD/W/77/Rev. 1, 21 September 2001.

・WTO “Trade and Development”
（https://www.wto.org/english/tratop_e/devel_e/devel_e.htm）

・WTO “Who are the Developing Countries in the WTO?”
（https://www.wto.org/english/tratop_e/devel_e/d1who_e.htm）

第3章　地域貿易協定（RTA）の拡大とWTO

戦後、GATT-WTOという多国間貿易体制が国際貿易の中心となってきた一方で、1950年代後半から1960年代にかけて西欧の統合が始まり、1980年代中頃から1990年代には米州などでも地域貿易協定（Regional Trade Agreement: RTA）締結の動きが生じ始めた。RTAの中でも、特に自由貿易地域を形成する自由貿易協定（Free Trade Agreement: FTA）の数は2000年前後から急増し、2010年頃からは、大型化また広域化するようになっている。また、2000年前後以降に締結されたRTAは、FTAを中心に投資や環境を含むなど対象分野を拡大し、内容面での深化も遂げている。

そこで本章では、RTAの概要と展開、RTAとWTO協定との関係について扱う。

1. 地域貿易協定（RTA）の拡大

（1） RTAとは何か

RTAとは、一般的には二国間、複数国間、地域または地域間において貿易自由化などを目指して締結される協定である。国家間の通商関係には古くから二国間、地域間、複数国間など様々な関係が併存してきたといわれ[1)]、GATTは第二次世界大戦後初の多国間貿易協定であった。RTAも従来存在し、地理的に近接した国や地域間での形成が多かったことから地域経済統合と呼ばれた。また、GATT-WTOのように多国間で貿易の自由化を目指す多国間主義との対比で、地域主義ともいわれた。GATT成立以降では、例えば1950年代後半から60年代にかけて西欧の統合が進み、1957年に欧州経済共同体（European Economic Community: EEC, EUの初期の形）、1960年に欧州自由貿易連合（European Free Trade Association: EFTA）が成立した。

1）　WTO（2011）pp. 48-50.

一般に、国や地域間の経済的な統合には、自由貿易地域や関税同盟など様々な形態がある。例えば経済学者のバラッサは、こうした形態を統合の程度に応じて発展段階順に自由貿易地域、関税同盟、共同市場、経済同盟、完全経済統合という5つに分けた（図表1参照）。統合の度合いは、自由貿易地域から完全経済統合まで徐々に深まっていく。ただ、世界の現実をみると、自由貿易地域や関税同盟はあるが、それ以上の統合を行っている例はあまりみられない。わずかにEUが統合を深めている一例としてあげられる程度である。また、自由貿易地域は関税同盟に発展することを想定して形成されているわけではない。

図表1　経済統合の分類

分類	概要	例
自由貿易地域	域内貿易の自由化（主に関税、数量制限の撤廃）	NAFTA（注1） 日本のEPA（注2）
関税同盟	自由貿易地域＋域外共通関税・通商規則	メルコスール
共同市場	関税同盟＋域内での生産要素（資本、人等）の自由化	↓EU
経済同盟	共同市場＋共通経済政策（通貨管理等）	
完全経済統合	経済同盟＋超国家的機関の創設	—

（注1）NAFTAは北米自由貿易協定（North American Free Trade Agreement）。メルコスールは南米南部共同市場。
（注2）EPAは経済連携協定（Economic Partnership Agreement）の略でFTAと実質的に同義。
（出所）各種資料より筆者作成。

WTO協定が規律対象とする統合の形態は、関税同盟と自由貿易地域である（厳密には、関税同盟と自由貿易地域が最終的に形成されるまでの「中間協定」も規律対象であるが割愛する）。これらは、GATTで次のように定義される。

関税同盟は、「関税その他の制限的通商規則」を「同盟の構成地域間の実質上のすべての貿易について、又は少なくともそれらの地域の原産の産品の実質上すべての貿易」について廃止し、かつ、「同盟の各構成国が、実質的に同一の関税その他の通商規則をその同盟に含まれない地域の貿易に適用する」ために二以上の関税地域を「単一の関税地域」に替えるものである（GATT24. 8. a条）。つまり、関税同盟を形成すると、同盟の構成国や地域間の大部分の貿易で関税などの貿易障壁を撤廃すると共に、域外に対しては共通の関税と通商規則を適用する。

自由貿易地域とは、「関税その他の制限的通商規則」が「構成地域の原産の産品の構成地域間における実質上のすべての貿易について廃止されている二以上の関税地域の集団」をさす（同24. 8. b条）。そこで、自由貿易地域では、関税などの貿易障壁を域内原産の産品の貿易の多くについて撤廃する。近年増加しているFTAによって形成されるのが自由貿易地域である。

図表2に示した通り、関税同盟と自由貿易地域の最大の相違は、関税同盟の場合に、域外に対して共通の関税と通商規則を適用する点である。**図表2**は、関税同盟と自由貿易地域について域外国との関係を単純化して示している。A、B、C国が関税同盟を形成すると域内貿易の大部分の関税は原則として0%となるが、域外D国に対しては、3か国が共通の関税と通商規則を適用する。他方、A、B、C国が自由貿易地域を形成した場合には、域内貿易の大部分の関税が原則として0%となる点は関税同盟と同じであるが、域外のD国に対しては各国が各々の関税と通商規則を適用することになる。

また、自由貿易地域の場合には、「構成地域の原産の産品」のみが域内貿易自由化の対象である。自由貿易地域に流入する域外原産品も域内貿易自由化の

図表２　関税同盟と自由貿易地域の相違

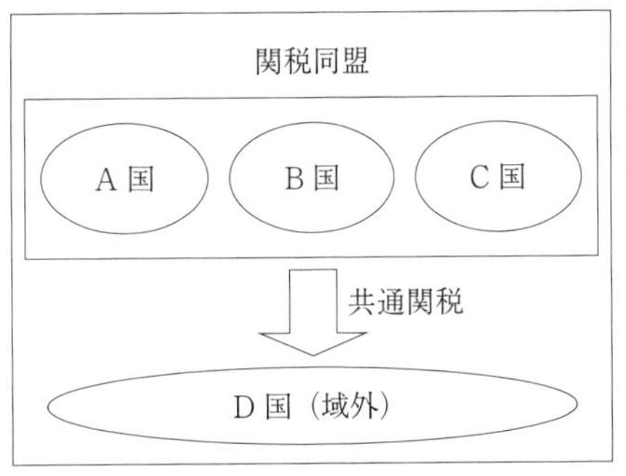

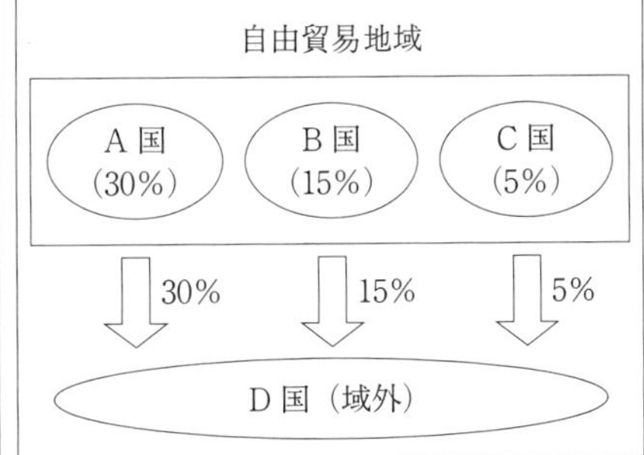

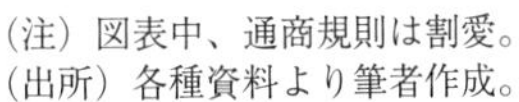
（注）図表中、通商規則は割愛。
（出所）各種資料より筆者作成。

対象になるとすれば、貿易障壁の低い構成国・地域から域外原産品が域内に輸入され流通することになり、各構成国・地域が域外に対して異なる関税と通商規則を適用する意味が失われるからである。

（2） RTAの拡大と特徴

RTAの締結件数は、1980年代までは10年ごとでも10件に満たなかったが、1990年代以降に増加しはじめ、2000年前後から急増した。その多くが自由貿易地域を形成するFTAである。WTOによれば、既に2010年の時点で、有効なRTAの3／4がFTAであった[2)]。

FTAは、2010年前後から、環太平洋パートナーシップに関する包括的及び先進的な協定（Comprehensive and Progressive Agreement for Trans-Pacific Partnership: CPTPP）や、米国とEU間の環大西洋貿易投資パートナーシップ（Transatlantic Trade and Investment Partnership: TTIP）交渉のように、世界貿易に占める貿易量や額の大きな国や地域間で交渉または締結されたり、参加国数が多くなったりするなど、大型化また広域化するようにもなっている。さらに、既存のFTAよりも幅広い分野や規律内容を含むようになったことから「深化」したとも評され、「メガFTA」や「新時代のFTA（"new generation FTA"）」などと呼ばれることもある。

近年締結されるRTAには、次のような特徴がある。第一に、従来RTAはEUや、米国、カナダ、メキシコで構成されるNAFTA[3)]など、地理的近接性から形成されることが多かったが、地理的に近接していなくても、経済的、政治的な観点から形成される例が増えている。例えば、CPTPPのほか、EU—韓国FTA、EU—カナダFTA（Comprehensive Economic and Trade Agreement: CETA）、日本-EUのEPA（日本が締結するFTAはより包括的であるとの趣旨から「経済連携協定（Economic Partnership Agreement: EPA）」と呼ばれる）がある。WTOによれば、2000年頃、RTAの締結は地域内が中心であったが、2010年頃には半数が地域を越えて締結されていたという[4)]。

---

2)　WTO（2011）pp. 61-62.

3)　NAFTAはトランプ政権下で再交渉され、USMCA（United States-Mexico-Canada Agreement）として2018年11月に署名、各国内で批准手続中である（2018年末時点）。

4)　WTO（2011）p. 58.

第二に、CPTPPや東アジア地域包括的経済連携（Regional Comprehensive Economic Partnership: RCEP、交渉中（2018年末時点））など、複数国間のRTAの増加である。第三に、EUと東南アジア諸国連合（Association of South East Asian Nations: ASEAN）とのFTA交渉など、統合した地域間でのRTA締結の試みがみられている[5)]。この背景には、「ブロック」として交渉すると、経済的規模が拡大して世界市場での存在感も高まると共に、相手国からの関心も引きつけるという理由があるだろう。第四に、途上国を含むRTAや途上国間のRTAの増加がある。

内容面に目を向けると、これらのRTAは伝統的な関税引下げなどの国境措置に加えて、サービス貿易、知的財産権など国内政策に関わる様々な分野を含むことが多い。さらにはWTO協定が直接規律しない投資、競争、電子商取引、環境、労働といった分野を含むもの（WTOプラスと呼ばれる）も増え、そうした分野ではRTAが新しいルールの試みを先導している。逆にいえば、多国間のルールが追いついていない分野でRTAのルールが先行している。

このように国内政策に関する分野を含む「深い」統合が起きている要因の一つに、企業が複数国にまたがって物品やサービスの供給、また調達を行う国際的な生産ネットワークを形成し、生産工程を最適化するグローバルバリューチェーン（Global Value Chain: GVC）の発展があるといわれる[6)]。GVCの円滑な運用には、一定の国内政策の調和や相互承認が必要となる。さらに、途上国と先進国との間ではそもそも関連ルールの整備状況などに相違があるため、それを解消するためにも国内政策分野をも含む「深い」統合が目途されるというのである。こうした統合が行われると、貿易上のコストの低下、共通ルールの策定、経済的インフラの安定化などの利益が生じる一方で、調整コストが発生する。特に途上国にとってそのコストは高いだろう。また、RTA域外の国・地域にとっては貿易上のコストが上昇する。RTA間のルールや特恵の相違も事業者にとってはコストとなる（特恵は本書2章1.（3）「最恵国待遇原則の例外・免除等」参照）。こうした課題はいずれ一層顕在化する可能性があり、RTA間の調整は今

5）ASEANは厳密には本書でいうRTAではないが、域内でAFTA（ASEAN Free Trade Area）と呼ばれる自由貿易地域が形成されている。

6）WTO（2011）pp. 11-113.

後の課題であると思われる。

（3） **RTA の意義**

① **RTA 締結の要因**　RTA が締結される背景には、経済的な要因や、安全保障を含む政治的要因など様々な要因が存在している。

経済的要因としては、前節で述べたような「深い」統合を達成する観点に加えて、RTA による市場規模の拡大、自国企業の輸出機会の拡大、域外企業に対する競争上の優位性確保、投資先としての魅力向上などがある[7)]。

政治的要因としては、RTA 締結によって安全保障上の関係を含め、締結国・地域間の関係を強化することがある。石油などの天然資源が豊富な国・地域との RTA 締結によって、資源やエネルギー確保が追求されることもある。日本とインドネシアの EPA には、エネルギーと鉱物資源についての取り決めが含まれており、この一例といえる。また、RTA を通じた市場規模の拡大や対外関係の強化などにより、国際的な影響力の向上や、国際交渉力の強化が目途される場合もある。例えば、EEC の結成には、冷戦下における旧ソ連などの共産圏に対する政治力強化という側面もあったといわれている[8)]。

以上のほか、ある国の高関税など、一方的な貿易制限措置による負の影響を RTA 締結によって緩和したり（この場合、地域的なものより多国間の協定の方が効果的である）、保護主義的な政策を求める国内の利害関係者の圧力を RTA 締結によってかわしたりすることも可能である。後者に関連し、RTA は国内経済の構造改革に用いられることもある。貿易障壁を削減及び撤廃して自国市場を対外的に開放しようとすると、既得権益者から抵抗が生じることも多く、自発的に行うことが困難な場合がある。その主たる例として、日本も含め各国が保護対象とすることの多い農業分野がある（農業分野は本書 5 章参照）。しかし、RTA を締結すれば、国際約束という「外圧」により自国市場の開放が進み、競争が促進され、ひいては経済効率の高まりを通じた経済成長にもつながり得る。

WTO のドーハ・ラウンドの停滞も各国の RTA 締結の要因となっている。ドーハ・ラウンドは 2001 年に開始されたが交渉は難航し、2008 年には一度交渉が中断した経緯もある。その前後から、日本、米国、EU が大型また広域の

---

7)　WTO (2011) p. 95.
8)　Wallace et al (2015) p. 24.

FTA交渉を開始し、先進国がRTAへ舵を切っている。RTAは多国間交渉を行うWTOに比べて交渉参加国が少ないため、迅速な合意形成が可能である。このため、WTO協定が直接規律しない環境、投資、競争などの分野や、電子商取引に関するルールなど技術進歩に伴って必要となる分野も柔軟に含め得る。さらには、WTOで合意が難しい分野のルールを自国が締結するRTAに積極的に取り込み、そのようなRTAの数を増やしていくことによって、自国の求めるルールの事実上の国際ルールとしての形成を促す（自国ルールのデファクトスタンダード化といえる）との効果も期待できる。

ただし、RTAはWTOを代替するわけではなく、WTOという多国間の枠組みで有効に対処し得る貿易問題も少なくないことに留意が必要である。例えば、ある産品の貿易歪曲的な補助金の影響はこの産品の世界市場に及び得るが、限定数の国や地域で締結するRTAによって対応するには限界がある。RTAの交渉上も、圧倒的な経済力を有する国が有利となる。交渉国間で安全保障が関わる場合にはそれも交渉圧力として作用するであろう。また、RTAは相互にメリットがある国の間での協定であり、そうしたメリットに欠ける国は周縁化され得る。特に、後発開発途上国を中心に、RTAを締結する誘因をもたずRTAのネットワークから取り残されてしまう途上国も少なくない。紛争処理手続の面でも、WTOでは紛争処理プロセスの多国間の監視が可能で、多国間で是正または撤廃の圧力をかけ得る一方で、RTAではそうした圧力は期待できない。

② RTAの経済効果　RTAの経済効果には、伝統的に、静態的効果と動態的効果があるといわれている[9)]。静態的効果は、RTA域内の関税撤廃などによって域内貿易量が増加するといった直接的影響が生じる効果を意味し、貿易創出効果と貿易転換効果がある。

貿易創出効果は、RTA域内の貿易障壁の削減及び撤廃によって、域内の輸出入が拡大し、市場が活性化かつ拡大することで域外からの輸入も創出されるという効果である。他方で、貿易転換効果とは、RTA域内で貿易自由化が行われることで、域外からの輸入が域内の輸入に転換される効果を意味する。例

9)　WTO（2011）pp. 100–102.

えば、A 国に対して B 国、C 国が輸出を行っていた時に、C 国の産業は生産性が高く、より品質の良い製品を A 国に輸出していたとしても、A・B 国間で RTA が締結されると RTA 域内では貿易が自由化され、C 国産品は B 国産品よりも高い貿易障壁に直面し、B 国産品からの輸入に転換されてしまうという効果である。

動態的効果とは、RTA 域内の貿易障壁の削減及び撤廃による域内市場の拡大や競争促進、直接投資の拡大による生産の増加などを通じて国内の経済成長が達成されるといった、より長期的、また間接的な効果をさす。

こうした効果を持つといわれる RTA が、貿易にどのような影響を与えるかは、RTA がどのようなルールを含むかという協定の内容や、締約国の市場規模、所得水準、技術水準、産業構造、消費者の選好などによって異なる。さらに、RTA の締結によって対外的に貿易障壁を高めることになると、統合の消極的な効果が積極的な効果を上回ってしまうことにもなる。次節でみるように、WTO 協定上、関税同盟及び自由貿易地域の形成に際して WTO 加盟国に一定の条件を課しているのは、そうした事態を抑えて、統合が世界規模での貿易の拡大につながることも目途しているためといえる。

2. WTO 協定上の地域貿易協定（RTA）の位置づけ

多国間で貿易自由化などを進めてきた GATT-WTO と、二国間、複数国間など限定された国家や地域間でそれを行う RTA では考え方が異なる。域外に対して差別的となる RTA は最恵国待遇原則に反するが、貿易や経済活動に有益な面も認められることから、一定の条件を満たした場合にのみ例外的に認められる。加盟国は、RTA により「経済の一層密接な統合を発展させて貿易の自由を増大することが望ましい」こと、及び RTA の目的は域内貿易の容易化にあり、RTA 域内と域外国の貿易への障害を引上げることにないことを認めている（GATT24. 4 条）。

RTA の例外としての位置づけと条件は、GATT24 条、1994 年の GATT 第 24 条の解釈に関する了解（以下、本節で「解釈了解」）、GATS5 条、授権条項が規定する。このうち授権条項は、途上国間の RTA について、先進国間及び先進国と途上国の間の RTA よりも緩やかな条件を課す。本節では、こうした条件やWTO協定との関係で生じる問題を扱う。

（1） RTA形成の条件

関税同盟や自由貿易地域を形成する場合には、形成する国家や地域間で関税引下げなど貿易自由化の程度や対象分野（物品、サービスなど）、自由化のルールなどを取り決めた協定（RTA）を締結するのが通常である。上述の通り、特に、自由貿易地域を形成する協定はFTAである。CPTPPやCETAのように、個別の名称で呼ばれる場合もある。

WTO加盟国には、自国が締結する個々のRTAの内容とWTO協定が規定する条件との整合性が問われることになる。ここでは、GATTとGATSの条件をみることにする。

図表3に示した条件は、端的にいえば、まず関税同盟及び自由貿易地域が上述したGATT24.8条の定義に合致する必要のあることを意味する。具体的には、域内貿易の基準として「実質上全て」の貿易に関して「関税その他の制限的通商規則」を撤廃すること、である。ただし、必要な場合に維持が認められる制限として、輸出入制限（GATT11、12、13、14条関連）、為替取り決め（同15条関連）、一般的例外（同20条関連）がある（**図表3**注1参照）。

域外貿易に関する基準は、関税同盟、自由貿易地域の形成前後で、域外貿易に対する関税その他の通商規則が高度または制限的でないこと、である（同24.5条）。

さらに、RTAは妥当な期間内に形成しなければならないが、この期間は原則として「10年を超えるべきではない」と考えられている（24.5.c条、解釈了解3）。

① 「実質上全て」の貿易　RTA域内では「実質上全て」の貿易の自由化が求められる。ただし、WTOでは「実質上全て」に関する加盟国の合意はなく、先例も「実質上全て」とは、貿易全てではなく、他方で少量の（some）貿易量でもないとするのみである[10)]。

一般に、農産品など一分野全ての除外の是非などRTAの質に関わる基準は質的基準、貿易量に関わる数値的な基準は数的基準と呼ばれる。RTAが域内

10) Turkey-Textile/AB, para. 48.

図表3　関税同盟・自由貿易地域形成のための条件

1. GATT上の条件

以下を条件としてGATTの規定は、関税同盟と自由貿易地域の形成を妨げるものではない（GATT24.5条）

(1) 関税同盟

・関税その他の制限的通商規則（注1）を実質上全ての貿易について撤廃（同24.8.a.i条）

・関税同盟形成後の関税その他の通商規則の全般的水準（注2）が全体として締結前より高度・制限的でないこと（同24.5.a条）

(2) 自由貿易地域

・関税その他の制限的通商規則（注1）を自由貿易地域原産品の域内貿易の実質上全ての貿易について撤廃（同24.8.b条）

・自由貿易地域形成後の関税その他の通商規則が締結前より高度または制限的でないこと（同24.5.b条）

(3) 関税同盟／自由貿易地域の中間協定

・上記の条件に加えて、妥当な期間内（原則として10年）に関税同盟または自由貿易地域を形成するための計画及び日程を含むこと（同24.5.c条、「解釈了解」）

注1:「その他の制限的通商規則」は、「GATT11条、12条、13条、14条、15条、20条」で許容され、必要とされるものを除くと規定されている。これは、加盟国が関税同盟と自由貿易地域の域内で、輸出入制限（同11、12、13、14条関連）、為替取り決め（同15条関連）、一般的例外（同20条関連）が必要な場合に導入できることを意味する。

注2:「関税その他の通商規則の全般的水準」は、関税（課徴金を含む）については、実行税率の加重平均と徴収された関税の全般的な評価に基づく。その他の通商規則については、個別の措置、規制、対象産品、影響を受ける貿易の流れに関する検討の必要性が認識されている（「解釈了解」）。

2. GATS上の条件

サービス貿易を自由化するための条件として：

・相当な範囲（注3）の分野を対象とすること（GATS5.1.a条）

・（相当な範囲の分野で）実質的にすべての内国民待遇上の差別が少なくとも合理的期間内に撤廃されること（同5.1.b条）（注4）

注3：相当な範囲は、分野の数、影響を受ける貿易量及びサービスのモードにより理解される。特定のモードの排除を定めるものであってはならない（同5.1.a条注）。

注4：同11条（支払及び資金移動）、12条（国際収支の擁護のための制限）、14条（一般的例外）、14条の2（安全保障のための例外）により認められる措置を除く。すなわち、加盟国はこれらの措置を差別的であってもとれることを意味する。

（出所）WTO協定より筆者作成。

貿易の容易化を目的とし、経済統合を通じた貿易の自由増大を志向して最恵国待遇原則の例外として許容されていることに鑑みれば、数的基準を満たすのみでは不十分であり、質的基準も考慮されるとすべきであろう。実際にも両方の基準の適用を必要とする見解がWTO内外で有力である。このことは、サービス貿易の「相当な範囲」という条件にも当てはまるといえよう。

② **関税その他の制限的通商規則の撤廃**　RTA域内では、実質上全ての貿易について「関税その他の制限的通商規則」の撤廃が求められる。関税は引下げて究極的にはゼロとすることが想定されるが、「その他の制限的通商規則」を撤廃するとはどのような状態をさすのだろうか。「その他の制限的通商規則」の内容については、加盟国間で合意はなく先例もない（2018年末時点）。

特に論争の対象となってきたのは、貿易救済措置が撤廃すべきその他の制限的通商規則に該当するかどうかである。**図表3**注1が示す通り、GATT11条などで規定される一定の措置は撤廃義務から除外されるが、貿易救済措置の関連規定は明示されていないからである（詳細は本書7章参照）。

③ **締結前後での関税その他の通商規則の水準**　**図表3**が示すように、関税同盟と自由貿易地域の形成前後で、域外貿易に対する関税その他の通商規則が高度または制限的でないことが必要である。そこで、その他の通商規則とは何か、高度または制限的でないことをどのように判断するか、が問題となる。

関税同盟に関しては、関税と課徴金の高度または制限性について、加重平均関税率及び徴収された関税（つまり実行税率）の全般的な評価に基づいて判断することが加盟国間で合意され、ある程度算定方法が明確である（解釈了解2、**図表3**注2）。他方、「その他の通商規則」については「数量化及び総額の算定が困難」であり、個別の措置、規制、対象産品及び影響を受ける貿易の流れに関する検討が必要とされることがあると言及されるにとどまり（同）、評価方法が明確でない。

自由貿易地域に関するこの点の評価について、明確な指針はない。ただし、関税同盟の条件は、関税その他の通商規則の「全般的な水準」が「全体として」形成後に高度または制限的となったかが問われるのに対して、自由貿易地域の場合には「該当の関税その他の通商規則」の形成前後での変化が問われるという違いがある。つまり関税同盟の場合には、個別の関税や通商規則が制限的になることがあっても、総体的に制限的でなければ条件を満たし得る一方、自由貿易地域の場合には、個別の関税や通商規則で制限的になったものがあれば許容されないことがあり得る。関税同盟には共通の関税その他の通商規則をとることが求められることに対応した違いといえる。

また、原産地規則は通商規則に含まれると考えられるが、原産地の判断基準は各国で異なる部分がある。この規則は貿易制限的にも作用し得ることが知られているが[11)]、RTA 形成前後で高度または制限的になったかをどう判断するかは難しい（原産地規則は本書 4 章**補論 2**「原産地規則」参照）。

以上のように、RTA の形成は最恵国待遇原則の例外として一定の条件に基づく限り認められるが、個々の条件をいかに判断するかについては未だ曖昧な部分もある。条件があるという点では、RTA が貿易制限的にならないように歯止めをかけているともいえるが、増加する FTA がこれらの条件を全て満たすかどうかは、次にみるように関税同盟や自由貿易地域の実質的な審査が滞っているという状況下では疑問が残るものとなっている。

（2） RTA の審査

関税同盟と自由貿易地域は形成の際に WTO に通報することが加盟国の義務である（GATT24. 7. a 条ほか）。従来 GATT 体制下では、この通報に基づいて加盟国の締結する RTA と上記で述べた条件との整合性が、個別の RTA ごとに設置される作業部会で審査されてきた。しかし、条件をどう解釈するかという点で加盟国間の見解が対立し、ほとんどの場合に審査報告書案は両論併記で終わっている。

一方で、1990 年代から FTA の締結数が増える傾向にあり、審査の増加も予想されたことから、審査の効率化をはかるべく WTO 成立後の 1996 年に加盟国で構成される地域貿易協定委員会（Committee on Regional Trade Agreements: CRTA）が WTO に設置された。CRTA の業務には、WTO に通報済の RTA の審査が含まれていたが、その審査報告書案は全て両論併記で、かつ加盟国が採択した報告書はない。つまり、条件との整合性審査という意味での RTA の

11）WTO（2011）pp. 83-85.

図表4　透明性メカニズムの概要

- RTAのWTOへの通報は協定発効前に実施（署名日、発効日を含む）
- 審査は通報から1年以内に終了
- RTA締約国は通報から10週間以内（途上国間の場合は20週間以内）に情報提供（協定税率、実行税率などに関する情報）を行い、WTO事務局が審査に用いられる事実報告書を作成（従来はRTA締約国が作成）
- 関係書類、審査会合議事録の公開

（出所）各種資料より筆者作成。

審査は、実際上機能していないといえる。

そこで、2001年に開始されたドーハ・ラウンドでは、RTAの条件や審査手続の明確化と改善についての交渉が行われることとなった。これまで手続の明確化についてのみ合意され、この成果が2006年に「透明性メカニズム」として採択された（2018年末時点）。透明性メカニズムでは、通報のタイミングや提供すべき情報の内容、審査期間などの手続の明確化がはかられた（**図表4**参照）。透明性メカニズムは、暫定的に適用されており、ラウンドでは恒久的な適用も目指されている。

3. WTO協定と地域貿易協定（RTA）の関係

前節までに、RTAはGATT24条を中心とするWTO協定上の条件を満たす必要があること、その条件を満たした場合にのみ例外的に認められることを述べた。他方で、その条件とRTAとの整合性に関するWTOの審査は滞っており、現存するRTAとその条件との整合性については疑問も残ることも指摘した。そこで本節では、RTAに関するWTO紛争処理手続上の申立の可否と、RTAが例外として許容される範囲について扱う。

（1）　RTAに関するWTO紛争処理手続への申立

RTAに関してWTO紛争処理手続に基づく申立が行われるケースとしては、申立国からある国の措置がWTO協定に適合しないと主張される場合に、被申立国がGATT24条やGATS5条などの関連規定を援用して、整合的でないとしても例外として許容されると主張する場合などが想定される。

解釈了解は、GATT24条の適用から生じる問題について紛争処理手続を適用することができると規定するため、申立自体は可能である（解釈了解12）。実際、ある関税同盟に関連する申立が提起された際、GATT24条はGATT違反措置を正当化（justify）し得るが、二つの条件が満たされる必要があると判断した先例がある。その条件は、第一に、正当化を主張する国がGATT24. 8. a条及び同24. 5. b条の条件を完全に満たす関税同盟の創設に際して問題の措置が導入されたと立証すること、第二に、その措置が導入されなければ関税同盟の形成が妨げられたことを立証すること、というものである[12)]。

ただし、こうした先例は限られており、今後もRTAとGATT24条の整合性が問われる可能性は少ないとみられている[13)]。その背景には、WTO加盟国の中でRTAを締結していない国はほぼなく、相互に申立を牽制する状況が存在することがある。さらには、仮に非整合的と判断されても、その判断に沿うこと、すなわちRTAを改正することの現実的な難しさもある。また、加盟国間で議論に決着がついていない問題について、パネルや上級委員会は判断を控える傾向がこれまでみられている。GATT24条などRTAの関連規定の解釈などについても加盟国間で未合意の部分があることを考慮すると、パネルや上級委員会が判断を控える可能性もあり、コストもかかるWTO紛争処理手続への申立は選択されにくい。

以上のようにRTAについては、CRTAによる審査もWTO紛争処理手続を通じた申立も難しいといえ、GATT24条などの条件が形骸化していることが懸念されている。

（2） RTAが例外として正当化される範囲

GATTの規定は関税同盟と自由貿易地域の形成を妨げるものではない、とGATT24条が規定することは既にみた通りである（**図表3**参照、GATT24. 5条）。先例も、GATT24. 8条に定義される関税同盟と自由貿易地域で、同24. 5条の条件を満たすものであれば、GATT違反の措置が24条で正当化され得ると認めている[14)]。

問題は、違反が正当化される範囲である。例えば、GATT以外の物品貿易

12） Turkey-Textile/AB, paras. 58–59.

13） Mitchell and Lockhart (2015) pp. 112–113.

14） Turkey-Textile/AB, para. 58.

関連の協定の違反はGATT24条で正当化できるのか、という問題が論点の一つである。

この点については、上記でも言及したインドとトルコの間の貿易紛争に関する先例（Turkey-Textile）が示唆に富む。トルコがEUと関税同盟を形成するにあたり、繊維貿易に関する制度をEUに合わせた結果、繊維製品の数量制限を行うこととなった。このため、トルコに繊維製品を輸出していたインドがトルコの繊維協定2.4条違反を申し立て、同2.4条違反がGATT24条で正当化できるかどうかが争われた。上級委員会は、同2.4条が「……GATTの関連する規定に基づく場合を除くほか……新たな制限は、これを導入してはならない」と規定することに着目して、「このようにして、GATT24条は繊維協定に組み込まれており、抗弁（defense）として援用され得る」と述べた[15)]。つまり、GATT24条がGATT以外の協定に援用されるかどうかは、他協定の規定とGATTとの関係の有無を基準に厳格に解釈し、GATT24条の例外の範囲は他の協定に自動的には及ばないことを示唆したといえる（なお、繊維協定はあらかじめ規定された10年の適用期間を経て2004年末に失効した）。

では、その他の物品関連協定、例えばセーフガード（SG）協定違反はGATT24条で正当化できるだろうか。SG協定はSG措置の無差別適用を規定しているため（SG協定2.2条）、例えば自国が締結するFTAの相手国をSG措置から除外すると、同規定の違反になり得るが、それをGATT24条で正当化できるだろうか。RTAで貿易救済措置が撤廃すべき「その他の制限的通商規則」に該当するかどうかについては加盟国間で合意がないことは上述した。セーフガードに関するこの問題については、現時点で根本的な解決はみられていない（2018年末時点）（詳細は本書7章**2.**（1）③「セーフガードとRTAとの関係」参照）。

そもそも物品関連の各協定はGATTが基になっており、そのGATTで24条は加盟国による関税同盟と自由貿易地域の形成を認める。これを念頭に、24条の例外の範囲が各協定のどこまで及ぶのかについて本来加盟国が決定すべきといえる。

---

15)　Turkey-Textile/AB, footnote 13.

参考文献〈第3章〉

・松下満雄「自由貿易協定の叢生に関連する法的諸問題」『成蹊法学』第68・69合併号、成蹊大学法学会、2008年、pp. 97-127。

・Acharya., R., *Regional Trade Agreements and the Multilateral Trading System,* Cambridge University Press, 2016.

・Mitchell., A. D. and Lockhart., N. J. S. "5-Legal requirements for PTAs under the WTO" in Lester., S. and Mercurio., B. eds. *Bilateral and Regional Trade Agreements: Commentary and Analysis, 2nd edition,* Cambridge University Press, 2015, pp. 81-114.

・Wallace., H., Pollack., M. A. and Young., A. R., *Policy-Makingin the European Union: 7th Edition,* Oxford University Press, 2015.

・WTO, *World Trade Report 2011: The WTO and preferential trade agreements: From co-existence to coherence,* WTO, 2011.

第4章　CPTPPの全体像と基本的なルール

地域貿易協定（Regional Trade Agreement: RTA）のなかでも、環太平洋パートナーシップに関する包括的及び先進的な協定（Comprehensive and Progressive Agreement for Trans-Pacific Partnership: CPTPP）は、アジア太平洋地域の先進国と途上国を含む11か国が参加する大規模なものであり、多くの先進的なルールを含む（2018年末時点）。

CPTPPの起源は、2006年にシンガポール、ニュージーランド、チリ、ブルネイが締結した「環太平洋戦略的経済連携協定（Pacific 4（P4）協定と呼ばれる）」である。2008年に米国がP4の拡大交渉への参加を表明後、2010年からオーストラリア、ペルー、ベトナムが加わり8か国で交渉を開始した。その後、日本、カナダ、メキシコも交渉に参加し、2016年に12か国で環太平洋パートナーシップ（Trans-Pacific Partnership: TPP）協定の調印に至った。

しかし、2017年にトランプ政権下の米国が署名を撤回した。米国を除く11か国は、TPP協定を可能な限り再交渉せず、限定的な箇所のみ適用を停止する形で発効することを目指し、2018年3月にCPTPPの署名に至った。

CPTPPは、発効の条件を満たした同年末にオーストラリア、ニュージーランド、カナダ、日本、メキシコ、シンガポールの6か国について発効した（発効要件は後掲1.（1）参照）[1)]。CPTPPは、日本ではTPP11協定とも呼ばれる。名称は変わったが、限定的な一部の規定を除いてTPP協定が組み込まれる形となっており、内容に大幅な変更はない。

本章では、CPTPPの全体像と、基本的ルール及び例外を概観する。

1. CPTPPの全体像

CPTPPは、前文、7つの条文（I～VII条と表記）[2)]、末文、附属書で構成され

1)　2019年1月にベトナムについても発効した。

2)　原文は1～7条の表記であるが、本書では各章の規定と区別するため、便宜的にI～VII条で表記

る。これには、CPTPPに組み込まれるTPP協定の前文、各章（各章の附属書を含む）、附属書I〜IV、サイドレター、その他文書が含まれる。**図表1**は、CPTPPの寄託者であるニュージーランドの外国貿易省のCPTPPウェブサイトに基づいて、CPTPP全体の構造を示したものである。加えて、2019年1月に全締約国[3)]で構成されるCPTPP委員会において、CPTPPの運営や加盟手続、紛争処理手続に関する決定が行われている（本章**補論1**「第1回CPTPP委員会（2019）の決定事項」参照。以下（　）内はCPTPPの条文）。

図表1　CPTPPの構造

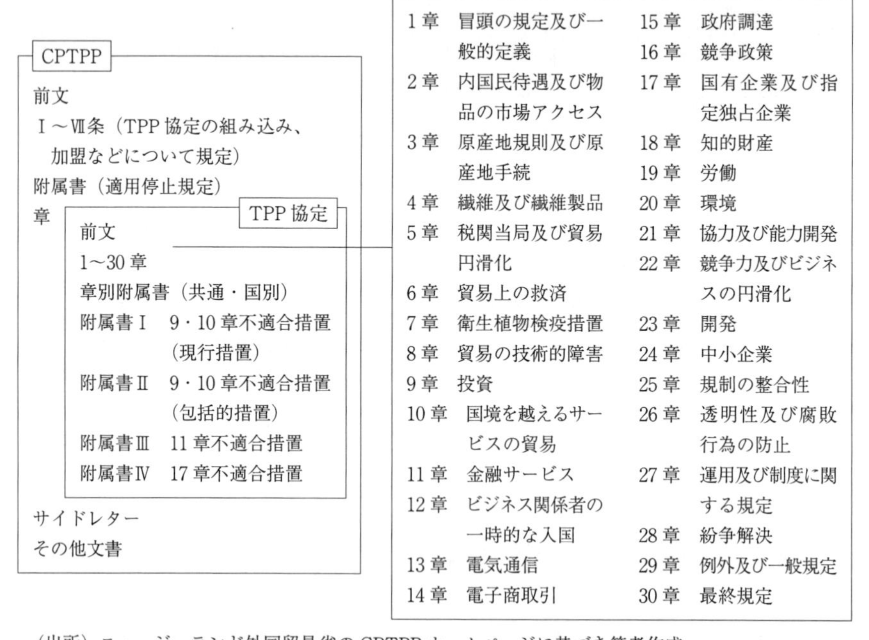

（出所）ニュージーランド外国貿易省のCPTPPホームページに基づき筆者作成。

する。

3)　締約国は、CPTPPが効力を有する国または独立の関税地域をさす（CPTPP1. 3条）が、マレーシアについて未発効であるため、2019年を移行期間とし、その間は署名国も委員会とその他の関連会合にすべて出席できると決定された。

（1） CPTPP前文・I〜VII条・附属書

CPTPP前文は、TPP協定の前文の規定事項[4]を再確認すると同時に、CPTPPを通じた環太平洋パートナーシップの利益とその戦略上及び経済的意義の迅速な実現に言及する。加えて、域内貿易の自由化と投資の促進などの経済的事項に加えて、環境保護や労働者の権利などの非貿易的事項の促進の重要性と、公共の利益のため締約国が規制する権利を保持する重要性とを再確認する。非貿易的事項の促進はTPP協定前文にも含まれていたが、CPTPP前文では企業の社会的責任、性の平等（gender equality）、先住民の権利、包摂的な貿易（inclusive trade）、伝統的知識が新たに加わっている。また、新たな加盟を奨励する理由として、アジア太平洋における自由貿易の基礎の創設に言及するTPP協定と異なり、CPTPPは、単に他国または独立の関税地域の加盟を歓迎すると謳う。

CPTPP I条によれば、TPP協定の加盟（30.4条）、効力発生（30.5条）、脱退（30.6条）、正文に関する規定（30.8条）を除いて、TPP協定がCPTPPの規定に従い、必要な変更を加えた上でCPTPPに組み込まれ、CPTPPの一部となる。この趣旨は、例えば、CPTPPではWTO協定中の規定の組み込みも定める場合があり、その場合に規定中のWTO「加盟国」をCPTPPの締約国に変えるなど、必要な変更を加えて読むというものである。組み込まれない加盟等の規定については、後述するようにCPTPPが新たに定める。また、TPP協定が効力を有する場合に、CPTPPとTPP協定が抵触するときには、その抵触の限りにおいてCPTPPが優先する。

同II条は、CPTPPの附属書に掲載する規定の適用停止を定める。つまりCPTPPでは、適用停止するTPP協定の規定が附属書に記載されており、これらについては締約国が適用停止の終了に合意するまで、適用停止となる。その対象は、主に投資と知的財産権に関わるもので限定的であり、多くは米国の

4）TPP協定前文の規定事項は多岐にわたるが、主なものは次の通りである。貿易と投資の自由化、経済成長と社会的利益の生成、労働者と企業の機会創出、生活水準の向上・消費者の利益・貧困削減への寄与、持続可能な成長促進、地域経済統合の促進、WTO設立協定上の各締約国の権利義務強化のほか、開発問題、締約国間協力、中小企業の能力向上、貿易円滑化、締約国の規制する権利、国有企業の規律、環境保護、労働者の権利保護、贈収賄と腐敗行為の除去、透明性・良い統治・法の支配促進、文化同一性・多様性など。

主張が反映した規定である（「適用停止規定一覧」参照）。

同III条は、CPTPPの効力発生について定め、署名国のうち少なくとも6か国または半数のいずれか少ない方の国が国内法上の手続を完了した旨を寄託者に書面通報後60日で効力を生じる。自国についてこの効力が生じていない締約国については、この締約国が国内法上の手続を完了した旨を書面通報後60日で効力を生じる。

同IV条は、脱退に関し、脱退する締約国が寄託者に書面通報後6か月で効力が発生することなどを定める。同V条は加盟[5]について規定し、CPTPP発効後、締約国と加盟を希望する国または独立関税地域[6]との間で合意する条件に従って加盟可能であることを定める。同VI条は、CPTPPの見直しについて[7]、同VII条はCPTPPの正文が英語、フランス語、スペイン語であり、相違ある場合には英文が優先されることを定める。

（2）　各章・附属書・サイドレター・その他文書

上述のように、CPTPPには、限定的な一部の規定を除いてTPP協定の規定が組み込まれる。そこで、**図表1**に示すように、CPTPPにはTPP協定の前文と30章、章別の附属書（締約国別の附属書が存在する場合がある）、協定全体に四つの附属書I〜IV（それぞれ9章（投資）、10章（国境を越えるサービスの貿易）、11章（金融サービス）、17章（国有企業及び指定独占企業）の締約国の不適合措置を記載）、サイドレター、その他文書が含まれる。

サイドレターは、締約国が各国間で個別品目や分野ごとに特別の約束を交わした文書で、「国際約束を構成する文書」と「国際約束を構成しない文書」がある[8]。サイドレターの対象は、交わした締約国間のセンシティブ産業・品目となっていることが多く、また多数存在するため、CPTPPの全体構造と締約

---

5)　CPTPPのV条は「加入」と訳されるが、本書ではWTOの場合と同様に「加盟」を用いる。

6)　本書では、加盟している国と独立の関税地域を併せて締約国と呼ぶ。

7)　TPP協定の効力発生が差し迫っている場合、またはTPP協定が効力を生じる見込みがない場合には、いずれかの締約国の要請に応じて、改正及び関連事項の検討のため、CPTPPの運用を見直すことが定められている（同VI条）。従って、例えば、日本は米国の存在を前提として割当枠を決定した農産品の関税割当の運用見直しを要請可能と考えられる。

8)　日本の内閣官房TPP等政府対策本部「TPP交渉参加国との間で作成する文書」。（https://www.cas.go.jp/jp/tpp/naiyou/tpp_side_letter_yaku.html）。

国間の関係とを複雑なものにしている。なお、サイドレターには、CPTPP下で新たに交渉されたものとTPP協定時から維持されているものとがある[9)]。

その他文書とは、9章（投資）に関連して、最恵国待遇及び内国民待遇の各義務を定める規定中の「同様の状況において」という文言の解釈に関する起草者のノート[10)]で、ニュージーランド外国貿易省のCPTPPウェブサイトにおいて同ノートはCPTPPの一部である「その他文書（Other Document）」として掲載されている（2018年末時点）（投資に関する本書9章も参照）[11)]。

CPTPPのルール遵守確保のための仕組みとしては、協力、協議、WTO紛争処理手続に類似の紛争処理手続（28章）がある（投資については、投資家対国家の紛争処理（Investor-State Dispute Settlement: ISDS）手続がある）（ISDSは本書9章、紛争処理手続は本書14章参照）。CPTPPの委員会及び小委員会（後掲1.（3））における締約国による検討を通じてもルールの遵守が促されることが期待される。

全30章のうち、実質的にWTO協定が対象としない分野（WTOプラス）で28章の紛争処理手続の対象となる主なものに、投資、電子商取引、国有企業及び指定独占企業、労働、環境、腐敗行為の防止[12)]、がある。また、28章の同手続の対象外であるWTOプラスの主要分野として、競争政策、規制の整合性が存在する。そのほか、サービス貿易、知的財産権、政府調達などはWTO協定も規律対象とするが、CPTPPではルールの対象や義務の範囲が拡

9）「はしがき」で言及した通り、本書では紙幅の関係上、各締約国のサイドレターを扱っていない。

10） Drafter's Note on Interpretation of “In Like Circumstances” Under Article 9. 4 and Article 9. 5.

11） 以上のほか、TPP協定締結時、締約国間の為替操作への対応などを定めた「環太平洋パートナーシップ参加国のマクロ経済政策当局間の共同宣言」（「宣言」）も合意された。この宣言はTPP協定と法的には別個の存在であり、紛争処理手続を定めるCPTPP28章の対象でもない。しかし、「宣言」は米国主導で合意されたものであり、CPTPPに米国が加盟した際にはCPTPPと不可分の位置づけとなる可能性がある。

12） 本書は、紙幅の関係上、CPTPP26章（透明性及び腐敗行為の防止）を扱っていないが、26章C節「腐敗行為の防止」は、CPTPPの対象事項に関する贈収賄及び腐敗行為を除去するための措置を対象として、腐敗防止に関するルールを定める。その内容は主に、①国際貿易及び投資に影響を及ぼす事項に関する公務員の汚職を防止する刑法の採用または維持義務、②同法の実効的執行を怠らない義務、③公務員の誠実性の向上のためのルール（行動規範または基準の採用または維持の努力など）、④本分野への民間部門及び社会の参加のためのルールである。特に、28章（紛争解決）の対象となる①は、その中心といえる（28章は26章に修正適用される（26. 12. 1条））。

なお、26章には附属書26-A（医薬品及び医療機器に関する透明性及び手続の公正な実施）があるが、同附属書は28章の対象とならない（附26-A. 6条）

図表 2　CPTPP 委員会の主な任務

1. 義務の任務
・協定の実施または運用に関する問題の検討
・締約国間の経済上の関係と連携の見直し（CPTPP 発効から 3 年以内、その後は少なくとも 5 年ごと）
・協定の改正または修正案の検討
・協定に基づいて設置される小委員会、作業部会その他の補助機関の活動の監督
・締約国間の貿易と投資を一層拡大する方法の検討
・パネルの手続規則（28.13 条）の定立と改正
・28.11 条（パネル議長の登録簿及び締約国別の名簿）に基づいて作成される登録簿の見直し（3 年ごと）と適当な場合には新たな作成
・効力発生の規定に従って通報を行った原署名国について協定の効力発生の有無決定
2. 任意の任務
・特別または常設の小委員会、作業部会等の設置（小委員会等の統合、解散を含む）、これらに対する問題の付託、検討等
・締約国の表（附属書 2-D（関税に係る約束）、原産地規則（附属書 3-D、4-A）、政府調達（15 章）の締約国附属書の機関、対象物品、サービス、基準額）の修正と検討（各締約国の法的手続完了を条件とする）
・協定の実施のための取り決め作成
・協定の解釈または適用について生じ得る意見の相違または紛争の解決努力
・協定の規定の解釈の提示
・委員会の任務の対象となる問題について非政府関係者の助言の追求
・締約国が合意するその他の事項

（出所）CPTPP より筆者作成。

大している場合などがある。

（3）　CPTPP の組織と意思決定

CPTPP は、協定全体の実施と運用などを検討するため、締約国で構成される CPTPP 委員会（27.1 条）[13]（以下、本節で委員会）と分野別の小委員会の設置を規定する。委員会の任務には、義務的なものと任意のものとがあり、主な任務は**図表 2** が示す通りである（27.2 条）。

委員会及び CPTPP に基づいて設置されるすべての補助機関は、別途定めま

13)　27.1 条及び日本国内では「TPP 委員会」とも表記されるが、2019 年 1 月の決定文書に “Decision by the Commission of the CPTPP” とあることから、本書では「CPTPP 委員会」と表記する。

たは合意ない限りコンセンサス方式で意思決定を行う。決定が行われる会合に出席するいずれの締約国も反対しない場合には、コンセンサス方式による決定とみなされる。ただし、CPTPPの規定の解釈の提示については、全締約国の合意による決定が必要である。委員会における検討時に合意しない締約国が、その検討から5日以内に、検討された解釈に書面で反対しない場合には、決定が行われたとみなされる（27.3条）。

委員会は、CPTPPの発効から1年以内、その後は締約国が決定する場合に会合する。委員会と補助機関は、活動のために手続規則を定めることができる（27.4条）。

各締約国は、締約国間の連絡等のため、連絡部局（contact point）を指定し、他締約国に書面により通報しなければならない（27.5条）。また、締約国は、紛争処理手続に関して、自国が当事国となっている場合に同手続上設置されるパネルに対する運営上の支援と、委員会が指示する関連任務遂行のため、事務所（office）の指定、運営、費用の負担を行い、事務所について他締約国へ通報する義務がある（27.6条）。

なお、CPTPP上の義務の実施のための経過期間を有する締約国は、委員会の通常会合時に、実施の進捗等の報告を行わなければならない（27.7条）。

補論1　第1回CPTPP委員会（2019）の決定事項

2018年末のCPTPP発効後、2019年1月にCPTPP委員会（以下、本補論で委員会）が初めて開催され、CPTPPの運営、加盟、紛争処理手続に関する4つの文書が採択された（**図表1**）。1の決定はCPTPPの運営、2の決定は加盟手続、3と4の決定は、国家間紛争処理と投資家対国家の紛争処理に関わるものである。本補論では、1及び2の決定を概観する（3及び4は14章**補論2**「国家間紛争処理（28章）手続のパネル手続規則等の概要」参照）。

1. CPTPP実施のための運営に関するCPTPP委員会決定の概要

CPTPPでは、27章（運用及び制度に関する規定）が委員会の設置と任務、意思決定方法などを規定する。本決定は、それに加えて、委員会議長の決定方法、初年度となる2019年のCPTPPの運用について定めるものである。具体的には、2020年以降、議長は任期1年の輪番制で、CPTPP加盟のための関連する

図表1　第1回CPTPP委員会（2019）の決定事項の全体像

1. CPTPP実施のための運営に関するCPTPP委員会決定（CPTPP/COM/2019/D0001） 附属書：議長輪番表
2. CPTPPの加盟手続に関するCPTPP委員会決定（CPTPP/COM/2019/D0002） 附属書：CPTPP加盟手続
3. 国家間紛争処理パネルの手続規則に関するCPTPP委員会決定（CPTPP/COM/2019/D0003） 附属書：CPTPP28章に基づく手続規則 付録1：承認対象者（“Approved Persons”） 付録2：秘密情報 付録3：情報不開示宣誓書 付録4：非政府団体の要請及び書面の見解 附属書I：CPTPP28章に基づく国家間紛争処理の行動規範 付録：情報開示宣誓書
4. 投資家対国家の紛争処理の行動規範に関するCPTPP委員会決定（CPTPP/COM/2019/D0004） 附属書：CPTPP9章B節に基づく投資家対国家の紛争処理の行動規範 付録：情報開示宣誓書の書式

（注）CPTPP/COM/2019/～は、各文書に付される文書番号を示す。
（出所）CPTPP委員会決定文書より筆者作成。

国内手続完了を寄託者に書面通報した順に務める（議長1名、副議長2名（前年と翌年の議長））。附属書はその順番を示す。

また、同決定によれば、2019年は移行期間としてCPTPPの円滑な実施確保のため、①議長を日本、副議長をニュージーランド（寄託者）とメキシコ（翌年の議長）とし、②ニュージーランドは2019年下半期に委員会を主要な小委員会と共に開催、③移行期間中は、CPTPP署名国であれば、未発効でも委員会及び小委員会などの会合に参加可能、とする特別措置がとられる。

2. CPTPPの加盟手続に関するCPTPP委員会決定の概要

CPTPPの加盟については、CPTPPのV条が、CPTPP発効後、締約国と加盟を希望する国または独立関税地域との間で合意する条件に従って加盟可能と規定する。本決定は、V条に基づく必要な調整が附属書（CPTPP加盟手続）

図表2　CPTPP加盟手続の主な流れ

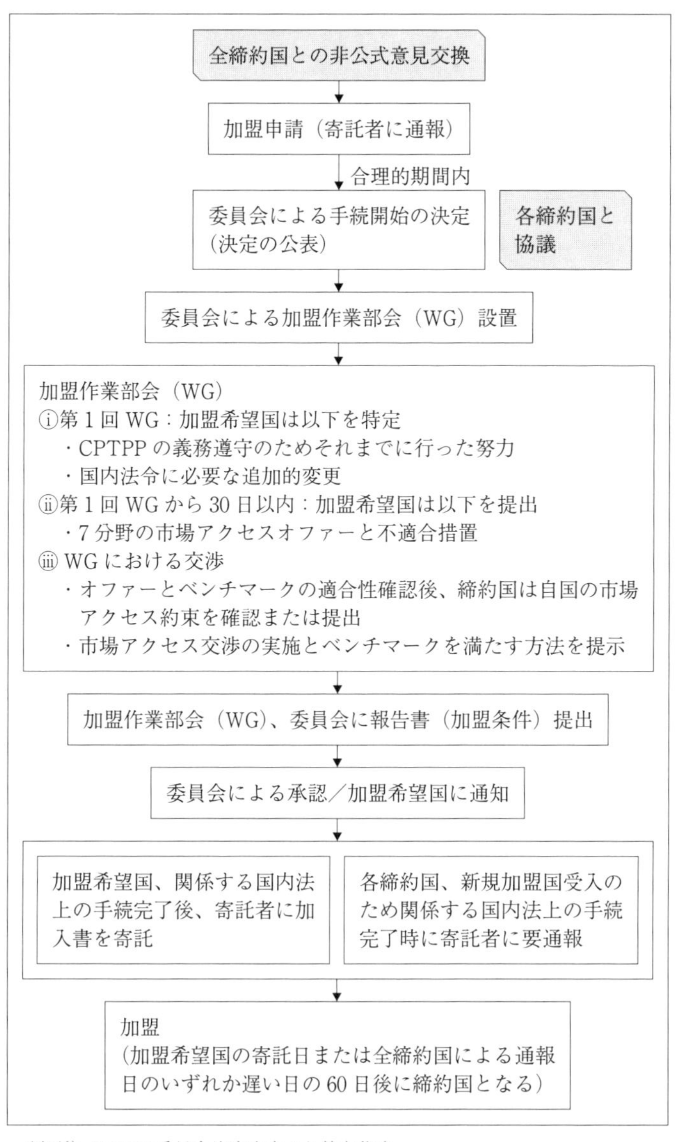

（出所）CPTPP委員会決定文書より筆者作成。

に従って行われると定め、附属書が具体的な加盟手続を定める。

同手続は、①加盟希望国[14]による通報、②加盟手続開始要請、③加盟作業部会（Working Group: WG）、④委員会の承認、⑤ベンチマーク、という5項目で構成される。①～④に従った加盟手続の主な流れは**図表2**の通りである。

加盟手続は、加盟希望国による正式な加盟要請があって開始され、主に、委員会による手続開始の決定、加盟WGの設置とWGにおける検討と交渉、委員会による加盟条件の承認、加盟希望国と各締約国の関係する国内法上の手続の完了を経る。加盟希望国には、正式な加盟要請前の全締約国との非公式な意見交換の実施、また、正式な要請後の各締約国との協議が奨励される（**図表2**中の網掛け部分）。

⑤ベンチマークは、CPTPP加盟のため、加盟希望国に求められるある種の基準を特定する。具体的には、(a) CPTPPの全ルールの遵守手段の提示、(b) 7分野[15]について最高水準の市場アクセスのオファー提出へ同意（オファーは各締約国にとって意味ある市場アクセスである必要がある）、が加盟希望国に求められる。また、CPTPP原署名国が合意した、関税その他の物品・サービス貿易と投資の障壁撤廃を通じた包括的な市場アクセスの約束という目的は、加盟希望国の約束水準の指針となるべきことが規定されている。**図表2**が示すように、加盟手続では、加盟WGにおける検討と交渉時に加盟希望国の市場アクセスオファーとベンチマークとの適合性が問われることになる。

2. CPTPPの基本的なルールと例外

CPTPPは、1章で「冒頭の規定及び一般的定義」[16]、2章で「内国民待遇及び物品の市場アクセス」[17]を定め、29章で「例外及び一般規定」[18]を規定する。

14) 決定では「加盟希望エコノミー」という表現が用いられているが、本補論で加盟希望国と表記する。

15) 物品、サービス、投資、金融サービス、政府調達、国有企業、ビジネス関係者の一時的入国。

16) 1章は、A節冒頭の規定（1. 1～1. 2条）、B節一般的定義（1. 3条）、附属書1-A締約国別の定義、で構成される。

17) 2章は、A節定義及び適用範囲（2. 1～2. 2条）、B節内国民待遇及び物品の市場アクセス（2. 3～2. 18条）、C節農業（2. 19～2. 27条）、D節関税割当ての運用（2. 28～2. 32条）、附属書2-A内国民待遇並びに輸入及び輸出の制限、同2-B再製造品、同2-C輸出税、租税、その他課徴金、同2-D関税に係る約束、で構成される。

18) 29章は、A節例外（29. 1～29. 6条）、B節一般規定（29. 7条情報の開示、29. 8条伝統的な知識及び伝統的な文化的表現）、で構成される。

本節では、基本的なルールと例外を概観する。

（1）　冒頭の規定と一般的定義

CPTPPは、1章で、GATT24条及びGATS5条に従ってCPTPPに基づき自由貿易地域を設定すると定める。

他の協定との関係については、現行の国際協定と共存させるという締約国の意図を認め、①WTO協定を含む全締約国が締結している既存の国際協定に関して当該締約国が他締約国に対して有する現行の権利義務、②当該各締約国を含む2以上のCPTPP締約国が締結する既存の国際協定に関して、当該各締約国が当該他締約国に対して有する現行の権利義務、とを確認する。

また、締約国は、CPTPPの規定と自国を含む2以上のCPTPP締約国が締結している他の協定とが抵触すると認める場合には、要請を行って関係する締約国間で協議する義務を規定する[19)]。ただし、この規定は28章紛争処理手続に基づく締約国の権利義務に影響を及ぼさない。なお、ある協定に基づく物品、サービス、投資、者（自然人または企業）への待遇がCPTPPに基づく待遇より有利な待遇を与える場合は抵触を意味しない（以上、CPTPP1. 1、1. 2条）（以下（　）内はCPTPPの条文、附属書は「附」と表記）。

1章はまた、CPTPP全体に関わる用語の一般的定義を規定する。定義される用語には、WTO協定が定義しない用語も含まれており、今後のRTAにとって示唆に富む。CPTPPが定義する用語の例として、「関税」、「企業」、「産品」又は「物品」、「政府調達」、「措置」、「国民」、「締約国」、「者」、「公的企業」がある（定義の内容は必要に応じて本文中で示す）。このほかにも、地域政府、領域などについて締約国別の定義がある。加えて、各章において、その章または個別規定の適用のために用語が定義される場合がある。

（2）　CPTPPの基本的なルール：内国民待遇と物品の市場アクセス

CPTPPは、2章（内国民待遇及び物品の市場アクセス）が、物品貿易に関する内国民待遇を供与する義務、関税の撤廃義務、数量制限の原則禁止という基本的なルールを規定する。加えてCPTPPは、輸出税についても撤廃義務を定める。ただし、これらの義務は、**図表3**に示すように適用除外や制限などを伴う（各

---

19)　ただし、CPTPPと租税条約とが抵触する場合には、抵触の限りで租税条約が優先する（29. 4. 3条）。

図表3　CPTPPの基本的なルールと適用除外・制限・条件

基本的なルール	適用除外・制限・条件
内国民待遇の保障（2.3条「内国民待遇」） （GATT3条（解釈に係る注釈含む）を必要な変更を加えて組み込み）	附2-A「内国民待遇並びに輸入及び輸出の制限」掲載措置を除外
関税撤廃（2.4条「関税の撤廃」） ・関税割当の運用ルール（D節「関税割当ての運用」） ・情報技術協定参加義務（2.17条「情報技術製品の貿易」）	附2-Dに添付される国別スケジュールに撤廃・引下げ条件などを記載
数量制限の原則禁止（2.10条「輸入及び輸出の制限」） （GATT11条（解釈に係る注釈含む）を必要な変更を加えて組み込み） ・輸入許可手続協定遵守義務（2.12条「輸入許可手続」） ・輸出許可手続のルール（2.13条「輸出許可手続の透明性」）	附2-A「内国民待遇並びに輸入及び輸出の制限」掲載措置を除外 ベトナムについて特例 （附2-B（「再製造品」）
輸出税の禁止（2.15条「輸出税、租税、その他の課徴金」）	マレーシアとベトナムについて特例（附2-C「輸出税、租税、その他の課徴金」）

（出所）CPTPPより筆者作成。

締約国が2章の附属書に国別に記載）。2章の適用範囲は、CPTPPが別途定める場合を除き、締約国の物品の貿易である（2.2条）。以下、各ルールの主な内容を概観する。

①　**内国民待遇の保障**　CPTPPの締約国は、GATT3条（解釈に係る注釈を含む、以下同）に従って、他締約国の産品に内国民待遇を与える義務がある。このために、GATT3条は必要な変更を加えた上でCPTPPに組み込まれ、CPTPPの一部を成す[20]。ただし、附2-A（「内国民待遇並びに輸入及び輸出の制限」）に掲載される措置[21]にこの義務は適用されない（2.3条）。附2-Aでは、各国が

20）この待遇は、地域政府に関しては、その地域政府が（輸入品と）同種または直接競合・代替可能な自国産品に与える最も有利な待遇より不利でない待遇をさす（2.3.2条、（　）内筆者）。
21）CPTPPでは「措置」に、法令、手続、要求、慣行が含まれる（1.3条）。

適用除外とする措置が掲載されている。

② **関税撤廃**　関税は、CPTPPで「産品の輸入に際し、又は産品の輸入に関連して課される税その他あらゆる種類の課徴金並びに産品の輸入に関連して課される付加税及び加重税を含む」と定義され、輸入時に課される税を意味する（1.3条）[22)]。締約国は、CPTPPが別途定める場合を除いて、CPTPP原産品（CPTPPの原産地規則を満たす産品をさす）について、現行関税の引上げ、または新たな関税の採用をしてはならない（2.4.1条）（原産地規則は本章**補論2**「原産地規則」参照）。また、締約国は、CPTPPが別途定める場合を除き、関税率と削減約束を締約国別のスケジュールと呼ばれる関税率表に記載し、それに従って漸進的に原産品の関税を撤廃する義務を負う（2.4.2条、附2-D.A.1）。

各締約国のスケジュールは、関税撤廃及び削減方法などを定めた2章の附属書2-D（「関税に係る約束」）に添付される[23)]。スケジュールには、各締約国の関税率表の説明などを記した一般的注釈、CPTPP発効時に関税が即時撤廃される品目やその後何年かかけて段階的に撤廃される品目とその方法、時期、関税割当の内容、セーフガードなどが記載される[24)]。スケジュールによれば、CPTPPにおける関税撤廃は、CPTPP発効時の即時撤廃、経過期間中の段階的撤廃または引下げ、関税割当の方法で行われる。CPTPPの自由化対象外の品目も存在する。締約国は、撤廃時期を一方的に繰上げることができ（2.4.5条）、また、他の締約国の要請があれば繰上げ検討のため協議しなければならない（2.4.3条）[25)]。これで合意し、その合意が関係締約国の国内法上の手続に従って承認されれば、その合意がその原産品のスケジュールに優先する（2.4.4条）。

22）ただし、GATT3.2条に適合して課される内国税に相当する課徴金、輸入に関連する手数料その他の課徴金で、提供されたサービスの費用に応じるもの、AD税または相殺関税を含まない（1.3条）。

23）TPP協定では、米国との自動車分野に関する合意が日本のスケジュールの付録に含まれていた（付録D-1自動車の貿易に関する日本国と米国との付録）。

24）例えば、日本のスケジュールには、農産品セーフガード措置（付録B-1）、林産品セーフガード措置（付録B-2）がある。

25）関税については、このほか、関税の免除（2.5条）、修理及び変更の後に再輸入される産品（2.6条）、著しく価額の低い商品見本及び印刷された広告用資料の免税輸入（2.7条）、産品の一時輸入（2.8条）に関するルールがある。

2章D節は、関税割当[26)]の運用に関するルールを定める。D節によれば、締約国は関税割当の無差別適用を規定するGATT13条（解釈に係る注釈を含む）、WTOの輸入許可手続協定（後掲**2.**（1）③参照）、輸入許可について規定するCPTPP2.12条（同）に従って、関税割当を実施及び運用しなければならない。また、締約国はCPTPPで設定する全ての関税割当をスケジュールに記載する必要がある。このほか、D節は割当数量の公表や、割当手続の適時、公平な運用と透明性の確保などを定める（関税割当は、本書1章補論3「関税と輸出入政策」参照）。

なお、情報技術製品については、WTOの情報技術協定（ITA）への参加が締約国の義務である（2.17条）[27)]（ITAは本書2章**3.**(**3**)「情報技術製品の貿易に関する閣僚宣言（情報技術協定（ITA））」参照）。

③　**数量制限の原則禁止**　　締約国は、CPTPPが別途定める場合を除いて、他締約国の産品の輸入、または他の締約国向けの輸出もしくは輸出のための販売を制限または禁止してはならない（2.10.1条）。ただし、次のように、この義務が適用されない場合がある。

まず、GATT11条（解釈に係る注釈を含む。以下同）に基づく場合がある。このためにGATT11条は必要な変更を加えた上でCPTPPに組み込まれ、その一部を成す（同条）。同11条に基づく場合、とするほかに具体的定めはなく[28)]、不可欠産品の危機的な不足の防止または緩和のための一時的な輸出制限など、同条が適用されない場合をさすと考えられる（GATT11条は本書2章**4.**「数量制限の一般的廃止」参照）。

次に、附2-A（「内国民待遇並びに輸入及び輸出の制限」）が掲載する措置である

---

26)　2章D節の規定の適用上、関税割当は、CPTPPの下で設定され、附属書2-D（関税に係る約束）の締約国のスケジュールに定める関税割当のみをさし、D節は締約国のWTO設立協定の譲許表上の関税割当には適用されない（2.28条注）。

27)　なお、ブルネイについては、同国についてCPTPPが発効する日から1年間の経過期間がある（2.17条注1）。また、チリとメキシコについては努力義務である（同注2）。

28)　ただし、締約国は、組み込まれたGATTの権利と義務が以下の採用と維持を禁じていることを了解するとの定めがある。①輸出入価格に関する要件（相殺関税とアンチ・ダンピング（AD）税の命令と約束の実施のため認められる場合を除く）、②特定措置の履行要求実施を条件とする輸入許可手続、③補助金協定18条とAD協定8.1条に従って実施されるGATT6条に整合しない輸出自主規制（2.10.2条）。

（2.10.5条）。附2-Aは、各国が適用除外とする措置を掲載する。

以上のほか2章は、数量制限の原則禁止義務がリサイクル製品などの再製造品[29]にも適用されることを明示する（2.11.1条）。そこで、締約国が中古品の輸入制限を行う場合には、これに再製造品を含めてはならない（2.11条）[30]。

2章はまた、輸出入の許可（ライセンス）手続についても規定する。同手続は、一般に、輸出入に先だって申請書などの提出を求めたり、輸出入を許可したりする行政手続をさす。こうした手続が不透明かつ恣意的に運用されると、輸出入が制限され貿易を阻害し得る。

まず、輸入許可手続[31]に関して、締約国にWTOの輸入許可手続協定に非適合的な措置の採用と維持を禁止すると共に、自国の同手続の通報や公開を義務づけ、透明性の確保を強化する（2.12条）。WTOの輸入許可手続協定は、同手続の公平な適用と公正かつ衡平な方法での運用義務などを定める一般規定と共に、同手続を自動輸入許可と非自動輸入許可とに分け、それぞれについて適用条件や公表義務、期限などを規定する。

2章は、輸出許可手続[32]についてもルールを定めるが（2.13条）、その内容は主として手続の公表や情報提供義務などの透明性の確保にとどまる。

④　輸出税の禁止　締約国は、附属書2-Cに定める場合を除いて、他締約国向けの輸出について、輸出税など輸出に課す税、租税その他課徴金を採用または維持してはならない。ただし、そうした税が国内消費向けの産品に課される場合は、その限りでない（2.15条）。附属書2-Cは、マレーシアとベトナムについて、木材や鉱物などの資源を中心に、輸出税等を課してよい品目、期

29)　再製造品とは、機械、電気機器、輸送機器、精密機器などの製品で（HS84～90類（一部を除く）と94類の一部に分類される製品）、全部または一部を回収した材料で完全にまたは部分的に構成され、かつ新品と類似の耐用年数及び性能を有し、保証書が付されているものをさす（1.3条）。

30)　ただし、ベトナムについては2.11条（再製造品）の経過期間があり、CPTPPがベトナムについて発効後3年間は適用されない。また、一部の措置は経過後も適用除外となる（附2-B）。

31)　2章の適用上、輸入許可手続は、締約国内への輸入に先立ち、当該締約国の関係行政機関に対する申請書その他の書類の提出を要求する行政上の手続（通関目的の一般的に要求される手続を除く）をさす（2.1条）。

32)　本条の適用上、輸出許可手続は、締約国が採用または維持する要件で輸出者がこの締約国からの産品の輸出の条件として、1または2以上の行政機関に申請書その他の書類を提出しなければならないものをさす（通常の貿易で要求される関税関連書類または当該締約国内で産品を商取引に導入する前に満たすべき要件を含まない）（2.13.1条）。

間、条件を記載する。

⑤ **その他**　2章は、ほかにも輸出入に関連する行政上の手数料及び手続に関するルール（2.14条）、輸出入及び通過手続、実行税率など輸出入に関わる情報の公表を定めるルール（2.16条）を規定する。また、締約国には、連絡部局[33]を指定し、他締約国に通報する義務がある（2.9.1条）。

締約国は、2章の下で生じる事項で自国の物品貿易の利益に悪影響を及ぼすと信じる場合、他締約国に「臨時の討議」を要請できる。2章はこのための手続も規定する。この討議は秘密とされ、かつ28章紛争処理手続に関する権利を含め締約国の権利を害さない（2.9条）。

なお、2章の下で生じる事項の検討などのため、締約国で構成される物品貿易小委員会が設置される（2.18.1条）。

（3） CPTPPの例外

CPTPPは、29章（例外及び一般規定）で、一般的例外、安全保障のための例外、一時的なセーフガード措置、租税に係る課税措置という四つの例外を定める。このほか同章は、たばこの規制のための措置[34]については締約国が投資家対国家の紛争処理（ISDS）の利益を否認できること（その場合、投資家はISDSの利用ができない（29.5条））、ニュージーランドの先住民（マオリ族）の優遇措置が一定の条件のもとに許容されること、を定める（29.6条）（以下（　）内はCPTPPの条文）。なお、このほかにも各章において例外や免除等が認められる場合があるが、本章以降、分野ごとに各章を扱う際に必要に応じて言及する。

① **一般的例外**　CPTPPの一般的例外は、GATTとGATSの一般的例外規定であるGATT20条（注釈含む、以下同）とGATS14条（a～c項）を必要な変更を加えて組み込む（29.1、29.3条）。

ただし、一般的例外はCPTPPの全ての章に適用されるわけではなく、物品貿易関連の各章[35]についてGATT20条、サービス貿易と電子商取引関連の各章[36]についてGATS14条（同項）が、それぞれCPTPPの一部となって適用さ

33） CPTPP27.5条に従うもの（前掲1.（3）参照）。

34） 締約国の措置であって、製造されたたばこ製品の生産、消費、流通、ラベル、包装、宣伝、マーケティング、販売促進、販売、購入または使用に関する措置と、検査、記録、報告要求等の取締措置をさす（29.5条注）。

35） 2、3、4、5、7、8、17章（17章は物品関連部分）。

れる（同）。

なお、GATT20条のb項（人と動植物の生命または健康の保護に必要な措置）及びg項（有限天然資源の保存に関する措置）は、貿易と環境に関する貿易紛争をめぐって、他の項と比べてWTO紛争処理手続における援用例が比較的多い。CPTPPは、GATT20条及びGATS14条のb項両方について、人と動植物の生命または健康の保護に必要な「環境措置」が含まれること、GATT20条g項の有限天然資源に石油などの非生物だけでなく、生物も含まれることを規定した（29.1条）。これにより、絶滅危惧種などの生物も有限天然資源とみなされ得ることになる（WTO協定の一般的例外は本書2章**5.**（1）「一般的例外」、貿易と環境は本書13章参照）。

②　**安全保障のための例外**　29章は全章を対象に、GATT21条やGATS14条の2に類似する安全保障例外を次のように定める。CPTPPの規定は、安全保障上の重大な利益に反すると締約国が決定する情報の提供と、その情報へのアクセスを当該締約国に要求することを定めると解されてはならない。また、同規定が「国際の平和若しくは安全の維持若しくは回復に関する自国の義務の履行」、または「自国の安全保障上の重大な利益の保護」のために締約国が必要であると認める措置の適用を妨げると解されてはならない（29.2条）。

後者の場合について、GATTとGATSの安全保障例外条項は、戦争など国際関係の緊急時にとる措置などに限定する（同条項は本書2章**5.**（2）「安全保障例外」参照）。CPTPPではそうした限定がないため、対象となる措置の範囲はGATTやGATSよりも広いといえる。

③　**一時的なセーフガード措置**　29章は全章を対象に、一時的なセーフガード措置を規定する（29.3.1、29.3.2条）。締約国は、国際収支と対外支払に関して重大な困難が生じている場合またはそのおそれがある場合に、物品やサービスの取引及び資本の移動に関する支払や移転などを一定の条件に基づいて制限できる。投資やサービス貿易について規定する章（9章や10章等）では、資金や支払の自由な移転の保障が締約国の義務であるが、一時的なセーフガード措置により、これを制限することが可能となる（投資やサービス貿易に関する資金の

---

36)　10、12、13、14、17の各章（17章はサービス関連部分）。

移転は本書8章及び9章参照)。

ただし、29章は、措置の発動にあたり、無差別性[37]、国際通貨基金(International Monetary Fund: IMF)協定整合性、一時性と漸進的廃止などの条件を全て満たすこと(29. 3. 3条)、物品貿易の場合には関連規定として組み込まれるGATT12条(12条に関する了解を含む)に従うこと(29. 3. 6条)、といった様々な条件や制限を締約国に課す(IMF協定は本書2章**5.**(3)「国際収支擁護のための制限」参照)。

なお、この例外は、外国直接投資[38]に関連する支払または移転に適用されない(29. 3. 4条)。

④　**租税に係る課税措置**　29章は、租税に係る課税措置[39](以下、租税措置)を原則として全章の適用除外としつつ、適用される規定を明示する(29. 4. 2、29. 4. 5条)。CPTPPは二重課税回避などのための租税条約上の締約国の権利義務に影響を及ぼさず、同条約とCPTPPが抵触する場合には、抵触の限りで租税条約が優先する(29. 4. 3条)。租税措置にも適用される規定には、主に、無差別待遇義務関連、輸出税関連、投資章関連のものがある。例えば、2. 3条(内国民待遇)及び同条の実施に必要なCPTPPの規定や2. 15条(輸出税、租税その他の課徴金)は、租税措置に適用される(29. 4. 5条)[40]。

参考文献〈第4章〉

・米谷三似・藤井康次郎「第3回関税：関税撤廃、原産地規則、セーフガード」『NBL』No. 1068、2016年、pp. 52-63.

・Schott., J. J., “Overview: Understanding the Trans-Pacific Partnership” in C. Cimino-Isaacs and Shott. J. J. eds., *Trans-PacificPartnership: An Assessment,* PIIE, 2016, pp. 9-21.

---

37)　厳密には、9、10、11章の内国民待遇及び最恵国待遇の規定に反しないこと、である(29. 3. 3条)。

38)　この条の適用上、外国直接投資は次の形態をさす。締約国の投資家による他の締約国の領域における投資の一形態であって、当該投資家が、当該投資を通じ、企業もしくは他の直接投資に係る資産を所有もしくは支配し、または企業もしくは他の直接投資に係る資産の管理に相当な程度の影響力を及ぼすものであり、及び永続的な関係を構築するために行う傾向にあるものをいう。例えば、12か月以上の期間にわたる企業の議決権の10%以上の所有は、一般に外国直接投資とみなされる(29. 3. 4条注)。

39)　「租税」及び「租税措置」には、消費税が含まれるが、関税、輸入に関連する手数料その他の課徴金で、提供されたサービスの費用に応じるもの、AD税や相殺関税は含まれない(29. 4. 1条)。

40)　その他の規定は次の通り。サービスおよびデジタル・プロダクトの購入または消費に関する一定の直接税に対する内国民待遇関連規定(10. 3、11. 6. 1、14. 4条)、原則として全ての租税措置に

補論2 原産地規則

1. 原産地規則とは何か

原産地規則とは、主に物品の原産地、つまり物品の「国籍」を決定するためのルールをさす。原産地規則の目的は、第一に、AD税など輸出国を特定した措置の実施、第二に、輸入品が最恵国待遇（Most Favored Nation: MFN）と特恵待遇のいずれを享受するかの決定、第三に貿易統計の作成、第四に「～産」などのラベル表示、が主たるものである[41]。

図表1が示すように、原産地規則は、非特恵原産地規則と特恵原産地規則に大別される。非特恵原産地規則は、上記の目的のうち特恵待遇の決定以外の目的で用いられる。特恵原産地規則には、RTAに基づく特恵待遇を適用するための規則と、途上国対象の一般特恵制度（GSP）を適用するための規則がある。FTAが増加するなか、前者に関する原産地規則の重要性が特に高まっている。

原産地の決定については、GATT上の定めはなく各国が決定でき[42]、各国のルールは多様といわれる[43]。原産地規則が過度に制限的であったり、恣意的に運用されたりすると貿易を制限し得る。しかし、上記の目的に照らせば、原産地規則は、本来、恣意的に制定また運用されてはならず、貿易に中立的かつ技術的なものとすべきである。そこで、国際貿易を促進する観点からは、原産地規則の調和が望ましいことがGATT-WTOの加盟国の共通認識となっている[44]。

2. WTO原産地規則協定とその課題

以上を踏まえ、GATT体制下から原産地規則の調和に対する加盟国の関心が高まり、WTO成立と共に「原産地規則に関する協定」（以下、原産地規則協定）が発効した。同協定は、非特恵原産地規則の調和の作業計画と共に、調和作業が完了するまでの経過期間中の規律、経過期間後の規律を定める。これに基づく調和作業が現在も継続中である（2018年末時点）。

対する投資、サービス貿易、デジタル・プロダクトの無差別待遇関連規定（9.4、9.5、10.3、10.4、11.3、11.4、11.6.1、14.4条）。加えて、投資に関し、特定措置の履行要求を禁止する規定（9.10.2、9.10.3、9.10.5条）、収用と補償に関する規定（9.8条）が租税措置に適用される場合がある。

41) WTO “Technical”.

42) ただし、原産地の表示についてGATT9条に定めがある。

43) WTO “Technical”.

44) WTO “Technical”.

経過期間中の主な規律は、原産地の認定要件を明確に定めること、積極的基準（特恵適用の原産地とならない場合（消極的基準）でなく、なる場合を示す趣旨）に基づくこと、貿易の目的を追求する手段として直接または間接に用いないこと、国際貿易を制限し、歪めまたは混乱させるような結果をもたらさないこと、一貫性のある、一律の、公平な、かつ合理的な方法[45)]で運用すること、遡及適用の禁止などを加盟国が確保すること、である（同協定2条）。

一方、近年のFTAの増加と共に重要性が一層高まっている特恵原産地規則は調和の対象外である。特恵原産地規則については、同協定附属書II「特恵に係る原産地規則に関する共同宣言」が、原産地の認定要件を明確に定めること、積極的な基準に基づくこと、関連法令等を公表すること、遡及適用しないこと、といった基本的な内容の確保を加盟国に求めるのみである。途上国向けの特恵制度を含め、特恵原産地規則の調和が対象外とされるのには、特恵がそもそも相互的なものであり、調和になじまないと捉えられているからである。ただし、各国がそうした意識のもとでRTAごとに定める特恵原産地規則は、次のように貿易制限効果を有するようになり、また複雑で利用頻度が低いという状況も生じている[46)]。

3. 特恵原産地規則の現状

RTAにおける特恵原産地規則は、特にFTA（関税同盟と異なり、域内国が各々の関税を含めた対外的な通商規則を維持する）の場合に、第三国の産品がFTA締約国を経由して輸入され域内でFTAの特恵関税を享受すること（貿易迂回（trade deflection））の防止を目的とする。しかし、この規則が制限的かつ複雑であると、FTA特恵の利用を無意味にするほど企業の取引コストを上昇させ、貿易制限的に作用し得る[47)]。特恵原産地規則は、こうしたコスト、原産地基準への適合の難しさ、享受する特恵の低さといった様々な要因により、実際に活用されない場合も多いことが指摘されている[48)]。

45)　"in a manner" は、「態様で」と訳されることが多いが、本書ではGATT20条の邦訳に倣い、「方法で」を用いる。

46)　なお、後発開発途上国（Least Developed Country: LDC）については、LDC諸国が特恵制度を利用しやすくするため、バリ閣僚会議（2013年）及びナイロビ閣僚会議（2015年）で、LDCの原産地規則に関する閣僚宣言が合意されている。WTOの原産地規則委員会は、加盟国による合意の実施状況を毎年レビューすることになっている（2015年の宣言）。

47)　WTO（2011）pp. 83-85.

48)　Abreu（2016）p. 78、WTO（2011）p. 73.

特恵原産地規則は、主に原産地基準、原産地手続、積送基準で構成される（それぞれの説明は**図表1**参照）。RTAの原産地規則を横断的に分析した有力な先行研究（Abreu（2016））（分析対象：2014年末までにWTOに通報された物品関連の252件のRTA）によると、貿易迂回の防止というそもそもの特恵原産地規則の目的は実際のRTAで希薄化され、同規則はますます経済的、政治的、貿易上の手段となっている。RTAでは、厳格な特恵原産地規則が設計される一方で、累積やデミニミス（いずれも後掲**図表1**）などの寛大なルール、つまり原産地基準を緩和する規定を伴うことが多い。こうした規定の存在自体が、特恵原産地規則の厳格さを示唆すると共に、特恵が特恵関税のみでなく原産地規則自体を通じて提供され得ることを示す[49]。実際、CPTPPの原産地規則も累積など原産地基準を緩和するルールを伴う。

4. CPTPP原産地規則の概要

CPTPPは、CPTPP「原産品」に対して関税撤廃を求める（CPTPP2.4.2条、以下（　）内はCPTPPの条文）。原産とは3章（原産地規則及び原産地手続）または4章（繊維及び繊維製品）に定める原産地規則に従って原産品とされることをさす（1.3条）。

3章は、A節原産地規則（3.1～3.18条）、B節原産地手続（3.19～3.31条）、C節その他の事項（3.32条）と、原産地基準の一つである品目別原産地規則（附属書3-D、Product-Specific Rules of Origin: PSR）を含む四つの附属書[50]で構成される。4章については、本補論の最後でふれる。

（1）　原産地基準（A節）

CPTPP原産品となるためには、3章が別途定める場合を除き、1または2以上の締約国内で、(a) 完全に得られ、または生産される産品（完全生産品）で3.3条に定めるもの、(b) 原産材料のみから生産される産品、(c) 非原産材料を使用して完全に生産される産品で、PSRの条件を満たす産品（実質的変更基準を満たす産品に該当する）、のいずれかで、かつ3章の他の全ての関連する要件を満たすことが必要である（3.2条）。

---

49) Abreu（2016）p. 65.

50) 四つの附属書は、附属書3-A（その他の制度）、附属書3-B（必要的記載事項）、附属書3-C（3.11条（デミニミス）の規定の例外）、附属書3-D（品目別原産地規則）。附属書3-D付録1に自動車に関する「特定の自動車及び自動車関連部品の品目別原産地規則に関する規定」がある。

(a) 完全生産品は、3. 3条が具体的に定め、植物、生きている動物、鉱物その他の天然資源などが該当する。(b) については、原産材料の生産に使用された材料に第三国の材料（非原産材料）が使用される場合もある。例えば、非締約国産オリーブが使用されたオリーブオイルを原産材料として用いてCPTPP締約国内でオリーブ石鹼を製造し、オリーブ石鹼を日本に輸出する場合が該当する[51]。(c) は、第三国の材料（非原産材料）を使用し生産した場合であっても、最終産品が元の材料から大きく変化する（実質的変更がある）場合に原産と認めるもので、この変更の有無を判断する実質的変更基準が品目ごとに異なるため、PSRとして規定されている。

CPTPPの実質的変更基準は、関税分類変更基準（非原産材料にのみ適用（附3-D. A. 3. c))、加工工程基準、付加価値基準のいずれかまたはその組み合わせである。

関税分類変更基準の具体例は、例えば上述したオリーブオイルのPSRはHSコードの2桁（「類」）の変更であるため、非締約国産のオリーブ（HS07類）が締約国内でオリーブオイル（HS15類）に生産されればPSRを満たし、このオリーブオイルはCPTPP原産品となる[52]。加工工程基準は、化学反応、蒸留、直接的な調合、希釈などの加工が産品になされる場合をさす。付加価値基準は、締約国での生産によりPSRの定める基準値以上の付加価値が産品に付された場合にCPTPP原産品となる考え方である。この基準についてCPTPPは、重点価額方式、控除方式、積上げ方式、純費用方式（自動車関連産品のみ）という四つの算出方法を定める（3. 5条、3. 10条ほか）（**図表1**参照）。

なお、CPTPPでは、他国の原産品を自国の原産品とみなすモノの累積と他国で行った生産行為を自国の生産行為とみなす生産行為の累積が共に認められる。例えば、ある工業品のPSRが域内の付加価値45%である場合、締約国Aで基幹部品の付加価値30%、締約国Bで組立てによる付加価値20%が付されていれば、合計50%で45%超となるのでCPTPP原産品として認められ、CPTPPの特恵関税を享受する（3. 10条）。複数の締約国で付加された価値が合計でPSRの基準値を満たせばよいため、生産者はCPTPP域内で最適な分業及び生産体制を検討できる[53]。

加えて、CPTPPではPSRを満たさなくても、非原産材料の割合が原則とし

51）財務省関税局・税関（2018）p. 2.
52）酒井（2016）p. 7.
53）酒井（2016）p. 11.

て産品の価額10%以下であれば僅少（デミニミス）としてその産品は原産品と認められる（ただし3章の他の要件を満たす必要がある）。デミニミスは、関税分類変更基準が適用される産品についてのみ適用される（3.11条「僅少の非原産材料」）[54]。

（2）　原産地手続（B節）

図表1が示すように、原産地手続の一部に証明手続があるが、CPTPPは**図表1**中の自己証明制度を採用する[55]（3.20条）。同様に、**図表1**中の検証手続に関し、CPTPPは間接的及び直接的な調査を規定する（3.27条）。また、積送基準について、CPTPPは原産品が締約国を経由する場合には原産品としての資格を維持すること、他方で非締約国を経由する場合は、積卸し、貨物を良好な状態に保存する作業など一定の場合を除いて、いかなる作業も行われていないことなどを条件に、原産品としての資格維持を認める（3.18条）。

なお、3章は自動車関連の特別の原産地基準を定める。完成車についてPSRは付加価値基準のみ適用され、純費用方式で45%以上、または控除方式で55%以上の付加価値がCPTPP域内で付加されれば原産品となるなどのルールがある。自動車部品については、原則として、関税分類変更基準または付加価値基準（品目により基準値は異なる）を選択できる。

また、繊維及び繊維製品については、4章が、製糸、生地の製造、縫製をCPTPP締約国内で行わなければならないヤーンフォワードルールと呼ばれる厳格な原産地規則を定める。ただし、締約国での調達が難しい材料については供給不足の物品の一覧表（ショート・サプライ・リスト）があり、表中の条件を満たせば原産品となる。これも上述の原産地基準を緩和するルールに該当する。

以上のほか、3章は、同章の運用などを協議するため、締約国で構成される原産地規則及び原産地手続に関する小委員会の設置（3.32条）、4章は繊維及び繊維製品の貿易に係る事項に関する小委員会の設置（4.8条）を定める。

54）　附属書3-Cがデミニミスの適用から除外される品目（乳製品等）を定める。

55）　原産地証明は輸出者、生産者、輸入者のいずれも作成可能であるが、輸入者による作成について、ブルネイ、マレーシア、メキシコ、ペルー、ベトナムについてはCPTPPが各国について発効する日から5年以内に実施するとの経過期間があり（3.20.1条注1）、それまでの間は輸出者と生産者が原産地証明を行うことになる。

さらに、例外的に輸出締約国は、一定の条件のもとに原産地証明書の作成を自国の権限ある当局、または認定輸出者の作成に限定できる。ただし、これは最長10年かつこの規定を含む附属書の有効期間である12年を超えて適用できない、という時限的なものである（附3-A.1、3-A.5）。

図表1　原産地規則の概要

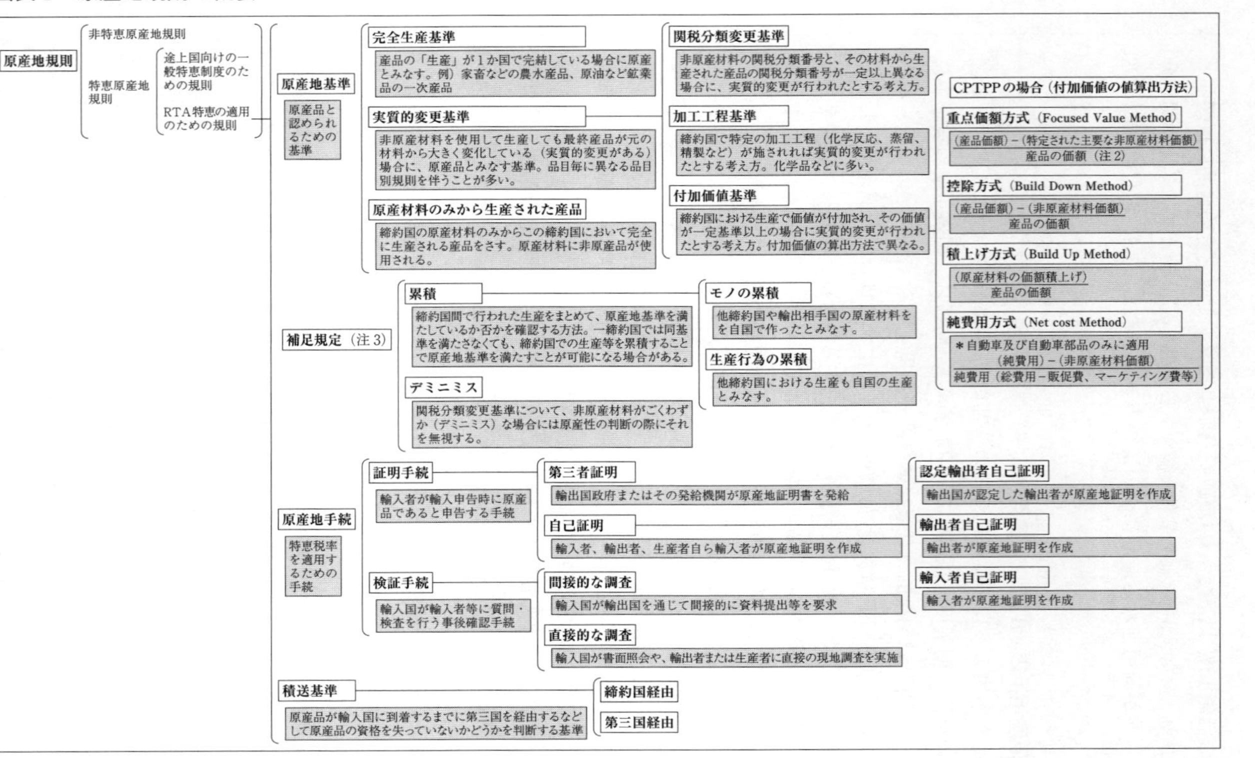

注1：各基準の説明は主に税関ガイドによる。
注2：価額は産品の取引価額から国際輸送に要する費用を除いたものをさす（CPTPP3.1条）。
注3：補足規定は原産地の認定を容易にする規定で、本文中の基準を緩和するルールに該当する。CPTPPではほかにも、ロールアップ（産品の付加価値算出時に、材料が原産である場合にはその材料の非原産部分も原産材料として含めることを認める（同3.6.1条））やトレーシング（産品の付加価値算出時に、材料が非原産である場合でも、その材料の原産部分は付加価値に含めることを認める（同3.6.2条））などがある。

参考文献〈補論〉

・米谷三似・藤井康次郎「第3回関税：関税撤廃、原産地規則、セーフガード」『NBL』No. 1068、2016年、pp. 52-63。
・財務省関税局・税関『原産地規則の概要』2018（http://www.customs.go.jp/roo/origin/gaiyou.pdf）
・酒井健太郎「TPPの原産地規則の概要」『貿易と関税』No. 756、2016年、pp. 4-16。
・東京税関業務部総括原産地調査官・関税局業務課監修『EPA原産地規則マニュアル』2018（http://www.customs.go.jp/roo/origin/epa.pdf）
・東京税関業務部総括原産地調査官・関税局業務課監修『一般特恵関税マニュアル』2018（http://www.customs.go.jp/roo/origin/ippan.pdf）
・Abreu., M. D., "Preferentialn Rules of Origin in Regional Trade" in Acharya., R. eds., *Regional Trade Agreements and the Multilateral Trading System,* Cambridge University Press, 2016, pp. 59-110.
・WTO "Technical Information on Rules of Origin"（https://www.wto.org/english/tratop_e/roi_e/roi_info_e.htm）
・WTO, *World Trade Report 2011:* The WTO and Preferential Trade Agreements: From Co-Existence to Coherence（https://www.wto.org/english/res_e/booksp_e/anrep_e/world_trade_report11_e.pdf）

第5章　農業貿易

農業貿易については、WTO成立に伴ってようやく関税化が合意され、農業補助金も実質的に規律対象となった。そのための中心的なルールが農業に関する協定（以下、農業協定）である。しかし、鉱工業品に比べると農業貿易に関する規律は全般的に緩やかである。地域貿易協定（Regional Trade Agreement: RTA）においても、農業貿易の自由化は鉱工業品に比べると低い水準にあり、農業分野全体が例外的な位置づけとされていることもある。

本章では、農業貿易に関するWTOのルール、RTAにおけるルールの傾向、CPTPPのルールを扱う。

1. WTOと農業貿易

（1）　農業貿易自由化の経緯

従来、農業貿易はGATT-WTO体制下で、鉱工業品と異なる位置づけにおかれてきた。その主な理由は、第一に農業分野に小規模、未組織の生産者が多いことに加え、天候によって極端な収穫増減が生じ得ること、第二に自国の食糧安全保障の観点から、食糧自給率の維持及び向上が必要なことがある。第三に、農村での農業活動を通じて、国土の保全、水源の涵養（かんよう）、自然環境の保全、良好な景観の形成、文化の伝承などが行われること（農業の「多面的機能」と呼ばれる）、がある。さらには、これらの事情により政府の政策介入が求められ、各国ともに国家が補助金の供与や価格支持などの保護政策をとってきたという背景がある（価格支持は後掲1.（2）③参照）。

GATT体制下、農業貿易はGATTの規律に服しながらも、鉱工業品のように関税化や完全な数量制限の廃止、輸出補助金の廃止に服さなかった。例えばGATT11. 2. c条の下では、国内で農産品または漁業産品（fisheries product）の管理政策をとる場合に輸入制限が認められ、多くの国がこの規定を利用した。しかし、1980年代前半に世界的な農産品の供給過剰が発生し、さらには米国、

EC（当時）を中心とした先進国の農産品への輸出補助金による世界市場の混乱、加えて先進国間で農業貿易摩擦が激化するなどの状況が生じた。そこで同年代のウルグアイ・ラウンドで農業貿易に関する交渉が行われることとなり、農業協定に結実した。それでも農産品については特別のセーフガードが認められるなど、鉱工業品に比べると規律の内容は緩やかである。

農業貿易は、農業協定に加えて、関連するその他のWTO協定も関わりが深い。具体的には、衛生植物検疫措置の適用に関する協定（Agreement on the Application of Sanitary and Phytosanitary Measures: SPS協定）や補助金協定などがあげられる（SPS協定は本書6章、補助金協定は本書7章参照）。

（2）農業協定の構造

農業協定は、前文で目的を規定し、その目的実現のために「3つの柱」とも呼ばれるルールを定める。具体的には、第一に市場アクセスの改善（輸入数量制限などの非関税措置の関税化、関税引下げ、特別セーフガード導入）、第二に国内助成（国内補助金など）の削減、第三に輸出競争（輸出補助金及びそれと同等の効果をもつ輸出関連措置）の削減である。さらに、食糧安全保障などの非貿易的事項や、発展途上国（以下、途上国）に配慮する規定なども有する。

①　農業協定の目的・対象　農業協定の長期目標は、公正で市場指向型の農業貿易体制の確立である。同協定では、さらに、農業に対する助成や保護を実質的かつ漸進的に削減し、それを通じて世界農産品市場における制限や歪みを是正及び防止することも謳われている（農業協定前文）。

農業協定の対象となる農産品は附属書1（対象産品）で特定され、主にHS1～24類に含まれる農畜産品（動物、酪農品、野菜、穀物、調整食料品、飲料、アルコール、たばこなど）と生糸・繭・獣毛（羊毛など、ただし生糸から作られる絹糸は工業製品）である。ただし、魚及び魚製品（fish and fish products）は対象外である（同2条、附属書1）。

②　市場アクセス　一般に、市場アクセスとは他国の市場に対する参入機会やそのための条件を意味する。農業協定は市場アクセスを定義しないが、同4条（市場アクセス）は、そのための手段に言及する。具体的には、輸入数量制限などの非関税措置の関税化（同4.2条）、関税引下げ（同4.1条ほか）、特別セーフガード導入（同4.2条、5条）、その他譲許表に定められる事項である。

まず、関税化については、輸入数量制限や国家貿易企業を通じて維持される非関税措置、輸出自主規制など通常の関税以外の国境措置の維持、発動、再導入を禁止する。つまり、農産品については、GATTやその他の物品関連協定中の国際収支に関する規定や、その他農業に特定的でない規定に基づいて維持される措置を除いて、通常の関税ではない措置を全て関税に転換することが加盟国に求められる（同4. 2条及び同条注）[1)]。関税化により、他加盟国への市場アクセスが一層透明で予見可能なものとなった。また、農産品の関税化に伴って、上述した一定の条件に基づいて輸入制限を許容するGATT11. 2. c条は農業協定が対象とする農産品に適用されないこととなる一方で、漁業産品は対象として残る。

こうした関税化の特例措置として、日本と韓国の主張により含まれた「コメ条項」として知られる農業協定の附属書5がある。これは一定の条件の下に関税化の義務の適用を一定期間除外するもので、日本については、コメの関税化を6年間猶予するものの、その代わりにミニマム・アクセス（最低輸入機会）を保障するなどの条件が課せられた。ミニマム・アクセスに関する条件は、基準期間（1986～1988年）の国内消費量の4%からスタートして、最終年次までにこれを8%に拡大する内容であった（韓国を含む途上国の場合には、原則として10年の関税化延長、ミニマム・アクセスは1%から4%までの増加）。この特例措置を実際に適用したのは、日本、韓国のコメに加え、フィリピンのコメ、イスラエルの羊・ヤギ肉・チーズ・粉乳のみというわずかな国で、それ以外のすべての場合には関税化が行われたといえる。その後、2001年にWTOに加盟した台湾もコメについて特例措置が認められた。しかし、これらの品目は2015年までにはフィリピンのコメ以外関税化されている。フィリピンは、その後、2017年6月末までの関税化などを条件とするウェーバー（義務免除）を取得した後、2018年に自由化を決定した。

日本は、2000年から農業交渉の開始が予定されていたことを踏まえて、1999年にコメを関税化した。この結果、最終的なミニマム・アクセス量は7. 2%（年間77万トン程度）にとどまることとなった。現在は、このミニマム・ア

1)　Indonesia-Import Licensing Regimes/AB, para. 5. 41.

クセス量（無税）は国家貿易により輸入され、枠外分については1kgあたり341円の関税支払により輸入可能となる関税割当で輸入が行われている（2018年末時点）。ただし、この従量税額は従価税に換算すると778%（精米）ともいわれ[2)]、高関税である。

関税引下げについては、基準期間の水準から、先進国は1995年以降6年間で全ての関税を平均で36%引下げること（平均値であっても、どの関税も15%以上は最低引下げなければならない）、途上国は10年で24%、後発開発途上国（Least Developed Country: LDC）は現行の関税維持（引下げ義務は負わない）が義務となった。これらは、農業協定本体ではなく、主に各国の譲許表で定められた。

また、関税化に伴って、特別セーフガードが農業協定5条に規定されている。加盟国は関税化した産品について、かつ、譲許表で明示的にあらかじめ産品を指定した場合に、この農産品の輸入急増もしくは価格の下落があると、特別セーフガードを発動することができる。途上国と先進国を含む33か国（EU28か国を1とする）が譲許表で対象品目を指定している[3)]。

具体的には、輸入量が既定の発動水準より増加した場合、または輸入価格が同様の水準より下落した場合に追加関税を課すことができる。損害要件や補償措置が不要で、リバランシング措置も受けないなどの点で、一般のセーフガードより発動条件は緩やかである。ただし、一般のセーフガードと異なって輸入数量制限は認められない。なお、一般のセーフガードとの併用も認められない（セーフガードは本書7章参照）。

譲許表に記載されている市場アクセスに関わる約束として、基準期間の輸入実績が非常に少ないかまたはない品目について、一定の輸入量の確保を義務づけ、その輸入量を1995年には基準期間の国内消費量の3%とし、実施期間の最終年（2000年）にこれを5%相当まで拡大させるというミニマム・アクセスの保障（途上国は2004年まで）、基準期間と同水準の輸入を維持するカレント・アクセスの保障も合意された。ミニマム・アクセスは基準期間中の輸入量が少ないかまたはない場合、カレント・アクセスは関税化しても関税が高い場合などを念頭に、関税化後に一定量の輸入が行われることを確保する趣旨で、関税

---

2)　例えば、日本経済新聞「輸入米関税「778%」から「280%」」（2013年11月15日）。

3)　WTO “Agriculture” p. 17.

割当の形態がとられている。関税割当によれば、低関税での輸入枠設定を通じて最低限のアクセス機会が確保され得るからである。

③　**国内助成の削減**　農業に対する国内助成は、政府による国内補助金の支給や農産品の価格支持政策などをさす。価格支持は、政府介入によって、ある産品の価格を一定水準に維持する制度であり、農産品価格を高く維持して生産者の所得を補償することで、農業が保護される。

農業協定における国内助成の規律は、**図表1**が示すように、黄の政策、青の政策、緑の政策に分けて行われる。黄の政策（amber box）は生産を奨励し、貿易を歪めるために削減義務のある国内助成、青の政策（blue box）は本来黄の政策に含まれる国内助成であるが、一定の条件の下で削減義務の対象外となる国内助成、緑の政策（green box）は貿易歪曲性がないか、または低いため、削減義務のない国内助成である（農業協定6条及び7条。附属書2）。

図表1　国内助成の分類

分類	対象となる政策	規律内容
黄の政策	生産・貿易に影響ある助成	6年で20% 削減（途上国13%）
青の政策	生産制限計画が条件の直接支払	削減対象外
緑の政策	生産・貿易に影響のない又は少ない助成（研究開発、インフラ整備、公的備蓄、自然災害補償、環境施策など）	削減対象外

（出所）各種資料より筆者作成。

黄の政策については、基準期間（1986～1988年）の国内助成の総量（Aggregate Measurement of Support: AMSと呼ばれる）が算出され、そこから青の政策分とデミニミス分を除外したものを削減する義務が加盟国にある。AMSは、原則として価格支持相当額（内外価格差（支持価格—国際価格）×生産量）と直接支払額及びその他補助金額の合計である。AMSは、1995年から始まる実施期間（6年）の間に20% 削減する。途上国は、10年間で13% 削減する（同譲許表）。デミニミスとは一般に僅少であることを意味し、黄の政策であっても助成額が低い場合には削減義務から除外される（同6条）。

青の政策は、主として米国とEC（当時）が行っていた穀物に対する直接支払を削減対象から除外するために設けられたもので、生産制限計画による直接支払で一定の条件を満たす場合に黄の政策から除外され、削減義務がない（同6.5条）。

削減対象の国内助成（黄の政策）については、ウルグアイ・ラウンド後にWTOに加盟した国も含めると、30か国超（EUを1とする）の国々が削減約束を行っている。削減約束のない加盟国は、国内助成をデミニミスレベルに維持する必要がある。

④　**輸出競争の削減**　輸出競争は、輸出補助金と、それと同等の効果をもつ輸出関連措置をさす。まず、農産品に対する輸出補助金の新規導入は禁止されると共に、既存の輸出補助金の削減義務が加盟国に課せられた（同3.3、8条）。削減対象は、**図表2**に示す6種類の補助金で、各国はそれを譲許表に記載している（同9.1条）。農業協定成立時点で、譲許表に記載したのは先進国8か国、途上国17か国の計25か国（EUを1とし、当時の未加盟国を含まない）であった。このうち、既に輸出補助金を撤廃した国もある[4)]（2018年6月末時点）。

削減対象となる輸出補助金は、先進国については、1986～1990年（実施期間の当初はEUの増加が著しかった1991-1992）の間に交付された輸出補助金総額の36%、輸出総量で21%を6年間で削減することとされた（同9.2.b.iv条）。なお、途上国はこの割合が低く、また削減期間10年、LDCは削減義務免除などの途上国の優遇措置がある（同15.2条）。ただし、**図表2**に示した6種類以外の輸出補助金は削減対象とならない。例えば、食糧援助（援助の観点からの安価での農産品輸出など）は含まれない。このため、輸出補助金の削減及び導入禁止という約束を迂回する形で削減義務対象外の輸出補助金が用いられることが懸念される。

そこで加盟国は、輸出補助金に関する約束を迂回することも禁じられる（同10.1条）。この迂回禁止規定は、輸出信用・輸出信用保証・輸出信用保険（以下、

---

4)　WTO “Export Subsidies, Export Credits, Export Credit Guarantees or Insurance Programmes, International Food and Agricultural Exporting State Trading Enterprises: Background Document by the Secretariat”, G/AG/W/125/Rev.9, 24 July 2018.

輸出信用と総称）と食糧援助にも言及する（同10.2、10.4条）。しかし、そのための具体的なルールは十分に規定しなかった。例えば、国際的な食糧援助を行う際には、援助が被援助国の農産品の商業的輸出と関連付けられないこと、国連食糧農業機関（Food and Agriculture Organization: FAO）の「余剰処理の原則及び協議義務」に従って行うことの確保義務を加盟国に課すものの（同10.4条）、食糧援助は無償かどうか、何らかの条件を付してよいかといった点に関しては、可能な限り、という条件付きでの義務を課すのみである。

また、輸出信用とは、一般に産品の輸出国政府が政府系の金融機関などを通じて、輸入国に輸入のための融資、信用保証などを行うことをさす。これについては、主として、融資や信用保証が輸出国の金融機関によって市中より安価な利率で行われて農産品が輸入されるため、輸出補助金であるとの批判があった。しかし、農業協定は、加盟国は輸出信用について国際的に合意された規律を作成する努力を行い、規律作成後はそれに従うと定めるのみである（同10.2条）。ドーハ・ラウンドの農業交渉でこの規律作成交渉が行われていたなか、輸出信用の提供が上記の迂回禁止規定の対象となるかどうかがWTOにおける個別紛争で争われた。この紛争では、米国による綿花に対する輸出信用が争点となり、輸出信用も迂回防止規定の対象であること、そうした輸出補助金を提供していることで輸出補助金の削減及び撤廃義務（同8条）に違反し、その結果、輸出補助金を禁止する補助金協定にも違反すると判断された[5)]。輸出信用に関する規律については、後述するように、2015年に輸出補助金に関する交渉の実質的進展があったため、それに従うことが必要となる（後掲1.（3）②参照）。

⑤　**その他の規律**　　農業協定は、食糧安全保障や環境保護などの非貿易的事項や途上国に対する配慮も規定する。「食糧安全保障」がいかなる概念かについて同協定は明示しないが、国際的には「すべての人が、いかなる時にも、活動的で健康的な生活に必要な食生活上のニーズと嗜好を満たすために、十分で安全かつ栄養ある食料を、物理的にも経済的にも入手可能であるときに達成される」（1996年FAO世界食糧サミット行動計画）と認識されており、供給面（量

5）US-Upland Cotton/Panel, AB.

図表2　削減対象となる輸出補助金

・輸出が行われることに基づいて政府が交付する直接補助金（現物支払を含む） ・政府が国内市場価格よりも低い価格で行う非商業的在庫の輸出向け売却または処分 ・政府の措置による農産品に対する支払（輸出品の原料の低価格販売など） ・輸出農産品の市場活動費用軽減のための補助金（加工費用や国際運送費用など） ・政府が定めるまたは義務づける輸出貨物の国内運送料金で国内貨物よりも輸出貨物を有利に扱うもの ・輸出産品の一部であること（農産物加工品など）を条件に農産品に交付される補助金

（出所）農業協定より筆者作成。

的十分性）、アクセス面（入手権利）、利用面（摂取可能性）、安定面（入手安定性）が食糧安全保障の4要素といわれている（同行動計画）。

食糧安全保障について、農業協定は、まず食糧の輸出禁止や制限に対する規律を強化し、食糧安全保障に配慮を示した。もともと数量制限の一般的廃止を定めるGATT11条では、2項（a）において食糧などの不可欠産品の危機的な不足を防止または緩和するために一時的に課す輸出制限措置に一般的廃止を適用しないことを定めるが、食糧輸入国の懸念に対応するため、農業協定はこれに一定の条件を課した（GATT11. 2. a条は本書2章**4.**（2）①「食糧などの不足防止のための一時的な輸出禁止または制限（GATT11. 2. a条）」参照）。

具体的には、食糧の輸出禁止または制限を新設する場合には、加盟国は輸入国側の食糧安全保障に与える影響に十分な考慮を払うこと、実行可能な限り事前かつ速やかにWTO農業委員会（本節後掲）に対して措置の性質や期間などを書面通報すること、実質的に利害関係を有する輸入国の要請に応じて協議し、また情報提供する義務を負うことを定める（同12.1条）。ただし、この規定は、食糧の純輸出国[6)]の途上国を除いて、途上国には適用されない（同12. 2条）。

以上のほか、農業協定は、前文で食糧安全保障への配慮を謳うと共に、食糧安全保障のための公的備蓄出費を削減対象の国内助成から除外すること（同6条及び附属書2）、一定の条件に基づく関税化からの除外（同附属書5）、農業交渉における非貿易的事項に対する考慮（同20条）、を定める。

6）一般に、輸出額が輸入額を上回っている国をさす。

途上国に与えられる「特別かつ異なる待遇（Special and Differential Treatment: S&D)」（同15条ほか）には、先進国に比べて緩やかな補助金の削減義務、長期の約束実施期間などがある。

また、農業協定や閣僚決定など農業関連の約束の実施やそれに関わる問題提起、通報などを含む同協定の運用や協議のため、全加盟国で構成される農業委員会が設置されている（同17条、18条ほか)。

（3）　農業交渉の動向と輸出競争に関する2015年閣僚決定

①　農業交渉の背景と経緯　　農業協定は、農業貿易の「改革過程を開始させるための基礎」と位置づけられ（前文)、この改革過程を継続することが20条に規定されている。つまり、公正で市場指向型の農業貿易体制を確立するという農業協定の長期目標は、農業協定によって達成済でなく、その後も助成や保護の実質的、漸進的な削減を通じて継続されていくという趣旨である。農業貿易には、鉱工業品に比べてGATTの規定が限定的に適用され、関税化も農業協定で初めて達成されたことを考えると、現行の農業協定がその後も発展していくことが想定されていたのはある意味必然である。

実際、そのために2000年からの交渉開始を規定した20条に基づいて交渉が始まり、その交渉は2001年開始のドーハ・ラウンドに統合された。交渉は市場アクセス、国内助成、輸出競争という3分野で市場アクセスの一層の改善や補助金の削減と撤廃、規律強化などを目指して行われている。この交渉が妥結するまで、関税引下げ、国内助成の削減、輸出補助金の削減の実施期間の最終年のレベルが各加盟国を法的に拘束する。

ドーハ・ラウンド開始以来、農業交渉については、2004年の枠組み合意における農業のモダリティ（関税削減などのため各国に共通に適用される方式）合意、2013年バリ閣僚会議、2015年のナイロビ閣僚会議で進展があった。特に2015年には、**図表3**に示すように輸出補助金の撤廃を中心に輸出競争に関して閣僚決定に至り、WTO成立後初めて農業貿易に関して重要な改革が達成された。

他方、市場アクセス、国内助成の2分野については、後述するような一部の限定的な合意のほか大きな進展はなく、今後の交渉に委ねられている。特に、国内助成に関する交渉では、米中間の対立が交渉進展上の大きな障害の一つとなっているといわれ、両国間では貿易紛争がWTOで係争中である[7]（2018年

図表3　2015年閣僚会議における輸出競争関連の閣僚決定

輸出競争の分類	合意内容
①輸出補助金	・先進国即時撤廃（限定的な例外あり） ・途上国は2018年末までに撤廃（例外は2022年末まで） ・マーケティング費用の一部、輸送費用に対する輸出補助金を許容する途上国特例（農業協定9.4条）を2023年末まで適用（LDC及び食糧純輸入国は2030年末まで）
②輸出信用	・最長償還期間を18か月以下に決定 先進国は2017年末から適用開始 途上国は最長償還期間36か月を4年間で段階的削減 （LDC、食糧純輸入国などは基本的食糧調達のため原則36～54か月）
③輸出国家貿易企業	・GATTに適合する運用と，閣僚決定を迂回しない運用の確保 ・独占的輸出権の使用が最小限に貿易歪曲的となるよう努力義務
④食糧援助	・一般的約束：国際的食糧援助の十分なレベル維持、受益者の利益考慮、危機的状況での食糧援助を害さないこと ・特別の約束：ニーズに沿った食糧援助の実施 完全無償化およびアンタイド化（注） 現金化は真に必要性ある場合のみ

（注）アンタイド化は、援助を商業輸出や市場開発目的などとリンクさせないという趣旨である。
（出所）各種資料に基づき筆者作成。

末時点)。国内助成に関する交渉では、米中間の対立が交渉進展上の大きな障害の一つとなっているといわれ、この紛争の判断が交渉に影響を及ぼすことが想定される。

7)　交渉が行き詰まった原因の一つに、米国が自国の助成削減の条件として中国の助成削減を主張し、それに中国が反発した経緯がある。米国は、中国のコメ、小麦、とうもろこしに対する国内助成に関し、中国が許容分を超えて助成しているとしてWTO紛争処理手続に申し立て、2019年2月に米国の主張を概ね認めるパネル報告が公表されている（China-Agricultural Producers/Panel)。また、中国によるコメ、小麦、トウモロコシの関税割当の運用についても同様にルール違反であるとして米国が同手続に申し立て、同年4月に米国の主張を概ね認めるパネル報告が公表されている(China-TRQs/Panel)。いずれも上訴の有無は未定であるが（2019年4月中旬時点)、判断内容が確定し、交渉進展に資することが期待される。

② **2015年輸出競争に関する閣僚決定**　2015年輸出競争に関する閣僚決定では、輸出補助金について、途上国に撤廃猶予が設けられたものの、先進国は限定的例外を除いて即時に撤廃することが合意された。その背景には特にEUで農業改革が進み、世界全体でも輸出補助金の拠出額が減少したことがあった。農産品についても鉱工業品と同様に輸出補助金が禁じられることとなったのである。

また、農業交渉は、輸出競争分野で輸出補助金と同等の効果を持つ措置として、輸出信用、輸出国家貿易企業、食糧援助も交渉対象とした。このうち輸出信用については、融資、信用保証の条件が優遇されていると輸出補助金の性格をもつことが特に懸念されていたが、閣僚決定では、最長償還期間が決定された。輸出国家貿易企業については、輸出独占による独占利益を基に輸出先国で競争上優位な価格設定も行えて優位となり、実質的に輸出補助金の性格を持ち得る。国家貿易企業はGATT17条及び同条の了解により規律されるが、これらの規律に適合する運用の確保などが加盟国に義務づけられた（国家貿易企業は本書2章**6**.「国家貿易企業」参照）。

食糧援助については、援助が引き起こす貿易や生産の代替、被援助国における生産者や市場に対する影響が懸念されていた。閣僚決定では、援助の際に守られるべき約束が合意され、農業協定上の関連規定（10.4条）が強化された。

③ **農業交渉におけるその他の合意**　輸出競争分野以外でこれまで合意された主な点は次の通りである。第一に、関税割当の運用に関する了解（閣僚決定（2013））がある。関税割当は、割当枠（輸入量）の不透明な配分など、運用方法によっては市場アクセスに影響し得る。了解では、割当手続の透明性向上など、運用上のルールが合意された。

第二に、国内助成の緑の政策対象の拡大である（一般的サービスに関する閣僚決定（2013））。農村開発や貧困対策のために行われる洪水対策などの土地政策や、水資源管理、農村開発、貧困対策などの政府の一般的サービスは緑の政策に該当することとされた。

第三に、途上国向けセーフガード（Special Safeguard Mechanism: SSMと呼ばれる）に関する決定（2015）である。SSMは、先進国が財政的に補助金などを拠出できる一方、そうした補助金が出せない途上国の対抗措置として、途上国により主張されてきた。この決定では途上国がSSMの権利をもつことが確認され、詳細に関する交渉の継続が合意された。

第四に、食糧安全保障目的の公的備蓄に関する決定（2015）である。インドを中心とする途上国によって、備蓄目的の食糧を市価より高く買う政府支出を国内助成の削減対象外とすることが強く主張されてきた。この支出については、恒久的解決がなされるまで貿易歪曲的な国内助成としてWTO協定違反を問わないことが暫定的に決定されている（2013、2014）。2015年にはそれが再確認されると共に、迅速な交渉の実施が合意された。

第五に、綿花に関する一連の決定である。2003年に西アフリカのLDC4か国が、米国を中心とする先進国の綿花に対する補助金によって、途上国の綿花産業が危機的状況に陥っていると主張し、補助金の撤廃を求めたことが契機となった。2002年にはブラジルが米国の綿花補助金をWTO協定違反としてWTO紛争処理手続に申し立て、その判断が交渉に影響するなど、交渉は複雑化した。この問題は、交渉への影響力の強い米国も関わっていることから、交渉全体を左右し得る要因の一つになっている。綿花に関する決定（2015）では、先進国と対応可能な途上国はLDC産綿花・綿花関連産品に無税無枠の市場アクセスを与えること、輸出競争を即時撤廃すること（途上国は2016年末まで）が合意されたが、国内助成については引き続き交渉が継続されることとなった[8)]。

（4）　農業協定とWTOの各協定との関係

補助金は、農業協定に加えて、補助金協定の規律対象でもある。両協定の内容は異なり、二つの協定が抵触する場面もあり得る。例えば、農業協定は、輸出補助金について一定の条件の下で加盟国に削減義務を課す一方、補助金協定は、輸出補助金を禁止される補助金に位置づける。このように、農業協定と他の物品に関する多角的協定（GATTや補助金協定など）との関係がどのように整理されるかが問題である。

一般論としては、物品関連の協定は全て農業分野にも適用される。しかし、農業協定21.1条は、物品関連協定の規定は農業協定の「規定に従うことを条

---

8)　本節では交渉の継続に言及している点が多いが、既述の通り、2015年以降のラウンド継続について加盟国で見解の相違があることに留意が必要である（本書1章1.（3）③「2010年前後の先行合意への動きとそれ以降」参照）。

件として」適用すると規定し、農業協定の優先を定める。つまり、両者に抵触がある場合には農業協定が優先する。

そこで、補助金協定が禁止補助金と位置づける「国産品優遇のための補助金（輸入品よりも国産品を優先利用することを条件として交付される補助金）」など、農業協定以外の物品関連協定でのみ規律される事項については抵触がないため農業協定 21.1 条は適用されない[9]。仮に、農産品について国産品優遇補助金が提供された場合には、補助金協定 3.1 条は「農業に関する協定に定める場合を除くほか」、国産品優遇補助金を禁止すると規定するため、農業協定上、明示的にこの補助金が許容されない以上、補助金協定上の禁止補助金として同協定との整合性が問われ得る（補助金協定は本書 7 章参照）[10]。

2. 地域貿易協定（RTA）の農業貿易関連ルールの傾向

農業分野は RTA でも規律対象とされることが多いが、鉱工業品に比べると自由化水準は低く、農業分野全体を除外する RTA も限定的ではあるものの存在する。しかし、本書 3 章でみた通り、RTA の条件である GATT24 条の「実質上全ての貿易」の自由化は、質的にも求められるとする考え方が有力である。そこで、RTA において農業分野を全て除外することは本来はその趣旨に沿わない。

RTA における農業貿易関連のルールには、農業協定と同様に、市場アクセス、輸出競争、国内助成などに関するものが含まれるが、その中心は市場アクセスである。その背景には、農業貿易について RTA を通じた関税引下げの余地があるとの事情がある。既述の通り、農業分野は、数次のラウンドを経て関税削減が進んだ鉱工業品と異なり、1 度のラウンドしか経ていないからである。

RTA における農業貿易関連のルールを横断的に検討した研究は現時点（2018 年末時点）で限定的であるが、これらの研究に基づいてルールの現状に関してある程度の傾向を把握し、今後の課題の抽出を試みることは可能である。

9）　US-Upland Cotton/AB, paras. 538-546.

10）　農業協定には、平和条項と呼ばれる規定（農業協定 13 条（妥当な自制））があり、同協定に完全に適合する国内助成と輸出補助金については、一定の条件の下で GATT 及び補助金協定に基づく相殺関税の対象とならないことなどを定めた。しかし、この規定の適用期間は同協定の発効から 9 年間とされていたため（同 1 条 f 項）、2003 年末で失効した。

上述のように、RTA における農業貿易関連のルールは市場アクセスを中心とするが、その市場アクセスとそれに伴う農業特別セーフガードについては、現存する RTA を横断的に検討した有力な先行研究（2016）がそれぞれ存在する。他方、輸出補助金及び国内助成については、経済協力開発機構（Organisation for Economic Cooperation and Development: OECD）が限定的規模で行った検討（2015）が存在するのみである。より詳細な実態の把握という観点からはさらに包括的な分析が待たれるところである。

以上を前提に、本節では、農業分野の市場アクセス、輸出補助金、国内助成に関して、RTA におけるルールの傾向を概観する。

（1）　市場アクセス

①　関税化及び関税引下げ　　関税化及び関税引下げに関する先行研究（Crawford（2016））（分析対象：2014 年末までに WTO に通報済かつ有効な 253 件の RTA）では、WTO の透明性メカニズムを通じて RTA の詳細な情報が得られる 115 の RTA（61 か国、譲許表数 358）を基に、RTA の自由化水準が算出されている（透明性メカニズムは本書 3 章 **2.**（2）「RTA の審査」参照）。その結果によれば、RTA における農産品の自由化について、以下のような傾向を指摘することができる。

第一に、RTA では、WTO に比べて農産品の自由化は一層進んでいる一方、自由化が困難なセンシティブ品目に該当する農産品は自由化から除外される場合も多い（センシティブ品目は 1 章**補論 3** の **1.**（1）「関税の意義と目的」参照）。なかでも、砂糖関連産品は除外される割合が高い[11]。

第二に、鉱工業品の自由化水準と比較すると、農産品の自由化水準は低く、WTO と同様に RTA においても農業貿易は特別な位置づけにある。例えば、RTA の経過期間終了時点での自由化レベルをみると、鉱工業品のみの場合にはタリフライン[12]（HS6 桁レベル）の 9 割以上（93.4%）で自由化が達成される一

11)　なお、前節でふれた通り、魚及び魚製品は農業協定の対象外であり同協定上の「農産品」ではないものの、魚及び魚製品（HS 分類 3 類）は、RTA で除外対象である平均品目数が HS 分類 1～24 類（上記先行研究で農産品と総称される）の中では最も多く、RTA において自由化から除外される場合の多いことが示される。

12)　譲許表に掲載されている品目（関税分類品目）をさす。細分化されることもあり、細分化レベルが HS コード（HS 分類上の番号）の桁数に反映される（HS 分類は 1 章**補論 3** の **1.**（4）「関税分類」参照）。

方、農産品についてその割合は7割程度（72.1%）にとどまる（HSコードは本書1章補論3 1.（4）「関税分類」参照）。

第三に、RTAにおける農産品の関税引下げには関税割当が多用されており、それを通じて輸入量の調整が行われる。特に、センシティブ品目とされる牛肉、鶏肉、豚肉、野菜、果物、砂糖、乳製品については関税割当が多い。ただし、関税削減の経過期間終了時の関税割当の撤廃を定めるRTAも多い。

以上の分析については、透明性メカニズムを経た115RTAのみ対象となっている点が課題といえよう。このメカニズムを通じてさらに多くのRTAに関する情報提供がなされ、分析対象が広がることが期待される。

②　農産品に関する特別セーフガード　　農産品に関する特別セーフガード（safeguard: SG）に関する先行研究（Crawford et al（2016））（分析対象：2012年末までにWTOに通報済かつ有効な232件のRTA）によれば、2割強（55件）のRTAが農産品を対象とする特別SGを規定する。この特別SGは、価格や輸入量を起点に発動することができ、国内産業に対する重大な損害などの損害要件の認定が求められないなどの点で、一般のSG措置よりも発動しやすい。また、特別SGの発動を、関税削減の経過期間中のみとするRTAも多い。

特別SGはまた、先進国、途上国を問わず様々なRTAに広く存在する。なかでも、特別SGを含むRTAはEUのRTAに多く、先行研究の時点でEUのRTAの半数以上（EUのRTA総数33）に相当する。また、EUのRTAでは、EU-韓国FTAを除いて特別SGの発動は時限的でないといわれる[13)]。

同じ先行研究中、二国間（域内）SGを規定するRTAが8割超であることが確認されているのと比較すると、特別SGの割合は低い。その背景には、農産品の関税削減に関する長期の経過期間の設定、RTA域内における農産品の貿易自由化水準が低いなどの事情があると考えられる。そのメカニズムを明らかにすることも今後の課題の一つであろう。

（2）　輸出補助金

RTAには、農産品の輸出補助金に関する規律が含まれることが多いと指摘されるが[14)]、RTAを横断的に検討した先行研究としては、OECDが行った分

WTO Glossary “Tariff line”.（https://www.wto.org/english/thewto_e/glossary_e/glossary_e.htm）
13)　Crawford et al（2016）p. 289.

析が存在する程度である（分析対象：1992～2009年に締結された53件のRTA、譲許表数は100超）。

この研究によれば、半数のRTAで域内向け産品への輸出補助金の新規創設、維持、再導入が禁止される。また輸出補助金の停止時期が明示されたり、段階的撤廃、経過期間の設定が行われたりする場合もある。遵守の確保のため、相殺措置（関税撤廃の停止や関税引上げ）が併せて規定されることも多い。

ただし、RTA域内の貿易に対する輸出補助金の禁止には、限界も伴う。例えば、RTAの域内貿易に対する輸出補助金を禁止しても、第三国の輸出補助金付き産品がRTA域内に輸入されていると、域内でその産品との競争が生じる。このため北米自由貿易協定（North American Free Trade Agreement: NAFTA）は域内向け農産品に対する輸出補助金について、締約国が当該農産品の補助金付き輸入を行っていない限りにおいて不適切と確認する、と規定する（NAFTA705.2条）。この規定は、メキシコ市場でEUの輸出補助金付き農産品と競争する必要があった米国の事情を反映したものといわれる[15)]。ほかにも、米国―コロンビアFTAなど、第三国の輸出補助金付き産品の輸入を行うRTA締約国に対して、同国に向けた当該産品の輸出に補助金の提供を許容するRTAは複数存在する。つまり、RTA域内で輸出国と輸入国とが同意の上で域内貿易に対する輸出補助金を一定の条件の下に許容するということである。これにより、RTA締約国間の互恵性は確保されるものの、WTOが志向する農産品に対する輸出補助金撤廃の取り組みと調和しない面もある。

一方、OECDによれば、RTAの中には第三国の輸出補助金付き産品の輸入を行うRTA締約国に対する相殺措置を許容したり、第三国からの輸出補助金の影響に対抗するため特定の措置の採用を要求し得ると規定したりするRTAも確認されている[16)]。こうした仕組みは、RTA域内における第三国からの輸出補助金付き産品に対して輸出補助金を許容する方法とは別の対応策といえ、その点では評価し得る。ただし、貿易にどのような影響が生じるかについてはさらなる検討も必要であると思われる。

14）　FAO（2016）para. 17.
15）　Josling（2011）p. 153.
16）　OECD（2015）p. 20.

（3）　国内助成

OECDの先行研究によれば、国内助成については、調査対象（55件）のうち半数程度のRTAが農業協定を遵守すべきと規定するほか、WTOにおける補助金削減への協力や補助金と自由貿易との非整合性を規定する程度である。つまり、同研究の対象となったRTAで、国内助成に関して実質的な削減や撤廃を規定する例はない。

実際、RTA域内向けのみ助成を削減するといった形で助成を区別することは実務上困難であり、また仮にそのように削減しても、助成を得られない自国農業がRTA域外からの助成付き農産品との競争で打撃を受ける可能性もある。そこで、国内助成は、多国間のWTOレベルで規律されることが適当だといわれるのである[17)]。RTAはそもそも相互的な協定であるが、国内助成は生産段階でRTAの内外を区別して拠出先を特定し難いという面が強いということであろう。

なお、農産品に関して国内助成を維持しながら、RTAで貿易の自由化を進めることは可能とする見方もある。つまり、WTO農業協定が志向するデカップリングは、農産品の生産と助成とを切り離す（decouple: デカップル）ので、本来的には国内助成が生産量に結びつかず、国内助成政策と自由貿易との両立を可能にする。それが現実に可能でないことで、現存する各国・地域の国内助成策が生産と助成とを切り離す形で行われておらず、貿易自由化交渉とも分離できない状況になっていること、さらにはそうした産品に関してRTAを通じた市場の統合が困難であることが示されるというのである[18)]。

WTOでも農産品の国内助成に関する交渉は実質的に進展していない（2018年末時点）。見通しは明るくないものの、仮に今後の交渉が進展すれば、RTAにおいても自由化が一層進む余地があると考えられる。

3. CPTPPの農業貿易関連のルール

CPTPPの締約国には、農産品の輸出国（オーストラリア、カナダ、ニュージーランドなど。TPP協定は米国も含む）と輸入国（ブルネイ、シンガポールなど）とが混在

17）　Josling (2011) p. 152、OECD (2015) p. 10.
18）　Josling (2015) p. 209.

し、しかも輸出国も含め各国がセンシティブ品目を有している。例えば、日本のコメや乳製品、カナダの乳製品、オーストラリアやメキシコの砂糖、が代表例である[19]。そうした中で農業貿易の自由化交渉は難航することが容易に想像されるが、それでもなお、締約国は農業貿易に関して一定の合意に達した。

その主な意義としては、第一に農業貿易の自由化がある程度達成されたこと、第二に輸出制限措置に対するルールが強化され、食糧安全保障に対する一層の配慮がなされたことがあげられる。

また、CPTPPでは、遺伝子組換え作物などの「現代のバイオテクノロジーによる産品」（products of modern biotechnology: 本節でMBT産品と表記）[20]に関するルールも定められた。類似のルールは既存のRTAにあまりみられず、CPTPPの特徴の一つといえる。

CPTPPでは以上のような農業貿易に関するルールを、主に2章の関税に関わるルールのほか、同章C節「農業」（CPTPP2. 19～2. 27条）が規定する。ただし、農業貿易には、衛生植物検疫（SPS）措置や、知的財産権の一つである地理的表示の保護も近年では関わりが深い。それぞれについては、関連する章を参照して欲しい（SPS措置は本書6章、地理的表示は本書10章**2.**（2）④「地理的表示」参照。以下、（　）内はCPTPPの条文）。

（1）　定義・適用範囲ほか

2章C節「農業」が対象とする農産品は、農業協定2条が規定する産品である（2. 19条）。つまり、主に農畜産品と生糸・繭・柔毛であり、魚及び魚製品は除外される。ただし、MBT産品の対象産品には、魚及び魚製品が含まれ、これはHS分類第3類に該当する産品をさす（2. 19条注）。また、輸出制限（食糧安全保障）規定においても、食料には、人間が消費するための魚及び魚製品が含まれる（2. 24. 1条注）。

C節が適用されるのは、農産品貿易に関連する締約国の措置である（2. 20条）。

また、C節の実施と運用などのため、締約国で構成される農業貿易小委員会が設置される（2. 25条）。

19）　米国については砂糖等がセンシティブ品目の例である。

20）　MBT産品は、現代のバイオテクノロジーを用いて作り出された農産品並びに魚・魚製品（HS第3類）をいい、薬剤、医薬品を含まない（2. 19条）。

（2） 市場アクセス

CPTPPの関税撤廃義務は農産品にも適用される（2.4.1条）。そこで農業貿易についても自由化が進められたが、その自由化水準は、WTOや他のRTAと同様に非農産品に比べると次のように緩やかである。

まず、関税撤廃と引下げに10〜20年超の長い経過期間を伴う場合がある。また、コメ、乳製品、砂糖などのセンシティブ品目については自由化対象となったものの、関税割当の維持などを通じて保護が継続している場合がある。さらに自由化は、全体的かつ統一的ではなく、二国間での取り決めに基づく場合もある。例えば、日本はコメなどについて国別の割当枠（Country Specific Quota: CSQと呼ばれる）や、バターなど乳製品の一部にCPTPP締約国全体への割当枠（TPP Wide Quota: TPPワイドの枠と呼ばれる）で構成される関税割当を維持している[21)]。

また、締約国は、附属書2-Dの国別スケジュールでセーフガード（SG）適用対象品目を特定でき、そのための実施方法を国別スケジュール付録Bに定める（附属書2-D. A. 7）。そこでは、農産品SG措置も規定することが可能である。例えば、日本は、牛肉、豚肉、豚肉加工品、ホエイ関連産品、生鮮オレンジ、競走馬に関し、一定の関税引上げを行うSG措置の実施方法を定めている（ただし、措置は付録に定める関税率がゼロとなる日以降はとることができない）（付録B-1「農産品セーフガード措置」A. 6）。その農産品に対するSG措置の発動要件や関連ルールは、非農産品のSG措置（経過的SG）よりも緩やかである（CPTPPの経過的SGは本書7章**3.**（1）「セーフガード（SG）措置」参照）。

なお、締約国原産品は、農業協定上の特別SGに基づいて課される税の対象とされてはならない（2.26条）。つまり、CPTPPは農業貿易に関して、域内SG措置を規定すると共に、WTO協定上の農業特別SG措置については域内を適用対象から除外する（関連する論点は、本書7章**2.**（1）③「セーフガードとRTAの関係」参照）。

---

21)　TPP交渉に当初米国が参加していたため、こうした割当枠には米国分も含まれているが、米国はCPTPPの締約国でないため同国には適用されない。仮にTPP協定が発効しないことが明確になった場合には、CPTPP6条に基づいて見直しすることが想定されている（CPTPPのVI条は本書4章**1.**（1）「CPTPP前文・I〜VII条・附属書」参照）。

（３）　輸出競争・国内助成

締約国は、農産品の輸出補助金を多国間で撤廃するという目的を共有し、その撤廃及び再導入の防止のため、WTO で合意するよう協力する義務を負う。また、CPTPP 域内向け農産品に対する輸出補助金の維持または採用を明確に禁止した（2. 21 条）。

加えて、輸出信用、輸出信用保証、輸出信用保険の供与に関する多国間の規律策定、輸出国家貿易企業に関する WTO における合意達成について、WTO での協力義務を規定する（2. 22, 2. 23 条）。

国内助成については、RTA の多くと同様に関連規定をおかない。

（４）　輸出制限：食糧安全保障

農産品の輸出制限は、貿易への影響に加えて輸出国と輸入国双方の食糧安全保障にも関わる問題である。農産品の輸出制限は、不況や不作などを原因として世界市場で供給過少、価格高騰が生じた際に、当該農産品が国内市場から流出して、国内向けの供給が過少となったり、国内価格が高騰したりして国民生活に影響が及ぶのを防ぐことなどを目的に行われる。輸出制限が行われると、国内の食糧供給は増える一方、様々な経済的コストがかかるといわれている[22)]。例えば、国内的には、輸出制限により制限対象産品の需要予測が困難となり、かつ価格上昇も見込めなくなるため、生産や生産性の向上のための投資が控えられ、長期的には供給が低下する。国外的には、輸出制限によって発生する供給過少、またそれに伴って生じる価格高騰と、そのための追加的な財政負担などの調整を輸入国に負わせることになる。輸入国の農産品価格も不安定化する。このように、輸出国、輸入国双方の食糧安全保障に影響が及ぶことから、輸出制限措置は暫定的かつ事前調整を前提として行われることが望ましい。CPTPP ではそうした配慮が反映され、輸出制限措置をとる条件が WTO 協定より厳格化された[23)]。

具体的には、締約国は食糧の危機的不足の防止または緩和のため、GATT 11. 1 条が禁じる輸出禁止または制限措置を一定の条件に基づいて一時的にと

22）　Hendrix and Kotschwar（2016）p. 121.

23）　ただし、輸出国と輸入国の食糧安全保障に優劣をつけることは本来的に難しいため、規律の厳格化にはそもそも限界がある。

ることができる。この条件として、農業協定12.1条が規定するもの（前掲1.（2）⑤参照）に加えて、他締約国に対する事前通報義務、及び実質的利害関係国から要請がある場合の協議と関連データの提供、他締約国からの質問に対する回答義務などが追加された。それぞれの義務に期限も伴う。また、措置は原則6か月以内に終了すべきとされ、1年超となる場合には純輸入国[24)]との協議義務がある。なお、締約国は、非商業的な人道上の目的のために購入される食料については、上述の禁止または制限措置をとってはならない（2.24条）。

（5）「現代のバイオテクノロジー」及びそれによる生産品に関するルール

2章C節は、MBT産品に関連するルールを規定する（2.27条）。こうした産品の代表例として、遺伝子組換え作物がある。

WTO体制下では遺伝子組換え作物などの問題は、食品安全の確保や生態系に対する危険性の観点から、主にSPS協定との関係が問われてきたが、CPTPPではSPS章（7章）でなく2章（内国民待遇・及び物品の市場アクセス）C節が対象とする。この背景には、TPP協定交渉時に国内に有力なバイオテクノロジー産業を抱え、遺伝子組換え作物の推進に積極的であった米国などの意向が働いたことがあるといわれている[25)]。

ただし、2.27条（MBT産品の貿易）は、主に締約国間の情報交換や協力の努力義務を定める内容であり、締約国の規制権限はこの規定により制約されないと考えられる。同条によれば、まず締約国はMBT産品の貿易に関する透明性、協力、及び情報交換の重要性を確認する。また、同条により、締約国はWTO協定やCPTPPの他の規定に基づく自国の権利義務に基づいて措置をとることを妨げられず、MBT産品を規制するための自国法令と政策の採用や修正も義務づけられない（2.27.1〜2.27.3条）。

注目すべきは、MBT産品の微量の混入が発生した場合に対応するルールが規定されている点であろう。遺伝子組換え作物などのバイオ産品は、自然界に対して短期的にも長期的にも影響を与え得るため、混入が発生した場合の対処は重要である。この点2章C節の下、締約国は微量の混入の発生に関連する情報共有のため連絡部局を指定し、それを他の締約国に通報する義務を負う。

24）　一般に、輸入額が輸出額を上回る国をさす。
25）　Hendrix and Kotschwar（2016）pp. 119-122.

微量の混入が発生した場合、輸入締約国は自国法令及び政策に従って、輸入者に発生の事実と貨物の処分について決定するために輸入者に提出を求める追加情報を通知する。また、微量の混入への対応措置[26]が自国法令及び政策の遵守に合致する適当なものであることの確保義務がある（2. 27. 7. a 及び c 条）。

以上のほかにも、２章は、MBT 産品に関する情報の公開義務（可能な場合）などを定める。また、MBT 産品に伴う貿易関連事項についての情報交換及び協力のため、締約国で構成される MBT 産品作業部会を農業貿易小委員会の下に設置することを規定する（2. 27. 9 条ほか）。

参考文献〈第５章〉

・石田信隆『解読・WTO 農業交渉――日本人の食は守れるか』農林統計協会、2010 年。
・外務省『解説　WTO 協定』（財）日本国際問題研究所、1996 年。
・T. E. ジョスリン・S. タンガマン・T. K. ワーレイ著／塩飽二郎訳『ガット農業交渉 50 年史：起源からウルグアイ・ラウンドまで』農文協、1998 年。
・津久井茂充『GATT の全貌』日本関税協会、1993 年。
・農林水産省大臣官房国際部『WTO 交渉について』、2016 年。
・農林水産省 HP（http://www.maff.go.jp/j/nousin/noukan/nougyo_kinou/index.html）
・Crawford, J., "Market Access Provisions on Trade in Goods in Regional Trade Agreements", in Acharya, R. eds, *Regional Trade Agreements and the Multilateral Trading System,* Cambridge, 2016, pp. 21–57.
・Crawford, J., J. Mckeagg and J. Tolstova., "Mapping of Safeguard Provisions in Regional Trade Agreements", in Acharya, R. eds., *Regional Trade Agreements and the Multilateral Trading System,* Cambridge, 2016, pp. 21–57. 230–315.
・FAO/Committee on Commodity Problems "CCP 16/INF/6 (2016): Update on WTO Agricultural Negotiations and Regional Trade Agreements" (http://www.fao.org/3/a-mr112e.pdf)
・Josling, T., "Agricultre", in Chauffour, J. -P. and J. -C. Maur eds., *Preferential Trade Agreement Policies for Development: A Handbook,* World Bank, 2011, pp. 143–159.
・Josling, T., "Agriclture", in Lester S., Mercurio B. and L. Bartels eds., *Bilateral and Regional Trade Agreements: Commentary and Analysis: Second Edition,* Cambridge, 2016, pp. 171–212.
・Hendrix C., and Kotschwar B., "Agriculture" in Cimino-Isaacs, C. and Schott, J. J. eds., *Trans-Pacific Partnership: An Assessment,* PIIE, Washington DC, 2016, pp. 101–128.
・OECD "Regional trade agreements and agriculture", OECD Food, Agriculture and Fisheries Papers, No. 79, OECD Publishing, 2015, Paris. (http://dx.doi.org/10.1787/5js4kg5xjvvf-en)
・WTO, *The WTO Agreement Series: Agriculture Third Edition.* (https://www.wto.org/english/res_e/booksp_e/agri_agreement_series_3.pdf)

26)　この措置には、罰則を含まない（2. 27. 7. c 条）。

第6章　衛生植物検疫（SPS）措置・貿易の技術的障害（TBT）

貿易に影響を与える措置には、関税や数量制限などのほかにも、各国が行う様々な規制がある。特に、食品安全の確保などを目的とする検疫制度や工業製品の品質確保などに関わる基準や規格、それらに適合しているかを検討する適合性評価手続は、社会的な必要性がある一方で、貿易を制限する非関税障壁にもなり得る。

このような措置を対象とするルールとして、WTOでは、衛生植物検疫措置（Sanitary and Phytosanitary Measures: SPS措置）の適用に関する協定（SPS協定）と、貿易の技術的障害（Technical Barriers to Trade: TBT）に関する協定（TBT協定）がある。両協定は、WTO加盟国が必要な措置をとることを認める一方で、それが貿易障壁とならないようにするためのルールを定め、正当な政策目的に基づく措置と円滑な貿易とのバランスをとっている。また両協定は、SPS措置とTBTが国際的に調和していれば貿易障壁となる余地が少なくなるとの観点から、国際的な調和を志向する。

両協定の重要性に対する理解が広がるにつれ、RTAにおいてもこれらの分野に関するルールが規定されるようになっている。1995年のWTO成立と共に両協定が発効して以降、SPS措置及びTBT関連ルールを含むRTAは増加傾向にある。

本章では、SPS協定とTBT協定を概観し、次にRTAにおける両分野のルールの傾向、CPTPPの規定する両分野のルールを扱う。

1. WTOのSPS措置とTBTに関するルール

（1） SPS協定の概要

SPS措置とは、農薬の残留基準、食品安全基準、検疫上の手続など、一般に、人と動植物の生命または健康の保護のために各国がとる検疫制度や基準、関連する手続などをさす。

SPS協定の成立は農業協定と深く関わっている。農業分野は従来GATTが規律していたが、その規律は十分といえず、WTOで初めて農業に関する協定（農業協定）が成立した（農業協定は本書5章参照）。農業協定を通じて貿易が自由化されても、輸入国の検疫措置によって輸入品に差別的措置や必要以上に厳しい検査が課されるなどすると、貿易が制限され農業協定による自由化の利益が失われる。そこで、農業貿易の自由化交渉の一環として、人と動植物の生命または健康の保護のために必要な措置について、これを一般的例外措置として規定するGATT20条b項を詳細化するための交渉が行われ、SPS協定に結実した[1)]。こうした事情を受けてSPS協定の前文は、GATTの規定と「特にその第20条b項の規定（20条柱書を含む）」の適用のための規則を定めると謳う。

SPS協定は、協定の規律対象となるSPS措置の定義と適用範囲を規定すると共に、加盟国の基本的な権利と義務、国際的調和と同等性の受入れ、地域化、透明性などに関するルールを定める。また、同協定は加盟国にSPS措置を科学的証拠に基づいてとることを求める。

① **定義及び適用範囲**　SPS協定の対象となるのは、国際貿易に直接または間接に影響を及ぼすすべてのSPS措置である（SPS協定1.1条）。SPS措置には、最終製品の規格、生産工程及び生産方法、試験などの手続、検疫、食品安全に関連する包装や表示の要件など関連するすべての法令、要件、手続が含まれ、その範囲は広い。ただし、措置の適用目的が**図表1**の示す四つのいずれかでなければならない（同附属書A.1）。**図表1**は、端的には、(a) 害虫や病害などからの動植物の生命または健康の保護、(b) 飲食物や飼料の添加物など、食物媒介性の危険からの人と動物の生命または健康の保護、(c) 動植物の病気や害虫の侵入などによって生ずる危険からの人の生命または健康の保護、(d) 害虫の侵入などによるその他の損害の防止または制限、という趣旨である。SPS措置に該当しない技術的な要件はTBT協定の対象となる（後掲**1.(2)⑤**参照）。

これまでWTOで貿易紛争の対象となったSPS措置には次のような例がある。人の健康保護のため成長ホルモンを投与されて育成された牛肉の輸入禁止、

1)　このため、農業協定14条は「加盟国は衛生植物検疫措置の適用に関する協定を実施することを合意する」と規定する。

国内未発生の病害虫の侵入防止のため農産物に対して輸入時に一定の消毒を義務づける措置、国内のある種の魚へ病気の伝染を防ぐため、未加熱処理の同種類の魚の輸入禁止、国内生態系を保護するための遺伝子組換え作物の輸入禁止、である。

図表1　SPS措置とみなされるための目的（いずれも自国領域内）

(a) 有害動植物、病気、病気を媒介または引き起こす生物の侵入、定着、まん延により生ずる危険からの動植物の生命または健康の保護
(b) 飲食物または飼料に含まれる添加物、汚染物質、毒素、病気を引き起こす生物により生ずる危険からの人または動物の生命または健康の保護
(c) 動植物またはそれらを原料とする産品から生ずる病気、または有害動植物の侵入、定着、まん延により生ずる危険からの人の生命または健康の保護
(d) 有害動植物の侵入、定着、まん延によるその他の損害の防止または制限

（注）「動物」に魚類、野生動物、「植物」に樹木、野生植物、「有害動植物」に雑草、「汚染物質」に農薬・動物用医薬品の残留物、異物が含まれる。
（出所）SPS協定附属書A.1より筆者作成。

②　基本的な権利と義務　加盟国には、SPS協定に反しない限りSPS措置をとる権利がある（同2.1条）。ただし、次のような条件がある。

第一に、加盟国は、SPS措置を人と動植物の生命または健康の保護に必要な限度においてのみ適用することを確保する義務がある（同2.2条）。したがって、必要以上に輸入品に重い措置を課すことなどは認められない。

第二に、加盟国は、SPS措置を科学的な原則に基づいてとり、原則として十分な科学的証拠なしに維持しないことを確保する義務がある（同）。これを具体化したのが、状況に応じて適切な危険性評価に基づいてSPS措置をとることを確保するという加盟国の義務である（同5.1条ほか。危険性評価は後掲**1.**（1）③参照）。そこで、SPS措置が危険性評価に基づいていなければ、科学的な原則にも基づいていないと推定される[2)]。SPS措置と科学的根拠、または危険性評価の間には合理的かつ客観的な関係が求められ、その有無はケースバイケース

2)　EC-Hormones/AB, para. 180、Australia-Salmon/AB, para. 138.

で判断される[3)]。

第三に、加盟国はSPS措置によって、同一または同様の条件の下にある加盟国間（自国領域と他の加盟国の領域との間を含む）で、恣意的または不当な差別をしないことを確保する義務がある。さらにSPS措置は、国際貿易に対する偽装した制限となるような方法で適用してはならない（同2.3条）。

③　**危険性評価とSPS上の適切な保護水準**　危険性評価とは、輸入加盟国内で、とりうるSPS措置の下、有害動植物や病気が侵入、定着、まん延する可能性と、それに伴う潜在的な生物学的及び経済学的な影響、または飲食物と飼料中の添加物などによって生ずる人または動物の健康への悪影響の可能性についての評価をさす（同附属書A.4）。評価の際には、関連する国際機関が作成した評価方法と共に、入手可能な科学的証拠などを考慮する必要がある（同5.1〜5.3条）[4)]。

加盟国は、自国内で人・動植物の生命または健康を保護するため自国が適切と考える保護の水準を決定する。この水準は受入れられる危険性の水準とも呼ばれ、許容できるリスクを意味する（同附属書A.5）（以下、適切な保護水準またはリスク許容度と表記）。その水準については、適用時の整合性をはかるため、加盟国は、異なる状況において適切と考える水準に恣意的または不当な区別を設けることが国際貿易に対する差別または偽装した制限をもたらすことになる場合には、そうした区別を回避する義務がある（同5.4、5.5条）[5)]。具体的には、異なる状況における適切な保護水準の存在、それらの水準間の恣意的または不当な相違、その相違が差別または偽装された国際貿易の制限をもたらすか、が焦点である[6)]。

また、適切な保護水準の達成のためSPS措置をとる場合には、技術的及び経済的な実行可能性を考慮しながら、その措置が同水準の達成のために必要以

---

3)　Japan-Agricultural Products II/AB, para. 84、EC-Hormones/AB, para. 193.

4)　動植物の生命または健康に関しては、危険性評価と適切な保護水準を達成するSPS措置を決定する際に、害虫撲滅費用などの経済的な要因も考慮する義務がある（SPS協定5.3条）。

5)　加えて、SPS委員会（後掲1.（1）⑥）により採択された同5.5条の実施促進のためのガイドラインがある。“Guidelines to Further the Practical Implementation of Article 5.5”, G/SPS/15, 18 July 2000.

6)　EC-Hormones/AB, para. 214.

上に貿易制限的でないことを確保する義務がある（同5.6条。ただし、同3.2条が適用される場合（後掲1.（1）④）を除く）。具体的には、技術的及び経済的な実行可能性を考慮して、代替措置があるか、その代替措置が適切な保護水準を達成するか、同措置が相当に貿易制限的でないか、が検討される[7)]。この三つの基準に照らして、代替となるSPS措置があれば、それを採用しなければならないということである。例えば、ある病気を国内で発生させないというのが輸入国の考える適切な保護水準であると、それを達成するSPS措置には、この病気の未発生国からの輸入に限定するほかに、病原体を完全に死滅させられるような加熱や消毒といった処理もあり得る。つまり、危険性評価は科学的検証である一方、適切な保護水準はリスクの許容度として、経済的コストなど科学以外の要素を考慮した上で決定される政策的な裁量を担保するものといえる。

なお、科学的証拠が不十分な場合には、加盟国は暫定的に措置をとることができる。そのための条件は、入手可能な適切な情報に基づくこと、一層客観的な危険性評価のため追加情報の取得に努めること、さらに適当な期間内に暫定措置を再度検討することである（同5.7条）。暫定的な措置と危険性に関する情報との間には、合理的かつ客観的関係が求められる[8)]。この規定には予防原則と呼ばれる考え方が反映していると捉えられている。予防原則とは、科学的な不確実性に対処するために安全策をとるアプローチであり[9)]、SPS協定にそれ自体は規定されていない。ただし、予防原則が反映しているといっても、それがSPS協定違反の措置を正当化するものではない。

④　**国際的調和と同等性承認**　　調和とは、2以上の加盟国による共通のSPS措置の制定、承認、適用をさす（同附属書A.2）。SPS措置を広く調和するため、国際的な基準、指針または勧告（以下、国際基準等）が存在する場合には、別途定めがある場合を除き、加盟国はそれに「基づいて」SPS措置をとらなければならない（同3.1条）。国際基準等と同一とする必要はないが、もしSPS措置が国際基準等に適合する場合には、人・動植物の生命または健康の保護のた

---

7)　Australia-Salmon/AB, para. 194.

8)　US-Canada-Continued Suspension/AB, para. 678.

9)　WTO Glossary “Precautionary principle”
（https://www.wto.org/english/thewto_e/glossary_e/glossary_e.htm）

めに必要であるとみなされると共に、SPS協定及びGATTの関連規定に適合していると推定される（同3.2条）。このように、国際基準等を加盟国が取り入れていく形でSPS措置を調和するという考え方がとられている。なお、「適合する」とは遵守の意で「基づく」こととは異なり、「基づく」場合には国際基準等の要素でSPS措置に組み込まれないものがあり得る[10]。

しかし、国際基準等に基づいても自国の人と動植物の生命または健康の保護のために不十分な可能性もある。このため、科学的に正当な理由がある場合、または関連規定（同5.1～5.8条）に従って適切な保護水準を決定した場合には、国際基準等より高い保護水準をもたらすSPS措置を加盟国がとることも認められている（同3.3条）。

国際基準等は、SPS協定で分野ごとに三つ指定されている。食品添加物、残留農薬などに関する食品安全分野は食品規格（コーデックス）委員会、動物の健康及び人と動物に共通の伝染病について国際獣疫事務局（OIE）、植物の健康について国際植物防疫条約（IPPC）事務局が作成したものである。これ以外の分野の国際基準等には、全ての加盟国が加盟できるその他の関連する国際機関が定めてSPS委員会が確認した適当な基準等が該当する（同附属書A.3）。

前述の通り、各国がとるSPS措置については、その措置によって達成される人と動植物の生命または健康の保護の水準は同じでも、形態が異なる場合があり得る。例えば、輸入国Aにおいて、ある産品の適切な保護水準が「細菌数が1ミリ立法メートル当たり10個以下」である場合、この水準を達成するために国内的に「150度で3秒間の殺菌処理」を導入する一方で、輸出国Bでは同種の産品について「70度で30分間の殺菌処理」を施して、A国の保護水準が求める結果を得ていたとする。このような場合に、達成される保護の水準は同じなのに、措置の形態が異なることを理由として輸入を認めないとすると貿易が阻害される。

そこでSPS協定は、輸出国が輸入国に対して、自国の措置が輸入国の適切な保護水準を満たすと客観的に証明すれば、輸入国が措置の同等性を認めることを義務づける。そのため、要請に応じて、輸入国には、検査、試験手続など

10）EC-Hormones/AB, para. 163.

図表2　国際基準等を作成する国際機関

・食品安全：食品規格委員会（コーデックス委員会）
食品規格委員会（Codex Alimentarius Commission）は、消費者の健康の保護、食品の公正な貿易の確保などを目的として、1963年に国連食糧農業機関（Food and Agriculture Organization：FAO)、世界保健機関（World Health Organization：WHO）により設置された政府間機関で、国際食品規格（コーデックス規格）の策定などを行っている。日本も含め190近くの国が加盟している（2018年末時点)。
・動物の健康、人と動物に共通の伝染病：国際獣疫事務局
国際獣疫事務局（Office International des Epizooties：OIE）は、世界の動物衛生の向上を目的とした政府間機関で、1924年にフランスで発足した。動物衛生に関する国際基準の策定などを行っている。日本も含め180か国超が加盟している（2018年末時点)。
・植物の健康：国際植物防疫条約事務局
国際植物防疫条約（International Plant Protection Convention：IPPC）は、植物の病害虫の侵入とまん延を防止するために締約国の措置を調整し、かつ実効的にすべく1951年に採択された条約である（1952年発効)。事務局はFAOに設置され、病害虫の危険性の分析方法や消毒方法などの国際基準を策定している。日本も含め180か国超が加盟している（2018年末時点)。

（出所）各機関のホームページ等より筆者作成。

のため合理的な機会が与えられなければならない。また、加盟国は、要請に応じてSPS措置の同等性の認定について二国間または多国間で合意するため協議を開始する義務がある（同4条）[11)]。

⑤　**地域化**　　地域化（regionalization）とは、有害動植物または病気の無発生及び低発生地域が政治的に画定された国境に一致しないことを加盟国が認識し、SPS措置をそうした地域の特性に応じて調整するというアプローチをさす[12)]。加盟国はその調整を確保すると共に、上記の地域の考え方を認めなければならない。地域の決定は、地理的、生態的要因などに基づいて行われなければならない（同6条)。輸入国は、輸出国で病気が発生していたとしても、その輸出国の無発生及び低発生地域からの産品については自国へのアクセスを認めるよう期待されているといえる。

---

11)　同等性認定の具体的実施方法は、SPS委員会決定（G/SPS/19/Rev. 2）が提示する。この決定は法的拘束力のあるものではない。
12)　WTO (2010) p. 11.

⑥　**その他**　SPS協定は、産品がSPS措置の要件を満たすかどうかなど、SPS措置の実施を加盟国が確認及び確保するための管理・検査・承認手続に関してルールを定める。加盟国は手続が不当に遅滞しないよう行い、国産品より輸入品に厳格とならないことなどを確保する義務がある（同8条、詳細な義務は附属書Cが規定）。

また、同協定は透明性を確保する加盟国の義務を規定する。加盟国にはSPS上の規制[13]について、通報義務、公表義務、情報提供義務がある。加盟国は照会所を設置し、通報に責任を負う単一の当局を指定しなければならない（同7条、附属書B）。

発展途上国（以下、途上国）関連では、途上国によるSPS協定の義務遵守を促進する技術支援（同9条）、途上国に対する特別かつ異なる待遇（Special and Differential Treatment: S&D）（同10条）が規定されている。

また、SPS措置に関する協議を行うため加盟国で構成されるSPS委員会が設置されている。SPS委員会では、協定の運用や実施状況などのほか、特定の貿易上の懸念（Specific Trade Concerns: STC）も扱われる。STCは、ある輸入国のSPS措置が自国の輸出に悪影響を与えていると輸出国が考える場合に、SPS委員会に提起して輸入国や他加盟国の見解を求められる仕組みで、WTOの紛争処理手続に申立を行う前の問題解決に貢献している。

（2）　TBT協定の概要

TBTとは、一般に国家が製品安全の確保や人と動植物の生命または健康の保護、環境の保護、製品間の互換性、生産の効率など、様々な合法的な目的のために定めた製品の基準や規格、及び規格への適合性を評価する手続（適合性評価手続）をさす。例えば、おもちゃ塗料の鉛の上限基準など生活用品の安全基準や、環境保護のための自動車の排ガス基準、有機農産物の表示基準などがある。これらにはSPS措置も含まれ得るが、SPS措置はSPS協定の対象であり、それ以外の措置がTBT協定の対象である。どのような措置がいずれの協定の適用対象となるかについては、協定中で整理されている（後掲**1.**（2）⑤参照）。

13）「SPS措置のうち一般的に適用される法令等」をさす（附属書B. 1注）。

SPS協定とTBT協定の前にも、TBTに関連するルールは存在した。例えば、TBT協定の前身は1970年代後半の東京ラウンドで合意されたスタンダード・コードで、食品安全などの技術的要件に関するルールを定めた。しかし、このコードの締約国が限定的であるなどの限界があり、ウルグアイ・ラウンドで、同コードを発展させたTBT協定が策定された。

TBT協定は、規律対象となるTBTを定義し、適用範囲を規定するほか、基準や規格と適合性評価手続の立案、制定、適用に関する加盟国の権利義務、国際的調和と同等性の受入れなどを定める。

① **定義及び適用範囲**　TBT協定の対象となるのは、工業品と農産品を含め全ての産品に関わる基準や規格、及びそれらの適合性評価手続でSPS措置以外のものである。政府による自らの生産または消費に関わる購入仕様は対象外である（TBT協定1.3、1.4条。ただし、政府調達協定の対象となり得る（同協定は本書11章参照））。

一般に、ビジネスの世界では「基準」や「規格」が区別せずに使われている場合もあるが、TBT協定では、遵守が義務である技術的要件を「強制規格（technical regulation）」、必ずしも遵守が義務づけられない技術的要件を「任意規格（standard）」と表現する（以下、「強制規格」、「任意規格」を用いる）。強制規格は遵守が義務であるため、これに適合しない輸入品は、輸入国内市場での販売や流通などが許可されない。適合性評価手続はこれらの規格への適合性を決定するために直接または間接に用いられる手続をさす。それぞれ、TBT協定では次のように定義される。

強制規格とは「産品の特性又はその関連の生産工程若しくは生産方法（processes and production methods: PPM）について規定する文書」で、遵守が義務づけられているものである（同附属書1.1）。つまり、強制規格に該当するには、①強制規格を含む文書に記載されている要件が特定可能な産品（群）に適用されること、②要件が産品の一つ以上の特性を特定すること、③遵守が義務であること、が必要である[14]。

任意規格とは、産品または関連のPPMに関する規則、指針、特性を規定し（一般

14） EC-Sardines/AB, para. 176.

的及び反復的使用のため）認められた機関（a recognized body、非政府機関を含む）が承認した文書で、遵守が義務でないものをさす（附属書 1.2）。遵守は義務でないが、強制規格や適合性評価手続の基礎として用いられ、それを通じて義務的になることがある。任意規格については、TBT 協定附属書 3「任意規格の立案、制定及び適用のための適正実施基準」（以下、適正実施基準）が関連するルールを定めており、その主要部分は強制規格に関するルールに類似した標準化機関の義務を定める。

適正実施基準について加盟国は、中央政府の標準化機関による同基準の受入れと遵守を確保する義務がある。また、自国内の州政府などの地方政府及び非政府の標準化機関、一部の加盟国のみの関連機関が構成員の地域標準化機関による同基準の受入れ遵守の確保のため、利用し得る妥当な措置をとる義務もある。どの標準化機関も同基準を受入れ可能で、受入れて遵守していると、TBT 協定の原則に従っていると認められる（同 4. 1、4. 2 条）。

適合性評価手続は、強制規格又は任意規格に関連する要件が満たされていることを決定するため、直接又は間接に用いられるあらゆる手続である（附属書 1. 3）。例えば、製品の試験、検査手続、登録手続がある。

なお、PPM は、最終製品の特性に影響を及ぼす場合と及ぼさない場合がある。例えば、成長ホルモン剤が残存する牛肉や農薬が残存する穀物では、PPM が最終製品の特性に関連しており、産品関連 PPM と呼ばれる。他方、環境基準が厳格な国において、生産過程で一定量以上の二酸化炭素の排出が禁止されている場合、その基準を満たす生産方法で生産された鉄鋼製品と、環境基準が緩やかな国において生産された鉄鋼製品とでは、最終製品は同じでも PPM が異なる。しかし、このように最終製品の特性に影響しない PPM は非産品関連 PPM と呼ばれる。この点、強制規格は、産品の特性関連の PPM について規定する文書と定義されるため、非産品関連 PPM はこれに該当しないことになる[15)]。

強制規格、任意規格、適合性評価手続（以下、TBT 措置と総称する）は、中央政府機関のほか地方政府機関、国内の非政府機関が作成する。いずれにせよ、

15)　EC-Asbestos/AB, para. 67, EC-Seal Products/AB, para. 5. 12.

加盟国がこれらの機関が作成するTBT措置とTBT協定の関連規定との整合性を確保するよう、利用し得る妥当な措置をとる義務を負う（同3.1条、7.1、8.1条ほか）。

② **TBT措置の立案・制定・適用**　TBT措置に関する主なルールは、無差別待遇の確保、国際貿易への不必要な障害の回避、国際的調和と同等性の承認、透明性の確保に関するものである。

(a) **無差別待遇の確保**　第一に、加盟国は、TBT措置を立案、制定、適用する際に、同種の国産品または輸入品に比べて、他の加盟国の輸入品（適合性評価手続については産品の供給者）に不利でない待遇を確保する義務がある。ただし、適合性評価手続に関しては、産品の供給者に同等の状態において無差別待遇の確保が求められるという条件が付されている（同2.1、5.1.1条、附属書3.D）。同等の状態かどうかは同手続へのアクセス条件などがケースバイケースで考慮されると考えられる[16)]。

強制規格に関するWTOの先例では、同種であるかどうかの判断には、個別紛争の先例を通じて形成されてきた4基準（製品の物理的特性、最終用途、消費者の嗜好、関税分類）と産品間の競争関係が用いられている[17)]。また、不利な待遇については、強制規格が競争条件を国産品に比べて同種の輸入品、同種の輸入品間で不利に変更したか、その不利な変更が特に正当な規制上の区別によるものかが重要である。不利な変更が正当な規制上の区別に起因する場合には、無差別待遇義務の違反とならない。例えば、長距離輸送に先だって課される肉類の冷凍義務が、移動距離の関係で輸出品と国産品に異なるコストを要することになっても、それは正当な規制であり、必ずしも不利な待遇とみなされない。その判断には、対象のTBT措置のデザイン、構造、仕組み、運用、適用の公平性を慎重に検討することが必要とされる[18)]。

(b) **国際貿易への不必要な障害の回避**　加盟国は、TBT措置が国際貿易への不必要な障害をもたらすように立案、制定、適用されないことを確保しなければならない（同2.2、5.1.2条、附属書3.E）。

16） Russia-Railway Equipmeut/Panel, para. 7. 283.
17） US-Clove Cigarettes/AB, V. B.
18） US-COOL/AB, para. 340、US-Clove Cigarettes/AB, para. 182.

そのために、貿易を制限する強制規格が立案、制定、適用される場合には、正当な目的が追求される必要があり、その目的が達成できない場合に生じる危険性を考慮し、正当な目的の達成に必要である以上に貿易制限的であってはならない（同2.2条）。正当な目的の例としてあげられているのは、国家の安全保障上の必要、詐欺的な行為の防止、人の健康または安全の保護、動植物の生命または健康の保護、環境の保全である（同）。また、危険性を評価する際に考慮すべきこととして、入手可能な科学及び技術情報、関係する生産工程関連技術、製品の本来の最終用途が例示されている（同）。必要以上に貿易制限的かどうかについては、措置が正当な目的の達成に貢献する程度、危険性の種類と目的の不達成による潜在的な結果、措置の貿易制限性、代替措置といった要因が検討される[19]。

適合性評価手続については、その他のルールとして手続の迅速性、期間の公表、手続上の公平性などを加盟国が確保することが定められる（同5.2条）。

③　国際的調和と同等性承認　TBT 協定も TBT 措置の国際的な調和を志向する。同じ製品を加盟国ごとの規格に適合するよう異なるデザインや性能で製造し、さらに適合性評価手続を経なければならないとすると、生産者にとって高コストとなる上に、貿易に対する技術的障害となり得る。しかし、規格や適合性評価手続の標準化を行う国際機関（以下、国際標準化機関）が国際的な規格や適合性評価手続を作成し、それらを加盟国が国内で用いれば、加盟国間で規格や適合性評価手続が共通化して、貿易上の障害が少なくなる。そこでTBT 協定は、加盟国が TBT 措置を必要とする場合、「関連する」国際的な規格、指針、勧告（以下、国際規格等）が存在する時には、それを TBT 措置の「基礎として」用いることを加盟国に義務づける（同2.4、5.4条、附属書3.F）。

TBT 協定のいう国際規格は、少なくとも WTO 加盟国が標準化活動に従事していると認める国際標準化機関に作られる必要があると捉えられている[20]。国際機関は TBT 協定上、少なくとも全ての加盟国が加盟できる機関をさす（附属書1.4）。先例によれば、招待ベースでのみ加盟が可能な機関は国際標準化機関に該当せず、その規格も国際規格に該当しない[21]。

19）US-Tuna II (Mexico)/AB, para. 322.

20）US-Tuna II (Mexico)/AB, paras. 353, 362.

どのような場合に「関連する」国際規格といえるかについて加盟国間でコンセンサスはなく、紛争が生じた場合にケースバイケースで判断されている。

「基礎として」用いるとは、全く同一のものとする必要はないものの、先例によれば国際規格と強制規格、任意規格とが「密接に関係する」ことを意味する[22]。また、強制規格が「正当な目的」のために立案、制定、適用されていて、さらにそれが国際規格に適合している場合には、国際貿易に対する不必要な障害をもたらさないと推定される（同2.5条、ただし反証可能）。

とはいえ加盟国は、国際規格等を常に基礎として用いることが義務づけられるわけではない。寒冷地や高湿度の国などの「気候上の又は地理的な基本的要因」や、電圧や道路交通方法など国内のインフラと結びついているような「基本的な技術上の問題」などの理由によって、正当な目的を達成するのに国際規格等の利用が効果的ではなく、また適当でない場合には国際規格等の利用は義務づけられない（同2.4条、5.4条、附属書3.F）。また、途上国については、開発上、資金上、貿易上のニーズと両立しない国際規格等を自国の強制規格または任意規格（検査方法含む）の基礎として用いることが期待されるべきでないと認められている（同12.4条）。以上のように、TBT協定は国際的な調和を促しながらも、加盟国の状況に応じた柔軟性を伴う。

TBT措置の国際的な調和を補完するため、TBT協定は、加盟国間での強制規格の同等性の受入れ努力と、適合性評価手続の結果の受入れ努力を加盟国に求める（同2.7、6.1条）。それにより、輸出国、輸入国で規格や適合性評価手続が二重に課されなくなり、時間的また金銭的なコストが回避されることとなる。同等性を達成する方法として、輸出入国間で相互に試験結果など適合性評価手続の結果を受入れるための相互承認協定（mutual recognition agreement: MRA）の締結を目指す交渉も奨励されている（同6.3条）。

④　**その他**　TBT協定では、透明性の確保が志向されており、加盟国には国際規格等が存在しない場合で他加盟国の貿易に著しい影響を及ぼすなど一定の強制規格案と適合性評価手続案に関する通報義務（同2.9、2.10、5.6、5.7条ほか）、情報照会や提供のための照会所の設置の確保義務（同10条）、TBT措

21）US-Tuna II (Mexico)/AB, para. 399.
22）EC-Sardines/AB, para. 245.

置の公表や情報提供義務（同2.11、5.8、附属書3.Oほか）などがある。なお強制規格と適合性評価手続については、公表と実施との間に原則6か月以上あける必要がある[23)]。

また、TBT協定は、TBT措置の立案、制定、適用時の途上国のニーズを考慮することや、技術支援、S&Dなどを規定し、途上国に配慮している（同11条、12条）。

TBTに関する協議の場として、加盟国で構成されるTBT委員会が設置されている（同13条）。TBT委員会では、特定の貿易上の懸念（STC）や、TBT協定の実施と運用のレビューが行われ、協定の実施が強化されている。実際にもTBT委員会では、透明性に関わるものを中心に、同協定の運用に関わる様々な決定と勧告が採択されている。

⑤　SPS協定とTBT協定との関係　SPS協定とTBT協定は、各国の基準や適合性評価手続などの技術的な要件を規律対象とするが、ルールの内容に異なる部分もあるため、ある措置がいずれの協定の対象となるかは重要である。

前述の通り、SPS協定はSPS措置を定義する（SPS協定附属書A.1）。一方、TBT協定は、SPS協定が定義するSPS措置にTBT協定を適用しないと定める（TBT協定1.5条）。そこで、TBTの中でSPS措置に該当する措置以外は、全てTBT協定の規律対象となる。ただし動植物検疫は専らSPS協定の規律対象である。なお、実務上は、ある農産品の害虫防止策と品質・表示に関する規制などのように、両協定にまたがる措置も多い。

両協定の規律内容が異なる例には、次のような場合がある。SPS措置については4つの目的がSPS措置該当性を決定する一方、TBT措置は安全保障上の必要や環境の保護など、様々な目的のために必要な場合にとられる。また、SPS協定はSPS措置を区別しないが、TBT協定は措置を強制規格、任意規格、適合性評価手続の3つに区別し、いずれかに該当すると同協定の適用対象となる。

加えて、両協定とも無差別待遇義務を規定するものの、SPS協定は、自国と「同一又は同様の条件の下にある」加盟国との間（自国の領域と他の加盟国の領域

---

23)　TBT協定2.12条、ドーハ閣僚決定（実施問題）パラ5.2、US-Clove Cigarettes/AB, para. 272.

との間を含む）で恣意的又は不当な差別をしないと定め、条件付きである（SPS協定2.3条、TBT協定2.1条）。例えば、国内に全く存在しない有害な動植物について、国内には存在しないため何の措置をとっていないとしても、この有害な動植物の流入を防ぐため輸入品に対してのみSPS措置をとることは、自国と輸入品の母国とが同様の条件の下にないため、許容され得ることになる。人と動植物に関わる衛生状態は、熱帯地域に存在する病害虫が寒冷地域では存在しないなど、国の自然条件や地理的配置などによって異なるとの事情に配慮したものといえる。

2. 地域貿易協定（RTA）のSPS措置とTBTに関するルールの傾向

SPS措置とTBTに関連するルールはRTAにも含まれるようになっている。本節では、有力な先行研究（SPS措置はJackson and Vitikala (2016)、TBTはMolina and Khoroshavina (2016)）（分析対象：2014年末時点でWTOに通報済かつ分析可能なRTAで、SPS分野について253件、TBT分野について238件のRTA）に基づいて、RTAにおけるSPSとTBT分野のルールの傾向を概観する。

先行研究における両分野の分析手法は必ずしも同じではないものの、いずれも各分野の主要な規律事項がRTAでどのように扱われているか[24)]、SPS協定及びTBT協定とどう異なるかという観点から検討が行われている。ただし、協定の実施状況は分析対象外であるなどの制約がある。

（1） 全体的傾向

RTAに含まれる両分野のルールは徐々に発展してきた。1995年以前には、当時存在した6割のRTAにSPS関連のルールが規定されず、TBT関連のルールもほとんどのRTAで規定されなかった。しかし近年は、個別規定や章など何らかの形で両分野のルールを含むRTAが各々の調査対象RTAの7割程度に達し、RTAの主要な構成要素になっている。それでも、先行研究が分析対象とした両分野の主要事項に関して、SPS協定とTBT協定を超える[25)]義務

24）SPSについては、①定義、②調和、③同等性、④危険性評価、⑤地域化、⑥透明性、⑦管理・検査・承認、⑧技術支援、⑨S&D、⑩紛争処理、TBTについては、①TBT協定に言及する規定、②強制規格の調和と同等性、③適合性評価手続の調和と承認、④透明性、⑤紛争処理、⑥ラベリング・マーク、⑦特定セクターに関する約束、という規定が主な分析対象である。

25）本節が依拠した先行研究（Jackson and Vitikala (2016)）と（Molina and Khoroshavina (2016)）

を加盟国に課すRTAは多くない。ただし、両分野ともにSPS協定とTBT協定との相違がみられる部分がある。

また、RTAでは、両分野共に紛争処理に関して特別のルールが規定される場合がある。例としては、RTAの紛争処理手続の不適用や、紛争処理手続への専門家の関与がある。以下、分野ごとにみていく。

（2） **SPS分野のRTAのルールの傾向**

先行研究が調査対象とした253件のRTA中、SPS関連規定や章を含むRTAは7割近く（176件）ある。RTAでSPS分野の実体的なルールが規定される場合には、SPS協定の内容が反映されることが多いものの、SPS協定の規定事項を全て対象とするRTAはみられない。

また、地域横断的なRTAでは、詳細なルールが定められる傾向がある。その背景には、地域間の気候や風土の相違に起因して、動植物の健康状態や食品安全基準が異なるなど様々な要因のあることが指摘される[26)]。

SPS協定よりも広い義務や新しい義務を課して同協定を超えるルールを定めるRTAも存在するが、**図表3**に示すようにその割合はそれほど高くない。SPS協定を超えるルールが規定されるのは、透明性、地域化、管理・検査・承認手続、危険性評価の順に多い。これらの共通点は、SPS協定にない期限の設定や説明義務の付加などである。透明性については、通報や情報提供のための連絡部局の設置が規定される場合が多い。一方で、技術支援・協力を除き、SPS分野に特化したS&Dを規定するRTAは確認されていない。

なお、RTAにおけるSPS分野に特定的な紛争処理手続は徐々に進化している。SPS関連規定を有するRTAのうち、SPS関連の紛争処理に言及するRTAの割合は、1990年代に1割未満であったが2011～2014年に6割超に達したという[27)]。**図表3**からは、SPS分野の紛争処理（協議含む）に言及するRTAはSPS分野のルールを規定するRTA（176件）の5割近く（47%、82件）を占めることが示される。ただし、1割強（13%）は同分野をRTAの紛争処理

は、「超える（go beyond）」の内容を明示しないものの、SPS協定とTBT協定よりも広い義務または新たな義務を課すという趣旨で用いている。本節では、その趣旨に従って「超える」との表現を用いる。

26） Jackson and Vitikala (2016) p. 321.

27） Jackson and Vitikala (2016) p. 352.

図表3　SPS協定の主要な規律事項をRTAが規定する割合（176件中の割合（%））

実体問題	規定しない	SPS協定と同じ	SPS協定を「超える」
定義	55	43	2
調和	58	39	3
同等性と相互承認	62	27	11
危険性評価	76	11	13
地域化	69	8	23
透明性	60	7	33
管理・検査・承認	73	13	14
技術支援・協力	68	28	3

	規定しない	RTAのDS不適用	RTAのDS適用/言及せず
協議及び紛争処理（DS）	53	13	34

（出所）Jackson and Vitikala (2016) より筆者作成。

手続の対象外とするものである。

SPS分野でWTOの紛争処理手続を超える手続には、RTAで設立される地域機関のあっせんの利用（NAFTAなど）や、SPS分野で設置される共同委員会・専門家会合・作業部会などの協議制度がRTA紛争処理手続上の最初の協議に位置づけられる場合、がある。

（3）　TBT分野のRTAのルールの傾向

TBT分野でも、規定や章の形でTBT分野を含むRTA（171件）の多く（85%）はTBT協定に言及し、主に、TBT協定の全部または一部の権利義務を確認する場合、TBT協定全てまたは一部を組み込んでRTAの一部とする場合、TBTはTBT協定が規律する（govern）と規定する場合、とがある。

また、TBT分野で、限定的ではあるもののRTAでTBT協定を超える義務が規定される場合について、次のような傾向が確認されている。

第一に、TBT協定より厳格な義務は、強制規格案と適合性評価手続案の全ての通報を義務とする場合（13件）など、透明性に関連するものに多い。

第二に、強制規格、任意規格、適合性評価手続に加えて、度量衡などがTBT分野のルールの対象措置として含まれる場合がある。

第三に、RTA域内で強制規格と適合性評価手続の調和が義務とされる場合（14件）がある。こうした傾向はEUとEU加盟候補国とのRTA、または関税同盟といったいわゆる深い統合を行うRTAにみられる。この点については、調和の対象となる基準が国際基準かどうかで、TBT協定が志向する国際的調和との間に齟齬が生じる可能性もある。

第四に、RTA域内で強制規格の同等性の受入れが義務とされる場合（13件）がある。こうしたRTAは主にNAFTA、ラテンアメリカ諸国関連のものが中心であるが、EU―韓国FTAもこれに該当する。

第五に、RTA域内で適合性評価結果の受入れや相互承認が義務とされる場合（11件）がある。主にアジア太平洋地域の国々が締結するRTAで、電子及び電子部品を対象とするものが典型的である。これには同地域内におけるグローバルバリューチェーンの構築が反映しているといわれる[28)]。また、相互承認協定（MRA）の締結を義務とするRTA（7件）もある。

第六に、TBT協定で規律対象外か、または若干しか規律されない事項を対象とするRTAがある。先行研究では、ラベリング・マーク及び特定セクターに関するルールが分析対象とされ、ラベリング・マークについては調査対象のRTAの4%（9件）、医薬品や自動車など特定セクターについては同11%（28件）のRTAで何らかのルールが確認されている。

ラベリング・マークを規定するRTA（9件）は、主に、必要以上に貿易制限的でないことの確保義務、ラベルの許可、登録、認証のいずれも販売の前提条件として求めない義務などを規定する。全て2009年以降に締結されたEUのRTAが中心である。

セクター特定的なルールを規定するRTA（28件）の対象セクターには、電子、電気、医療、薬品、自動車、繊維・繊維製品、食品、通信設備、化粧品がある。多くは、適合性評価結果の相互承認、強制規格の同等性の受入れなどを約束す

---

28)　Molina and Khoroshavina (2016) p. 407.

る点で、TBT協定より広い義務を課す。該当するRTAの半数以上が2006年以降に締結されたRTAで、比較的新しいものである。

上記のうち、特に第三と第四の点については、主に米国を中心とするNAFTA諸国とEUとの間におけるTBT措置に関する考え方の相違が反映していると考えられる。従来、RTAのTBT分野のルールについては、米国を中心とするNAFTA型とEU型とに分類でき、NAFTA型は相互承認を、EU型は調和を志向するといわれた[29)]。2010年前後からRTAが大型化、広域化しつつある近年では、そうした傾向はやや相対的であると考えられるものの、こうした考え方の相違がある程度反映していると考えられる。

TBT分野で特別の紛争処理手続を規定するRTA（22件）では、NAFTAを除いてWTOの紛争処理手続による排他的管轄を定める。この中には、強制規格に関してのみWTOの紛争処理手続で処理することを定めるRTAもある。NAFTAは、被申立国がNAFTAの紛争処理手続での審理を選択できるという独特のルールを定める。

以上にみてきたように、SPS協定とTBT協定を超える義務を課すRTAは限定的であり、その意味では多角的貿易体制への影響もこれらの分野では限定的といえる。しかし、今後、主要事項についてSPS及びTBT協定と異なるルールがRTAで継続的、体系的に取り入れられたり、世界貿易に占める割合が高く締約国数も多いといった規模の大きなRTAでそうしたルールが策定されたりしていくと、貿易への影響も生じ得る。そこで、RTAにおいて両協定を超えるとされる部分がWTO協定を補完する内容なのかどうか、また規模の大きなRTAでどのようなルールが形成されるか注視していくことが肝要である。

3. CPTPPのSPS措置とTBTに関するルール

（1） SPS措置

CPTPPは、7章でSPS措置に関するルール（全18条）を規定する。7章は、

29） WTO（2011）p. 142.

SPS協定に基づく締約国の権利義務を確認すると共に、締約国のSPS協定に基づく権利義務をCPTPPの規定が制限しないことを定める（CPTPP7.4条、以下（　）内はCPTPPの条文）。一方で、7章はSPS協定よりも詳細なルールや、同協定が規定しない概念を含むほか、締約国の権利義務の内容を強化または緩和するルールも定める。なお、複数の規定が、SPS委員会の指針と国際基準等を考慮する義務を規定する[30)]。7章とSPS協定との比較では、主に次の諸点が注目される。

第一に、危険性に関して、SPS協定が規定する危険性評価よりも広い「危険性の分析」を締約国に求め（7.9.4.b条）、SPS協定に比べて加盟国の義務を詳細化かつ明確化すると共に、透明性も高めている。

第二に、自国のSPS措置を国際基準等に基づいてとるよう義務づけるSPS協定と異なり、締約国に自国のSPS措置と関連する国際基準等との適合確保などを義務づける（7.9.2条、ただし後述するように、この規定は28章の紛争処理手続（以下、本章で28章手続）の対象外である）。

第三に、7章はSPS協定が定義しない用語を同章の適用のために新たに定義する。代表的なものとして、上述した危険性の分析とそれを構成する危険性の管理、危険性についてのコミュニケーションのほか、輸入検査、輸入プログラムがある（各用語の定義は後掲）。

第四に、「協力的な技術的協議（Cooperative Technical Consultations: CTC）」の導入である。締約国は、7章の下で自国の貿易に悪影響を及ぼすおそれがあると認める事項について、他の締約国に協議要請した上で、一定期間内の解決を目的に協議できる。SPS委員会のSTCの仕組みに類似するが、CTCは原則秘密であるなど異なる面もある。28章手続を利用するには、CTCを経る必要がある（7.17条）。

第五に、透明性に関するルールを強化すると共に、監査、輸入検査、証明に関する個別の規定をおき、締約国の権利義務を規定する。

①　定義・目的・適用範囲・一般規定　7章は、SPS協定附属書Aの定義を必要な変更を加えた上で組み込み、7章の一部とする（7.1条）。

30)　具体的には、地域化について定める7.7条、7.8条（措置の同等）、7.9条（科学及び危険性の分析）、7.10条（監査）、7.12条（証明）が規定する。

また、7章には目的規定があるが、その内容はSPS協定の前文の趣旨と大きく変わらない。具体的には、(a) SPS上の問題に対処すべく様々な手段を活用することで貿易を円滑に、かつ拡大しつつ、締約国内で人と動植物の生命または健康を保護すること、(b) SPS協定の強化と拡充、(c) 締約国間の協力等の強化、(d) 締約国のSPS措置が貿易に対する不当な障害をもたらさないことの確保、(e) SPS措置適用における透明性と理解の促進、(f) 国際基準等の作成と採用の奨励と締約国による実施促進、である（7.2条）。

7章の適用範囲は、締約国間の貿易に直接または間接に影響を及ぼし得る締約国の全てのSPS措置である（ただし、イスラム法に基づく食品のハラール要件を除く）（7.3条）。

② 科学及び危険性の分析　7章は、SPS協定5条に基づく危険性評価に関する締約国の義務を認めつつ、上述の通り、自国のSPS措置の関連する国際基準等への適合、または適合しない場合には、そのSPS措置が合理的に関連する記録された、かつ客観的な科学的証拠に基づくことの確保を締約国に義務づける（7.9.2条）。ただし、この規定は28章手続の対象外であるため実効性は限られている。なお、この証拠については、他締約国に対して、要請に応じた開示が求められ得る（7.13.6条、後掲**3.**(1)⑥(**b**)参照）。

7章はまた、SPS協定が規定する危険性評価よりも広い「危険性の分析」を定義し、その分析に関して追加的な手続的義務を定める。危険性の分析は、危険性評価（SPS協定の定義通り）、危険性の管理[31]、危険性についてのコミュニケーション[32]という3要素で構成される過程、と定義される（7.1条）。

危険性評価についてはSPS協定のルールから大幅な変更はないが、分析に関する手続は詳細である。まず危険性の分析は、自国が決定する方法により、記録が残る形で、また利害関係者と他の締約国にコメント機会を与える方法で行われなければならない（7.9.4.b条）[33]。また、締約国は危険性の分析を行う

31) 危険性の管理は、危険性評価の結果を踏まえた政策の代替手段の比較衡量と、必要に応じた適当な管理方法（規制措置を含む）の選択と実施をさす（7.1.2条）。

32) 危険性についてのコミュニケーションは、危険性と危険性の関連要因について、危険性の評価者と管理者、消費者とその他の利害関係者の間で行う情報と意見の交換をさす（7.1.2条）。

33) ただし、7.9.4.b条は、SPS上の規制（「SPS措置のうち、一般的に適用される法令等」で、SPS協定附属書Bの適用対象の措置（SPS協定附属書B））の危険性分析についてのみ適用される

場合、①SPS委員会の関連指針と国際基準等を考慮すること、②自国が決定した適切な保護水準の達成に必要である以上に貿易制限的でない危険性の管理手法の選択肢を検討すること、③技術的及び経済的実行可能性を考慮し、SPS上の目的達成のために必要である以上に貿易制限的でない危険性の管理手法の選択肢の一つを選択すること、が義務である（7.9.6条）。加えて、輸入締約国は輸出締約国の要請に応じて、危険性評価に必要な情報の説明や、危険性の分析に関する進捗状況を通報する義務などを負う（7.9.7～7.9.10条）。これらの義務を通じて、輸入国が行う危険性評価を含む分析のプロセスが一層明らかになることが期待される。

他方で、締約国は危険性が不確実な場合も含め、予防的措置もとり得ると考えられる。締約国は、適切な保護水準（リスク許容度）の決定、自国市場へのアクセス条件に危険性の分析を求める認可手続の採用または維持、SPS措置の暫定的な採用または維持を妨げられないほか（7.9.3条）、他の締約国への通報などを条件に緊急措置もとれるからである（7.14条）。ただし、SPS協定と異なり、暫定措置や緊急措置がとれる場合の条件は明示されていないため、今後の運用を通じて明確になることが期待される。

なお、SPS協定が規定する無差別待遇の確保義務と同様の規定を7章も定める（7.9.4.a条）。ただし、この規定はSPS協定では2条「基本的な権利及び義務」の下にあったが、7章では7.9条「科学及び危険性の分析」の下にある。

③　**同等性**　　7章におけるSPS措置の同等性に関する考え方はSPS協定と同様であるが、7章は、一群の措置と制度全体を同等性の対象とすること（ただし、実行可能かつ適当な範囲内）に加えて、同等性を認定しない場合の説明義務を課すなど関連手続を詳細にする。さらに、同等の保護水準が達成される場合に加えて、輸出締約国の措置が目的達成のため同等の効果を持つ場合にも同等性を認定することが締約国の義務である。しかし、後者は28章手続の対象外であり、実効性は限定的と考えられる（7.8条）。

④　**地域化**　　7章は、SPS協定と同様に地域化の考え方を規定するが、輸出締約国から地域的な状況の決定の要請を受けて行う評価や認定に関して、

（7.9.4.b条注）。

同国への説明義務や通報義務を課すなど手続を詳細にする。また、7 章は、比較的新しい考え方である区画化（施設群ごとの調整）を含む（7.7 条）。区画化は、ある企業が病気の発生国や地域内に位置する場合でも、バイオセキュリティ対策が整っている事業者に、同様の対策が確保されている施設からの輸出を可能とする考え方で、国際獣疫事務局（OIE）の国際基準[34]などにみることができる。

⑤　**紛争処理**　7 章の下で問題が生じた場合、当事国間での解決努力を経て、締約国は CTC を利用して協議できる。CTC の時間的枠組みや手続も規定されている（7.17 条）。

SPS 委員会では、STC の仕組みが紛争処理手続に申立を行う前の SPS 関連の問題解決に貢献しており、CTC にも同様の意義が期待される。ただし、CTC は STC の仕組みと異なって、両協議国が公開に同意しない限り、原則秘密とされる。この点は、透明性を確保する観点からはやや懸念されるところであり、CTC が実際にどのように機能するかは運用をみていく必要があると思われる。

7 章は、章中に別途定める場合を除き 28 章手続の対象であり（いわゆる非違反申立は不可。非違反申立は本書 14 章 **1.**（2）①「申立の類型」参照）。締約国は CTC を経た後に 28 章手続を用いることができる（7.17.8 条）。ただし、28 章手続の利用に経過期間が設けられている規定がある。具体的には、CPTPP7.8 条（措置の同等）、7.10 条（監査）、7.11 条（輸入検査）は、被協議要請国について CPTPP が効力を生じる日の 1 年後から、7.9 条（科学及び危険性の分析）は同 2 年後から適用される。

なお、28 章手続に際して、紛争当事国は関連する国際基準設定機関[35]との協議や技術専門家諮問部会の設置を要請できる（28 章手続で設置されるパネルがそれを自らの発意で協議・設置することも可能である）（以上、7.18 条）。

⑥　**その他**

(a)　**監査・輸入検査・証明**　7 章は、監査、輸入検査、証明に関する

34)　OIE, Terrestrial Animal Health Code (2018) Chapter 4. 3. Zoning and compartmentalisation. (http://www.oie.int/standard-setting/terrestrial-code/access-online/)

35)　国際基準設定機関は定義されていないため、この規定が援用される場合は「関連する」の趣旨、同機関の範囲について紛争当事国間で争いが生じる可能性がある。

個別の規定を設け、各規定が締約国の権利義務を定める。

監査については、SPS 措置を履行する輸出国の能力の有無などを判断するため、一定の条件に基づき輸入国が監査する権利とそのための手続を規定する。一方、輸出国には、監査の所見に対するコメント機会などが保障されている（7.10条）。

また、7章は、貨物の輸入検査に関する手続を詳細にした。輸入時の検査が長引くと貿易を阻害し得る。そこで、不当な遅延のない輸入検査の実施の確保、国際的な検査基準に基づいた実施、輸出国に対する検査結果関連の通報、不利な結果の見直し機会の提供などの締約国の義務を規定する。また、締約国は、自国の輸入プログラムが輸入に伴う危険性に基づくことを確保する義務を負う（以上、7.11条）。輸入プログラムは、輸入締約国の物品の輸入を規律する SPS 上の義務的な政策、手続または要件と定義される（7.1.2条）が、義務的な政策の範囲はやや不明確であり、運用を通じて明らかになることが期待される。

証明は、動物等の貿易に必要な証明書に関連する。7章は、人と動植物の生命または健康の保護のために必要な限度においてのみ証明書の要件を課すことなどを締約国に求める（7.12.2条）。

(b)　透明性　SPS 協定附属書 B は、SPS 上の規制について、透明性に関連する締約国の義務を定める。7章はこの同附属書 B に規定する SPS 上の規制を対象として、透明性の義務を強化する。例えば、SPS 協定は国際基準等に適合しない措置についての通報手続を規定するが、7章は適合措置も含めて通報対象とするほか、利害関係者及び他締約国によるコメント機会の確保と要請に応じたコメント回答義務とを規定する。また、国際基準等に適合しない措置について提案する場合には、締約国には要請に応じて自国法の下で秘密性とプライバシーが保護される範囲内で、SPS 措置の決定に用いられた文書を提供する義務がある。この文書には、危険性評価や措置に合理的に関連する記録された、かつ客観的な科学的証拠が含まれる（7.13条）。このように透明性が強化されることで、保護主義的な SPS 措置の適用が減少することが期待される。

(c)　権限ある当局及び SPS 小委員会　締約国は、CPTPP が自国について発効する日から60日以内に、自国の権限当局の SPS 上の責任、及び当局ごとの連絡部局を指定した書面を他締約国に提供すると共に、主たる代表を特定し、また、これらの情報を最新に維持する義務を負う（7.6条）。

なお、7章の実施と運用の促進、SPS上の事項の検討や連絡、協力、情報交換のほか、SPS委員会やコーデックス委員会等における立場の協議のため、締約国で構成されるSPS小委員会の設置が規定されている。この委員会は、締約国間で生じたSPS上の問題について情報共有する場としても機能する（ただし、当該締約国間でその問題を討議し対処を試みた場合に限る）（7.5条）。

（2） **TBT**

CPTPPは、8章で貿易の技術的障害に関するルールを定める。8章は、全13条と特定製品に関する7つの附属書で構成される[36)]。また、8章はTBT協定の一部を組み込みながら、新しいルールも規定する。TBT協定との比較では、主に次の諸点が注目される。

第一に、国際規格、指針、勧告（以下、国際規格等）の有無を判断するためのルールを拡充した（CPTPP8.5条、以下（　）内は別途記載ない限りCPTPPの条文）。

第二に、適合性評価に関するルールを拡充し、締約国による他締約国の適合性評価機関の「認定、認可、免許の交付、その他の承認（以下、承認）」を促進するルールと、他締約国の適合性評価結果の受入れに関するルールを規定した（8.6条）。

第三に、輸出国の生産者が強制規格と適合性評価手続に適合するため、公表から実施までに締約国が確保しなければならない期間を原則6か月以上と明確化した（8.8.1条）。

第四に透明性の強化（8.7条）、第五に技術的討議（Technical Discussions）の導入（8.10条）、第六に分野別附属書の導入である。

①　定義・目的・適用範囲　　8章で使用される用語の定義でTBT協定附属書1（附属書の柱書と注釈を含む）に含まれるものは、必要な変更を加えた上で8章に組み込まれ、8章の一部を成す（8.1条）。加えて8章は、同章の適用のため、領事手続、販売許可、相互承認協定、相互承認取り決め、販売後の監視、検証するなどの用語を定義する（同）。

8章の目的は、不必要な貿易の技術的障害の撤廃、透明性の向上、規制に関

36)　このほかTPP協定では、日米間で、蒸留酒の充填基準に関する日米交換公文、日米並行交渉に関する文書（自動車関連）が存在する。

する一層の協力と規制に関する良い慣行（good regulatory practice）の促進などを通じて、貿易を円滑化することである（8.2条）。

8章の適用範囲は、締約国間の物品貿易に影響を及ぼし得る中央政府機関による全ての強制規格、任意規格、適合性評価手続（以下、TBT措置）[37]の立案、制定、適用である（ただし、附属書では適用範囲が異なり、販売許可なども含まれる場合がある（後掲**3.**（2）⑦参照））。TBT協定が中央政府機関、地方政府機関、非政府機関のTBT措置を対象にするのと異なり、8章は原則として中央政府機関のTBT措置を対象とする[38]。なお、TBT協定と同様に政府機関が自らの生産または消費の必要上作成する技術仕様とSPS措置は8章の対象外であり、それぞれ関連する章（政府調達はCPTPP15章、SPS措置は同7章）の対象である。

なお、8章は、締約国がCPTPP、TBT協定、その他関連する国際協定に基づく権利と義務に従ってTBT措置を制定または維持することを妨げない（以上、8.3条）。

②　TBT協定の特定の規定の組み込み　8章は、TBT協定の一部が必要な変更を加えた上で8章に組み込まれCPTPPの一部を成すことを定め（8.4.1条）、TBT措置の無差別待遇、国際貿易に対する不必要な障害の回避、国際規格等を基礎として用いる義務と、それに関連する透明性義務を組み込む[39]。

ただし、組み込まれた規定についてのみ違反を申し立てる紛争は、CPTPP28章手続の対象外である（8.4.2条）。

③　国際規格、指針、勧告　締約国は、国際規格等が、規制の調和[40]と規制に関する良い慣行を支援すると共に、貿易に対する不必要な障害の削減上重

37）これらの改正、対象産品の追加、規則の追加を含む（重要でない性格の改正及び追加を除く）（8.3.3条）。

38）TBT協定の下では、地方政府機関、非政府機関のTBT措置について、加盟国は関連規定の遵守確保のため、利用し得る妥当な措置をとる義務を負う（前掲**1.**（2）①）。一方、CPTPP8章の下で、締約国は、地域政府及び地方政府の機関による関連規定（非政府機関については8.7条（透明性）のみ）の遵守奨励のため妥当な措置をとる義務を負う（8.3.2条）。

39）該当する規定は、強制規格について、TBT協定2.1、2.2、2.4、2.5、2.9、2.10、2.11、2.12条、適合性評価手続について、同5.1、5.2、5.3、5.4、5.6、5.7、5.8、5.9条、任意規格について、同附属書3のD、E、Fである。

40）SPS協定とTBT協定はハーモナイゼーション（調和）という用語を使用する。SPS協定はその定義も規定するが、CPTPP8章は“alignment”（邦語訳は調和）を使用し、ハーモナイゼーションという用語を用いない。

要な役割を果たし得ると認める（8.5.1条）。WTO における TBT 協定関連の貿易紛争では、関連する国際規格が存在するかどうかがしばしば問題となったが、この点に関して、8章は TBT 協定の関連規定（TBT 協定 2.4、5.4、附属書 3）に加えて、同協定 2 条、5 条、附属書 3 の規定する国際規格等の有無を判断するため、TBT 委員会が採択した決定及び勧告（G/TBT/1/Rev. 12、その改正を含む）を適用する義務が締約国にあることを定めた（8.5.2条）。この決定及び勧告としては、特に 2000 年に採択された国際規格等の作成のための原則に関する決定[41]が想定されていると考えられる。この決定は、国際規格の策定プロセスで遵守されるべき原則として、透明性、開放性、公平性とコンセンサス、実効性と関連性、一貫性、途上国への配慮という 6 つをあげる。この決定は、WTO の先例でも考慮されている[42]。

④　**適合性評価**　　製品の試験や認証などを輸出国ごとに経る必要があると、事業者にとってコストとなるため、重複を避けることが望ましい。このため TBT 協定は、関連する国際規格等を基礎として用いることを加盟国に義務づけると共に、適合性評価の承認に関連して、可能な場合の他加盟国の適合性評価手続の結果の受入れ確保義務（TBT 協定 6.1条）、適合性評価結果の相互承認協定に関する交渉の奨励（同 6.3条）、自国の適合性評価手続に対し、自国または第三の加盟国に所在する適合性評価機関に比べて不利でない参加条件で他加盟国にある同機関の参加を認めるよう奨励する（同 6.4条）などしている。

8章は、こうした適合性評価に関する TBT 協定の規定を拡充して、主に、①締約国による他締約国の適合性評価機関の承認を促進するルール、②他締約国の適合性評価結果の受入れに関連するルールを定める。

①の適合性評価機関の承認については、まず締約国には、他の締約国内の適合性評価機関に対して自国内または他の第三の締約国内の適合性評価機関よりも不利でない待遇を与える義務がある。その待遇確保のため、各締約国は自国内の適合性評価機関に適用するのと「同一または同等の」承認手続、基準、その他条件を他締約国の同機関に適用しなければならない（8.6.1条）。この義務

41)　Decision of the Committee on Principles for the Development of International Standards, Guides and Recommendations with relation to Articles 2, 5 and Annex 3 of the Agreement.
42)　US-Tuna II（Mexico）/AB, paras. 374-375.

の遵守を通じて、CPTPP 域内で事業者が負担する試験や認証などのコストが下がることが期待される。

また、締約国は、自国外にある適合性評価機関の承認のため、相互承認手続も利用できる（8.6.5条）。それでもなお、締約国は、自国外にある適合性評価機関が実施した適合性評価手続の結果を検証することが可能である（8.6.6条）。加えて、各締約国の適合性評価結果に対する継続的な信頼性の向上のため、自国外にある適合性評価機関の関連情報を要求できる（8.6.7条）。また、締約国には、承認（相互承認含む）を判断する手続、基準、その他の条件の公表義務（8.6.11条）、承認を拒否する場合の説明義務（8.6.12条）などがある。

②の適合性評価結果の受入れについては、他の締約国で行われた適合性評価手続の結果を受入れない場合、及び、相互承認協定締結交渉の開始要請を拒否する場合に、当該締約国からの要請に応じた理由の説明義務（8.6.13条、8.6.14条）などが締約国にある。一般に、適合性評価機関が評価を行うための適正な能力をもっているかどうかを認定機関が認定する場合があるが、8章はこの認定機関が非政府機関であることや、営利団体であることなどを理由に、認定された適合性評価機関の評価結果の受入れを拒否することなども禁じている（8.6.9条）。

なお、締約国が適合性評価機関の承認を行う手続、基準、その他条件を維持する場合に、産品が強制規格または任意規格に適合する明確な保証として試験結果、認証、検査を要求する時は、その試験等を行う適合性評価機関に自国領域内に所在することを求めてはならないなどの条件がある（8.6.2条）。また、締約国は、TBT 協定上の義務に適合する方法で特定製品について特定政府機関のみが適合性評価を行うようにすることも可能である（8.6.3条）。

⑤　**紛争処理**　　締約国は、8章の下で生じる事項の解決のため、他締約国に技術的討議（Technical Discussion）を要請できる（8.10条）。WTO の TBT 委員会では、特定の貿易上の懸念（STC）を提起できる仕組みがあり、紛争処理手続に申立を行う前の問題解決に貢献している。8章の技術的討議とそこで交換される情報は、締約国が別段の合意する場合を除いて秘密とされるなど STC と相違があるため、実際の運用を注視する必要はあるが、STC に類似する役割が期待される。

8章は、28章手続の対象である（いわゆる非違反申立も含む）。ただし、前述の通り、8章に組み込まれたTBT協定の規定のみの違反に関する申立は、28章手続の対象外である（8.4.2条）。

⑥　**その他**

(a)　**透明性**　8章は、TBT協定に比べて透明性のルールを強化する。具体的には、まずCPTPP締約国の者（自然人または企業）に対して、自国の関係者より不利でない条件で、TBT措置の作成への参加を認めるよう締約国に義務づける。ただし、この義務はパブリックコメントのような機会の提供とそのコメントの考慮で足りると考えられる（8.7.1条注）。また、締約国には、中央政府機関による強制規格と適合性評価手続の新案とその最終形、改正案、最終的な改正の内容を公表する義務（8.7.4、8.7.6条）、強制規格及び適合性評価手続の新案で関連する国際規格等に適合し、かつ貿易に著しい影響を及ぼし得るものの通報義務[43]（8.7.9条）、通報の際には貿易に著しい影響を及ぼすおそれがあるかどうかなどについて、TBT委員会が採択した決定及び勧告を考慮する義務などがある（8.7.12条）。さらに、TBT協定や8章に基づく公告及び通報に、TBT措置の案に関する目的と説明を含め、またそれに対して他締約国または他締約国の利害関係者がコメントを提出するため60日間の期間を確保するなどの義務を課す（8.7.13、8.7.14条）。これらの規定により、締約国は新しいTBT措置について早期の段階でその内容を把握し、必要な場合には協議を行うなど貿易関連の懸念に対処することが可能となる。

(b)　**強制規格と適合性評価手続の遵守期間の設定**　8章は、TBT協定2.12条と5.9条の適用上、強制規格と適合性評価手続の公表と実施との間の「適当な期間」は、原則として通常6か月以上として明確化した（8.8条）。強制規格については、同様の趣旨が既にドーハ閣僚決定に含まれ、それが先例でも考慮されていたが[44]、これを明確に規定したものである。

(c)　**小委員会と連絡部局**　8章は、締約国で構成されるTBT小委員会の設置を規定する（8.11.1条）。小委員会は、8章の実施と運用の監視、技術的討議の監視などを行う。興味深いのは、小委員会の任務に、27章（運用及び

43）TBT協定2.9、5.6条に定める手続に従った通報をさす（8.7.9条）。

44）US-Clove Cigarettes/AB, para. 272.

制度に関する規定）に従った8章関連（8章に従って合意されるその他の約束を含む）の義務の解釈の特定が含まれる点である（8.11.3条）[45]。

また、締約国は、連絡部局[46]を指定し通報しなければならない。連絡部局は、締約国の連絡部局間の連絡や、自国内の関係当局との連絡と調整などを行う（8.12条）。

⑦　**附属書**　8章には、7つの分野別附属書（A～G）がある[47]。附属書は各分野のTBT関連ルールを定める。これらのルールにより、域内で共通の規制アプローチがとられることが期待される。

各附属書の適用範囲は、8章と同一か、または附属書が規定する（附属書が規定するものは、C、D、E、F）。なお、TBT小委員会では、別途合意する場合を除き、発効から5年以内に、附属書の強化や改善のため実施状況をレビューし、適当な場合には、附属書の対象分野におけるTBT措置の調和（alignment）促進のため勧告を行うと共に、他分野の附属書についての交渉開始をCPTPP委員会に勧告するかどうか決定する（8.13条）。つまり、上記7つの分野における一層の調和、及び他分野についての追加交渉の可能性を規定する。

(a)　ワイン及び蒸留酒（8-A）　附属書8-Aの適用範囲は、8章と同一である。8-Aは主にワインと蒸留酒のラベル表示に関する要件や認証について様々なルールを定め、その適用のために、ワイン、蒸留酒、容器、ラベルなど関連する用語を定義する。

ラベル表示については、締約国が供給者に要求できる事項（産品名、原産国、正味容量、アルコール含有量をワイン容器の単一の視界[48]に表示することを認めるなど）と、要求してはならない事項（容器等への生産日または製造日などの表示要求の原則禁止など）を定める。

45）27章は、各締約国の政府の代表者で構成される「委員会」（本書でCPTPP委員会）の設置を規定しており、その任務の一つに「この協定の規定の解釈を提示すること」がある（27.2.f条）。

46）27.5条（連絡部局）に従うもの。

47）ワイン及び蒸留酒（8-A）、情報通信技術産品（8-B）、医薬品（8-C）、化粧品（8-D）、医療機器（8-E）、あらかじめ包装された食品及び食品添加物の専有されている製法（8-F）、有機産品（8-G）。

48）「単一の視界」は、主要な容器を回転させずに見ることができる当該主要な容器の表面の一部（底と蓋を除く）をさす（附8-A.2）。

(b)　情報通信技術産品（8-B）　附属書 8-B の適用範囲は 8 章と同一であり、A〜C の 3 節で構成される。

A 節は、暗号法を使用する情報通信技術産品（Information and Communication Technology: ICT 産品）に適用され、暗号法を使用する ICT 産品の強制規格と適合性評価手続に関するルールを定める。その適用のため、暗号法、暗号化など関連する用語を定義する[49)]。A 節は、製造者や供給者が専有する特定の技術情報の開示を要求するような規格と適合性評価手続を禁じ、秘密情報を保護することなどを内容とする。

B 節は、情報技術機器産品（Information Technology Equipment: ITE 産品）の電磁両立性[50)]に適用される。その適用のため、情報技術機器[51)]、電磁両立性、供給者適合宣言を定義する。締約国が、電磁両立性に関する任意規格または強制規格に適合していることの明確な保証を求める場合には、供給者適合宣言（適合性評価手続の結果の評価に基づき、産品が特定の規格を満たすとの供給者による真正の証明）の受入れ義務があることなどを規定する。

C 節は、電気通信機器に適用され、関連するアジア太平洋協力（Asia-Pacific Economic Cooperation: APEC）の相互承認に関する取り決めの実施を奨励する内容である。

(c)　医薬品（8-C）／化粧品（8-D）／医療機器（8-E）　附属書 8-C、8-D、8-E は、医薬品、化粧品、医療機器を規制する場合のルールを定める。3 分野に共通するルールと各々に特有のルールがある（以下、明記ない限り共通のルール）。

適用範囲は各附属書が規定する。具体的には、締約国間の医薬品、化粧品、医療機器それぞれの貿易に影響を及ぼす中央政府機関の強制規格、任意規格、適合性評価手続、販売許可、届出手続の立案、制定、適用である（政府機関自らの生産または消費の必要上作成する技術仕様と SPS 措置を除く）。医薬品、化粧品、医

---

49)　附属書 8-B. A 節適用上、産品は物品で、金融商品を含まない（附 8-B. A. 1）。

50)　電磁両立性とは、電磁的環境において、他の装置またはシステムに許容できない電磁的障害を与えることなく、十分に機能する機器またはシステムの能力をさす（附 8-B. B. 2）。

51)　附属書 8-B. B 節適用上、情報技術機器は、無線の送信及び受信以外の手段によるデータまたは電気通信メッセージの入力、記憶、表示等、またはこれらの組み合わせという主な機能を有する装置、システム、それらの構成要素をさし、主な機能が無線の送信または受信である産品またはその構成要素を除く（8-B. B. 2）。

図表4　医薬品／化粧品／医療機器の規制に関する主なルールの概要

- ・規制権限を付与される当局の特定とその情報を入手可能とする義務
- ・自国内において複数の当局が規制権限を付与される場合に、規制の重複の検討と不必要な重複の廃止のため妥当な措置をとる義務
- ・規制調和（alignment）への協力努力義務
- ・販売許可に関する規制（医薬品、医療機器）、化粧品に関する規制の作成または実施時に、国際的な協力努力を通じて作成された関連する科学的または技術的指針文書の考慮義務
- ・無差別待遇の確保

　（注）強制規格と適合性評価手続については、8章に組み込まれるTBT協定の規定で無差別待遇義務があるため、販売許可、届出手続、またはその要素で強制規格と適合性評価手続に該当しないものを対象とする。

- ・医薬品の規制上の決定のため、申請者が十分に情報提供する責任を負うことを締約国が認めること、化粧品に関する危険性に基づいた方法（リスクベースアプローチ）の適用確保義務、医療機器に関し、科学に関連する要素を考慮し、危険性に基づき医療機器を分類し、この分類に沿った規制を確保する義務
- ・販売許可手続の時宜を得た、合理的、客観的、透明かつ公平な方法での運用と、関連する危険性緩和のために利益相反を特定し処理する義務
- ・規制上の要件を設ける場合、自国の利用可能な資源と技術的能力の考慮義務
- ・透明性の向上（規制当局の特定とその公開など）
- ・販売許可決定の基準やそのために要求すべきでないデータの特定、表示など、販売許可に関するルール（医薬品／化粧品／医療機器に共通のものと、各々異なるものがある）
- ・販売許可に関する決定の通知、不許可の場合の説明、決定に関する上訴または審査手続の確保義務。加えて、化粧品について販売許可の条件として定期的な再評価手続の実施禁止、医薬品と医療機器について再許可を求める場合に許可までの流通を自国内で原則認める義務。

療機器については、締約国が自国法令の対象となる範囲を定め、その情報を公けに入手可能なものとする。主なルールの概要は、**図表4**の通りである。

なお、販売許可は、締約国内で産品のマーケティング、流通または販売を許可するためにこの締約国が当該産品を承認、または登録する過程をさす（届出手続を含まない）（8.1.2条）。

(d)　あらかじめ包装された食品及び食品添加物の専有されている製法（8-F）　附属書8-Fの適用範囲は同附属書が規定する。具体的には、中央政府機関によるあらかじめ包装された食品及び食品添加物に関する強制規格と任意

規格の立案、制定、適用である（上記(c)と同様の技術仕様とSPS措置を除く)。

8-Fは、強制規格と任意規格の立案、制定、適用において、専有されている製法に関する情報を収集する際に、秘密の情報を保護するよう締約国に求めることを主な内容とする。

(e)　**有機産品（8-G)**　　附属書8-Gの適用範囲は、8章と同一である。8-Gは、締約国が自国内での販売または流通のため、産品の有機産品としての生産、加工、表示（以下、生産等）に関しTBT措置を作成または維持する場合に適用される。締約国は、産品の有機産品としての生産等に関する要件を維持する場合には、その要件を遵守させる（enforce）義務がある。また、8-Gは、産品の有機産品としての生産等に関するTBT措置の同等性の受入れと承認を奨励する。他締約国の右の同等性を受入れず、または承認しない場合には、当該他締約国の要請に応じて説明義務がある。また、有機産品の生産等に関する情報交換、国際規格等の作成と改善も奨励する。

参考文献〈第6章〉

・飯野文「開発途上国の食品貿易と食品安全規制」箭内彰子・道田悦代編『途上国からみた「貿易と環境」：新しいシステム構築への模索』ジェトロ・アジア経済研究所、2014年、pp. 135-183。

・Cimino-Isaacs, C. and Schott, J. J. eds., *Trans-Pacific Partnership: An Assessment,* PIIE, Washington DC, 2016.

・Committee on Sanitary and Phytosanitary Measures, *Major Decisions and Documents,* June 2018（https://www.wto.org/english/tratop_e/sps_e/sps_major_decisions18_e.pdf）

・Jackson., L. A. and Vitikala., H. “Cross-Cutting Issues in Regional Trade Agreements: Sanitary and Phytosanitary Measures” in Acharya., R. eds., *Regional Trade Agreements and the Multilateral Trading System,* Cambridge University Press, 2016, pp. 316-370.

・Molina., A. C. and Khoroshavina., V. “Technical Barriers to Trade Provisions in Regional Trade Agreements: To What Extent Do They Go Beyond the WTO” in Acharya., R. eds., *Regional Trade Agreements and the Multilateral Trading System,* Cambridge University Press, 2016, pp. 371-420.

・WTO, *The WTO Agreement Series: Sanitary and Phytosanitary Measures*（Revised in 2010）（https://www.wto.org/english/res_e/booksp_e/agrmntseries4_sps_e.pdf）

・WTO, *The WTO Agreement Series: Technical Barriers to Trade*（Revised in 2014）（https://www.wto.org/english/res_e/publications_e/tbttotrade_e.pdf）

第7章　貿易救済措置

貿易救済措置とは、WTO体制下で国内産業を救済するために一定の要件に基づいて発動が認められている措置で、具体的には3種類の措置がある。

第一に、予想できない事態が生じた結果、輸入が急増して輸入国の国内産業に重大な損害などが起きた場合にとることができる輸入数量制限や関税引上げなどのセーフガード（safeguard: SG）措置である。

第二に、ダンピング（ある産品の「正常価額」〔通常は輸出国市場での販売価格〕よりも低い価格で輸出されること）によって輸入国の国内産業に実質的損害などが生じた場合、輸入国が主としてダンピング・マージン（「正常価額」と輸出価格の差）を上限とするアンチ・ダンピング（anti-dumping: AD）税を課せるAD措置である。

第三に、貿易を歪曲する補助金付きで輸入される産品に対して、輸入国が課すことが認められる補助金相殺措置である。貿易歪曲効果の強い補助金はそれ自体が禁止されるが、そうした禁止補助金に該当しなくても、その補助金によって輸入国の国内産業に実質的損害などが生じた場合に、補助金を相殺するため相殺関税を課すことが可能である。

これらの貿易救済措置は、譲許税率を超える関税の賦課を禁じるGATT2条や数量制限の一般的廃止を定める同11条に沿わないが、一定の要件に従って措置がとられる限り許容される。しかし、貿易救済措置が無制限に発動されると、貿易自由化の効果が損われる。そこで、GATT及び関連する協定は、発動要件などを定めている。

また、近年は地域貿易協定（RTA）においても、貿易救済措置に関するルールが規定されることが多い。これらのルールによって、RTA域外との貿易に影響が生じたり、WTO協定との整合性に関する問題が生じたりする。

本章では、貿易救済措置に関するWTOのルール、RTAのルールの傾向、CPTPPのルールを概観する。

1. WTO の貿易救済措置とルール

GATT-WTO 体制下で貿易救済措置が許容される説明は、諸々試みられているが、例えば、第一に、同体制は貿易の自由化を志向しているものの、そのために加盟国の政策手段を全て奪うものではなく、ある程度国内産業を保護することは容認されるという考え方がある。つまり同体制では、一定の条件に基づいて国内産業の保護を認めるという条件付きの貿易自由化を推進しているという考え方である。

第二に、貿易の自由化、つまり関税や非関税障壁の削減と撤廃を進める上で、国内産業を保護する手段が全くなくなってしまうと、かえって貿易自由化が進まないという理由もあげられる。つまり貿易の自由化を進めても、一定の場合に国内産業の救済手段があるという「安全弁」があれば、加盟国は安心して貿易を自由化できる。この「安全弁」としての役割は特に SG 措置について認められる。SG 措置は貿易救済措置の中でも「公正な貿易」の結果として起きた輸入急増に対応する措置である一方、後述するように AD 措置、補助金相殺措置は「不公正な貿易」に対抗するものであると説明される場合もあるためである。

（1）セーフガード（SG）措置

① **意義**　SG 措置は、予想できない事態が生じた結果、輸入が急増し、それによって同種の産品または直接競合産品を製造する国内産業に重大な損害またはそのおそれ（以下、重大な損害等）が起きた場合に、一時的に国内産業を救済する措置である。SG 措置の意義は、第一に、前述の通り、貿易を自由化しても SG 措置のような国内産業救済のための安全弁があれば、安心して貿易の自由化を推進できることがある。

他方、輸入の急増によって、国内の競合産業が重大な損害等を受けた背景には、世界市場で輸入品の競争力が高く、国産品の競争力が減退している可能性もある。このような場合に国内産業は、競争力向上のため合理化や技術開発などを行うが、それが奏功しない場合には最終的に市場から撤退し、他の産業に転換する必要もある。そこで、SG 措置の第二の意義として、産業の構造調整のための時間的猶予を確保することがあげられる。

② **歴史的経緯**　ウルグアイ・ラウンドにおいてセーフガードに関する

協定（SG協定）が合意されるまで、SG措置を規律してきたのはGATT19条である。しかし、GATT体制下で、同19条に基づくSG措置はほとんど利用されなかった。同19条が概略的で、発動要件などが明確でなかったことに加え、AD措置などに比べてSG措置の発動要件が厳格に考えられたほか、実際の発動上の難しさが存在したためである。例えば、ある国からの輸入が急増している場合であっても、その国の輸入のみ制限する選択的適用はできず無差別適用が求められたことや、SG措置によって影響を受ける国から対抗措置（SGの文脈では、加盟国間の譲許のバランスを回復するという意味で「リバランシング措置」とも呼ばれる。以下、リバランシング措置）がとられるおそれがあること、などである。

このため、加盟国はSG措置の代わりにAD措置や、輸入国と輸出国が協議の上で輸出国側が自主的に輸出を抑制する輸出自主規制などの灰色措置をとった（灰色措置は後掲1.（1）⑤参照）。この結果、先進国を中心に輸出企業に多大な影響を与えるAD措置が濫用されると同時に、差別的で不透明な措置が増加した。

こうした状況を改善するために、東京ラウンドからSG措置に関するルールの作成が試みられたが、主に選択的適用の可否、輸出自主規制などの扱いについて加盟国間の対立が激しく奏功せず、ウルグアイ・ラウンドに至ってSG協定が成立した。

SG協定の成立により、第一に発動要件、発動期間などのSG措置の適用条件の明確化及び精緻化、第二にWTOへの通報義務などを通じたSG措置の透明性向上、第三にSG措置発動期間中のレビュー（見直し）のルールなどを通じたSG措置の予見可能性及び明確性の向上、第四に灰色措置（後掲1.（1）⑤参照）の禁止、がはかられることとなった。1995年のWTO成立に伴ってSG協定が発効して以降、SG措置の発動件数は増加傾向にある。

WTO体制下でSG措置は、GATT19条及びSG協定に規律される。SG措置を発動するには一定の要件に従う必要があり、その要件を満たしているかどうかを発動国の関連当局が調査し、調査終了後に確定SG措置を発動する。ただし、遅延すれば回復し難い損害を国内産業に与えるような危機的な事態が存在する場合には、調査の過程で仮決定を行い、暫定SG措置を発動できる。GATT19条やSG協定は、こうした要件や調査などSG措置に関するルールを定める。

③　**SG措置の発動要件**　GATT19条とSG協定によれば、SG措置の発動要件は、第一に事情の予見されなかった発展及びGATTに基づく義務の効果の結果として、第二に輸入の増加が生じ、第三に国内産業（輸入品と同種または直接競争産品の生産者）に対する重大な損害等が生じていること、第四に輸入の増加と重大な損害等との因果関係があること、である。

(a)　**事情の予見されなかった発展及びGATTに基づく義務の効果の結果**　事情の予見されなかった発展とは、関税譲許など貿易の自由化を約束した時に予見できなかった状況をさす。SG措置は貿易自由化の安全弁や構造調整の猶予を与えるものなので、自由化の際に予見できる状況ならば、それに応じて国内産業に重大な損害等が生じないような対策がとられるべきだからである。これまで消費者の需要の変化やその影響、金融危機とその影響がそうした発展の例としてWTOの先例で検討されている[1)]。

また、GATTに基づく義務の効果とは、関税譲許義務により関税引上げができないなど、貿易自由化の義務の効果として輸入の増加が生じている、という状況をさす。

(b)　**輸入の増加**　輸入の増加は、絶対量の増加と相対量の増加（国内生産量との比較で輸入量が増加した場合）のいずれかを問わない（SG協定2.1条）。増加の程度、期間に関する具体的な基準の定めはないが、WTOの先例では、質的かつ量的に直近の増加、突然の増加、劇的な増加、実質的な増加が必要で、また調査期間全体の傾向の検討が求められるとの判断があり、基準は厳格である[2)]。

(c)　**国内産業に対する重大な損害またはそのおそれ**　重大な損害とは、「国内産業の状態の著しい全般的な悪化」を意味し、重大な損害のおそれは、国内産業の状態に関するすべての要因を考慮した上で認められる明らかに差し迫った重大な損害をさす。重大な損害のおそれの決定は、事実に基づくものでなければならず、単に申立や推測または希薄な可能性に基づくものであってはならない（同4.1条）。いずれについても、国内産業の状態に関するすべての客

1)　US-Fur Felt Hats/GATT Panel, paras. 11-12. US-Steel Safeguards/Panel, paras. 10. 98, 10. 99.
2)　Argentina-Footwear/AB, paras. 129-131.

観的かつ数値化された要因が考慮される。この要因としては、特に関係産品の輸入増加率、増加量、国内市場シェア及び販売、生産、生産性、操業度、損益、雇用の水準変化があげられる（同4.2条）。

また、国内産業は、加盟国内の同種もしくは直接競合産品の生産者全体か、またはこれらの生産者のうち、当該産品の生産高の合計が国内総生産高の相当量を占める生産者と定義される（同4.1条）。そこで、国内産業を画定するには、輸入品と同種もしくは直接競合産品の確定が必要であるが、どのような産品が同種もしくは直接競合品に該当するかについての規定はない。ただし、WTOの先例によれば最終製品の原材料の生産者も含めることについて否定的な見解が示されている[3)]（2018年末時点）。なお、GATTの他の規定に関する先例では、この概念に関連して産品間の競争関係が重視されてきており、その判示はセーフガードにも影響すると考えられる。

(d)　輸入の増加と重大な損害（またはそのおそれ）との因果関係　輸入の増加と国内産業に対する重大な損害等があっても、両者の間に因果関係がなければSG措置の発動は認められない。経済危機、国内経済不況、需要動向の変化など輸入の増加以外の要因によって、国内産業に重大な損害が生じる場合もあるからである。このため、客観的証拠による因果関係の証明が必要であり、輸入の増加以外の要因が同時に国内産業に損害を与えている場合には、その要因による損害の責めが輸入の増加に依るとされてはならない（非帰責性の要件、同4.2条）。この点については、WTOの先例によれば、輸入の増加が重大な損害等の単独の原因であることは求められず、他の要因があった場合でも輸入の増加と重大な損害等とが「真に実質的な関係」にあるかどうかが問題である[4)]。

④　SG措置の調査手続・適用・期間

(a)　調査手続　SG措置は、あらかじめ公表されている手続に沿って、③の発動要件を満たしているかどうかを国内の調査当局が調査後に発動できる。調査結果は公表の必要がある（同3条）。発動国は、SG調査の開始、重大な損害等の認定、SG措置の発動または延長の決定を行う際にSG委員会（後掲1.(1)⑥参照）に関連情報と共に通報すると同時に、事前の協議機会を十分に実

3)　US-Lamb/AB, para. 94.
4)　US-Wheat Gluten/AB, para. 69.

質的利害関係国に提供しなければならない。暫定SG措置の場合には、発動前にSG委員会に通報し、協議は暫定措置がとられた後、直ちに開始することが求められる（同12条）。

(b)　SG措置の形態と適用の原則　SG措置には、主として、関税を引上げる関税措置と輸入数量制限措置がある。

SG措置の適用は、第一に、重大な損害を防止または救済し、かつ調整を容易にするために必要な限度においてのみ認められる。必要以上に重い措置をとることは許容されない。特に、過度の輸入数量制限は禁じられ、原則として輸入量は最近の代表的な3年間の輸入平均値より低いものであってはならない（以上、同5.1条）。SG協定は、関税措置についての基準は設けないが、これは数量化が困難であるとして交渉時に加盟国が合意できなかったためといわれている[5)]。

暫定SG措置の場合には、関税措置をとるべきと定められる（同6条）。関税措置と数量制限措置とを比べると、前者の方が貿易歪曲効果が低いためと考えられる。なお、措置をとった後に行われた調査によって発動要件が満たされなければ、その関税引上げ分は払い戻される（同）。

第二に、SG措置は無差別に適用されなければならない（同2.2条）。原則として、関税引上げは全ての輸出国に対して行われる。輸入数量制限については割当数量の配分を実質的な利害関係国と合意でき、または合意が難しければ、関係国の過去の代表的な期間の輸入に応じて配分される（同5.2.a条）。特定国からの輸入の増加が全体の輸入量からみて著しく大きければ、過去の輸入実績というルールから逸脱できる（クォータ・モジュレーション（割当枠の調整）と呼ばれる）が、SG委員会で協議し、正当な理由に基づくこと、関係国間の公平性が明確に示されることなどが条件である。ただし、逸脱は、重大な損害のおそれを理由とする場合には認められない（同5.2.b条）。

(c)　補償とリバランシング措置　SG措置の発動の際には、利害関係国に事前の協議機会が提供されねばならないが（前掲1.（1）④(a)参照）、その協議の趣旨は、情報及び意見交換だけでなく、補償を合意するための場合がある。

---

5)　外務省（1996）p. 449.

SG措置が発動されると、輸出国にとってみれば、一方的に自国が得るべき貿易自由化の利益が損なわれることになる。そこで、SG措置を発動する際には、それによって失われる利益の補償について合意する途がある（同8.1条）。合意が得られない場合でもSG措置を発動できるが、その場合には、輸出国はSG措置と実質的に等価値のリバランシング措置をWTOの物品貿易理事会に通報し、否認されない場合に発動できる（同8.2条）。ただし、SG措置が輸入の絶対量の増加についてとられ、かつ、SG協定に適合する場合には、発動期間の最初の３年間はリバランシング措置がとれない（同8.3条）。このいわば猶予期間は、無差別適用を原則とするSG措置の発動により、措置対象となった多くの国々からリバランシング措置を受けるおそれから生じるSG措置の発動のしにくさと、SG措置の発動しやすさとのバランスを確保しようとしたものである。

他方で、SG措置は発動したもの勝ちという状態をも招き得ることとなった。つまり、いったんSG措置が発動されると、仮にその措置がルールに違反するとしてもWTOの紛争処理手続を通じて違反が確定するまで数年を要する。さらにリバランシング措置も３年間発動されないとすると、もともとSG措置は緊急避難的に発動される一時的な措置であることから、数年発動できれば当面国内産業を保護する目的は果たせることとなり、ルールとの整合性如何に関わらず、SG措置を発動してしまえばよいという考え方が生じ易くなるのである。

(d)　発動期間　GATT19条はSG措置の発動期間を明確に規定せず、措置が恒常化する危険性があった。SG協定はこれを原則４年以内とし、延長しても最長で８年以内と定める（同７条）。延長には、SG措置を継続する必要性と産業が構造調整中である証拠などに関する調査当局の決定と、SG委員会（後掲**1**.（１）⑥参照）への関連情報の提供が条件である（同7.2、12.2条）。

また、１年を超えてSG措置を継続する場合には、加盟国に漸進的な自由化義務がある。３年以上の場合には再調査が求められる。SG措置対象の産品に対する再発動は、原則として発動期間と同期間、少なくとも２年はできない（同７条、ただし発動期間が180日以内の措置を除く[6]）。SG措置はあくまで緊急的な一時的措置であるという性格から、期間は短いほど望ましいことが表れている。

なお、暫定SG措置の発動期間は、原則として200日を超えてはならない。暫定SG措置が確定SG措置に移行した場合には、200日は確定措置の発動期間の一部となる（同6条）。

⑤　**灰色措置の禁止**　　GATT体制下で問題となった灰色措置（GATTに整合的な「白い」措置でなく、GATTの枠外である「灰色」の意）には、輸出自主規制のほか、市場秩序維持取り決めや輸出の抑制、輸出入価格モニタリング、輸出入監視、強制輸入カルテル、国内産業保護目的で行われる裁量的な輸出入許可などがある。いずれにおいても、輸出国と輸入国とが合意の上で、輸出入量の調整が行われる。こうした灰色措置は、輸出国にとっては輸入国からの輸出削減の政治的圧力を回避できる一方、輸入国も国内産業を保護できる点で、双方にとって都合のよい措置である。しかしながら、灰色措置には次のように問題が多い。

第一に、灰色措置は限定的な国家間で合意するため無差別原則に反する。結果として圧倒的な経済力を有する国や政治力の強い国が優位となり、多国間主義が害される。第二に、灰色措置には透明性が確保されず、また期限も不明確で、強い貿易制限効果を伴う。輸入が制限された分は輸入国の消費者の不利益となる。第三に、SG措置と比べて構造調整が条件とされず、影響力の強い国内産業に左右されるなど、政治的配慮が優先されがちである。

そこでSG協定11条は、輸入国、輸出国双方に対して、灰色措置を求めたり維持したりすること、加盟国政府が企業に対して灰色措置を維持するように奨励または支持することを禁じている。こうしてWTO体制下では灰色措置が明確に禁じられている。

⑥　**その他**　　SG協定は途上国への特例を認める。具体的には、輸入シェアが一定の割合未満の場合にSG措置の対象外とすること、SG措置の発動期間を最長10年とすると共に、再発動の禁止期間も短縮することなどである（同9条）。

ただし、中国については、その輸出競争力の大きさから、中国のWTO加盟議定書に基づき、加盟から12年間、発動要件がゆるやかな対中経過的セー

6)　180日以内の措置については、一定の条件に基づき再発動できる（SG協定7.6条）。

フガードが存在した（2013年失効）。

協定の実施、運用の監視、またそれについて加盟国が協議などを行うため加盟国で構成されるSG委員会が設置されている（同13条）。

（2）　アンチ・ダンピング（AD）措置

①　**意義**　AD措置は、ダンピングが輸入国の確立した国内産業に実質的な損害を与え、または与えるおそれがある場合、または国内産業の確立を実質的に遅延させるとき（以下、実質的損害等）に、このダンピングを相殺または防止するために、一定の要件の下で認められるAD税の賦課を中心とする。AD税は、ダンピング・マージン（「正常価額」と輸出価格の差）が最高限度である（正常価額は後掲**1.**（2）③(a)参照）。

輸出企業が製品を安価に輸出すれば、この製品の輸入国では安く購入でき、購入者はひ益する。また、製品を安価に販売し、価格競争力によって市場で優位に立とうとすることは企業の競争活動の一環でもある。それでもダンピングに対してAD措置が認められる理由は、諸説あげられてきた。そうした主張の一つが、GATT6条がダンピングを「非難すべきもの」と規定していること（GATT6.1条）などを根拠に、特に公正な貿易に対して発動されるSG措置との対比で、ダンピングは不公正であり対抗の必要があるとするものである。しかし、GATT6.1条は厳密にはダンピングが確立した国内産業に実質的損害等を与えるときは「非難すべきもの」と認めると規定し、ダンピング自体を「非難すべきもの」としない。GATTはそれ以上定めず、AD協定（後掲**1.**（2）②参照）も前文や目的規定を欠き、「非難すべき」根拠は協定から明らかにならない。これを根拠づけるための諸々の説明も試みられてきたが定まった回答はない。結局のところ、AD措置は国内産業を救済するための一手段として位置づけられるということだろう。

②　**歴史的経緯**　GATT体制下でAD措置はGATT6条で規律され、その後ケネディ・ラウンド、東京ラウンドで現行のルールの基となるアンチ・ダンピングコードが作成された。しかし、これらのルールは、輸入国側すなわちAD措置発動側に大きな裁量の余地を残した。発動側に大きな裁量があると、ダンピングの有無やダンピング・マージンについて適正さに欠ける決定が行われ、過大なAD税が課されるなどの問題が生じ得る。また、前節で指摘した

ように、GATT 体制下では SG 措置に代わって AD 措置が多用される状況があり、こうした AD 措置をめぐって貿易紛争も多発した。加盟国は AD 措置の濫用に対処する必要があった。

そこで、ウルグアイ・ラウンドでは AD 措置について交渉が行われたが、濫用を防ぐため規律強化を求める輸出国側と、AD 措置発動のために裁量を求める輸入国側とが激しく対立した。最終的には「1994 年の GATT6 条の実施に関する協定」(アンチ・ダンピング (AD) 協定) が成立したが、このような経緯を反映し、AD 協定には規律強化の面がある一方で、輸入国の裁量を認める部分もある。また、後述する迂回防止措置などのように、規律対象外となりドーハ・ラウンドで交渉が続けられている課題もある。

WTO 体制下で、AD 措置は GATT6 条及び AD 協定によって規律される。GATT6 条と AD 協定は、AD 措置の発動要件や調査方法、措置の発動方法などのルールを定める。AD 措置の発動には、一定の要件に従うことが求められ、国内産業による発動要請などを受けて、その要件の充足性を輸入国の関連当局が調査後、AD 税を課すか、また課す場合にはダンピング・マージン最大の税率とするか、それ以下とするかなどを決定する。こうした AD 措置関連の手続について各国ともに国内の AD 法を有しており、この法律に基づいて、調査、決定、措置の発動を行う。国内法は、GATT6 条及び AD 協定に適合する必要がある (AD 協定 18. 4 条、WTO 設立協定 16. 4 条)。

AD 措置は、WTO 成立以降も WTO 加盟国によって恒常的に発動されている。国内産業救済の手段として、AD 措置と SG 措置とは性格も発動要件も異なるので単純な比較はできないものの、SG 措置と比べると AD 措置の発動件数は圧倒的に多い。

また、AD 措置発動国と被発動国には偏りがある。WTO が成立した 1995 年から 2016 年半ばまでの WTO への通報に基づくと、発動件数の上位 10 か国に中国、EU、インド、米国の 4 か国が入り、これらの国々は被発動国の上位 10 か国でもある。ウルグアイ・ラウンド前後に AD 措置の濫用が問題となった際、発動が多かったのは米国や EC (当時) であったが、その後一部の途上国による発動も増えている。例えば、インドは 2002 年に発動件数で米国と EC を抜き、第一位となった。また、AD 措置の被発動国は、主に中国、韓国、台湾、米国、日本である。

先進国の中でも日本は、AD措置の発動件数が欧米に比して極めて少ないが、日本の輸出に対しては、中国、米国、インド、韓国、オーストラリア、EUなどから1995〜2016年半ばまでに140件程度のAD措置が発動されている。日本は、国内向けに、AD措置の利用促進のため関連する国内制度の改正などを行っているが、利用状況に大きな変化は生じていない。

③　**AD措置の発動要件**　GATT6条とAD協定によれば、AD措置の発動には、ダンピング輸入の存在という価格要件、国内産業に対する実質的損害等という損害要件、ダンピング輸入によって実質的損害等が生じていること（因果関係）という三要件がある。

(a)　**価格要件**　輸出価格が正常価額（通常は輸出国〔母国〕市場での販売価格）よりも低い場合にダンピング輸入があると認定される。AD協定は、原則として輸出価格と母国市場での通常の商取引における価格との比較を定めるが、母国市場で同種の産品の販売がない場合、または極端に少ない場合、市場が特殊状況にある場合には、第三国向けの同種の産品の輸出価格との比較、または構成価額（原産国で産品を生産した際の生産費、管理費、販売経費、一般的経費、妥当な利潤を足して算定される価格）との比較を定める（AD協定2条）。

価格比較は、商取引の同一の段階（通常は工場渡しの段階）で、価格比較に影響を及ぼす販売条件、課税などの相違に妥当な考慮を払った上で公正に行われる必要がある（同2.4条）。「同種の産品」はAD協定では定義され、同一の産品（すべての点で同じである産品）か、またはそれがない場合は、極めて類似した性質を有する他の産品をさす（同2.6条）。

価格比較はAD税率の根拠となるダンピング・マージンを算出する点で重要であり、適切に行われないと不当なAD税が課される。この点に関連して貿易紛争が多発したのは、主に米国が行う「ゼロイング」と呼ばれる算出方法である。

ゼロイングでは、“zeroing”、すなわち比較すべき価格の一部をゼロと計算することで公正な比較が行われず、ダンピングが創出される点に問題がある。具体的には、取引や産品モデルごとの正常価額と輸出価格とを比較する際、輸出価格が高い場合に差をゼロとして計算するため、最終的なダンピング・マー

図表1　ゼロイングによる価格比較

取引	正常価額（国内価格）	輸出価格	ダンピング・マージン
取引1	115	95	115－95＝20
取引2	80	70	80－70＝10
取引3	100	150	100－150＝－50→ "0"
取引4	105	85	105－85＝20

（出所）経済産業省通商政策局編『不公正貿易報告書2018年版』2018年（Web版）、p. 41を基に筆者作成。

ジンが高くなる。**図表1**は、このダンピング・マージンの計算を単純化したものである。取引1～4の結果、ダンピング・マージンは｛(20＋10－50＋20／95＋70＋150＋85）×100＝0%｝となるべきであるが、（－50）部分を "0" とゼロイングするために、｛(20＋10＋0＋20／95＋70＋150＋85）×100＝12.5%｝という計算によって12.5%のダンピング・マージンが発生する。この算出方法については日本などがWTOの紛争処理手続上の申立を行い、WTO協定違反と判断されている。

(b)　**損害要件**　　損害の類型には、国内産業に対する実質的な損害、実質的損害のおそれ、国内産業の確立の実質的な遅延という三つが規定される。ここで国内産業とは、同種の産品の国内生産者の全体、またはこれら生産者のうち、当該産品の生産高の合計がその産品の国内総生産高の相当な部分を占める生産者である（同4.1条）。

実質的な損害等の決定は、実証的な証拠に基づき、ダンピング輸入量の増加（相対的な増加を含む）、ダンピング輸入が国内市場の同種産品の価格に及ぼす影響、ダンピング輸入が同種産品の国内生産者に結果として及ぼす影響を客観的に検討しなければならない。ダンピング輸入が関係国内産業に及ぼす影響については、国内産業の状態に関係する全ての経済的な要因と指標（販売や利潤の現実的及び潜在的低下など15の指標が特定されている）の検討が必要である。AD調査及び相殺関税調査（後掲**1.**（3）⑤参照）におけるこの指標は、SG措置の場合よりも詳細である（同3.1、3.2、3.4条）。

実質的な損害のおそれは、申立、推測または可能性の薄いものではなく、事実に基づいて決定される必要がある。近い将来にダンピング価格での輸入が相当に増加すると信じるに足る確かな理由があるなど、損害に至る状況の変化が明確に予見され、かつ差し迫ったものでなければならない。考慮要因としては、輸入の著しい増加の可能性を示すダンピング輸入の増加割合や相当なダンピング輸出の増加を示す輸出者の十分な余力などが例示される（同3.7条）。

(c)　**因果関係**　因果関係については、ダンピング輸入によって国内産業に対する実質的損害等が引き起こされていることの立証が必要である。この立証は、調査当局が入手した関連するすべての証拠の検討に基づく必要がある。また、需要の減少、消費動向の変化、外国及び国内生産者の制限的な商慣行、両者間の競争、技術進歩など、ダンピング輸入以外の要因で国内産業に損害などを与えている要因も考慮されなければならず、これらの要因によって生じている損害の責めはダンピング輸入に帰してはならない（同3.5条）。

④　AD措置の調査手続・適用・期間

(a)　**調査手続**　AD調査は、原則として、国内産業によって、または国内産業のための書面による申請に基づいて開始される（同5.1条）[7)]。申請を支持する生産者の生産高の合計が、同種の産品の総生産の50%を超える場合には、この要件を満たす。ただし、AD調査の申請が多数行われることを防ぐ観点から、調査申請にあたり、支持する国内生産者の生産の割合が国内産業による同種の産品の総生産の25%未満である場合には、調査を開始できない（同5.4条）。

調査の申請には、ダンピング、損害、因果関係に関連する証拠が含まれる必要がある（同5.2条）。調査当局は、証拠の正確さと妥当性を検討し、調査開始の是非を決定する（同5.3条）。証拠が不十分なときには、調査申請を却下し、速やかに調査を打ち切らなければならない。ダンピングマージンがデミニミス（輸出価格比で2%未満という僅少な場合）の場合や、ダンピング輸入の量または損害が無視できる場合などにも調査は終了されなければならない（同5.8条）。

---

7)　国内当局は、調査開始の必要を認める場合など特別な状況下で、この申請なしに、当局の発意により調査開始できる。ただし、ダンピング、損害、因果関係について、調査開始を正当とする十分な証拠がある時のみである（AD協定5.6条）。

調査に際して、利害関係者による証拠提出、意見表明の十分な機会の提供や、秘密情報の保護など証拠の取扱いについても詳細なルールがある（同6条）。利害関係者が証拠提供しないなど調査に非協力である場合には、調査当局は調査申請者などが提供した「知ることができた事実（facts available）」に基づいて決定可能である（同6.8条）。ただし、これが濫用されないよう、証拠の形式や取扱などに関してルールを定めるAD協定附属書II「6.8に規定する入手可能な最善の情報」が遵守されなければならない（同6.8条）。

AD調査は調査開始から原則1年以内で終了し、いかなる場合であっても最大で18ヶ月を超えてはならない（同5.10条）。

(b)　AD措置の適用　　AD調査中に国内産業に損害が生じることを防ぐため、加盟国は一定の条件の下に暫定措置をとることができる。この場合には、暫定的なAD税の賦課や、現金の供託といった形態がとられる。ただし、AD措置を発動するための三要件に関する肯定的な仮決定が出されることなどの条件がある。暫定措置は、調査開始後60日が経過するまでは発動してはならず、発動したとしても期間は原則4か月とし、最長6か月を超えてはならない（同7条）。

AD調査の過程で、仮決定時に輸出企業がAD税を回避するため、自主的に価格の引上げやダンピング価格での輸出停止を約束する価格約束を行うこともまれにある。ただし、輸出者がきわめて多数であるなどの理由によって価格約束が現実的でない場合には、調査当局は価格約束を認める必要はない。その場合、調査当局は、実行可能な場合には輸出者に理由を示し、また、可能な限り意見表明の機会を与える（同8.3条）。

調査の結果、発動要件が満たされたと最終決定した場合、調査当局はAD税額を決定し、AD税を課す（暫定措置との対比で、確定AD税と呼ばれることもある）。AD税の税額は、国内産業に対する損害が除去されるのであれば、ダンピング・マージンよりもできる限り低いこと（レッサーデューティと呼ばれる）が望ましい（同9.1条）。

以上のように特別関税を課す（確定）AD税、暫定措置、価格約束を総称してAD措置と呼ぶ。これ以外の措置は、GATT6条及びAD協定上、ダンピングに対処するAD措置として認められない。このため、ダンピングに対して懲罰的な賠償を課すことなどは許容されない。

(c)　**AD 措置の発動期間と見直し（レビュー）**　AD 税は国内産業に損害を与えているダンピングに対処するために必要な期間と限度においてのみ効力を有すると定められる。そこで、AD 税を課してから合理的な期間が経過し、利害関係者から実証的な情報と共に AD 税の見直し要請があった場合、または自ら調査当局は見直しを行う義務がある。見直しは開始日から 12 か月以内に終了する。その結果、AD 税を継続する正当な理由がないと決定した場合には、ただちに AD 税を撤廃しなければならない。また、確定的な AD 税は全て、原則として課した日または最新の見直しから（見直しによって継続を決定した場合を除く）5 年以内に撤廃される必要がある（同 11 条）。

⑤　**AD 措置の迂回防止**　AD 措置に関する問題の一つに迂回防止措置がある。AD 措置の迂回とは、輸入国の AD 調査を経て AD 税が課された後、輸出企業が AD 税を回避することをさす。主な方法として、第一に輸入国迂回（課税対象産品を輸出する代わりに、この産品の生産設備と部品を輸入国に輸出し、輸入国内で最終製品に組み立て販売すること）、第二に第三国迂回（輸入国の代わりに第三国へ生産設備と部品を輸出して最終製品に組み立て、第三国から輸入国に輸出すること）、第三にカントリーホッピング（生産設備を移転せずに単に第三国から輸入国への輸出に切り替えること）、がある。

迂回措置に対しては、既に国内の AD 関連法に迂回防止を定める加盟国もある。例えば米国は、AD 税の対象産品が米国内または第三国で組み立てられる場合、組み立ての付加価値が小さいなどの一定条件を満たせば、輸入国迂回、第三国迂回とみなし、輸入される部品や第三国からの最終製品の輸入に対して改めて調査することなく AD 税を課す。

AD 協定交渉時には迂回防止規定の導入も検討されたが、米国など迂回防止を求める加盟国と、企業の正当な投資活動が迂回として規制対象になることを警戒する加盟国とが対立し、AD 協定で規律されなかった。ドーハ・ラウンドでは迂回防止も AD 交渉の対象である（2018 年末時点）。

⑥　**その他**　AD 協定は、調査開始、仮決定・最終決定、価格約束に関わる決定、AD 税撤廃（見直しを含む）について、関係者に対する通知と公告を定め、手続の透明性をはかる（同 12 条）。また、AD 措置を規定する国内法を

有する加盟国に対して、それに基づく最終決定や見直しに不服があった場合に審査の機会が確保されるよう、調査当局から独立した裁判所と訴訟手続の維持を義務づける（同13条）。また、途上国に対してAD措置を発動する場合に、先進国は途上国の事情に対する配慮が必要であることを認める（同15条）。

なお、GATT6条とAD協定の実施、運用の監視などのため、加盟国で構成されるAD委員会が設置されている（同16条）。

⑦　**AD措置の影響**　AD措置は国内産業の救済手段である一方で、濫用されると企業活動に多大な影響が生じて貿易が阻害される。そこで、AD措置の貿易への影響や、AD措置の問題点をあげ、AD措置を規律する必要性をみておく。

第一に、輸出企業にとっては、AD税が課されなくともAD調査の対象となっただけで甚大な影響が生じる。調査対象になると、輸出企業は輸入国の調査当局からの資料提出要求などに応じる必要がある。そのために弁護士費用（数千万～億円単位）や時間などのコストを負担する。また、AD調査の対象となることにより、最終的にはAD税が課されて輸出が止まるとの予断を生み、取引相手が輸入を抑制する萎縮効果も生じる。

第二に、実際にAD税が課されると輸出が減少する。場合によっては輸出不可能なほど高額のAD税が課されることもあり、事実上の輸入停止となる。そうすると企業にとっては直接的な利益面での損害と同時に、輸入国の市場を他の輸出者に奪われることになる。

第三に、以上のようにAD措置が貿易に影響を及ぼすにもかかわらず、不当なAD税が課される可能性がある。AD協定は調査手続などを規律するが、完全ではない。AD調査は輸入当局の裁量に委ねられている部分があり、対象品目や期間の取り方によっては不当にAD措置が課され得る。

（3）　補助金相殺措置

①　**意義**　補助金は、国家の政策目的を達成する手段として、国内の様々な分野に交付される。例えば、不況時に経済対策の一環で行われる金融支援、科学技術促進の観点から特定の技術開発に支給される研究費、環境保護促進のため企業の省エネ化推進に供与される補助金などがある。こうした補助金が貿易や生産に悪影響を及ぼす場合がある。例えば、輸出促進のために特定の

産業に与えられる補助金は、その産業の輸出競争力を高め、国際市場における優位性を創出する。他方で、補助金を交付されない他国の競合産業は、競争上の劣位に置かれてしまう。このように貿易を歪曲する補助金はWTO協定で規律され、またそのような補助金付き産品の輸入により、輸入国の確立した国内産業に実質的な損害、もしくは実質的な損害のおそれ、または国内産業の確立の実質的な遅延が生じた場合（以下、実質的損害等）、補助金を相殺する相殺関税（countervailing duty: CVDと呼ばれる）を中心とする相殺措置を課すことが認められる。

貿易歪曲性のある補助金が不公正であるとの評価は、ダンピングの場合に比して受け入れやすい。しかし、相殺措置によって国内産業は救済されても、輸入国の補助金政策が変更されるとは限らないことに加え、環境補助金など政策的に正当化される補助金も相殺対象となり得るなどの点で、不公正貿易に対する措置と位置づけるには限界もあることに注意が必要である。

②　**歴史的経緯**　従来GATTでは貿易歪曲性の強い一定の輸出補助金を除くなどの条件つきではあるものの、一般的な補助金の交付は許容され（GATT16条）、内外無差別を定める内国民待遇原則の下でも、国内生産者に対する補助金の交付は認められてきた（同3.8条）。また、補助金を交付された産品の輸入によって国内産業に実質的な損害等が生じた場合には、補助金の推定額の範囲内で相殺関税を課すことも認められてきた（同6.3条）。

しかし、GATTの規定は概略的で、どのような補助金が「輸出補助金」に該当するか、輸出補助金以外の補助金が貿易に影響を及ぼす場合はどう対応するか、輸出補助金と国内補助金をどう区別するか、相殺関税はいかなる場合に発動が認められるのかなどの点が明確でなかった。そこで、ケネディ・ラウンドで関税引下げが進んだ後、非関税障壁の一つとして補助金が問題になったことも相まって、まず東京ラウンドでGATT16条を補足する補助金コードが成立した。しかし、補助金コードでも補助金の定義は合意されず、依然として輸出補助金と国内補助金の区別の曖昧性や、相殺関税の賦課手続を精緻化する必要性などの課題が残った。ウルグアイ・ラウンドで、これらの課題を克服するための交渉が重点的に行われ、現行の「補助金及び相殺措置に関する協定（補助金協定）」が成立した。

補助金協定が成功した主な点として、補助金を定義したこと、補助金を分類したこと、相殺関税の賦課手続を精緻化したこと、があげられる。WTO体制下で補助金及び相殺措置は、GATT16条、同6条及び補助金協定に規律される。

補助金及び相殺措置は、AD措置と同様にGATT体制下で最も貿易紛争の多い分野の一つであり、WTO成立以降もその傾向は大きく変わっていない。WTO成立以降の主要国の相殺関税調査開始・賦課件数は、米国、EUに多い。最近では、相殺措置の発動の多い国でAD調査と補助金相殺調査が同時申請されることも多く、それも同件数の増加に拍車をかけている。一方、日本の調査開始・賦課件数は非常に少なく1件にすぎない（韓国ハイニックス社製のDRAM〔半導体〕に対する相殺関税賦課。2009年に撤廃。2018年末時点）。相殺関税も貿易救済措置の一つとして国内産業の救済手段であるが、日本はAD措置同様に発動件数が少なく、貿易救済措置の利用度が低いことが示される。なお、日本は他加盟国のAD措置の対象となっていることは既にみたが、相殺関税については近年調査を受けた事例はない（2018年末時点）。

③　**補助金協定の概要**　補助金協定は、貿易を歪曲する補助金それ自体と、補助金相殺措置を規律対象とする。同協定は、補助金を定義し、貿易を歪曲するために同協定の適用対象となる補助金の範囲を定める。同時に、補助金を、①禁止される補助金、②相殺措置の対象となる補助金、③相殺措置の対象とならない補助金（ただし、後述するように③の関連条項は現在では失効）に分類し、それぞれについて通常の紛争処理手続と異なる特別手続（救済措置とも呼ばれる）と相殺措置の手続を定める。相殺措置はAD措置と同様に、輸入国の調査当局が調査後に課す。必要となる要件や調査内容などの点でAD措置と類似する部分が多い。

(a)　**補助金の定義**　補助金は、政府または公的機関（以下、政府）による「資金面での貢献」か「所得又は価格の支持（助成）」があり、それにより「利益がもたらされること」、という条件を満たすものと定義される（補助金協定1.1条。利益の算定方法は後掲**1.**(3)④参照）。資金面の貢献には、①資金の直接的な移転（贈与、貸付、出資など）または債務を伴う措置（債務保証など）、②税額控除など政府による収入の放棄または非徴収、③政府による一般的な社会資本以外の物品またはサービスの提供、または物品の購入、④資金調達機関への支払があげられる（同）。①〜③を政府が民間団体へ委託または指示して行う場合も該当する。

これらの補助金が、特定の企業や産業に交付されるという「特定性」がある場合に、貿易を歪曲するとして禁じられると共に相殺措置の対象となる（同1.2条）。法令上、補助金の交付対象が明示的に特定企業に限定されている場合は特定性があるとみなされる。他方、不況時の景気対策として中小企業一般に客観的な条件を伴って交付される補助金など、法令上、補助金の交付資格と額を規律する客観的な基準または条件が定められて遵守され、その資格が自動的に付与される場合には、特定企業や産業に交付されるものではないので、特定性がなく補助金協定の対象とならない。

法令上の特定性がなくとも、補助金が限定数の特定企業に利用されている場合、特定企業による補助金の支配的利用、特定企業に対する均衡を失した多額の補助金の交付、交付決定にあたり交付当局が裁量的方法をとっている場合には、事実上の特定性があるとみなされ得る。

また、補助金の交付当局の管轄下の指定地域内に所在する特定企業に限定して交付される補助金、及び下記で言及する禁止される補助金（輸出補助金及び国産品優先補助金）は特定性があるとみなされる（同2.1〜2.3条）。特定性は、実証的証拠に基づく明確な裏付けによって決定されなければならない（同2.4条）。

(b)　補助金の分類　補助金協定は、補助金を貿易歪曲性に応じて「禁止される補助金（レッド補助金）」、「相殺可能な補助金（イエロー補助金）」、「相殺不可能な補助金（グリーン補助金）」の三つに分類し、救済手段も異にする。各補助金は、括弧内の色の名称でも呼ばれる。前述の通り、相殺不可能な補助金（グリーン補助金）の規定は既に失効しているが、環境補助金との関連など重要な点もあるため、併せて下記で扱う。

(i)　禁止される補助金（レッド補助金）　禁止される補助金（以下、禁止補助金）は、補助金が交付された産品の国際競争力を不当に高め、貿易歪曲効果が強いことから禁じられるものである。具体的には、輸出補助金（法令上または事実上、輸出が行われることに基づいて交付される補助金）と、国産品優遇のための補助金（輸入品よりも国産品の優先使用を条件として交付される補助金）とがある

(同3条)。

輸出補助金には、輸出企業に対する利子の補給や、法人税の免除なども含まれる（同附属書I「輸出補助金の例示表」)。国産品優遇のための補助金の典型例には、輸入品よりも国産品の原材料の優先使用を条件に政府が交付する補助金がある。

禁止補助金に対しては、相殺措置と特別の紛争処理手続（対抗措置を含む）との併用が可能である[8)]。相殺措置は主として相殺関税の賦課で、特別の紛争処理手続は、通常の手続と主に次の点で異なる。第一に手続期間の短縮、第二に協議要請や申立要件の緩和（加盟国の「利益の無効化又は侵害」を要件としない）と対抗措置に関する特別手続、第三に補助金に関する常設専門部会の利用可能性である（同4条、10条)。輸出補助金は貿易歪曲性が高く迅速に問題を解決する必要があるため、こうした手続が規定されている（「無効化又は侵害」を含め、紛争処理手続は本書14章参照)。

(ii)　**相殺可能な補助金（イエロー補助金）**　相殺可能な補助金には、禁止補助金と相殺不可能な補助金以外の補助金が該当する。現在は相殺不可能な補助金の関連規定が失効しているので、禁止補助金以外の全ての補助金が相殺可能な補助金に該当し得る。

相殺可能な補助金は、他の加盟国に「悪影響を及ぼすべきではない」とされ、悪影響は3つ規定される。第一に他加盟国の国内産業に対する損害、第二に他加盟国にGATT上与えられている利益（特に関税譲許の利益）の無効化又は侵害、第三に他加盟国の利益に対する著しい害である（同5条)。

この著しい害を判断するための定性的な基準は、補助金が次の四つのいずれか、または複数を引き起こす効果を持つ場合である[9)]。具体的には、①補助金交付国市場において他加盟国からの同種の産品の輸入を代替、妨害すること、②第三国市場において他加盟国の同種の産品の輸出を代替、妨害すること、③同一市場で補助金付き産品の他加盟国の同種の産品より著しく低価格での販売、

8)　ただし、特定の補助金が輸入国の国内市場に及ぼす影響に対しては、相殺関税か対抗措置のいずれかのみ利用可能である（補助金協定10条注)。

9)　補助金総額が産品価格の5% を超える場合などの定量的な基準も規定されていたが、1999年末に失効した。

価格の抑制、価格の引下げ、販売の減少を引き起こしていること、④補助金付きの一次産品の世界市場シェアが過去3年間の平均的なシェアに比べて補助金交付期間中に一貫して拡大していること、である（同6条）。

「悪影響」を及ぼす補助金に対しても、相殺措置と特別の紛争処理手続（対抗措置を含む）の併用が可能である[10]。ここでの特別の紛争処理手続は、禁止補助金の場合と異なって、手続期間は概ね通常の手続と同じである。

異なる点をあげるとすれば、主に、協議要請時に補助金の存在及び性格と悪影響に関する証拠を提出すること、手続の結果、悪影響があるとの報告が採択される場合には悪影響を除くための措置をとるか、または補助金を廃止すること（通常の紛争処理手続では、どのように勧告に従うかは被申立国の裁量である）、対抗措置について特別規定があること、である（同7条）。

(iii)　相殺不可能な補助金（グリーン補助金）　相殺不可能な補助金には、特定性のない補助金と、特定性があっても貿易以外の経済的また社会的観点から交付が認められる補助金がある。後者の補助金には研究開発補助金、地域開発補助金、環境整備補助金があり、各々に該当するための厳格な条件が規定される（同8条）[11]。

相殺不可能な補助金については、補助金協定の交渉時に加盟国間で意見の相違が大きかったため、WTO協定発効後5年間暫定的に適用し、期限までに再交渉するとされていた（同31条）。しかし、途上国に対する協定上の配慮拡大の観点から延長を求めた途上国と、途上国問題と切り離した単純延長が適当であるとする先進国との間で合意が成立せず、相殺不可能な補助金の規定は1999年末に失効した。そこで、現在では研究開発補助金、地域開発補助金、環境整備補助金も相殺措置の対象となり得る。

④　相殺措置の発動要件　相殺措置の発動要件は、補助金の存在と額、実質的損害等、因果関係の存在であるが、加盟国の調査当局が行う調査によってこれらの要件の充足性が決定されなければならない。ただし、最終決定前に、

---

10)　ただし、特定の補助金が輸入国の国内市場に及ぼす影響に対しては、相殺関税か対抗措置のいずれかのみ利用可能である（補助金協定10条注）。

11)　ただし、条件を満たしていても、各々が他の加盟国の国内産業に対して回復しがたい損害を生じるような「著しい悪影響」を及ぼしている場合には、協議と救済措置（補助金委員会が承認した対抗措置）を取る途が残されていた（同9条）。

一定の条件の下で暫定的な相殺関税を課すことができる。また、輸出国による補助金の廃止や輸出者による価格引上げなどの自発的な約束が行われる場合もある。そこで相殺措置とは、相殺関税、暫定的な相殺関税、約束の総称である。

損害要件、因果関係の要件の内容は AD 手続とほぼ同様なので、ここでは補助金の存在と額についてみておく。禁止補助金、相殺可能な補助金に該当すると、補助金の存在が認定されることになる。補助金の額、つまり補助金の利益の算定方法は、各加盟国の国内法または実施規則に規定され、個別事例に対するその適用は、透明で、かつ適切な説明を伴う必要がある。計算の際の指針として、第一に政府の出資は、民間投資家の通常の投資慣行に適合しないとみなされない限り、利益があるとみなしてはならないこと、第二に政府の貸付と債務保証は、商業的な貸付と比較して、貸付または債務保証を受けている企業の支払額に差がない限り、利益があるとみなしてはならないこと、第三に政府による物品またはサービスの提供、または物品購入は、この提供が市場の妥当な対価（価格、品質など市場の一般的状況との関連で決定）より低い価格で提供される場合、物品購入は市場の妥当な対価より高く購入されている場合でない限り、それぞれ利益があるとみなしてはならないこと、が規定される（同 14 条）。

⑤　**相殺措置の調査手続・適用・期間**　　補助金に関する調査手続、相殺措置の適用、相殺措置の発動期間と見直し（レビュー）手続は AD 措置の場合とほぼ同様である[12]。

⑥　**その他**　　補助金協定は、調査開始、仮決定及び最終決定、価格約束に関わる決定、相殺関税撤廃（見直しを含む）について、関係者への通知と公告を定め、手続の透明性をはかる（同 22 条）。また、加盟国は WTO に対して補助金協定の対象である補助金に関する詳細な情報を通報する義務を負う（同 25 条）。

また、同協定は途上国に対する「特別かつ異なる待遇（Special and Differential Treatment: S&D）」を定める。例として後発開発途上国（Least Developed Country: LDC、国連が LDC に指定する WTO 加盟国）や一部の途上国（年間一人当たり GDP が 1,000 ドル未満の国）（同附属書 VII）に輸出補助金を禁止しないとする規定（同 27.

---

12)　ただし、相殺措置の適用に関して、暫定措置（相殺関税）の期間は最長 4 か月である（補助金協定 17 条）。

2.a条）や、その他の途上国に対する輸出補助金の廃止期限の延長がある（同27.2.b条、27.4条。現在は廃止期限が終了し、廃止の監視段階に移行している〔2018年末時点〕）。加えて、途上国の相殺可能な補助金（イエロー補助金）については、原則として救済措置を求めて協議要請することは認められない。ただし、その補助金により関税譲許その他のGATT上の義務の無効化または侵害があり、その結果、補助金を交付している途上国の国内市場で他加盟国からの同種の産品の輸入代替または妨害が認められる場合、または輸入国の国内産業に損害が生じている場合には、協議要請可能である（同27.9条）。

以上のほか、相殺関税に係る措置を規定する国内法を有する加盟国に対して、それに基づく最終決定や見直しに不服があった場合に審査機会が確保されるよう、調査当局から独立した裁判所と訴訟手続の維持を義務づける（同23条）。また、協定の実施、運用の監視などのため、加盟国で構成される補助金委員会が設置されている（同24条）。

なお、農業協定の対象である農産品の補助金については、農業協定が優先される（同3.1、5条。詳細は本書5章**1.**（4）「農業協定とWTOの各協定との関係」参照）。

2. 地域貿易協定（RTA）の貿易救済措置とルールの傾向

本節では、RTAにおけるSG措置とAD措置に関するルールの傾向を概観すると共に、関連する論点について扱う。RTAにおける補助金相殺措置に関するルールは、SG措置とAD措置に比べると限定的といわれることもあり[13)]、本節ではAD措置との関連で言及するにとどめる。

貿易救済措置については、RTAを規律するWTOのルールとの関係で、RTA域内で維持することがRTAの趣旨に沿うかが論点の一つである。具体的には、GATT24.8条がRTAでは「実質上全ての貿易」について「関税その他の制限的通商規則」を撤廃すると定めることから、貿易救済措置が「その他の制限的通商規則」に該当し、同様の撤廃対象となるかという点である（本書3章**2.**（1）②「関税その他の制限的通商規則の撤廃」参照）。

なかでもSG措置は、SG協定上、無差別適用が義務であるため（SG協定2.2

---

13) Prusa (2011) p. 185.

条)、GATT24条との関係は一層複雑となった。RTA締約国が発動するSG措置からRTA締約国を除外することは無差別適用義務に反するとの主張が、実際の貿易紛争でも行われた。

AD措置及び補助金相殺措置についても、ダンピングまたは補助金が交付され、かつ損害等を与えていると認定された産品については、全ての輸入源からの輸入がそれぞれ対象となると規定され（AD協定9.2条、補助金協定19.3条）無差別原則が反映している。しかし、限定的ではあるものの、RTA域内でAD措置を禁止または制限するRTAも存在する。前節でみたAD措置の経済的合理性への疑問や経済的影響の大きさを考えると、それも一つの選択肢と考えられる。一方で、この点に関連して、RTA締約国の除外（すなわち、RTAにおける両措置の制限・撤廃）がRTA域外を対象としたAD措置と補助金相殺措置の増加につながるのではないかという点が論じられることがある[14)]。本節ではこの点について、AD措置をとりあげて紹介する[15)]。

補助金相殺措置との関連では、最近では分野別に補助金のルールがRTAに規定される場合もある。例えばCPTPPでは、一定の漁業補助金の禁止や国有企業に対する補助金の規律が設けられている（漁業補助金は本書13章**3.**(1)①(**d**)「海洋資源の保護（20.16条「海洋における捕獲漁業」）」、国有企業は本書12章**補論**「CPTPPの国有企業及び指定独占企業に関するルール」参照）。RTAにおける補助金相殺措置のルールに関する横断的な検討が求められるところである。

(1)　RTAのセーフガード（SG）

セーフガードについては、グローバルSGと域内SGを区別して規定するRTAが増えている。いずれもRTA締約国が発動するが、グローバルSGはWTO協定に基づくSG措置に相当し、域内SGはRTA域内を対象とする。WTO成立以前は、両者を区別して規定するRTAは多くなかったが、現在では増えている（2018年時点）。

RTAのSG措置の発動要件や仕組みなどは、RTAごとに異なる。本節では有力な先行研究（Crawford et al (2016)）（分析対象：2012年末までにWTOに通報済か

---

14)　例えば、Voon (2010) pp. 15-19.

15)　上述のように、補助金相殺措置については、RTAで補助金の規律、相殺措置の撤廃に合意されにくい。

つ有効な232件のRTA）に基づいて、その全体像を概観する。

まず、232件のRTAのうち、何らかの形でグローバルSGに言及するRTAは115件で約半数、域内SGに言及するRTAは194件で8割超に達する。ただし、域内SGは実際にはあまり発動実績がないといわれる[16)]。

RTAのセーフガードに関するルールでは、RTAならではの工夫やGATT19条及びSG協定にない義務がみられる一方で、発動要件などがWTOのルールに比べて緩和される場合がある。以下、グローバルSG、域内SGの順にみていく。

①　グローバルSGに関するルールの傾向　グローバルSGについてはRTA域内を適用対象とするかどうかが論点の一つである。RTAの目的の1つは域内貿易の容易化であることから、域内も対象とすると、その目的との関係が問われ得る。一方でRTA域内を除外すると、RTAの形成条件である域外に対する障壁を高めないこと、また無差別適用が原則であることとの関係で、域外（他のWTO加盟国）への影響の最小化が考えられねばならない。以上を念頭におきながらRTAのルールをみる。

まず、グローバルSGを規定するRTA（115件）のうち、約半数（53件）がGATT19条とSG協定上の権利を保持すると定める。これらのRTAは、同19条とSG協定が規定するグローバルSGの発動要件を変更しないため、RTA域内もグローバルSGの対象に含むと考えることができる。

残りの約半数（62件）は、グローバルSGの適用対象からRTA域内を除外するが、無条件の除外義務、条件付き除外義務、条件付き除外許容という3つの場合に分かれる（**図表2**）。

つまり、全調査対象（232件）の約1/4のRTA（62件）が、一定の条件に基づいてグローバルSGからRTA域内の除外を規定する。その条件には、次のような例がある。RTA締約国からの輸入が全輸入の実質的シェアを占め、その輸入が重大な損害等の重要な寄与要因である場合でなければ除外を義務とするもの、RTA締約国からの輸入が重大な損害等の実質的原因でない場合に除外を許容するもの、である。ただし、実質的シェアや実質的原因の定義は一様で

16)　Crawford et al (2016) p. 231.

図表2　グローバルSGに言及するRTAと域内除外の割合（115件中）

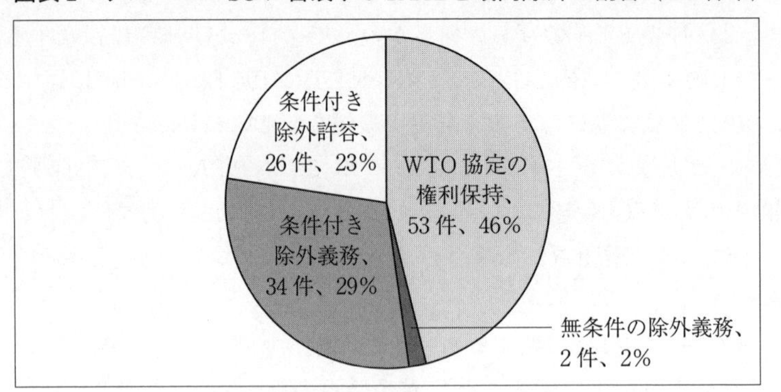

（出所）Crawford et al（2016）より筆者作成。

はなく、定義されないこともある。これらのRTAの締約国がグローバルSGを発動するとRTA域外に影響を与えることになるが、付される条件がその影響をどの程度緩和するかは、実質的シェアなどの定義が一様でないことなどをみても不明である[17)]。

グローバルSGからのRTA域内の除外については、主要国を中心に一定の傾向がある。米国はほぼ全てのRTAで域内を除外し、カナダも同様である。日本は域内を除外せず、WTO協定上の権利の保持を強調する。EUはアフリカ・カリブ海・太平洋（African, Carribean and Pacific: ACP）諸国とのEPAを除いてRTA締約国を除外しない。韓国などRTAごとに異なる規定をおく国や、欧州自由貿易連合（European Free Trade Association: EFTA）のようにある時期を前後に対応が変化する場合もある。

グローバルSGを発動する場合に、RTA域内に対する特恵マージンを維持するRTAも少数ながら存在する。例えば、ある品目のMFN税率が5%、RTA特恵税率が2%の場合に、グローバルSGを発動して税率を10%引上げるとすると、MFN税率として15%、RTA域内に12%の関税を課す。この方

17)　加えてグローバルSGからRTA域内を除外することで生じる厚生への影響は明確でないといわれる。例えば、除外により域内貿易にはプラスの影響が生じるが、域外のWTO加盟国に対する差別の度合いは増し、貿易の歪曲及び転換というマイナスの影響が生じる（Crawfordet al（2016）p. 239）。

法によれば、RTA域内はグローバルSGから除外されないものの引き続き特恵待遇を享受することになり、SG措置の無差別性とRTAの特恵性とのバランスがはかられることになる。

また、RTA域内に対するグローバルSGの発動条件を厳しくするルールには次のような例がある。グローバルSGでは、主に関税引上げ、輸入数量制限が発動されるが、RTA域内に対するSG措置を関税措置に限定するRTAがある。補償とリバランシング措置についても、RTA締約国間で相互に合意された補償を義務づける場合（WTO協定は補償を義務としない）や、補償の合意がない場合に猶予期間なく輸出国がリバランシング措置として等価値の譲許停止を可能とする場合（WTO協定では、輸入の絶対量の増加の場合3年は停止不可）がある。さらに、発動手続の面でも、手続開始の際にRTA域内に対する書面通報や事前協議を義務づける場合がある。これらのルールはRTA域内に特恵的となる一方、発動側にとってはグローバルSGを発動するインセンティブを下げ得る。このためSG措置の減少につながることも考えられ、その点ではWTO加盟国全体がひ益する可能性も含んでいる。

②　域内SGに関するルールの傾向　域内SGは調査対象のRTAの8割超（194件）が規定するが、発動要件の内容や規定方法は多様で、一国のRTAでも相手国によってルールが異なる場合がある。

既にみたように、GATT19条及びSG協定に基づくSG措置の発動要件はWTOの先例で厳格に解されており、SG措置を発動するには高い基準を満たす必要がある。これを念頭に、以下ではGATT19条及びSG協定と比較しながら、域内SGの具体的なルールをみる。

(a)　発動要件　WTOのルールで必要とされる「事情の予見されなかった発展の結果」という要件を規定するRTAは極めて限定的である。輸入の増加に関しては、RTAに基づく関税撤廃や削減と輸入の増加との関連性を求めるRTAが多い。

国内産業に対する重大な損害またはそのおそれという要件（損害要件）に関するRTAの規定ぶりは多様で、SG協定に準じる場合もあれば、EUのRTAのように国内産業に対する重大な損害やそのおそれに加えて、経済の一部門の混乱（disturbance）や地域の経済状況の崩壊（deterioration）が用いられたりする場合もある。考慮すべき損害決定要因も、SG協定の規定要因（SG協定4.2.a条）に言及する場合、言及しない場合、その要因に変更を加える場合がある[18)]。

因果関係については、SG協定のように輸入の増加以外の要因による損害の責めを輸入の増加に帰してはならないという要件（非帰責性の要件）を多くのRTAが規定しない。他方で、SG協定が輸入の増加が損害の原因であることを求めるのと異なり、RTAではその「実質的な」原因であることを求める場合が多い。こうした規定は、米国やカナダのRTAの全て、日本や中国のRTAの多くにみられる。「実質的原因」は、大半の米国のRTAで「重要な原因で他の原因以上のもの」と定義されているほか、WTOにおけるRTA審査の際にも同様の説明が行われた経緯があるといわれる[19)]。実質的原因は、少なくとも単なる因果関係よりは厳格な要件と捉えられよう。とはいえ、前述の通り、SG協定が規定する非帰責性の要件もWTOの先例では「真に実質的な関係」と捉えられている。このため、RTAで非帰責性の要件が規定されず実質的な原因が求められる場合に、因果関係の確立に求められる基準がGATT19条とSG協定よりも緩やかかどうかについては、実際の運用をみる必要があると思われる。

(b)　調査手続・適用・期間　WTOのルールではSG措置の発動に一定の調査が求められる（SG協定3条）。RTAでも域内SGを規定するRTA（194件）の半数以上がそうした調査に関するルールを規定する。

調査を明示的に規定しないRTAでも、RTAの運用機関による審査を規定する場合が多い。例えばEU、EFTA、トルコのRTAは、半数以上でこうした審査を規定する。審査方法によってはRTA締約国間で外交的手法に基づく解決が促される面がある一方で、SG措置発動によらない解決はルール上保障されず、また義務でもないためSG措置の減少につながらないという見方もある[20)]。

なお、調査の際の秘密情報の保持、要請に応じた公開可能なサマリーの提供

---

18)　ただし、SG協定は、国内産業の状態に関する要因は全て検討すると定めており、RTAでも結局のところ同様の検討が必要になるとの見方もある（Crawford et al (2016) p. 258）。

19)　Crawford et al (2016) p. 259.

20)　Voon (2010) p. 640.

（同3条に相当）は、多くのRTAが規定する。SG措置の種類、期間、再発動のための要件は、WTO成立以降に締結されたRTAで比較的詳細な傾向にあるが、その内容は多様である。

SG協定に比べて域内SGの発動を難しくする条件が付されるものとして、とり得る措置を関税措置に限定する場合、SG協定よりも短期間（最大8年未満）の発動期間の設定、特定産品に対する発動回数を1度に限定する場合などがある。このように条件が厳格であると、域内SGを発動するインセンティブは下がるといえる。他方で、期間や再適用の条件などに関する規定がないRTAもあり、その場合には域内SGが発動し易くなる。

また、域内SGの発動を、RTAを形成するための経過期間中や産品の関税削減または撤廃の期間中に限定したり、RTAの相手国の同意がある場合に限定したりするRTAもある。こうした条件は、時限的かつ例外的であるというSG措置の本来の趣旨と、RTAにおける域内貿易の容易化という趣旨に沿ったものといえよう。

暫定措置については、多くのRTAがSG協定に沿って最大期間は200日を超えないとのルールを規定するが、そうした期間を明示しない場合や、損害の確定決定がない場合の徴収済の関税払い戻しを規定しない場合もある。このような規定は域内SGの発動しやすさにつながる。

補償やリバランシング措置について規定するRTAの多くは、SG協定が規定する補償合意がない場合のリバランシング措置の猶予期間（3年間）を特定しない。このため、リバランシング措置を危惧する場合には域内SGを発動しにくいことになる。

通報に関しては、域内SGを規定するRTAの9割超が関連規定を有する。SG協定に言及する場合もあれば、特別の規定を有するものもあり、これらの規定は透明性の確保に貢献する。

(a)、(b) をみると、RTAが規定する域内SGについては、発動要件などがWTO協定に比べて緩やかに規定される場合もあることが分かる。この点については、RTAで域内貿易の容易化が目途されていること、また、本来GATT 24.8条が実質上全ての貿易について制限的通商規則を撤廃すると定めることとの関係から、慎重な評価が必要であると思われる。

③　**セーフガードとRTAとの関係**　　貿易救済措置については、上述の通りGATT24.8条が規定する「制限的通商規則」に該当し、RTAで実質上全ての貿易について撤廃対象となるかどうかがRTAとの関係で論点の一つである。実際、セーフガードについては、グローバルSGからのRTA締約国の除外とSG協定上の無差別適用義務との整合性がWTOの紛争処理手続で争われた例がある。

結論からいえば、WTOで根本的な解決はみられていない。グローバルSGからRTA締約国を除外した事例でこれまで判示されているのは「パラレリズム」のみであり、SG協定とGATT24条との関係については加盟国の合意もなく未解決である。パラレリズムとは、SG調査で輸入の急増や国内産業に対する重大な損害を認定するにあたり、調査対象としてRTA域内も含めながらSG措置の適用対象からRTA域内を除外すると、調査対象と適用対象とが「パラレル（並行）」でないため、その除外がSG協定と整合的でないという考え方である[21)]。

こうしたなかRTAの実態としては、既にみたように、グローバルSGについては約1/4のRTAで一定の条件に基づいてRTA締約国を除外し、また域内SGも多くのRTAが規定する。本書が依拠した先行研究が対象とした期間（2012年まで）以降にも先進的なルールを含むRTAが増加していることに鑑みると、その例はさらに増加しているとみられる。

グローバルSGからのRTA締約国の除外については、グローバルSGをRTA締約国に課してもよい（したがって、課すことの禁止や課すことを義務と捉えない）とする考え方があり[22)]、1つの有力な対応策といえる。また、域内SGについては、実際の発動例はまれであるにもかかわらずRTAで域内SG措置が規定されていることは、WTO加盟国の多くがその必要性を感じていることの反映と捉えられる。そこで、実際のSG措置の適用状況をみて「実質上全ての貿易」について「制限的通商規則」を撤廃するという条件との整合性を判断する[23)]など、実態に即した検討も一つの選択肢といえよう。

---

21)　Argentina-Footwear (EC)/AB, paras. 111-113, US-Wheat Gluten/AB, paras. 96-98.

22)　例えば、Voon (2010) pp. 659-660.

23)　ただし、この場合には、適用例に応じて条件との整合性が変わり得るという問題がある。

なお、アンチ・ダンピングや補助金相殺措置についても制限的通商規則に該当するかどうかは論点の一つであるが、セーフガードと同様にWTOで根本的な解決はみられていない。いずれにしても、RTA域内で貿易救済措置を不適用にすると、RTA域内で制限的通商規則を撤廃することとなり、域内貿易の容易化というGATT24条の趣旨には沿うものの、域外に対する障壁を高め得る点にも注意が必要である。

（2）　RTAのアンチ・ダンピング（AD）

RTAもAD措置に関するルール（以下、ADルール）を規定する。RTAの本来の趣旨やAD措置が貿易に及ぼし得る多大な影響を考慮すると、これらのルールとWTO協定との相違や、RTA域内におけるAD措置の適用可能性は重要な問題といえる。そこで、本節では、有力な先行研究（Rey（2016））（分析対象：2014年末までにWTOに通報済かつ有効な253件のRTA）に基づいて、RTAのADルールの傾向を概観する。本研究は、分析対象のRTAのAD関連ルールの文言によって比較したものではない[24]など一定の限界をはらむものの、RTAのADルールの全体的な傾向を把握する観点からは有用である。

本研究によれば、ADルールの規定状況によりRTAは大きく三つの類型に分かれる。**図表3**に示す通り、第一にADルールを規定しないRTA（約2割）、第二にGATT6条及びAD協定と実質的に変わらないルールを規定するRTA（約7割）、第三にRTA域内のAD措置の発動を禁止または制限するRTA（約1割）である。第三の類型のRTAでは、RTA域内産品に対してAD措置は発動されないか、または発動が制限される。このため、RTA域内からのダンピング輸入と域外からのダンピング輸入の扱いに区別があることになる。

第一類型のRTAではWTOのADルールがそのまま適用されると考えれば、第二の類型と合わせて、約9割のRTAがWTO協定と同様のADルールを有することとなる。このため、RTAにおけるAD措置に関連する各国の権利や義務は、限定的な場合を除いてWTO協定から根本的な変更はないと捉えることができる。

以上を前提に、下記ではWTO協定と同様のRTAのADルールと、RTA

---

24)　13の質問を設定し、それに対する回答をコード化することで比較検討する手法が用いられている（Rey（2016）pp. 159-162）。

図表 3　RTA における AD ルールの規定状況

第三：RTA 域内の AD 措置発動を禁止または制限、24 件、9%
第一：AD ルールを規定しない、50 件、20%
第二：WTO 協定と実質的に同じ AD ルール、179 件、71%

（出所）Rey（2016）より筆者作成。

域内で AD 措置を禁止または制限する RTA の AD ルールの傾向をみる[25]。

①　**WTO 協定と同様の AD ルール**　　WTO 協定と実質的に同じ AD ルールを規定する第二の類型は、GATT6 条及び AD 協定の権利義務に明示的に言及してそれを確認する RTA と、明示的に言及しないが実質的に再現する RTA とに大きく分かれるが、それに透明性などの手続規定が伴う場合がある。

興味深い点として、第一と第二のタイプを合わせた 229 件の RTA（約 9 割）のうち、170 件の RTA では、締約国間で AD 措置を発動したことがないと指摘される点である[26]。つまり、過去に AD 措置の発動実績がないにもかかわらず RTA で AD ルールを規定したということであり、これは AD 措置を発動する可能性を保持したいとの姿勢を相当数の WTO 加盟国が有すことの表れと捉えられる。

また、注目すべきは、GATT6 条及び AD 協定から逸脱しないものの、

25)　なお、本先行研究によれば、1995 年以降に WTO に通報された AD 措置の半数以上（58%）をアルゼンチン、ブラジル、中国、EU、インド、米国の 6 か国が発動する一方、AD 措置の被発動国としては中国、韓国、日本、台湾、米国が半数程度（47%）を占める。同研究は 2014 年までを対象としているが、それ以降、これらの国・地域の間で RTA の交渉や締結の動きもみられているため、RTA の AD ルールを把握する観点からは、今後、これらの RTA における AD ルールや AD 措置の発動実績、各国・地域の AD 関連政策を検討していくことも必要となろう。

26)　Rey（2016）p. 192.

RTAで新しいルールを規定する場合である。例えば、RTA域内でAD措置を発動する際に、AD協定よりも透明性を強化したり、AD調査や協議の時間的枠組みを短期化また詳細化したり、紛争処理のための特別な制度や規定を設けたりする場合がある。

②　**RTA域内のAD措置発動を禁止または制限するADルール**　第三の類型のRTAは、分析対象のRTAの約1割弱（24件）にとどまるが、そのうち20件がRTA域内におけるAD措置の発動を禁止する。

禁止するRTAには、EUとEU—EFTA、その他EFTA関連が多く、そのほかは中国と香港またはマカオ、オーストラリアとニュージーランドのFTAであるANZCERTA（Australia-New Zealand Closer Economic Relations Trade Agreement）、カナダ—チリFTA、南部アフリカの関税同盟であるSACU（Southern African Customs Union）、ロシアと隣国4か国の関税同盟であるEAEU（Eurasian Economic Union: ユーラシア経済連合）、と非常に限定的である。

ところでWTO協定上、RTAは自由貿易地域と関税同盟が該当するが、第3章でみたように、関税同盟は単一の関税地域を構成し域内統合を深めるという趣旨であるため、関税同盟域内では本来的にAD措置を発動しにくいはずと考えられる。実際にも、上述の通り、EUやEUの締結するRTAでは域内のAD措置が禁止または制限されることが多い。ただし、EU—トルコの関税同盟のように、域内においてAD措置の権利[27]が保持される場合もある。また、ANZCERTAのように関税同盟ではなく自由貿易地域という形態でも域内AD措置の発動が禁止される例もある。つまり、統合の深化は、本来RTA域内でのAD措置の禁止または制限につながるはずであるものの、その傾向は常にみられるわけではないということである。また、RTA域内でAD措置の発動を禁止するRTAのなかには、ダンピングを含む状況に対して、競争ルールの適用など別の手段によって対応することを定めるものもある。

RTA域内でAD措置を制限するRTA（4件）は、AD措置を発動する締約国の権利は保持するが、その権利を制限する。具体的には、RTA域内のAD措置の発動に際してAD協定で2%とされるデミニミスマージンを引上げたり、

27）　AD措置の発動を加盟国の権利とみるかどうかについては議論が分かれるところであるが、本節が依拠した先行研究は権利（right）と表現するため、それを用いる。

発動期間をAD協定の規定する原則5年よりも短縮したりして、ルールを厳格にする。こうしたRTA（4件）は、シンガポールか台湾が締結するRTAである。両者は各国AD措置の「ターゲット」となってきた経緯があり、RTA締結に際してその経験を活かしたといわれる[28)]。

（3） RTAのADルールとRTA域外に対するAD措置との関係

RTAのADルールに関する論点の一つに保護の転換がある。保護の転換とは、RTA締結によってRTA域内でAD措置が発動されなくなる一方、域外に対してAD措置が増加するような状況をさす。例えばWTOは、様々な先行研究の分析を通じて、RTAが域内AD措置の発動条件を厳格にすると、RTA締約国関連のAD調査申請数が減少する一方で、域外に対する申請が増加すること、実際にはRTA域内からの輸入によって国内産業に損害が生じているのに、RTA域外に発動するAD措置を通じた国内産業の保護が増加し得ることなどを指摘する[29)]。

RTAのADルールは、実際にRTA締約国のAD措置の発動パターンに影響を及ぼし、RTA域外に対して、より差別的となるのだろうか。本節が依拠する先行研究は、1980年から2014年半ばまでにWTOに通報されたAD措置を対象に、RTA形成前後のAD措置の域内と域外での変化を分析している。結論として、域内AD措置の発動を禁止または制限するRTAも含め、AD措置発動のパターンは大きく変化せず（ただし、このRTAの多くで締約国間のAD措置の発動がそもそも行われていない）、RTA形成とそのRTA締約国によるAD措置の発動との間に明確な因果関係が確認されないこと、一方、深い統合が行われるRTAでは限定的ではあるもののRTA域外にAD措置がシフトすることを指摘する。つまり、この先行研究によれば、統合の深化は域内国のAD措置発動パターンを実質的に変更させ得る要因といえるが、RTA締結によって一般に保護の転換が生じることまでは確認されない。

本節冒頭で指摘した通り、この先行研究には一定の制約もあり、またRTAにおけるADルールの傾向と影響を検討するためには、AD措置のユーザーである国・地域のRTA締結状況や政策の変化といった要因なども考慮する必要

---

28)　Rey（2016）pp. 193-194.
29)　WTO（2011）pp. 180-181.

がある（前掲注25）参照）。このため、RTAのADルールが締約国のAD措置の発動パターンに与える影響については、今後さらに検討が求められるといえる。しかし、AD措置の意義（前掲1.（2）①）でも上述したように、ダンピングの規律根拠が経済的合理性を欠くといわれる中で[30)]、RTAにおけるADルールの強化（つまり、AD措置の発動を制限）、ひいては撤廃がRTA締約国によるAD措置の発動にそれほど大きな影響を与えないのだとすれば、少なくともRTAにおけるAD措置の撤廃は、貿易自由化を志向するRTAの目的にも資することとなり、WTO加盟国にとって多国間レベルでのAD措置の位置付けも視野に入れた一つの選択肢となろう。

3. CPTPPの貿易救済措置とルール

CPTPPは、6章で「貿易救済」を定め、同章A節で「セーフガード措置」（6.1〜6.7条）、B節で「ダンピング防止税及び相殺関税」（6.8条）を規定する。また、B節に関連して、同章の附属書6-A「ダンピング防止税及び相殺関税の手続に関する慣行」がある。

A節は、グローバルSG（WTO協定に基づくSGをさす。以下、WTO協定上のSGまたはグローバルSGと表記）と、CPTPPの域内セーフガードに関するルールを規定する。CPTPPのセーフガードは経過期間中（CPTPP発効から3年または関税撤廃期間中）に限って認められる経過的セーフガード措置（以下、CPTPPのSG）である（CPTPP6.1、6.3条）。

一方、アンチ・ダンピング（AD）税及び相殺関税について規定するB節には、6.8条という規定が存在するのみである。この規定は、GATT6条、AD協定及び補助金協定に基づく締約国の権利義務を留保すること、及び、これらの協定に基づく手続または措置に対してCPTPPが権利を与えたり義務を課したりしないことを規定する。

さらに、CPTPPの紛争処理手続（28章）との関係では、セーフガードに関するルール（A節）は同手続の対象であるが、B節及び附属書6-Aは対象外である（同6.8.3条）。以下では、それぞれについてルールの内容を概観する。

30）　例えばVoon（2010）p. 630.

（1）セーフガード（SG）措置

① グローバルSGとの関係　A節は、CPTPPの規定がGATT19条とセーフガード協定上の締約国の権利と義務に影響を及ぼさないこと、これらの協定に従ってとられた措置について、締約国に権制を与え、または義務を課すものでないこと[31]を確認する（同6.2.1条）。ただし、締約国は同一産品について、グローバルSGとCPTPPのSGを同時にとってはならない（同6.2.5条）[32]。

また、締約国がCPTPPで関税割当を設定して輸入する産品について、CPTPPのSGを発動してはならず、グローバルSG措置を発動する場合には、その関税割当（附属書2-Dの当該締約国のスケジュール付録Aに定めるもの）により輸入されるCPTPP原産品の輸入が重大な損害（またはそのおそれ）を引き起こしていない場合には、当該SG措置から除外できる（同6.2.4条）。ただし、この除外によってSG協定が規定するグローバルSGの無差別適用義務との関係が問われ得ることは前節で指摘した通りである（前掲**2.**（1）③参照）。

② 経過的セーフガード措置（CPTPPのSG）　**図表4**は、WTO協定上のSGと比較しながら、CPTPPのSGの発動要件などを記載したものである。**図表4**からは、CPTPPのSGの枠組みは全般的にはWTO協定上のSGと同じであるが、細部に違いもあることが分かる。

まず、発動要件については、「事情の予見されなかった発展の結果」はないが、CPTPPに従った関税撤廃または引下げの結果として、原産品の輸入の増加が生じ、それにより同種または直接競合産品を生産する国内産業に重大な損害（またはそのおそれ）が発生していることが必要である。

域内の複数の締約国から輸入がある場合には、全体として（collectively）原産品の輸入が増加し、それにより同様の重大な損害またはそのおそれが発生していることが必要である。ただし、それぞれの締約国からの輸入が各国について

31）ただし、CPTPP6.2.3条の場合（SG調査の開始をSG協定12.1.a条に基づきSG委員会に通報した文書の電子的な写しの他締約国への提供を義務づける）を除く。

32）CPTPPが規定するセーフガードは、このほかに、附属書2-D（関税に係る約束）に付される締約国別のスケジュールの付録Bが定めるセーフガード措置とCPTPP4章（「繊維及び繊維製品」）の緊急措置がある。前者について、例えば日本は、農産品セーフガード措置（付録B-1）、林産品セーフガード措置（付録B-2）を定めている。いずれについても、同一産品について複数の措置を発動することはできない（CPTPP6.2.5条）。

CPTPP が発効した日の後から増加（絶対量または相対量）していることの証明が必要となる。この点、それぞれの締約国からの輸入の増加によって、損害またはそのおそれが発生していることの証明まで必要かは規定から判然としない部分もあり、今後の運用をみる必要があると思われる。もし求められるとすると、発動要件はより厳格となる。

また、**図表4**からは、期間や回数、暫定措置の有無、補償が義務かどうか、リバランシング措置を発動する際の猶予期間の有無といった点でも WTO 協定上の SG と相違があることが分かる。概ね CPTPP の SG の方が発動国に厳しい発動条件を課しており、前節で指摘したように、RTA でセーフガードが発動しやすいといわれるような懸念はそれほど顕在化していないといってよいだろう。

一方で、CPTPP の SG には、リバランシング措置をとる際に WTO の SG 委員会の検討や承認（否認がないの意、SG 協定の 8. 3. 条）といった手続がなく、監視手段がない点に注意が必要である。

CPTPP の SG をとる際には、発動要件の充足性に関する国内当局の調査が必要である。この調査及びその公表について CPTPP は、SG 協定の調査関連規定である 3 条と 4. 2 条に従うと定める。このために、これらの規定は必要な変更を加えた上で CPTPP に組み込まれる（同 6. 5 条）。

（2）　アンチ・ダンピング（AD）税及び相殺関税

AD 税及び相殺関税については、前述した GATT6 条、AD 協定、補助金協定上の締約国の権利義務との関係を規定する 6. 8 条のほか、附属書 6–A が、6. 8 条上、締約国が WTO の関連規定に従って貿易救済措置をとる権利を認めることを明記する。加えて、同附属書は、貿易救済の手続について、透明性と適正手続という目標を推進すると締約国が認めた慣行を例示する。

この慣行には、例えば、調査開始 7 日前までの関係締約国に対する書面通報や、調査書類の公表、最終決定前の利害関係者に対する重要事実の通知と対応機会の確保などの AD 税と相殺関税の調査に関わる事項が含まれ、しかもその内容は WTO 協定よりも具体的である。上述の通り、B 節と附属書 6–A は 28 章の紛争処理手続の対象外であるため実効性は限られているものの、締約国が行う調査の改善に資することが期待される。

図表4　WTO協定上のSGとCPTPPの経過的SGの比較

	WTO協定上のSG（グローバルSG）	CPTPPのSG
発動期間の制限	なし	経過期間中（CPTPP発効後3年間）または関税撤廃期間（同6.1、6.3.1条）
発動要件	①事情の予見されなかった発展及び自国がこの協定に基づいて負う義務の効果の結果 ②輸入の増加（絶対量または相対量） ③国内産業への重大な損害またはそのおそれ ④②と③の因果関係	①CPTPPに従った関税撤廃または引下げの結果 ②原産品の輸入の増加（絶対量または相対量） 注）複数締約国の輸入の場合、全体として（collectively）増加、ただし各国の輸入が各国についてCPTPPが発効した後からの増加（絶対量または相対量）の証明必要 ③国内産業への重大な損害またはそのおそれ ④②と③の因果関係 （同6.3.1条）
措置	重大な損害の防止または救済、調整の容易化に必要な限度で、主に関税引上げ、数量制限	重大な損害の防止または救済、調整の容易化に必要な限度で、CPTPP関税引下げの停止、または実行MFN税率までの関税引上げ 注）関税割当、数量制限は認められない （同6.3.2条）
暫定措置	あり	なし
期間・構造調整	重大な損害の防止または救済、調整の容易化に必要な期間で、4年以内、最大8年まで延長可 （1年超の場合、漸進的緩和義務）	重大な損害の防止または救済、調整の容易化に必要な期間で、2年以内、最大3年まで延長可 （1年超の場合、漸進的緩和義務） （同6.4条）
回数	同一産品に関して、SG措置期間と同じか少なくとも2年の発動不可（適用期間180日以内の措置を除く）	同一産品で1回 （同6.4.6条）
補償	補償は義務でない 実質的に等価値の譲許その他の義務を維持する努力義務あり	補償の提供義務あり 合意した場合には、関税引上げ分と実質的に同等の貿易効果のある譲許または等価値の譲許の提供義務あり
リバランシング措置	合意ない場合、実質的に等価値の譲許その他の義務の停止可（SG委員会が検討し、否認しない場合） 絶対量の輸入増加によるSG協定に適合するSG措置の場合、3年間は停止不可	合意ない場合、少なくとも30日前の書面通報後、関税引上げ分と実質的に等価値の譲許の停止可（同6.7条） 停止不可期間はない

（出所）SG協定及びCPTPPより筆者作成。

なお補助金については、一部が国有企業の章で規律対象である（国有企業は本書12章**補論**「CPTPPの国有企業及び指定独占企業に関するルール」参照）。

参考文献〈第7章〉

・米谷三似ほか「第3回—関税撤廃、原産地規則、セーフガード」『NBL』No. 1068、2016年、52〜63頁。

・外務省経済局国際機関第一課編『解説　WTO協定』日本国際問題研究所、1996年。

・Crawford., J. A., Mckeagg., J. and Tolstova. J., “Mapping of safeguard provisions in regional trade agreements” in Acharya., R. eds., *Regional Trade Agreements and the Multilateral Trading System,* Cambridge University Press, 2016, pp. 230-315.

・Prusa. J. T., “Trade Remedy Provisions”, in Chauffour., J. -P. and Maur. J. -C. eds., *Preferential Trade Agreement Policies for Development: A Handbook,* The World Bank, 2011, pp. 179-196.

・Rey., J. -D., “Do Regional Anti-Dumping regimes make a difference?” in Acharya., R. eds., *Regional Trade Agreements and the Multilateral Trading System,* Cambridge University Press, 2016, pp. 157-209.

・Voon., Tania, “Eliminating Trade Remedies from the WTO: Lessons from Regional Trade Agreements”, *International & Comparative Law Quarterly,* Volume 59, Issue 3, 2010, pp. 625-667.

・WTO, *World Trade Report 2011: The WTO and Preferential Trade Agreements: From Co-Existence To Coherence,* WTO, 2011.

第8章　サービス貿易

サービス貿易とは、サービスの国際取引をさす。サービス貿易の一層の自由化と国際的な規律を実現したのがWTOのサービスの貿易に関する一般協定(General Agreement on Trade in Services: GATS) である。GATSは、サービス貿易に特有の性質を反映したルールを定める。

GATS成立以降、サービス貿易の一層の拡大に伴って、サービス貿易を対象とする地域貿易協定 (Regional Trade Agreement: RTA) も増加した。近年締結されるRTAでは、サービス貿易分野も含まれることが多い (2018年末時点)。本章ではGATSを概観すると共に、RTAのサービス貿易に関するルールの傾向、CPTPPのサービス貿易関連のルールを扱う (なお、サービス貿易に関連する電子商取引に関するルールは本書12章参照)。

1. GATSの成立とその背景

(1)　サービス貿易の特徴

一般に、産業は、第1次産業 (農林業、水産業、牧畜業)、第2次産業 (鉱業、製造業、建設業)、第3次産業 (サービス産業 (金融、運輸、通信、流通など)) に分類されるが、第1次産業、第2次産業が「商品」(有体財) の生産や加工を目的とするのに対して、第3次産業は「サービス」(無体財) の提供を目的とする。サービス貿易とは、これらのサービス産業が提供するサービスの国際取引である。

WTOが毎年公表する貿易統計によれば、WTO成立以降、世界の貿易に占めるサービス貿易の割合は約2割前後 (輸出額ベース) で推移している。一般に、産業構造が高度化すると経済におけるサービス産業の比重が高まるが、これをサービス経済化という。サービス産業は、多くの先進国において国内総生産及び就労人口の相当な割合を占め、各国経済の重要な要素となっている。

サービス貿易には、物品貿易と異なり、資本、労働、技術などの生産要素の移動を伴うという特徴がある。そこで、サービス貿易が増加すると国家間で生産要素の新しい結びつきを生み、サービス輸入国の生産性が向上し得る。こうした生産性の向上は、特定のサービス産業にとどまらない。例えば、金融、運輸、通信、建設、流通、エネルギーといったサービス産業は、他のサービス産業や製造業にとってインフラとしての機能を果たす一方、コストとなる場合もある。そこで、これらのサービス産業が効率化すれば、他のサービス産業や製造業の効率性の向上にもつながり得るのである。

（2） GATSの成立経緯

サービス貿易が拡大すると、サービス貿易の障壁が意識され、サービス貿易の一層の自由化が追求されるようになる。サービス貿易の自由化では、サービス分野の貿易障壁を削減及び撤廃することを目指す。物品貿易の場合には、関税や数量制限など国境措置が貿易障壁として把握されやすい一方、サービス貿易では、事業展開時の条件や出店制限など、政府が国内でサービス産業に対して課す各種の制限が貿易障壁となり得る。これらの制限は、不動産取得の制限のように分野横断的にも、通信や金融などの分野ごとにも存在する。もちろん、これらの中には社会的要請などから必要な規制もある。

そこで、サービス貿易の自由化では、国家の政策目的を実現するために必要な規制をとる権利を加盟国に残しつつ、サービス貿易に影響を与える国内の規制にどう対応するか、それを多岐にわたるサービス分野において、様々なサービス貿易の取引形態ごとにいかに実現するかが焦点となる。

GATSの成立は、1980年代以降、国内でサービス分野の規制緩和を進め、サービス産業の競争力が向上していた米国を中心とする先進国が、サービス貿易分野の一層の自由化と規律の必要性を主張したことを契機とする。他方で、サービス分野の国内規制は、インフラとしての安定性を維持するなど、公的、また社会的な目的のために課せられている場合がある。特に、発展途上国（以下、途上国）はこうした立場から、サービス貿易の国際的な規律に懐疑的であった。

1980年代後半から開始されたウルグアイ・ラウンドでは、先進国と途上国との対立が顕著であったが、米国の強い交渉姿勢を背景に、最終的にGATSの成立に至った。GATSの意義は、サービス貿易に関するルールの一層の透明性と予見可能性の確保、サービスの国際取引を規律する共通の枠組みの提供、ラウンドを通じたサービス貿易の漸進的な自由化の促進、にあるといえる。ただし、サービス貿易は物品貿易と異なる面があるため、GATTなど物品の貿易に関する多角的協定（WTO設立協定附属書IA）と別の協定（同附属書IB）として位置づけられ、自由化や規律の方法にも物品貿易とは異なる工夫がみられる。

2. GATSの概要

GATSの規律構造は、サービス貿易の特性に鑑み、GATTに比べて複雑であり、またサービス貿易特有の概念も含まれている。まず、サービス貿易には多くのサービスが関わり、複数の提供形態がある。さらに、各サービス分野の特性に応じた規制も必要な場合があることに加えて、自由化や規制の程度は加盟国の経済発展段階によって異なり得る。そこで、GATSは最恵国待遇のような一般的な義務を定める一方で、加盟国に必要な政策をとる裁量を認める。

図表1　GATSの規律の仕組み

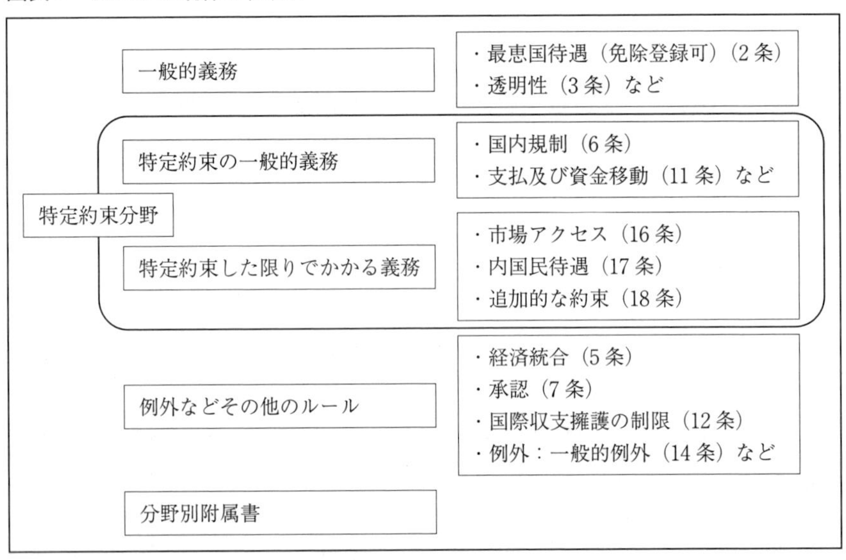

（注）図表中にない規定の中に独占及び排他的サービス提供者（GATS8条）、商慣習（同9条）があるが、WTO紛争処理手続における援用例や加盟国間での議論も活発でないため、本節で扱わない。

（出所）WTO（2013）より筆者作成。

加盟国はサービス分野ごとに制限と条件を付して自由化を約束することができる（特定約束）。加盟国は、特定約束を自国の「約束表」に記載する。加盟国が特定約束を行い、自由化の制限や条件を徐々に撤廃していくことがサービス貿易の自由化につながることになる。

GATSのように、約束表に掲載する制限と条件にしたがって掲載分野についてのみ自由化義務を課す方法は、ポジティブリスト方式（本章でポジリストと呼ぶ）と呼ばれる。対照的に、ネガティブリスト方式（本章でネガリストと呼ぶ）は、約束表に掲載する制限と条件を除いて全分野に自由化義務を課す方法であり、次節でみるようにRTAで多く採用されている。

以上のように、GATSで加盟国の義務は、**図表1**が示すように一般的義務、特定約束分野に適用される一般的義務、特定約束した限りでかかる義務に分かれる。さらに、GATSには、航空運送、金融、海上運送、電気通信の各分野について、分野別の附属書などが存在する。

（1）目的と漸進的自由化

GATSの目的は、サービス貿易の拡大を通じて、各加盟国の経済成長と途上国の発展を促進することである。その際には、透明性と漸進的なサービス貿易の自由化の確保が条件である（GATS前文）。このように、サービス貿易の自由化はGATSの目的でなく、各加盟国の経済成長と途上国の発展とを促進する手段に位置づけられる。

「漸進的な」とは、一般に急激な手段を避け、徐々に目的を遂げるという趣旨である。つまり、GATSで求められるサービス貿易の自由化にあたり、加盟国は徐々に貿易障壁を削減または撤廃する。サービス貿易については、ただちに自由化になじむ分野とそうでない分野があるため、GATSは自由化を完全に達成したわけではなく、ウルグアイ・ラウンド終結時点で達成可能な自由化の水準を、各国がサービス分野ごとに「約束表」で明らかにしたと位置づけられている。そこで、サービス貿易の自由化努力は2000年から開始されたサービス貿易自由化交渉で継続している[1)]。

1）GATSはWTO成立後5年以内の交渉開始を規定しており（GATS19条）、これに基づいて開始された交渉はドーハ・ラウンドに統合された。ただし、ドーハ・ラウンド全体が停滞したことを受け、2013年から一部の有志の国々がWTO外で新サービス貿易協定（Trade in Services Agree-

ただし、漸進的自由化にあたり、GATSは加盟国の政策目的に十分な考慮をはらうこと、そのために、加盟国の規制権限と新しい規制を導入する権利を認めることを謳う（GATS前文）。漸進的自由化の対象は、主に市場アクセスの改善と内国民待遇の確保で、必ずしも規制緩和を伴うものではない。

（2）　適用範囲

①　適用対象と形態（モード）（GATS1条）　GATSの適用対象は「サービスの貿易に影響を及ぼす加盟国の措置」である。GATSは、サービスを直接定義せず、対象となるサービスを「政府の権限の行使として提供されるサービス以外のすべての分野におけるすべてのサービス」として広く含める[2)]。「加盟国の措置」は、中央政府、地域・地方政府及び機関がとる措置と、非政府機関がこれらの政府及び機関に委任された権限を行使するにあたりとる措置をさす。

GATSは、サービスの提供形態（「モード」と呼ばれる）を四つに分け、それに該当するものを「サービスの貿易」とする。具体的には、第1モードが越境取引、第2モードが国外消費、第3モードが商業拠点、第4モードが人の移動である。

第1モード（越境取引）は、サービスの消費者も提供者も移動せず、サービスのみが国境を越えて取引される形態である。例えば、海外の弁護士が法律アドバイスを電話やインターネットを通じて提供し（専門職業サービスの提供）、それに対価が支払われる形がある。

第2モード（国外消費）は、サービスの消費者が国境を越えてサービスを消費する。観光客が海外でホテルに宿泊したり（観光サービスの消費）、レンタカーを借りたりする取引が例としてあげられる。

第3モード（商業拠点）は、サービスの提供者が他の加盟国に商業拠点を設置して、サービスを提供する形態である。具体的には、銀行などが海外支店を設置して、その国でサービスを提供する例（金融サービスの提供）がある。この

---

ment: TiSA）交渉と呼ばれるサービス貿易の自由化交渉を開始した。先進国を中心に23か国・地域（EUを1とする）が参加している（2018年末時点）。TiSA交渉は当初2016年中の決着を目指していたが、2017年1月の米国トランプ政権が誕生した後は進展していない。

2）「政府の権限の行使として提供されるサービス」かどうかの判断基準は、商業的な原則に基づくかどうか、かつ他のサービス提供者との競争の上で提供されるかどうか、である（GATS1. 3. c条）。

モードは、実質的にサービス産業の直接投資を意味し、あるサービス分野におけるこのモードの自由化約束はそのサービス分野の直接投資の自由化につながる。WTO 協定上、製造業の直接投資は規律対象外であるのと対照的であるが、RTA では製造業も含め投資を対象とすることが増えている（後掲 3.（1）、本書9章参照）。

第4モード（人の移動）は、サービスを提供する人（自然人）が国境を越えてサービス提供を行う形態である。スポーツ選手の海外チームでの活動（スポーツサービスの提供）や、外国人アーティストの海外公演（娯楽サービスの提供）が該当する。

②　分類　サービスの分類は、GATS の対象となる具体的なサービス分野を画定すると共に、加盟国が自由化するサービス貿易の範囲と規律対象を設定する際に重要である。

サービス分類は、GATS 交渉時に GATT 事務局（現 WTO 事務局）が作成したサービス分野分類表（MTN. GSN/W/120 という文書番号から、W/120 と呼ばれる）に基づいて行われている。W/120 は、12 の大分類（実務、通信、建設、流通、教育、環境、金融、健康関連と社会事業、観光と旅行関連、娯楽・文化・スポーツ、運輸、その他）を設定し、それをさらに 155 に細分化する。

加盟国は W/120 を採用する義務を負わないものの、WTO のサービス貿易自由化交渉も W/120 に基づいて行われ、多くの国が自由化約束時に用いている。各分類が具体的にどのようなサービスを示すかについては、国連の暫定中央生産分類（Provisional Central Product Classification: CPC 分類）に言及することで示されることもある。また、W/120 は WTO 外でもサービス貿易自由化交渉に用いられているといわれる[3)]。

他方、W/120 については、電気やガスの卸売と小売などのエネルギーサービスや、技術進歩に伴って登場する「新しいサービス」が含まれないなどの課題があり、ドーハ・ラウンドでも改善のための交渉が行われている。

（3）　主要なルール

①　一般的義務　加盟国の一般的義務の中心は、最恵国待遇義務（GATS

3)　Zhang（2015）p. 1, 13.

2条）と透明性（同3条）の確保である。そのほかにも、サービス貿易に影響を及ぼす加盟国の行政上の決定に対する法的救済の利用可能性の確保（同6.2条）などがある。

GATS上の最恵国待遇義務とは、加盟国が他加盟国のサービスとサービス提供者に対して、第三国（WTO非加盟国を含む）の同種のサービスとサービス提供者に与える待遇よりも不利でない待遇を即時かつ無条件に与える義務である。例えば、他加盟国の銀行に自国内で支店の設置を認める一方で、ある加盟国の銀行に対してのみ出店を制限することは認められない。

ただし、加盟国はGATS発効時のみ最恵国待遇義務の免除を登録できた（同2.2条）。金融、運輸などの分野で二国間協定や相互主義を前提とする国際的な枠組みがあり、それを一律に自由化することが難しいとの事情があったからである。各国の免除登録は、銀行、海上輸送、陸上輸送、音響及び映像の各サービス分野を対象とする。この免除登録は、原則として10年を超えてはならないとされているので[4)]、いずれは自由化の対象となる。

透明性を確保する義務の内容は、主に、GATSの運用に関連または影響する一般的に適用される措置の公表、他の加盟国からの情報提供要請への迅速な対応、サービス貿易に影響を与える新たな措置の導入及び措置の変更に関するWTOサービス貿易理事会（後掲**2.**（3）④(**b**)参照）への通報、照会所の設置である。これによって、加盟国のサービス貿易関連の障壁が一層明確となり、その削減と撤廃につながる。

②　特定約束の一般的義務　特定約束の一般的義務は、特定約束分野に適用されるもので、主に、国内規制関連（同6条）、支払及び資金移動（同11条）がある。

GATSは国内規制に関して、第一に、サービス貿易に影響を与える一般的に適用されるすべての措置の合理的、客観的かつ公平な実施確保を加盟国に義務づける[5)]。

第二に、資格要件と審査手続、技術上の基準、免許要件（以下、資格要件等）に関する措置がサービス貿易に不必要な障害とならないことを確保するための

4)　第2条の免除に関する附属書5。
5)　GATS前文が、加盟国の規制する権利に言及することは前述の通りである。

規律を加盟国が作成するよう定めた。この規律の目的は、資格要件等が、①客観的かつ透明な尺度によること、②サービスの質確保に必要である以上に負担とならないこと、③免許手続それ自体がサービス提供を制限しないこと、の確保である。この交渉もドーハ・ラウンドで行われており、規律ができるまで、加盟国は資格要件、免許要件及び技術上の基準が①〜③に適合しない方法等で適用されて特定約束が無効化または侵害されないようにしなければならない。以下のほか、サービス貿易に影響する行政決定を審査する裁判所及び訴訟手続の整備、サービス提供に許可を必要とする場合の合理的期間内の決定通知と関連情報の提供も加盟国の義務である（同6条）。

また、自由職業サービスに関する特定約束について、加盟国には約束分野に関する他加盟国のサービス提供者の能力確認のための適当な手続を定める義務がある（同6.6条）。

支払及び資金移動については、原則として、加盟国は特定約束に関連する経常取引のために制限してはならない（同11条）。サービス貿易を自由化しても、資金の国際的な移動や支払が確保されなければ、取引に支障が生じるためである。

③　約束した限りにおいてかかる義務　加盟国は、市場アクセス、内国民待遇について、サービス分野ごとにモード別の制限と条件を付して自由化約束を行う。つまり、この約束は、他加盟国のサービスとサービス提供者に保障される最低限の待遇を示している。

(a)　市場アクセス　市場アクセスに関して、加盟国は他の加盟国のサービスとサービス提供者に約束表に記載した制限と条件より不利でない待遇を与える義務がある。また、加盟国は約束表に記載しない限り、市場アクセス約束分野でサービスの数量、特定の法人形態、外資を制限する措置の計6類型の措置をとってはならない。具体的には、四つのサービスの数量制限（①サービス提供者数、②サービスの取引総額または資産総額、③サービスの事業総数または総産出量、④サービス提供者の雇用者数）、⑤特定の法人形態の要求や制限（外国企業の支店設置、国内企業との合弁企業設立など）、⑥外資制限（外国資本の株式保有比率、対内投資の総額制限など）、である（同16条）。

(b)　内国民待遇　内国民待遇義務の下で、加盟国はサービスの提供に影響を及ぼす全ての措置に関して、約束表に記載した分野の制限と条件にしたがって、他の加盟国のサービスとサービス提供者に自国の同種のサービスとサービス提供者より不利でない待遇を与える義務がある（同17条）。平等な競争機会の確保という考え方はGATTと同様であるが、GATTでは条件などを付すことはできないため、そこに大きな違いがある。これが認められるのは、サービス産業の特性に鑑み、国内事情などによって差別的措置の維持が必要な場合があると考えられたためである。

(c)　**追加的約束**　なお、内国民待遇、市場アクセスの範疇外でサービス貿易に影響を及ぼす措置について、加盟国は「追加的約束」として約束表で自由化を約束できる（同18条）。この点で重要なのは、通信サービス分野における追加的約束である。通信サービスはインフラ産業として国営も多く、民営化後も市場への新規参入の難しさ、通信ネットワーク構築のための多額の費用の必要性、既存の通信ネットワークへの接続の難しさなどの事情により競争が行われにくい場合がある。他方で、通信サービスは社会インフラとして一定の品質のサービスが地域問わずに供給される必要性もある。そこで、GATS交渉時（1994～1997に行われた通信サービス分野の継続交渉を含む）、このサービス分野に関する競争促進かつ特有の規律が「参照文書（Reference Paper）」として一部の加盟国間で合意された。参照文書は80か国程度が追加的約束として約束表に記載し、義務を負っている[6)]。

(d)　**約束表の概要**　各国の約束は**図表2**のように記載される（分野の例は「d）流通サービス」）。表中の1）～4）は、第1～4の各モードを表す。**図表2**のように、加盟国は各分野、モードごとに約束を記載する。

約束表の書き方は、加盟国が2001年に採択したスケジューリング・ガイドライン[7)]が記載する。前述したサービス分野分類表（W/120）は、このガイドラインに別添されている。

約束表はGATSと不可分の一部を構成する（同20.3条）。約束を修正または撤回するには、それにより影響を受ける加盟国の要請に基づいて補償的調整を

6)　WTO “Telecommunication Services: Current commitments and exemptions”. (https://www.wto.org/english/tratop_e/serv_e/telecom_e/telecom_e.htm)

7)　S/L/92 “Guidelines for the Scheduling of Specific Commitments under the GATS”.

図表2　約束表の記載例（X国）

I. 各分野に共通の約束

分野	市場アクセスに係る制限	内国民待遇に係る制限	追加的な約束
この約束表に掲げる全ての分野	4）次の分類に該当する自然人の入国及び一時的な滞在に関する措置を除くほか、約束しない i）長として支店を管理する活動	3）研究及び開発に係る補助金については、約束しない	

II. 分野ごとに行う約束

分野	市場アクセスに係る制限	内国民待遇に係る制限	追加的な約束
4. 流通サービス c）小売サービス （CPC631, 632）	1）約束しない 2）制限しない 3）外資は51％が上限 4）各分野に共通の約束における記載を除くほか約束しない	1）約束しない 2）制限しない 3）X国民の支配する会社に対してのみ投資許可が与えられる 4）約束しない	（この欄には、市場アクセス、内国民待遇義務以外の措置で自発的に自由化意思を表明する措置を記入する）

（注）CPC分類については前掲**2.**（２）②参照。
（出所）WTO（2013）より筆者作成。

行うことが条件である（同21条）。

④　その他のルール

（a）　**経済統合・例外・承認**　　GATSは、一般的に適用されるルールとして、経済統合（同5条など）、例外（同12、14条、14条の2）、承認（同7条）を規定する。

経済統合については、GATTと同様にサービス貿易を自由化するRTAの締結を一定の条件のもとに認める（条件は本書3章**2.**（１）「RTA形成の条件」参照）。ただし、そのRTA締約国の法律に基づいて設立された法人である他加盟国のサービス提供者がRTAの利益を享受するには、締約国内で「実質的な業務」を行っていることが条件である（同5.6条）。このため、ペーパーカンパニーなどは除外される。「実質的な業務」を行っているということは提供されるサービスがRTA域内で生産されたことを示すといえる。

例外には、GATTに類似する一般的例外（同14条）と安全保障例外（同14条の2）がある（GATTの一般的例外は本書2章5.（1）「一般的例外」参照）。同様に、国際収支擁護のために、無差別に行うなど一定の条件に基づいてサービス貿易を制限することも認められる（同12条）。

承認に関する規定は、加盟国が自国において、サービス提供に必要な資格等のため他国（非加盟国を含む）の資格等を承認できることを定める。ただし、国家間差別の手段または偽装したサービス貿易の制限となる形で承認してはならない（同7条）。承認は、措置の調和その他の方法、他国との協定または取り決め、または自発的にも可能であるが、いずれにしても特定国に限定的に認めるため最恵国待遇原則の趣旨には沿わない。しかし、サービス貿易促進の観点から認められるものである。

(b)　その他　GATSは、加盟国が一定の場合にサービスとサービス提供者に対してGATSの利益を否認（GATS上与えられる待遇を与えず、また義務を負わないという趣旨）できる「利益の否認」条項（同27条）を規定する。例えば、WTO非加盟国から提供されるサービスがこれに該当する。

また、ウルグアイ・ラウンドで加盟国が合意できなかったサービス貿易に関するセーフガード（同10条）、政府調達（同13条）、補助金（同15.1条）[8]などについて交渉の継続を定める（政府調達は、政府調達協定がサービスの調達にも対応する）。

加えて、GATSは紛争処理（同22、23条）、途上国支援（同25条）などについても定める。GATSはWTO紛争処理手続の対象である（紛争処理手続は本書14章参照）。

以上のほか、GATSの運用や目的を達成するため、全加盟国で構成されるサービス貿易理事会が設置されている（同24条）。

⑤　分野別附属書　金融、電気通信、航空サービスについては、GATSの附属書などに特別のルールがある。

8）　サービスに対する補助金は、サービス貿易に影響を与える措置として既にGATSの適用対象であるが、相殺措置などさらにルールを定めるかどうかが焦点である。

金融サービスに関する特別のルールは、主に「金融サービスに関する附属書（以下、本節で附属書）」と「金融サービスに係る約束に関する了解（以下、本節で了解）」が定める。附属書は金融サービスにGATSに加えて適用されるもので、関連する用語の定義や、信用秩序維持のための措置などを規定する。信用秩序維持のための措置は、預金者等の保護や金融システムの健全性と安定性を確保するための措置を含み（附属書2.a）、GATS違反の措置であっても、GATSに基づく約束または義務の回避手段として用いないことを条件に、加盟国がこうした措置をとることを妨げられない。了解は、金融サービス分野の特定約束の仕方や、市場アクセスと内国民待遇に関する加盟国の追加的な義務[9)]を規定し、加盟国の約束表に記載されることで効力を発する。先進国の多くは約束表で了解に言及し、追加的義務を負う。

電気通信サービスに関しては、上述した競争促進的規律を含む「参照文書」に加えて「電気通信に関する附属書」が重要である。この附属書は、主として基本電気通信に対するアクセスと利用の確保を加盟国に義務づける。この附属書が外国の通信サービス提供者に対して同サービスの提供を自由化するものかどうかについては、否定的な見方が大勢を占める。

航空サービスには「航空サービスに関する附属書」がある。航空分野では、国内線の運航は自国航空会社にのみ許可され、国際線は国家間の取り決めにより相互的に市場開放されてきた経緯がある。このため附属書は、航空サービスに対するGATSの不適用（航空機の修理保守や予約、販売マーケティングといった補助的サービスを除く）を定める。

なお、海運サービス（外航海運など）については、自由化交渉が継続されることとなったため、最恵国待遇義務が適用されない（海上運送サービスの交渉に関する附属書にその旨記載）。ドーハ・ラウンドではこの分野の自由化交渉も行われている。内航海運は自由化の対象外とすることで加盟国間に事実上の合意がある[10)]。

9）追加的義務の例は次の通り。市場アクセスについては海上運送保険、宇宙保険などの越境取引を許可する義務、金融サービスの拠点設置と拡張の権利を付与する義務など、内国民待遇については、自国内で他加盟国のサービス提供者に公的機関が運用する支払・清算制度等の利用を許可する義務、要望に応じて自国の自主規制団体への参加確保義務など。なお、追加的義務に課される制限と条件にスタンドスティル義務（後掲3.（2）③参照）がある。

また、第4モードでは、自然人によるサービス提供が認められるが、これは単純労働者の移動を意味しない。GATSの関連附属書は、加盟国の「雇用市場へのアクセスを求める自然人に影響を及ぼす措置」はGATSの適用対象外であると明示する（「この協定に基づきサービスを提供する自然人の移動に関する附属書」）。

3. 地域貿易協定（RTA）のサービス貿易関連ルールの傾向

サービス貿易の一層の拡大を目指してWTO内外で交渉が行われる一方、サービス貿易分野を対象に含むRTAも増加傾向にある。本節では、サービス貿易を対象とするRTAを横断的に分析した有力な先行研究（Latrille (2016)）（分析対象：2014年末までにWTOに通報済のRTA258件）に基づいて、RTAのサービス貿易のルールの傾向を概観する。本研究によれば、サービス貿易分野を含むRTAは、WTOに通報されたRTAの約半数に達する（122件）。これらのRTAには先進国と途上国、途上国間で締結されるRTAも含まれており、RTAを通じたサービス貿易自由化は、先進国にとどまらず途上国にも広がっているといえる。

なお、本先行研究は上記122件のRTAの主要なルールをGATSと比較して分析しているが、各国の約束表、政府調達、分野別規律の詳細な分析、WTOであまり議論されない競争関連のルール（独占及び排他的サービス供給者（GATS8条）、商慣習（同9条））は分析対象外である。

（1） タイプ（型）別の傾向：自由化約束方法とモード

RTAが有するサービス貿易のルールは**図表3**が示すように、大きくGATS型、NAFTA型、その他型に分けることができ、そのように捉えると全体像を把握しやすい。ただし、RTAによっては投資とサービス貿易分野でGATS型、NAFTA型双方の傾向がみられることもあり、これらのタイプ分けは相対的なものである。各タイプの主な特徴は**図表3**の通りである。

図表3が示すように、サービス貿易に関するRTAは、ポジリスト、ネガリストのいずれの約束方法を採用するかなど、タイプによって構造に違いがみら

10）宮家（1996）p. 251.

図表3　サービス貿易を含むRTAのタイプとタイプ別の主な特徴

<table>
<tr><th>タイプ</th><th colspan="4">主な特徴</th></tr>
<tr><td>GATS型
約4割
（48／122件）</td><td colspan="4">GATS類似の構造／ASEANを中心に、アジア太平洋地域に多い
・ポジリストが多い（44/48件）
・四つのモード</td></tr>
<tr><td rowspan="2">NAFTA型
5割弱
（58／122件）</td><td colspan="2" rowspan="2">GATSと異なる構造及び規定／米州地域に多い
・ネガリスト及び1+3モードが多い（54/58件）
・越境サービス（GATSの第1、2、4モードに相当）と製造業及びサービス産業の投資（同第3モードに相当）を分離し、各々を対象とする個別の章がある（1+3モード）
・内国民待遇規定「同様の状況下」での内外の待遇差（GATSの「同種のサービスとサービス提供者」を用いない）
・スタンドスティル／ラチェット義務
・強化された透明性義務</td><td>NAFTA
原型
（20件）</td><td>市場アクセス規定が努力義務</td></tr>
<tr><td>NAFTA
発展型
（38件）</td><td>市場アクセス規定が義務的</td></tr>
<tr><td rowspan="2">その他型
1割
（16／122件）</td><td>EU型
（7件）</td><td colspan="3">ローマ条約類似の構造という独特の特徴
・政治的、経済的に深い統合が目的
・モードがなく、代わりにサービス提供の自由や開業（establishment）の自由といった概念がある
・統合、調和を志向した国内規制関連の規定
・雇用や社会保障などを含む自然人の移動に関する規定など</td></tr>
<tr><td>それ以外
（9件）</td><td colspan="3">GATS型、NAFTA型両方の特徴</td></tr>
</table>

（出所）Latrille（2016）より筆者作成。

れ、特に大半を占めるGATS型とNAFTA型では投資ルールを定める章（以下、投資章）の位置づけが異なる。また、約束方法とモードとの間には関連性がみられ、ポジリストではGATSのように四つのモードが規定される一方、ネガリストでは投資章とサービス貿易章とを分け、実質的に投資章が第3モード、サービス貿易章が第1、2、4モードを対象とする（本章でこれを1+3モードと呼ぶ）。その他型にはEU型が含まれ、EU型は独特の構造を有している。どのタイプを採用するかについては、GATS型はアジア地域で支配的で、先進国と途上国間及び途上国間のRTAに多く、NAFTA型は米州大陸に広がっているなど地域や経済発展段階で異なる傾向がみられる。なお、ネガリストとポジリストの両方を組み合わせるという新しい傾向もみられる。ネガリストを採用するNAFTA型の方が多いことに加え、この傾向も併せて考えると、RTAではネガリストの採用がすすんでいるといえる。

投資章とサービス章を分離するNAFTA型では、投資章に無差別の数量的措置を義務的に規律するルールがないことから、サービス貿易章でこれらのルールを投資家または投資財産によるサービス提供に影響する措置にも適用する旨定めることが多い[11)]。このため、サービス投資については投資章とサービス貿易章の関連ルールが重複して適用されるが、抵触する場合にはいずれかの章を優先するなどの調整規定も併せて定める場合が多い。GATS型とその他型には投資章がない場合も多く重複の問題は生じないが、投資章がある場合には両章は分離される。EU型では、開業の自由を扱う章で第3モードと投資を共に扱うため、重複はない。重複の問題については、GATS型とその他型のRTA（計20件程度）で、両章の関係が明示されない場合に加えて、RTA締約国間で別途締結される二国間投資条約（Bilateral Investment Treaty: BIT）との関係が整理されない場合がある。こうした場合には両者の関係は不明確となり、ルールの適用の面で法的不確定性もある。

（2）　主要なサービス貿易関連ルールの傾向

図表4は、GATSとRTAの主なサービス貿易関連ルールを比較しながら、RTAにおけるルールの傾向をみたものである。

①　適用範囲ほか　　適用範囲については、GATSと同様に政府の権限行使として提供されるサービスを対象外とするRTAは多いものの、GATSと異なる定義をおく例も多い。例えば、対象外とするサービスをリスト化したり、GATSの定義とそうしたリストとを併用したりする場合がある（分野別の除外などは後掲**3.（2）⑤**参照）（GATSで継続交渉となっているサービスに関する補助金やセーフガードなどについては**図表4**「措置」参照）。

11）　このような定め方はNAFTA発展型に典型的であるといわれる。その趣旨は、NAFTAに無差別の数量措置（つまりサービス貿易ルールの市場アクセス）を義務的に規律するルールがないことに対応しようとするものである（Latrille (2016) p. 435）。

② **最恵国待遇**　RTAでは一般に域内の経済的な統合が進むことから、域外国と行うサービス貿易の新たな自由化を域内に均てんする最恵国待遇義務が域内で適用されることが想定される。しかし実態は必ずしもそうではなく、EU型を除いて最恵国待遇義務が規定されない場合があるだけでなく、規定されてもGATSより緩やかである[12)]。具体的には、**図表4**が示すように、最恵国待遇義務は、122件中2割強のRTAが規定しない。NAFTA型のRTAでは、ほとんどの場合に締約国は不適合措置を設定して義務を免除できる。GATS型のRTAは最恵国待遇を努力義務にとどめるほか、過去に締結した協定を除外するなど、様々に限定する場合が多い。例外的に、EU型のRTAは制限や除外の少ない最恵国待遇義務を規定する。

③ **市場アクセスと内国民待遇**　GATSの市場アクセスの規定は、サービスの数量制限措置などを規律対象とする。RTAでも同様であるが、**図表4**が示すように、RTAのタイプによってそのための方法などが異なり、また、EU型では市場アクセスは規定されず、他の規律方法による。なお、GATSが規律対象とする外資制限は、RTAで投資章がある場合にはその章の対象となる。

内国民待遇義務については、NAFTA型のRTAにおいて、GATS及びGATS型のRTAのように自国と他締約国との「同種のサービスとサービス提供者」の間で競争条件の平等性を求めるのではなく、「同様の状況」下で自国のサービス提供者に比べて不利な待遇を与えないとの表現が用いられる。「同様の状況」の内容は必ずしも明確でないが、CPTPPではその内容の明確化がはかられている（後掲**4.**（3）①参照）。

なお、市場アクセスや内国民待遇義務などの関連で、自由化に関するスタンドスティルとラチェットと呼ばれる義務がある。スタンドスティルは、約束時点で存在する除外措置またはルールに適合しない措置（不適合措置）をリスト化し、その水準を維持する義務（協定発効時の自由化レベルを下回らない範囲で改正は可能）、ラチェットは措置の改正時にルールとの整合性のレベルを下げないことを義務づけて、不適合措置の将来の自由化までを固定する義務（ラチェットは、一方向にのみ閉まる歯止め装置の意）をさす。ラチェット義務があると自由化水準

---

12)　Latrille (2016) pp. 458-459.

を下げることができないので、徐々に自由化の方向へ進み得る。いずれもNAFTA 型の RTA で規定されることが多い。

④　**その他**　国内規制、透明性（サービス貿易の自由化に関わる国内の規制の実態を把握する観点から重要である）、資格等の承認、協定の利益の享受（RTA 関連）、第 4 モード、途上国に関連する規定の傾向については、**図表 4** が示す通りである。

⑤　**分野別規律**　GATS で附属書などにより特別のルールがある金融と通信の両分野については、RTA でも特別のルールが規定されることが多い。**図表 4** に示すように、EU の締結する RTA を除いて、タイプ横断的に 5 割超の RTA が規定する。

航空サービスについては、GATS が一部の補助的サービス以外を除外するのと同様に RTA も除外することが多い。ただし、補助的サービスについては、NAFTA が航空広告や航空写真など輸送以外の目的で航空機を用いるサービスを含む独自の分類を有しており、それが RTA にも広がっている。内航海運も多くの RTA が事実上の適用除外とする。

映像及び音響サービスについては、EU が主に文化保護政策の観点から自由化しない傾向があり、EU の RTA でも除外または自由化約束されない例がある。

以上のほか、RTA では、他分野の分野別ルールが規定される場合がある。具体的には、速配・郵便・クーリエ、コンピュータ、陸上輸送・海上輸送・航空輸送である。特に速配・郵便・クーリエサービスは、WTO の交渉で米国と EU が一層の自由化と特別のルールを求めて共同提案を出した経緯があり、RTA を通じて両者の考え方を「輸出」しているといえる。なお、クーリエサービスは、後述する CPTPP の急送便サービスと同じ趣旨である。

4. CPTPP のサービス貿易に関するルール

CPTPP のサービス貿易に関するルールは複数の章で規定される。具体的には、10 章（国境を超えるサービス貿易）を中心に、11 章（金融サービス）、12 章（ビジネス関係者の一時的入国）、13 章（電気通信サービス）である。10 章は GATS でいう第 1、2、4 モードを対象とし、第 3 モード（サービスの直接投資に相当）は 9 章

図表4　GATSとRTAの主なサービス貿易関連ルールの比較
（RTA数122件：GATS型48件、NAFTA型58件、その他型16件（内EU型7件））

<table>
<tr><th></th><th>GATSの規定</th><th colspan="3">RTAにおける傾向</th></tr>
<tr><td rowspan="3">最恵国待遇</td><td rowspan="3">最恵国待遇義務を規定（同2条）
（注）ただし免除登録、経済統合、承認可能（同2、5、7条）
（注）「同種のサービス及びサービス提供者」との表現を使用</td><td colspan="3">・2割強のRTAが規定しない（GATS型、その他型の各4割程度に相当し、アジア諸国を締約国に含む場合が多い）
・8割弱のRTAが規定</td></tr>
<tr><td>GATS型</td><td>NAFTA型</td><td>EU型</td></tr>
<tr><td>努力義務や様々な制限を課す</td><td>不適合措置の設定可能</td><td>不適合措置や制限ない</td></tr>
<tr><td rowspan="2">市場アクセス</td><td rowspan="2">特定約束分野の市場アクセス義務を規定
（注）6種の措置（数量的制限、特定の法人形態の制限、外資制限）を禁止（同16条）</td><td>GATS型</td><td>NAFTA型</td><td>EU型</td></tr>
<tr><td>GATSを概ね盛り込み</td><td>・サービス貿易と投資章の分離、投資章にも規律が及ぶ工夫あり
・NAFTA原型では努力義務のみ
・NAFTA発展型で義務あり</td><td>市場アクセス規定が存在しない。代わりに以下で確保
－二次法[13]
－競争政策
－EU裁判所判例</td></tr>
<tr><td rowspan="2">内国民待遇</td><td rowspan="2">特定約束分野で約束表に従った内国民待遇義務を規定（同17条）
（注）「同種のサービス及びサービス提供者」との表現を使用</td><td>GATS型</td><td>NAFTA型</td><td>EU型</td></tr>
<tr><td>・GATSを概ね盛り込み
・特定措置の履行要求を規律しないことが多いが、内国民待遇に関す</td><td>・「同様の状況」下で自国のサービス提供者に比べて不利な待遇を与えないとの表現を使用</td><td>・国籍による制限の禁止も内国民待遇義務に含む</td></tr>
</table>

13）　二次法は、EUにおいて基本条約を根拠に制定される規則（Regulation）、指令（Directive）などの法令をさす。

		る自由化約束で条件を付す場合がある	・特定措置の履行要求の禁止を規定（NAFTA発展型に典型的）	
スタンドスティル／ラチェット義務	規定しない	・NAFTA型で多く採用される ・スタンドスティル義務はGATS型、その他型のRTAにも広がっている ・ラチェット義務は主にNAFTA型のRTAにみられ、GATS型やその他の型で含まれる場合には努力規定が多い		
国内規制	サービスの質的規制を規律、ただし、規制上の要件は交渉中（同6条） （注）特定約束が免許要件等を通じて無効化または侵害されないように、これら基準の適用条件を規定	・7.5割のRTA（93／112件）は、無効化または侵害規定を有さず（NAFTA型とEU型のRTAではほとんどなく、GATS型のRTAでも半数のみ）、GATSよりやや弱い ・半数（61/122件）のRTAが、GATSの交渉成果を組み込むことを規定		
透明性	透明性を確保する義務（同3条）など	・透明性に関する個別の章をもつRTAも多い（サービス貿易に関する透明性確保もカバーされ得る） ・連絡部局の設置[14]（3割） ・GATSの透明性を強化（2割）：半数が米国のRTA[15] （規定内容の例） －法律及び規制に関する照会への回答確保のため適切な仕組みの設立 －コメント考慮義務 －法律及び規制の公表と施行の間に合理的期間の設定 －政府刊行物のインターネット公開 －サービス貿易に関連する措置のリスト化		

14）　ただし、こうした連絡部局は実際にはあまり使われないともいわれる（Latrille (2016) p. 471）。
15）　もともと米国は透明性の強化に関心を有している。

<table>
<tr><td>資格承認</td><td>サービス提供者への免許等に関し、他国の免許等を承認できるが一定の条件あり（同7条）</td><td colspan="3">・GATSに比べて追加的な承認方法を規定するRTAはない[16]
・分野ごとの承認機関の間の交渉を附属書が規定するRTAは多い（NAFTA由来といわれる）[17]</td></tr>
<tr><td>協定の利益の享受（RTA関連）</td><td>RTA締約国法に基づいて設立された法人であって領域内で「実質的な業務」を行うとの条件（同5.6条）</td><td colspan="3">・8割のRTAは、GATSの条件（同5.6条）を利用
・途上国間のRTAでも同5.6条の条件の利用が多い
（注）GATS上、途上国間のRTAでは締約国の自然人が所有または支配する法人に限定される（同5.3.b条）</td></tr>
<tr><td>第4モード</td><td>サービスの提供形態の一つに規定（同1条ほか）</td><td colspan="3">・7割（91/122件）のRTAが個別の章、附属書によって特別のルールを規定
・EU型は、深い統合度合いを反映し、雇用へのアクセスや社会保障の調整、配偶者や扶養者の地位についても規定し、GATS型、NAFTA型のRTAよりも踏み込んだ内容を定める</td></tr>
<tr><td>措置</td><td>補助金、セーフガード、政府調達について継続交渉（同10、15条）</td><td colspan="3">・補助金：7割のRTAで適用対象外
・SG措置：あまり規定されず、推進派のASEAN諸国のRTAにSG措置の協議が若干みられる程度／GATSのSG交渉結果を組み込むRTAは1割（19/122件）／国際収支擁護のための制限を認めるRTAは複数存在</td></tr>
<tr><td>途上国</td><td>途上国の参加の増大（同4条）、技術支援（同25条）など</td><td colspan="3">・開発志向の規定はほぼ定められない</td></tr>
<tr><td rowspan="2">分野別規律</td><td rowspan="2">・金融と通信で附属書、「了解」により追加的な特別の規律あり</td><td>GATS型</td><td>NAFTA型</td><td>その他型</td></tr>
<tr><td>6割のRTAが規定</td><td>9割のRTAが規定</td><td>6割のRTAが規定</td></tr>
</table>

16）GATSは、承認について、措置の調和その他の方法、協定または取り決め、または自主的に行えると規定する（GATS7.1条）。

17）Latrille（2016）p. 474. しかしNAFTAでも交渉が進んでいない分野もあり、統合が深いEUをみても承認は容易に行われていない。地理的近接性がなく、経済発展段階の異なる国家間のRTAでこうした承認を行うことはさらに難しいと思われる。

	・航空サービスに関する附属書、海上運送サービスの交渉に関する附属書あり	・金融：55%（68／122件）のRTAにあり ・通信：52%（64／122件）のRTAにあり －ただし、EUの締結するRTAでは、EU法全体をさすアキ（Acqui）[18]と二次法が附属書が定める規律の役割を果たす ・その他の主な規律分野 －速配・郵便・クーリエ －コンピュータ －陸上輸送・海上輸送・航空輸送

（出所）Latrille（2016）より筆者作成。

（投資）が対象とする（本章でいうNAFTA型の1+3モード）。このほか14章（電子商取引）も関連する（電子商取引は本書12章参照）。

9章と10章は、ネガリストを採用し、原則として全てのサービスと投資分野が自由化対象である[19]。ただし、締約国は、その対象とならない措置（不適合措置）を附属書Iと附属書IIに掲載する。この結果、締約国のサービス及び投資分野の実際の規制や非自由化分野などが明らかとなり、透明性も向上した。また、日本企業にとっては、ベトナムやマレーシアの流通サービスや金融サービス分野の外資規制が緩和され、コンビニや銀行などがこれらの国々に進出しやすくなったとの評価がある[20]。

本節では、主に10章を概観し、分野別ルールについて若干の言及を行う。金融と通信は本章の補論で扱う。

（1）サービス貿易に関するルールの全体像（10章）

10章は全13条と三つの附属書で構成され、附属書のうち、10-A自由職業サービス、10-B急送便サービスが分野別のルールを規定する[21]。10章は

18）欧州委員会によれば、“Acqui”は、全EU加盟国を拘束する共通の権利と義務をさす。常に進化し、次のもので構成される：1）条約の内容、原則及び政治的目的、2）条約に基づいて採択された法律と裁判所の判例法、3）EUが採択した宣言と決議、4）共通外交・安全保障政策の下での文書（instruments）、5）EUが締結した協定とEUの活動の範囲内での加盟国間の協定。（https://ec.europa.eu/neighbourhood-enlargement/policy/glossary/terms/acquis_en）。

19）11章及び13章もネガリストを採用する。

20）内閣官房「市場アクセスの概要」。

GATSの主要なルールに加えて新しいルールも含み、GATSを概ね拡充する内容である。GATSとの比較では、主に次の諸点が注目される。

第一に、規律構造の相違である。10章はネガリストと1+3モードの採用、金融と通信の各サービス分野の独立した章を設けるなど、前節でいうNAFTA型に該当する。

第二に、10章はGATSにない新しい用語を定義すると共に、透明性と支払及び資金移転に関する締約国の義務を強化する。

第三に、10章は国内規制に関するルールを強化した部分がある（CPTPP10.8条、以下（　）内はCPTPPの条文）。具体的には、締約国がサービス提供に許可を要求する場合、許可申請を自国の権限当局が拒否する場合に可能な範囲で理由を通知することなどを確保するよう締約国に義務づけた。

第四に、10章は自由職業サービスと急送便サービスに関する附属書を設けた。このうち、急送便サービスの附属書の主要なルール二つ（内部相互補助の禁止、独占的地位を濫用しないことの確保）は、CPTPPで適用停止対象である。

（2）　定義・適用範囲

10章は、締約国が採用または維持する措置（以下、締約国の措置）で、他の締約国のサービス提供者による国境を越えるサービスの貿易に影響を及ぼすものに適用される。例えば、サービスの生産、流通、マーケティング、販売、納入に影響する措置や、サービスの購入や利用、支払に影響する措置などが例示されている。締約国の措置は、中央、地域、地方の政府または公的機関、またはこれらに委任された権限を行使する非政府機関の措置と定義される（10.1、10.2条）。

なお、10章の市場アクセス、国内規制、透明性に関する規定（10.5、10.8、10.11条）は、サービスの投資にも適用される（10.2.2.a条）[22]。ただし、10章（附属書も含む）は9章（投資）が定める投資家対国家の紛争処理手続の対象外である。このため、10章が定めるルールに締約国が違反したと主張して投資家

21）　附属書10-C（適合しない措置の適合性の水準の低下を防止する制度）は、主要な義務のベトナムへの適用に関する経過期間を設定する。

22）　サービスの投資は、厳密には「対象投資財産」による締約国内のサービスの提供。対象投資財産は本書9章3.（1）「投資家・投資財産の定義」参照。

図表5　10章の適用対象外となるサービス等（10. 2. 3、10. 2. 5、10. 2. 6条）

- 金融サービス（ただしCPTPP11章の対象となる）
- 政府調達
- 政府の権限行使として提供されるサービス
- 締約国が交付する補助金または贈与（公的に支援される借款、保証、保険を含む）
- 航空サービス（国内と国際を含み、定期か不定期を問わない）と航空サービスを支援する関連サービス（以下、補助的サービス。ただし、補助的サービスについては対象となるものがある[23]）。

（注）航空サービスについては、上記のほか航空業務協定の優先なども規定されている。
（出所）CPTPPより筆者作成。

が同手続上の申立を行うことはできない。

附属書10-B（急送便サービス）は、急送便サービスの投資を含め、急送便サービスの提供に影響を及ぼす締約国の措置に適用される（10. 2. 2. b条）。

10章の適用対象外となるサービスなどは**図表5**に示す通りである。また、10章は締約国の雇用市場へのアクセスや、他締約国の国民の雇用に関する権利義務を規定しないことが確認されている（10. 2. 4条）。

（3）　主要なルール

①　内国民待遇・最恵国待遇・市場アクセス　　10章は、内国民待遇、最恵国待遇、市場アクセスの各義務を規定しており、その考え方はGATSのルールと同じである。ただし、CPTPPがRTAでかつNAFTA型であることにより、次のようなGATSとの相違がある。

内国民待遇義務については、GATSと異なり、自国のサービスとサービス提供者に比べて他締約国のサービスとサービス提供者に「同様の状況」において不利な待遇が与えられているかどうかが問題となる。「同様の状況」における待遇かどうかは、この待遇が正当な公共福祉の目的に基づいてサービスまたはサービス提供者を区別するかどうかを含め、状況の全体による（10. 3条注）。

23）対象となる補助的サービスは次の通り。a）航空機がサービスを提供していない間にこの航空機に行われる修理と保守のサービス、b）航空運送サービスの販売とマーケティング、c）コンピュータ予約システムのサービス、d）専門的な航空サービス、e）空港運営サービス、f）地上取扱サービス（CPTPP10. 2. 5条）。a）～c）はGATSの航空運送サービスに関する附属書で定義されるが、d）～f）は新たに定義されている（同10. 1条）。

なお、締約国が保障しなければならないこの待遇は、地域政府に関しては、この締約国の地域政府が同様の状況において自国のサービス提供者に与える最も有利な待遇より不利でない待遇である。つまり自国内の他の地域政府が、より有利な待遇を自国のサービス提供者に与えていたとしても、それとの比較ではない（10.3条）[24)]。

最恵国待遇義務についても、GATSと異なり、「同様の状況」における待遇差が問題となり、その基準は内国民待遇と同じである。なお、GATSでは最恵国待遇の免除登録が可能であったが、10章では後述するように締約国は不適合措置を設定できるため、最恵国待遇義務が適用されない範囲はGATSより広くなり得る（10.4条）。

市場アクセスについては、投資章を分離するNAFTA型なので、前述の通り、GATSが規定する6種の措置（前掲**2.**(3)③(a)参照）のうち、外資制限に関わるものを除いた5種の措置の採用または維持が禁止される（外資制限措置は投資章の対象）（10.5条）。

以上のほか、10章は国境を超えるサービス提供を行う条件として、他締約国のサービス提供者に対して自国内に代表事務所などの拠点の設置や居住を要求してはならないことを締約国に義務づける（10.6条「現地における拠点」）。

以上のルール（内国民待遇、最恵国待遇、市場アクセス、現地における拠点）は、締約国が附属書IとIIに記載する措置には適用されない。

②　不適合措置と例外　10章は、スタンドスティルとラチェットの各義務を伴うネガリストを採用し、上述の通り、締約国が附属書IとIIに記載する措置に内国民待遇、最恵国待遇、市場アクセス、現地における拠点に関する義務は適用されない（10.7条）。

図表6が示すように、附属書Iは現行の不適合措置、附属書IIは将来の措置も含め包括的な不適合措置を対象とする[25)]。なお、附属書IとIIは、9章（投

---

24)　なお、9章（投資）の内国民待遇も同様の規定ぶりである（投資について本書9章参照）。

25)　附属書I（Annex I Cross-Border Trade in Services and Investment Non-Conforming Measures）とII（Annex II Cross-Border Trade in Services and Investment Non-Conforming Measures）は、それぞれ「附属書I　投資・サービスに関する留保（現在留保）」、「附属書II　投資・サービスに関する留保（包括的留保）」と和訳されている。共に「留保表」と呼ばれることもあるが、本書では附属書I、附属書IIの呼称で統一した。

図表6　9章と10章の不適合措置

	中央政府	地域政府	地方政府
現行措置 「附属書I」 (9.12.1、10.7.1条)	附属書I記載措置に適用されない[26)] ラチェット（注1） ベトナムについてはスタンドスティル		附属書I記載有無にかかわらず全て適用されない ラチェット
包括的措置 「附属書II」 (9.12.2、10.7.2条)	附属書II記載分野または活動について採用または維持する措置に適用されない（注2）		

（注1）現行措置を改正する場合、改正措置と協定の義務との整合性の程度が改正直前に比べて低下しなければ引き続き適用対象外である。
（注2）日本の場合は、宇宙開発産業、武器・火薬産業、放送業などが記載されている。
（出所）CPTPPより筆者作成。

資）と共通であるので、9章の関連規定も**図表6**で併せて示す。

締約国は、現行措置について内国民待遇義務などの適用除外を維持でき、また、包括的措置については掲載分野と活動を全て適用除外にできるため、包括的な規制権限を保持できる。

このほか、GATSと同様に、10章には一般的例外や安全保障例外など(CPTPP29章が規定）も適用される（例外は本書2章**5**.「例外・免除ほか」参照）。

③　**国内規制**　10章は国内規制に関してGATSと同様のルールを規定しながら、締約国に新たな義務を課す一方で、一部の義務を緩和する。まず、一般的に適用されるすべての措置の合理的、客観的かつ公平な実施確保がGATSと同様に締約国の義務である。また、締約国の規制する権利と新たな規制を導入する権利を締約国が認めることを国内規制に関する規定で明示し(GATSでは前文)、資格要件等に関する措置がサービス貿易に対する不必要な障害とならないよう客観的かつ透明な基準などによることを確保する「努力」義務を課す。GATSでは、免許等に関する規律の交渉中これが加盟国の義務と

26)　地域政府について、連邦制をとるオーストラリア、カナダ、メキシコは州政府の措置を全て適用対象外とする。この点地域政府、つまり州政府がとる措置が自国に関連する投資に重大なる障害となると他締約国が考える場合の協議制度がある（9.12.3条、10.7.3条)。TPP協定では米国も同様に州政府の措置を適用対象外とした。

されるのに比べて、10章は努力義務へと緩和する。ただし、GATSの関連交渉や類似の交渉が妥結し、発効した場合には、それをこの協定でも効力を生ずるものとするため締約国は共同で検討する（10.8条）。

一方、10章は、許可手数料や申請処理に関する通知、時間的枠組みなどに関するルールを定め、サービス提供に許可を要求する場合に自国の権限当局による遵守を締約国が確保するよう求める。加えて、免許と資格要件に試験合格を含む場合、合理的な期間ごとの実施と合理的な出願期間の確保義務とを定める（10.8.4～10.8.6条）。これらの義務は、GATSの義務に追加的なものである。

なお、国内規制のルールは、附属書Ⅰの記載事項を理由に内国民待遇（10.3条）または市場アクセス（10.5条）の義務が適用されない措置の不適合な点に対して、また、附属書Ⅱの記載事項を理由に両義務の対象とならない措置に対して適用されない。

④　その他

(a)　**承認**　承認に関する規定はGATSと同じ趣旨である（10.9条）。ただし、同規定は、承認があったとしても、それをその他の締約国との間で承認することを最恵国待遇の規定（10.4条）が求めるものではない旨定め、GATSよりも最恵国待遇義務との関係を明確化している。

(b)　**利益の否認**　利益の否認に関する基本的な考え方はGATSと同じである。締約国は、他締約国のサービス提供者が、非締約国の者（自然人または企業（1.3条））に所有または支配されている企業で、当該締約国が非締約国かその者に関して当該企業と取引を禁じる措置、または、この章の利益がその企業に与えられると違反か迂回となる措置を採用または維持している場合、10章の利益を否認できる。

また、締約国は、他締約国のサービス提供者が、非締約国の者または当該締約国の者に所有または支配される企業で、当該締約国以外の締約国で実質的な事業活動を行っていない場合には、この他の締約国のサービス提供者に10章の利益を否認できる（10.10条）。

(c)　**透明性**　10章は規制の透明性に関して締約国の義務を強化する。GATSのように、公表、通報、情報提供、照会所の設置にとどまらず、10章の対象事項に関する規制について、照会に回答する仕組みの設置と維持、意見提出機会を確保しない場合に可能な範囲で理由を提供し、または通知する義務、最終的な規制の公表と施行との間に可能な限り合理的期間を確保する義務を課す（10.11条）。

(d)　支払及び資金移転　支払及び資金移転に関する締約国の義務についてもGATSに比べて強化し、単に移転の制限を禁じるのではなく、締約国には、資金移転等が自由にかつ遅滞なく、自由利用可能通貨（freely usable currency）で、移転時の為替相場で行われることを認める義務がある。ただし、締約国は破産手続などの場合に、自国法令の衡平、無差別、誠実な適用を条件として、移転を制限し、また遅らせることができる（この点は、9章（投資）と同じである）（10.12条）。

⑤　附属書

(a)　附属書10-A 自由職業サービス　附10-Aは、自由職業サービスの職業上の資格、免許や登録の承認を促進しようとする。一般規定と分野別（エンジニアリング・サービスと建築サービス、技術士の一時的な免許または登録、法律サービス）のルールを規定するが、自由職業の免許などを承認するため自国の関係団体との協議義務を締約国に課すほかは、承認のための協力活動などを奨励する内容が主で、締約国の義務は限定的である。

なお、附10-Aは、締約国で構成される自由職業サービス作業部会の設置を規定する[27)]。作業部会は締約国における同サービスの規制に関する情報提供などの支援活動を行うほか、免許などの承認に向けた作業状況や方向性についてCPTPP委員会（27.1条）に報告する（附10-A.11～15）。

(b)　附属書10-B 急送便サービス　附10-Bは、主に、他締約国の急送便サービス提供者と、郵便独占の対象とされた自国のサービス提供者との競争促進を目指す内容である。そこで附10-Bは、急送便サービスに関連する用語をこの附属書の適用のため定義すると共に、主として両者間の競争に関連するルールを規定する。

急送便サービスは、サービス提供中に追跡と管理を維持しながら、書類等の迅速な収集、運送及び配達を行うことをさし、航空運送サービス、政府の権限

---

27)　自由職業サービス作業部会の決定は、原則として、その決定を行った会合に参加した締約国についてのみ効力を有する（附10-A.15）。

行使として提供されるサービス、海上運送サービスを含まない。各締約国が対象外とするサービスも明示されており、日本の場合には信書の送達サービス（民間事業者による信書の送達に関する法律に定めるもの）が該当する（附 10-B. 1）。

郵便独占とは、自国の郵便事業者を特定の収集、運送と配達サービスの排他的な提供者とするために締約国が維持する措置をさす。各締約国は、価格などを含め客観的な基準に基づいて郵便独占の範囲を定める（附 10-B. 2、3）。

競争関連のルールについては、CPTPP 署名時の急送便サービスの市場開放水準を維持するため、この水準が他締約国に維持されていないと締約国が考える場合に同他締約国に対して協議を要請できるなどの手続がある。協議要請を受けた国は、十分な協議機会を与えると共に、可能な範囲で情報提供する義務がある。また、締約国は、他締約国の同サービス提供者に a）許可や免許の条件として、基本的な郵便のユニバーサル・サービスの提供を要求すること、b）他の配送サービス提供者に資金供給する目的で急送便サービス提供者にのみ手数料や課徴金を課すこと、を禁じられる。締約国には、急送便サービス提供者と規制当局の間に利害関係がないこと、また、当局による決定と手続の公平性、無差別性、透明性を確保する義務がある（附 10-B. 4、7、8）。

なお、郵便独占対象のサービス提供者から急送便サービスへの補助の禁止、同提供者による急送便サービスの提供に関して独占的地位の濫用の禁止を確保することも定められるが（附属書 10-B. 5、6）、これらは CPTPP で適用停止対象である。

（4）ビジネス関係者の一時的入国（12 章）

ビジネス関係者（物品の貿易、サービスの提供、投資活動のいずれかに従事する自然人などをさす）の一時的入国[28]や、滞在に関するルールは 12 章が規定する。GATS と同様に、12 章は「他締約国の雇用市場へのアクセスを求める自然人に影響を及ぼす措置」を対象外とし、加えて、「永続的な市民権、国籍、居住又は雇用に関する措置」も対象外とする。締約国は、一時的入国や滞在のための条件と制限を特定した自国の約束を附属書 12-A に記載する。締約国の申請手続に従い、かつ入国と滞在延長に必要な資格要件を満たす場合には、締約国

28）12 章の適用上、一時的入国は、永続的に居住することを意図しない締約国のビジネス関係者による他締約国の領域への入国をさす（12. 1 条）。

は附属書12-Aの範囲内で入国と滞在延長を認めなければならない。例えば、日本は、短期の商用の場合には90日を超えない滞在期間（更新可)、投資家については5年を超えない期間（更新可）などの条件を掲載する。このほか締約国は、入国関連の申請に関する速やかな決定、可否の通知、情報提供などの義務を負う。

締約国は、一時的な入国可否を28章の紛争処理手続に申し立てできないが、a）拒否事案に一定の類型がある場合、b）ビジネス関係者により行政上の救済措置が尽くされた場合、には申し立て可能である。また、12章は同章の実施や運用、締約国間の協力事項などの検討のため、締約国で構成されるビジネス関係者の一時的な入国に関する小委員会の設置を定める。

補論1　CPTPPの金融サービス関連ルール

CPTPPは11章で金融サービスの貿易と投資に関するルールを定める。同章の適用対象は、他締約国の金融機関[29)]、自国内の金融機関に投資する他締約国の投資家と投資財産、国境を超える金融サービス（以下、越境金融サービス）の貿易、に関して締約国が採用または維持する措置である（競争下にない公的年金計画や社会保障を構成する活動またはサービスに関する締約国の措置、金融サービスの政府調達、越境金融サービスの提供に関する補助金または贈与などを除く)。このため、9章（投資)、10章（サービス貿易）の規定の一部を組み込み[30)]、その9章の規定は9章B節の投資家対国家の紛争処理（ISDS）手続の対象である（ただし、CPTPP9. 6条（待遇に関する最低基準）はCPTPPでISDSの適用対象外である（適用停止規定))。

11章は、9章及び10章と同様に、主要なルールとその適用対象外となる不適合措置、特定約束（ポートフォリオの運用、情報の移転、郵便保険事業体による保険の提供、電子支払カードサービス）に関する締約国の義務に加えて、金融サービス特有の信用秩序の維持のための措置など幅広い例外も規定する。なお、一般的例外は11章に適用されない（同29. 1条)。また、11章は紛争処理手続

29)　金融機関は、締約国内に所在する金融仲介機関その他の企業で、当該締約国法で金融機関として業務を行うことを認められ、及び金融機関として規制または監督されるものをさす（11. 1条)。
30)　組み込まれる規定は9章について9. 6～9. 9、9. 14～9. 16条（9. 16条以外B節（ISDS）も組み込み、ただし、本文中に記述の通り9. 6条は適用停止によりISDS対象外)、10章について10. 10条、越境金融サービス貿易が11. 6条に基づく義務の対象となる限り10. 12条が組み込まれる。

面でも、28章の紛争処理手続とISDSに関して特別のルールを定める。

11章はGATSの金融サービス貿易に関するルールを発展させ、また9章と10章に類似のルールも含む。これらに加えて、11章で特に注目すべき主なルールは以下の通りである（以下、（　）内はCPTPPの条文）。

1. 金融機関の市場アクセス確保

金融機関については、サービス貿易と同じように、市場アクセスの確保義務を規定し、締約国は、他締約国の金融機関または金融機関を設立しようとする他締約国の投資家に対して、上述した5種類の市場アクセス措置をとってはならない（11.5条）（5種類の措置は前掲**4.**（3）①参照）。

2. 越境金融サービス貿易の提供を許可する義務

締約国は、他締約国の越境金融サービス（第1、2、4モード相当）提供者に、内国民待遇を確保しつつ附属書記載の金融サービス（附属書11-A）の提供を許可する義務、自国民や自国内にいる者（自然人または企業）に対して、他締約国の越境金融サービス提供者から金融サービスの購入を許可する義務がある。

なお、締約国は他締約国の越境金融サービス提供者と金融商品に登録または認可を要求できる（11.6条）。

以上の1と2の義務は不適合措置（現行措置について附属書III-A、包括的措置について附属書III-B）に適用されない（このほか、11章が定める内国民待遇と最恵国待遇の各義務、経営幹部及び取締役会に関する規定も同様に適用されない）。

3. 例外

締約国は、CPTPPの約束または義務を回避する手段として用いないという条件で、信用秩序の維持[31)]のための措置をとることを妨げられない（物品貿易関連の章（2〜8章）は例外対象として除く）。

また、サービス貿易と投資に関連する一部の章（9、10、11、13、14章）は、

31）　締約国は、「信用秩序の維持」には、個々の金融機関または越境金融サービスを提供するサービス提供者の安全性、健全性、または財務上の責任の維持、支払及び清算の制度の安全性、財務上及び営業上の健全性の維持を含むことを了解する（11.11条注1）。なお、締約国は、11章対象措置の適用にあたり、他締約国または非締約国による信用秩序の維持のための措置を調和（harmonization）や締約国間の協定などに基づいて承認できる（11.12条）。

一般的に適用される無差別の措置であって、公的機関がとる金融、信用、為替の各政策遂行のためのものに適用されない。

資金移転等を保障する規定（9.9条、10.12条）については、締約国は、健全性等に関する衡平、無差別、誠実に適用される措置を通じて、金融機関または越境金融サービス提供者からこれらの提携会社または関係者への資金移転等を制限または停止することができる。

また、締約国は、詐欺的行為の防止措置など11章に反しない法令遵守の確保のために必要な措置をとることを11章により妨げられない。ただし、同様の条件下にある締約国間または締約国と非締約国間で恣意的または不当な差別の手段となるような方法で、または、金融機関への投資または越境金融サービス貿易に対する偽装した制限となるような方法で適用しないこと、が条件である。

4. 特定の約束

附属書11-B（特定の約束）は、下記（1）～（4）についての各締約国の特定の約束と共に、新たな金融規制を策定する際に透明性を考慮し得ることを定める（附属書11-B-E節「透明性の考慮」）（11.8条）。

（1）　ポートフォリオの運用（附属書11-B-A節）

締約国は、他の締約国で設立された金融機関が、自国内にある集団投資スキームに対して、投資助言とポートフォリオの運用サービスを提供することを許可する義務を負う。集団投資スキームは各国が定義し、日本の場合は金融商品取引法に基づいて投資運用業務に従事する金融商品取引業者である。

（2）　情報の移転（附属書11-B-B節）

締約国は、他の締約国の金融機関に対して、通常業務上で必要なデータ処理がある場合に、自国外への情報移転を許可する義務を負う。ただし、締約国には、個人情報やプライバシー情報保護のための措置、または、信用秩序維持の考慮に基づいて情報受領先企業を特定するための当局による事前許可を要求する措置を採用し、維持する権利がある。この権利は、附属書11-B-B節の約束または義務の回避手段として用いられてはならない。

（3）　郵便保険事業体による保険の提供（附属書11-B-C節）

郵便保険事業体（以下、事業体）とは、一般の人々に保険の引受と販売を行う事業体で、締約国の郵便事業体が直接または間接に所有または支配しているものをさす。事業体による保険の提供には、主にアジア諸国で展開されている郵便局による簡易保険が該当すると考えられる。一般に、簡易保険は郵便局の巨大なネットワークを販売網として享受できるほか、政府からの補助金も得る場合があるなど、強い競争力をもつ[32)]。11章は、民間の保険会社と事業体との競争を確保する観点から、締約国が事業体に保険サービスの引受と提供を認める場合に、免許や流通経路などの競争条件について事業体を有利にする措置の採用または維持の禁止、事業体の財務報告の改善などを通じて事業体の優位性を排する強い規律を定める。

また、紛争処理に関する特別のルールを規定する。具体的には、締約国が約束違反の措置を維持していることを28章紛争処理手続のパネルが認める場合には、この締約国は一定の保険商品の開発許可や販売可能な保険価額の上限引上げの前に、申立国に通報し、協議機会を与えなければならない。

（4） 電子支払カードサービス（附属書11-B-D節）

締約国は、他締約国の者（自然人または企業）が当該他締約国からクレジットカードなどによって金融取引を処理する電子支払サービス（CPC分類（第2版）71593に該当し、金融取引の処理のみ含むもの）を提供することを許可する義務を負う。支払カードは各国が定義し、日本については国内法で定義されるクレジットカードなどがあげられている。締約国は許可にあたり、関連当局への登録や許可、自国内に営業所などを維持するなどの条件を付すことができるほか、個人情報保護などの公共政策目的の措置をとることができるが、この義務を回避する手段としてその条件や措置を用いないことが求められる。

5. その他のルール

1～4のほか、11章は、新たな金融サービス（ある締約国内で提供されていないが、他締約国内で提供されている金融サービス）の許可（11.7条）、特定情報の取扱い（11.8条）、他締約国または非締約国内の信用秩序維持のための措置の承認（11.12条）、透明性及び特定の措置の実施（11.13条）、自主規制団体（11.14条）、支払及び清算の制度（11.15条）、保険サービスの迅速な利用可能性（11.16条）、管理部門の機能の遂行（11.17条）についてルールを規定する。

6. 協議及び紛争処理手続など

11章の実施の監視などのため、締約国で構成される金融サービスに関する

32) 米国は、長年他国の保険市場へのアクセスを模索し、日本にも市場開放を要望してきた経緯がある。

小委員会（以下、小委員会）が設置される。小委員会はまた、下記の通り、金融サービスの投資紛争に関わる（11. 19条）。

締約国は、金融サービスに影響を及ぼす措置について他締約国に書面で協議要請でき、その協議には関連当局[33)]が参加する。協議結果は小委員会に報告される（11. 20条）。

28章の紛争処理手続は修正して11章に適用される。修正されるのは、主に、一定の場合[34)]にパネリストに金融サービスに関する法令や実務の専門知識または経験を持つ専門家の関与を必要とする点、11. 11条の信用秩序維持のための措置などの例外を抗弁として援用する場合に、その妥当性と妥当性の程度を判断するパネル手続（11. 22. 2. c条に基づくもの）を協議（28. 5条）を経ずに可能とする点である（11. 21条）。

11章は、9章B節のISDSに関しても特別ルールを定める[35)]。特に、被申立国は、11. 11条の信用秩序維持のための措置などの例外を抗弁として援用する場合に、その妥当性と妥当性の程度に関して、被申立国と申立人の締約国それぞれの当局が共同決定をするよう要請しなければならない。共同決定は、紛争当事者、小委員会、仲裁廷（設置される場合）に速やかに伝達される。共同決定は仲裁廷を拘束する（11. 22条）。このルールによって、投資家が投資受入国を申し立てる場合に、投資家の母国の支持が前提とされることとなり、金融サービスに関するISDSの利用は他のサービス分野に比べて制約されることになる。なお、共同決定がなされない場合には、28章に基づくパネル、パネル設置要請が行われない場合には請求（9. 19条に基づく）が付託された仲裁廷が決定する。パネル報告も同様に仲裁廷を拘束する（11. 22条）。

補論2　CPTPPの電気通信サービス関連ルール

CPTPPは13章で電気通信サービスに関するルールを定める。同サービスはWTO体制下ではGATSに加えて、主に電気通信に関する附属書と参照文書によって規律されてきた。13章は、この附属書と参照文書のルールのほぼ全ての要素を含み、それを発展させると共に新しいルールも含む。13章は、

33)　金融サービスに責任を負う当局として附属書11-Dに記載。

34)　紛争当事者が合意する場合は全パネリスト、及び、被申立国が11. 11条（例外）を援用する場合のパネル議長（当事国が別途合意する場合を除く）（11. 21. 2条）。

35)　このため、9章（投資）が定義する用語の一部（被申立人など）が必要な変更を加えた上で組み込まれるが、本補論では、簡素化のため被申立国などの用語を用いている。

①公衆電気通信サービスへのアクセス及びその利用に関する措置、②同サービス提供者についての義務に関する措置、③その他電気通信サービスに関する措置、に適用される（ただし、限定的な規定を除いて、ラジオ番組またはテレビ番組の無線または有線放送に関する措置には適用されない）。

WTOのルールと比べて13章で注目される主な点は次の通りである（以下（　）内は全てCPTPPの条文）。

第一に、13章は、WTOのルールや既存のRTAにあまりみられない新たなルールを規定する。まず、携帯電話などの商業用移動端末サービスの提供者も、後述する公衆電気通信サービスへのアクセス及びその利用に関するルールの対象となる。次に、国際移動端末のローミング[36)]について、透明かつ合理的な料金を促進するため締約国間で協力する努力義務や、インターネット電話などの代替手段に対する障害を最小限にする措置を締約国がとれることなどを定める（13.6条）。

第二に、主要なサービス提供者に関するルールを強化した（後掲**補論2の3.**）。主要なサービス提供者とは、不可欠な設備[37)]の管理、または公衆電気通信サービスの関連市場における自己の地位の利用の結果、価格及び供給といった関連市場の参加条件に実質的な（materially）影響を及ぼし得る能力をもつサービス提供者をさす（13.1条）。

第三に、商業用移動端末サービスを公衆電気通信サービスとして定義するほか、「原価に照らして定められる（cost-oriented）」という用語を、柔軟性を認めつつ「原価に基づくこと（based on cost）」と定義するなど、本分野の主要な概念及び「国際移動端末ローミング・サービス」などの新たな用語を定義した（同）。公衆電気通信サービスは、締約国が公衆一般への提供を明示的にまたは事実上要求している電気通信サービスをいう（同）。

以上のほか、13章が定める主なルールは以下の通りである。

1. 公衆電気通信サービスのアクセスと利用

締約国は、他締約国の企業[38)]に対して、合理的かつ無差別の条件で、自国内

36）一般に、国内で使用している端末と電話番号のままで海外の通信インフラの利用を可能とするサービスで、料金が高止まりしているといわれる（内閣官房「メリット」）。

37）不可欠設備は、a）単一または限定数のサービス提供者によって専らまたは主として提供され、b）サービス提供のため、代替が経済的または技術的に実行可能でない、との要件を満たす公衆電気通信ネットワークまたは公衆電気通信サービスに係る設備をさす（13.1条）。

または自国の国境を越えて提供される公衆電気通信サービス（専用回線[39]を含む）へのアクセスと利用を確保するなどの義務がある（13.4条）。

2. 公衆電気通信サービス提供者に関する義務

締約国は、自国内の公衆電気通信サービス提供者が他締約国の同サービス提供者に自国内で直接または間接に相互接続[40]を提供すると共に、質と信頼性を損うことなく、適時に合理的かつ差別的でない条件で番号ポータビリティを提供すること、自国内で設立された他締約国の公衆電気通信サービス提供者が無差別ベースで電話番号の使用が認められることを確保するなどの義務がある（13.5条）。番号ポータビリティは13章で厳密に定義されるものの、端的には消費者が通信会社を変更しても同じ電話番号を継続して利用できることを意味する。

3. 主要なサービス提供者に関する規律

締約国は、主要なサービス提供者について様々な義務を負う。まず、自国内の主要なサービス提供者が、同種の公衆電気通信サービスの利用可能性、提供、料金、品質などに関して、子会社または提携・非提携先のサービス提供者に与える待遇より不利でない待遇を、同様の状況において、他締約国の公衆電気通信サービス提供者に与えるよう確保する義務がある（13.7条）。その他の義務は**図表1**に示す通りである。

4. 電気通信サービスの規制機関に関するルール

締約国は、自国の電気通信規制機関の独立性確保と共に、同機関が行う13章関連の規制についての決定と手続が、全ての市場参加者に公平であることを確保するなどの義務を負う（13.16条）。また、締約国は、権限ある当局に13章の一定の義務に関連する措置（効果的な制裁を科す能力を含む）の執行権限を

38）　企業は、営利目的かどうかを問わず、また民間または政府のいずれかが所有または支配しているかを問わず、関係法令に基づいて設立または組織される事業体（1.3条）というCPTPPの企業の定義に加えて、企業の支店をさす（13.1条）。

39）　専用回線は、2以上の指定地点間の電気通信設備で、ある利用者の利用のために割り当てられ、かつ固定電気通信サービス提供者によって提供されるものをさす（13.1条）。

40）　相互接続は、公衆電気通信サービス提供者との接続で、利用者が他のサービス提供者の利用者と通信し、またその提供者のサービスにアクセスすることを可能にするものをさす（13.1条）。13章において、細分化されたネットワーク構成要素へのアクセスを含まない（13.5条注）。

図表1　主要なサービス提供者に関して締約国が負う義務（13.8～13.15条）

・同提供者による反競争的行為[41)]の実施や継続を防止するための適切な措置の維持（競争条件確保のためのセーフガードと呼ばれる）（13.8条）
・同提供者の公衆電気通信サービスの再販売[42)]時における合理的価格の提供、不合理または差別的条件や制限を課さないことの確保（13.9条）
・同提供者に対し、合理的、無差別、透明な条件及び原価に照らして定められる料金でアンバンドル[43)]されたネットワークへのアクセス提供を要求する権限を規制機関等に与えること（13.10条）
・同提供者による無差別の条件と料金などに基づく相互接続の提供（13.11条）、専用回線（公衆電気通信サービスであるもの）のサービス提供（13.12条）、物理的コロケーション[44)]の提供（13.13条）、線路敷設権（rights-of-way）などへのアクセス提供（13.14条）、の確保
・国際的な海底ケーブルの陸揚局（ランディングステーション）を管理する同提供者が、13.11～13.13条に従って同局へのアクセスを提供することの確保（13.15条）

（出所）CPTPPより筆者作成。

与えなければならない（13.20条）。

5. その他のルール

以上のほか、13章はユニバーサル・サービス義務の内容を定める締約国の権利とその関連ルール、公衆電気通信サービス提供にあたり免許取得を求める

41) 反競争的な内部相互補助、競争者から得た情報の反競争的な結果をもたらすような利用、不可欠設備に関する技術上及び商業上の情報で、公衆電気通信サービス提供者がサービス提供に必要なものを適時に利用可能としないこと、が例示されている（13.8条）。

42) 再販売は、電気通信事業者から借りた回線を使って、付加価値を加えた上で顧客に公衆電気通信サービスを販売する事業形態などをさし（内閣官房「メリット」)、**図表1**に示すほか、13章は再販売を禁止してはならないと定める（13.9条）。

43) ネットワークのアンバンドリング（細分化）は、ネットワーク構成要素（固定端末の公衆電気通信サービス提供に用いられる設備や機器（13.1条））を細分化することをさす。細分化により、一括提供であった商品やサービスを細かく分けられるため、必要な部分だけを他の事業者が購入して通信サービスを提供することが可能となる。

44) 物理的コロケーションとは、主要なサービス提供者が所有または管理し、利用している施設において、公衆電気通信サービス提供のために設備の設置、維持、修理を目的としてスペースに物理的にアクセスし、管理すること、をさす（13.1条）。端的には、通信機器などを共同の場所に設置する趣旨である。

場合のルール、周波数、番号、線路敷設権などの希少な資源の分配と利用に関するルール、透明性の確保に関するルール、締約国による技術選択に関するルールを定める（13.17～13.19、13.22、13.23条）。

6. 不適合措置と例外

他のサービス分野と同様に、締約国は附属書I、IIに不適合措置を掲載する（前掲4.（3）②参照）。電気通信サービスの不適合措置の代表例は、外資の上限規制である。また、13章はCPTPPの一般的例外と安全保障例外の対象である。

なお、13章には、チリやベトナムなど国別に適用除外や経過期間を設ける規定があるほか、附属書でペルーの地方の電話サービス提供者に関する追加的規定がある[45]。

7. 紛争処理など

13章は電気通信に関する紛争の解決について、行政上の手続、審査と上訴手続の確保（26.3、26.4条）に加えて、電気通信規制機関またはその他の機関に対して企業が申立を行う手段を確保することなどを締約国の義務とする（13.21条）。なお、同機関の決定の再検討を企業が申し立て、請求できるようにすることも締約国の義務であったが、この再検討はCPTPPで適用停止対象である（13.21条（d）タイトルと注を含む）。

なお、13章と他章の規定が抵触する場合には、その抵触の限りで13章が優先する（13.24条）。

また、13章は同章の運用と実施に関する検討と監視などのため、締約国で構成される電気通信小委員会の設置を規定する（13.26条）。

参考文献〈第8章〉

・宇山智哉「サービス貿易の自由化と国内規制」『貿易と関税』65（12）、2017年、pp. 2-14。
・外務省経済局サービス貿易室編『WTOサービス貿易一般協定：最近の動きと解説』（財）日本国際問題研究所、1997年。
・外務省経済局サービス貿易室編『WTOサービス貿易一般協定：最新の動向と各国の約束』（財）日本国際問題研究所、1998年。
・内閣官房TPP等政府対策本部「TPP協定の章ごとの内容：国境を越えるサービスの貿易：市場アクセスの概要」（http://www.cas.go.jp/jp/tpp/naiyou/tpp_kyoutei.html）

45）TPP協定では米国についても同様の附属書がある。

・内閣官房 TPP 等政府対策本部「TPP 協定ルール分野において想定される具体的なメリット例」（https://www.cas.go.jp/jp/tpp/kouka/pdf/151224/151224_tpp_merritt01.pdf）
・宮家邦彦『解説 WTO サービス貿易一般協定（GATS）』外務省経済局、1996 年。
・Gelpern., A. "Financial Services" in Cathleen Cimino-Isaacs, C. and Schott, J. J. eds., *Trans-Pacific Partnership: An Assessment,* PIIE, Washington DC, 2016, pp. 171-184.
・Latrille., P. "Services Rules in Regional Trade Agreements: How diverse or Creative Are They Compared to the Multilateral Rules?" in Acharya., R. eds., *Regional Trade Agreements and the Multilateral Trading System,* Cambridge University Press, 2016, pp. 421-496.
・Lim., A. H., *WTO Domestic Regulation and Services Trade,* WTO, 2014.
・Ortino., F. "Regional Trade Agreements and Trade in Services" in Lester S., Mercurio B. and L. Bartels eds., *Bilateral and Regional Trade Agreements: Commentary and Analysis: Second Edition,* Cambridge, 2016, pp. 213-244.
・Trade in Services Division (WTO), *The General Agreement on Trade in Services: An Introduction,* 31 January 2013. (https://www.wto.org/english/tratop_e/serv_e/gsintr_e.pdf)
・Zhang., R. "Covered or not covered: that is the question: Services Classification and Its Implications for Specific Commitments under the GATS", WTO Working Paper ERSD-2015-11, 2015. (https://www.wto.org/english/res_e/reser_e/ersd201511_e.pdf)
・WTO, *International Trade Statistics*（～2015）
・WTO, *World Trade Statistical Review*（2016～）

第9章　投　　資

投資とは、利益を得る目的で資本を投下することをさす。外国の投資先で、主として新規の会社設立や、現地企業への経営参加を目的に行われる投資を外国直接投資、利子や配当の獲得を主な目的として行われる投資を外国間接投資（証券投資）と呼ぶ場合もある。

国際投資が行われるようになると、投資受入国に所在する外国投資家とその投資財産の保護、外国への投資機会の拡大などが追求されるようになる。また、外国で投資家や投資財産が損害を被るなどして投資紛争が生じた場合に対応する仕組みやルールも必要となる。

このため、WTO や経済協力開発機構（Organization for Economic Cooperation and Development: OECD）といった国際機関などを中心に、国際投資に関する多国間ルールの策定が幾度か試みられた。しかし、開発政策の制限や自国が申立の対象となり得る投資紛争処理手続を懸念した発展途上国（以下、途上国）が反対するなどして奏功しなかった。そのため多国間の投資ルールは、エネルギー憲章条約（1998 年発効）のような分野限定的な条約が存在するにすぎない。WTO では、貿易関連投資措置に関する協定（Agreement on Trade-Related Investment Measures: TRIMs 協定）が貿易に関連する投資措置、サービス貿易に関する一般協定（GATS）がサービス分野の直接投資に相当する投資について投資関連のルールを定めるものの、いずれも投資ルールという意味では限定的である。

多国間の投資ルールに代わり、国際投資は主に二国間投資条約（Bilateral Investment Treaty: BIT）よって規律されてきた。BIT は 1960 年代より徐々に増加し、世界に 2,638 件ある[1]。もともと BIT は、企業などの投資家の母国である先進国と、投資受入国である途上国との間で締結されることが多く、伝統的に投資受入国において投資家とその投資財産を保護すること（投資の保護）が目途

1)　2017 年末時点で有効なもの。UNCTAD “Recent Developments”.

されてきた。近年では、投資の保護に加えて投資の自由化のためのルールを規定するBITもみられる。また、1990年代に増加し始めたRTAでは、投資に関するルールが規定されるようになった。加えて、最近のRTAは様々な分野を含むことから、それが投資分野と関連し、持続可能性や責任ある投資などに関する規定をおくRTAもある（2018年末時点）。

BITやRTAでは投資紛争が生じた場合に、投資家が投資受入国のルール違反を申し立てて救済を求める投資家対国家の紛争処理（Investor-State Dispute Settlement: ISDS）手続が規定されることが多い。ISDSの中心は、第三者たる仲裁に申立を行って判断を仰ぐ投資仲裁と呼ばれる仕組みである。投資仲裁の件数は増え、累計で855件に達している[2)]。なかでも世界銀行が1965年に創設し、仲裁の手続的支援を行う投資紛争解決国際センター（International Centre for Settlement of Investment Disputes: ICSID）における仲裁件数が多い。

本章では、WTOの投資関連ルールを概観した上で、RTAが規定する投資ルールの傾向、CPTPPの投資ルールを扱う。本節ではRTAに焦点を当てるが、BITとRTAの投資ルールには共通する部分も多い。

1. WTOの投資関連ルール

WTOの投資に関連するルールには、主に、TRIMs協定とGATSがあり、TRIMs協定は物品貿易に関連する投資措置を対象とし、GATSはサービス貿易の第3モード「商業拠点の設置」を通じて実質的にサービス分野の直接投資を対象とする。

TRIMs協定は、目的の一つに国境を越える投資の容易化を掲げ（同協定前文）、投資受入国が投資家に対して国産品の利用を義務づける現地調達要求（ローカルコンテント要求とも呼ばれる）のような差別的措置や、輸出入の数量制限を求める措置など、GATT3条及び11条違反の措置を禁じる。そのほか、透明性の確保などのルールも定める。ただし、TRIMs協定は、投資受入国が投資家に技術の移転を求める技術移転要求などを対象としない。また、GATSもサービス分野のみを対象とするため、いずれも対象範囲は限定的である（GATSは

2)　2017年末時点。UNCTAD “ISDS”.

本書8章参照)。

なお、WTOでは、2017年から2018年初頭にかけて、投資に関する多国間ルール締結への動きともいえる各国の取組みがみられた。具体的には、ロシア、中国、南米諸国などの途上国を含む国々から投資円滑化に関する提案がWTOに出されると共に、2017年のWTO閣僚会議で、EUや日本などの先進国と途上国を含む有志の約40か国・地域による「開発のための投資円滑化に関する共同声明」が公表された。この共同声明は、投資円滑化のための多国間の枠組みに向けた議論の開始を明示しており、多国間ルール策定の可能性も秘める。従来、こうしたルールに否定的であった途上国の姿勢に変化が生じた背景には、途上国が経済発展に伴って投資受入国側から投資を行う側になってきたことがある。しかし、この取組みにはインドなどが強く反対するほか、共同声明にはWTOで強い影響力をもつ米国が参加していない。このためWTOにおける投資ルールの今後の実現は未知数である（2018年末時点）。

2. 地域貿易協定（RTA）の投資ルールと投資家対国家の紛争処理（ISDS）手続の傾向

投資に関連する規定や章を含むRTAは増加傾向にある。本節では有力な先行研究（Chornyi et al (2016)）（分析対象：2015年末までにWTOに通報され、有効な260件のRTAを対象）に基づいて、RTAにおける投資ルールの傾向を概観する。この先行研究は投資に直接関連する義務を規定するRTAのルールを分析対象とする[3)]。

260件のRTAのうち、投資に関する章（以下、投資章）を含むRTAは133件あり、その多くはWTO成立以降に締結されている。133件のRTAのうち、投資に関する実質的な義務を規定するRTAは116件で、それ以外は投資関連の協力や促進など限定的な内容を規定するにとどまる。

図表1は、上記先行研究にそって投資ルールを機能別に大きく分類している。

---

3)　ただし、本研究は、RTAに添付される不適合措置（留保表）（後掲(3)①参照)、通信や金融などの分野別のサービスに関する章を分析対象外とする。また、あるRTA締約国がBITを締結している例が分析対象のRTA260件中155件あるが、BITとの相違も分析対象外とする。BITがRTAの補完となっている場合もあるため、投資ルール全体を俯瞰するにはその検討も必要である。これらは今後の課題といえる。

図表1　投資ルールの概要

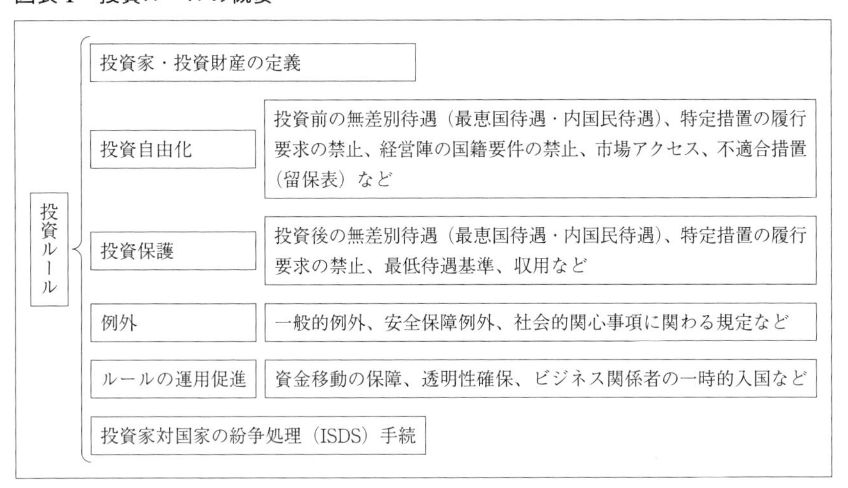

（出所）Chornyi et al（2016）より筆者作成。

図表2　主な投資ルールを規定するRTAの割合（116件）

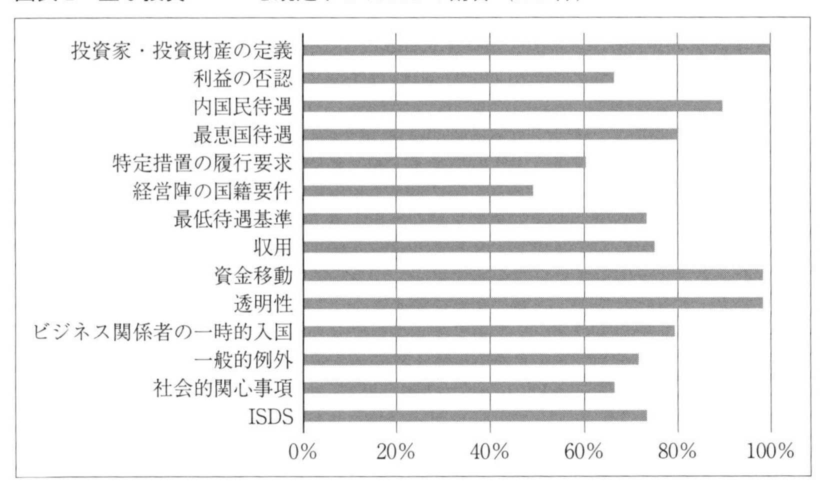

（出所）Chornyi et al（2016）より筆者作成。

これによれば、投資ルールには、主に、ある投資家や投資財産がRTAの投資章の適用対象になるかどうかを画定する投資家・投資財産の定義、投資を可能にする投資自由化、投資が行われた後に投資家と投資財産を保護する投資保護、投資ルールの例外、運用促進、ISDSに関わるものがある。ただし、無差別待遇や特定措置の履行要求の禁止など、投資自由化と投資保護の両方に関わるルールもあり、この分類は相対的である。

また、本書8章でみたように、RTAでは投資の自由化に関するルールが投資章だけでなく、サービス貿易に関する章（以下、サービス貿易章）にも規定される場合がある（本書8章3.(1)「タイプ（型）別の傾向」参照）。

図表2は、実質的な義務を規定する投資章をもつRTA（116件）で、それぞれのルールを規定するRTAの割合を示す。以下ではルールの概要に言及しながら、RTAの投資ルールの傾向を概観する（必要に応じて**図表2**も参照のこと）。

（1）　投資家・投資財産の定義

投資家・投資財産の定義は、各RTAにおいて投資家と投資財産をどう捉えるかを定義するもので、その定義に該当すれば、このRTAの適用対象としてRTAが定める自由化や保護、ISDSなどを享受する。実質的な義務を規定する投資章をもつRTA（116件）全てがこの定義を有する。

投資家とは、多くの場合、RTA締約国の国籍をもつ自然人と締約国内で設立された会社などの法人をさす。法人については、実態を伴わないペーパーカンパニーなどを除外するため、締約国内における実質的な業務を行うことが追加的な条件とされることもある。また、投資家の範囲は「利益の否認」条項によっても限定され得る。この条項はRTAが保障する協定の利益を享受できない場合を定めるもので、通常はRTA域外の第三国が支配または所有する企業などが除外される。116件中の7割弱のRTAが利益否認条項を定め、その大半が、否認する場合に締約国間で通報と協議を行う手続を伴う。

投資財産は、幅広く資産に言及する形で定義されることが多く、典型的な形は「投資家が直接または間接に所有または管理する全ての資産」として、具体的に支店などの企業、株式、その他の資本参加、社債、公債、知的財産権などを例示するものである。加えて、投資財産に必要な客観的特徴として、①資本やその他の出資、②利益の期待、③危険の負担、という3つを伴う。この形は

2004年米国モデルBIT[4]が採用したもので、それ以降に締結された北米自由貿易協定（North American Free Trade Agreement: NAFTA）類似のRTAがこのように規定することが多い。

一方、EUなどのRTAで「開業の自由」に基づいて投資を規律するRTAは、投資財産を業務上の拠点と定義する。ただし、こうしたRTAでも、近年では法人の設立と合併は「持続的な経済関係」の確立及び維持を目的とする資本参加を含むことが定義に加えられ、投資財産の定義が一層明確化されるようになっている。

なお、補助金、政府調達、政府の権限の行使として提供されるサービスについては、性質上またはRTAの他の章で対象とされることを理由に投資章の義務の対象外とされることがある。

（2）　**主要なルール**

①　**内国民待遇と最恵国待遇**　投資章の内国民待遇義務は、締約国の投資家・投資財産に対して、投資受入国の投資家・投資財産に与える待遇より不利でない待遇を与えること、最恵国待遇義務は、投資受入国が第三国の投資家・投資財産に与える待遇より不利でない待遇を締約国の投資家・投資財産に与えることを意味する。これらの義務を投資前後で課すRTAが多い。投資前に投資受入国にこれらの義務を課すことは、投資の際に差別をしないことを意味し、一層の投資自由化に貢献し得る。

最恵国待遇義務については、投資仲裁との関係で重要な点がある。あるRTAの締約国の投資家が、そのRTAの最恵国待遇条項を用いて、この締約国が締結している他の投資協定が規定する、投資家にとってより有利なISDS条項を利用する問題である[5]。例えば、もとの協定では、最恵国待遇条項と共に仲裁付託前に解決努力のため6か月間空ける義務を規定する一方、他の協定でそうした期間がない場合、後者のISDS条項を利用できれば投資家は仲裁開始を早めることができる。つまり、実体的な義務の違反についてはもとの協定

4)　モデルBITは、一般に各国があらかじめ制定しBIT締結交渉時にひな型として用いられることが多いもので、米国やカナダ、ドイツなどが策定している。例えば、最新の米国のモデルBITは2012年版（2012 US Model Bilateral Investment Treaty）である（2018年末時点）。

5)　BITでも同様である。

の違反を主張しながら、仲裁は他の協定に基づいて行うこととなり、投資家が都合の良い協定を探すフォーラム・ショッピングや、その目的のためだけに会社を設立する事態などが発生し得る。過去の仲裁判例で、最恵国待遇義務を通じたこのような仲裁の利用が認められたこともあり、近年ではISDSを最恵国待遇義務の対象にしない旨を明示するRTAも徐々に増えている。2008年以降に締結されたRTAは、その3割程度（93件中、30件）がそうした制限を付す。

② **特定措置の履行要求**　現地調達要求などの特定措置の履行要求は、投資受入国が投資家に対して投資活動に関して課す条件で、投資活動を阻害するため禁止されることが多く、116件中、6割程度のRTAが禁止する。ただし、投資受入国が経済発展などを目途して、投資を呼び込むために減税などの投資インセンティブを与える条件として投資家に要求する場合もある。なお、特定措置の履行要求はTRIMs協定でも禁止されるが、RTAでは技術移転要求が含まれるなど、同協定より対象範囲が広い傾向がある。

③ **経営陣の国籍要件**　経営陣の国籍要件は、一般に、投資家が所有または支配する企業に、特定国籍の国民を経営陣として任命するよう投資受入国が義務づけるものをさし、投資家の裁量を制約するため禁止されることがある。116件中、5割弱のRTAが禁止する。

④ **市場アクセスほか**　投資自由化に関連するルールが、サービス貿易章にも規定され得ることは上述した。RTAのサービス貿易章では、GATS16条類似の市場アクセス（及び関連の約束表）に関するルールが規定され、そのルールが投資章に組み込まれる場合がある（ただし、ISDSの対象外）。しかし、その適用対象はサービスの投資に限られ、多くの場合、市場アクセス義務がサービス投資にのみ適用されることになる（本書8章3.（1）「タイプ（型）別の傾向」参照）。

⑤ **待遇に関する最低基準（最低待遇基準）**　最低待遇基準については、外国の投資に保障すべき待遇を定める「公正・衡平待遇」と「十分な保護・保障」という二つの義務が規定されることが多い。無差別待遇が国内の投資家や第三国の投資家との比較に基づく相対的基準である一方、待遇基準は比較に基づかない絶対的な基準である。「公正・衡平待遇」は包括的な投資保護を内容とし、「十分な保護・保障」は投資家の物理的安全の確保に関連する。最低待

遇基準を規定するRTAは116件中、7割強を占める。

投資受入国が負う公正・衡平待遇義務の内容については、実際の仲裁判断を通じて明確化が試みられてきたものの、その判断は分かれており明確には確立されていない。その判断は、主に、投資家の正当な期待の保護や恣意的な取扱いの禁止など、投資の保護に関する慣習国際法上の最低基準に限定する場合と、それ以上の内容を含むとする場合とに分かれる。しかし、慣習国際法上の最低基準の概念についても判断は一様ではない。ただ、この義務の内容が少なくとも慣習国際法上の最低基準にとどまるとすれば、投資受入国の規制裁量は大きく制約を受けない一方で、広く解されると受入国のとる様々な政策が投資に影響する場合に義務違反とされかねず、投資受入国の規制裁量が制約を受ける。このためRTAでは、最低待遇基準を慣習国際法に明示的に限定する場合や、公正・衡平待遇義務に関して「裁判拒否の禁止」を含めた具体的な内容を特定する場合があり、そうした例はRTA 116件の7割前後を占める。

また、公正・衡平待遇義務の解釈に関する合意をRTA締約国があらかじめ公表する場合もある。例えばNAFTA締約国は、公正・衡平待遇義務（NAFTA1105条）は慣習国際法上の最低待遇基準と同一であるとする解釈ノートを締約国の合意として公表した。最近のRTAでも、EU-カナダのFTA（Comprehensive Economic and Trade Agreement: CETA）は公正・衡平義務違反となる行為をあらかじめリスト化すると共に、両国がその内容を検討することを定める（CETA8. 10条）。

⑥ **収用**　収用に関する規定は、投資受入国による投資財産の直接的な収用や国有化、またはそれに相当する間接的な収用を、特定の条件に従う場合を除いて禁じる内容である。一般に、直接収用は、投資家から投資受入国への資産の権原の移転、または投資受入国による資産の差押えを伴う措置をさす。間接収用は、資産の権原の移転または差押えはないものの、投資家にとって直接収用と同じような効果をもつ投資受入国の介入をさす[6)]。収用は、RTAの投資章やBITに一般的にみられる規定で、RTA116件のうち7.5割が規定する。

収用を規定するRTAは、多くの場合、直接収用と間接収用の両方を対象と

6）UNCTAD（2012）pp. 6-7.

し、収用の条件として、①公共の利益に資すること、②無差別、③正当な法の手続に従った実施、④補償の支払、の4つを規定する。④については、収用を規定するRTAの多くで、迅速、適当、実効的な補償を、適時に、兌換可能な通貨（a freely convertible currency）と収用資産の公正な市場価格で行うことを投資受入国の義務とする。

また、投資受入国による環境基準の強化などの規制措置と間接収用との関係が問題になることがある。間接収用が広く解されると、投資受入国のこのような一般的な規制措置が間接収用とみなされて、受入国の規制裁量が制限されてしまう。これに対処するため、RTAでは、人の安全や健康、環境の保護といった正当な目的で無差別に行われる規制は間接収用に該当しないとの解釈規定や附属書をおく場合があり、収用を規定するRTAの6割がそのように明示する。また、日本のRTAを中心に、知的財産権の強制実施など知的財産権関連の措置を収用から除外するRTAも多い。

（3）　不適合措置・例外ほか

①　不適合措置　RTA締約国が（2）①～④に関する義務の範囲と条件の約束を掲載したものが不適合措置の表（留保表とも呼ばれる）である。掲載方法には、ポジティブリスト、ネガティブリスト、その混合があり、スタンドスティル及びラチェット義務を組み合わせて投資やサービス貿易の自由化範囲をRTA締約国が決定する。RTAの投資章では、ほとんどの場合にスタンドスティル及びラチェット義務を伴うネガティブリストが採用されている（各用語は本書8章3.（2）③「市場アクセスと内国民待遇」参照）。

②　例外・非貿易的事項に関連する規定　上述のように、投資ルールによって投資受入国の規制裁量が制約される場合があるため、RTAはその裁量を保全する仕組みも規定する。その代表例が例外規定である。RTAは、GATT20条や21条に類似の一般的例外と安全保障例外を規定することが多く、RTA116件中の7割が一般的例外を規定する。

また、RTAが保障する投資の保護を損わない範囲で、投資受入国が投資家に対して同国内の居住や同国法に基づく法人設立、一定の情報提供などを義務づけることがある。広くはこれも投資受入国の規制裁量を保全する仕組みの一つとして位置づけられる。

そのほか、環境、公衆衛生、労働基準、企業の社会的責任などの非貿易的事項に関する規定を投資章に含むRTAも増え、116件中の7割弱のRTAにみられる。このRTAの多くは、ルールに整合する範囲で投資受入国の規制する権利を確認する。同様に、国際労働機関（International Labor Organization: ILO）の中核的労働基準といった国際的な基準の維持や実施、労働、環境、贈賄防止などの分野における締約国間の協力を規定するものも多い。近年では、持続可能性に関する規定を含むRTAも増えている（2018年末時点）。これらの規定は具体的な実施方法を伴わない努力義務であることも多いが、非貿易的事項を念頭においた投資の促進が期待されると共に、紛争処理時にルールを解釈する参考とし得るなどの意義が認められる。

（4） 投資ルールの運用促進に関する規定

投資自由化や投資の保護に関するルールが円滑に運用されるよう、RTAでは投資家に出資金や利益などの資金移転を保障する投資受入国の義務が規定されることが通常である。ただし、この規定は、投資受入国の国際収支の悪化を理由として国外への資金移転を制限できる例外を伴うことが多い。

また、投資に影響を与える措置について透明性の確保を義務とすることもRTAに共通の特徴である。その義務の内容は、情報公開と情報公開請求への回答から、より包括的なものまで多様である。同様に、投資の運営を妨げないよう、投資に伴うビジネス関係者の一時的入国も保障される。いずれも、投資章ではなく、個別の章で保障される場合がある。

（5） ISDS

投資ルールの義務違反などにより、投資紛争が生じた場合にそなえ、多くのRTAはISDS（以下、本節で投資仲裁と同じ意で用いる）を投資章で規定する。RTA116件うち、7.5割がISDSを規定する。規定しないRTAの多くは、EUまたはEFTAのRTAで、別途、BITのISDSで補完する場合も多いという[7)]。しかし、EUも最近ではシンガポール、ベトナム、カナダとISDSを伴うNAFTA類似の投資章をもつFTAを締結している（2018年末時点）。

一般に、投資紛争ではまず投資家と投資受入国という紛争当事者間で協議を

7） Chornyi et al (2016) p. 48.

通じた解決がはかられる。それでも解決しなければ、投資家は損害賠償などを求めて仲裁に申立を行う（仲裁付託）。仲裁付託には紛争当事者の同意が必要であるが、RTA では ISDS 条項により、投資受入国があらかじめ仲裁付託に同意することを示す場合が多い。

仲裁のためのルールは主に投資章に規定されるが、詳細な手続を定める仲裁規則に依る場合もある。代表的なものに、ICSID 仲裁規則、国連国際商取引法委員会（United Nations Commission on International Trade Law: UNCITRAL）仲裁規則がある。

多くの場合、仲裁は常設機関でなく、当事者が仲裁人と仲裁場所を選定する。こうして組織された仲裁廷の審理を経て仲裁判断が出され、義務違反の有無や損害賠償額などが確定する。RTA が規定する仲裁手続は多様であるが、近年の特徴として以下の点があげられる。

第一に、手続が詳細かつ包括的になっている。例えば、ISDS を規定する RTA の大半で仲裁付託が可能な期限（協定違反と損害または損失を被った日から3年とするものが代表的）を定めるとともに、仲裁付託までの待機期間をおく。この期間中に協議などを通じた解決努力が行われるよう期待されている。事前協議が仲裁付託の条件とされる場合もある。

また、濫訴を防ぐ観点からも、付託期限を過ぎた申立や定義外の投資に関する申立などに対応するため、事前審査や申立企業による費用負担などを規定する場合もある。専門性の高い問題については、事前の審査制度もある。この例としては、投資受入国の租税措置が収用に該当するか、金融サービスに関する措置が信用秩序の維持との理由で正当化されるかどうかを紛争当事国の関連当局に委ねるものが代表的である。

投資紛争に際して同時に複数の申立が行われると、相反する判断がでたり、二重救済の可能性が生じたりするほか、被申立国には応訴費用もかかる。こうしたリスクを緩和するため、ISDS を規定する RTA（116件中、7.5割）のほとんどに他の紛争処理手続との関係を調整する規定がある。その多くは、ISDS 付託後は他の救済手段の放棄を求める内容で、投資家は付託前であれば自由に救済手段を選択できるが、仲裁を選択すると他の手段を放棄しなければならない。また、RTA の中には、投資受入国の国内裁判所や仲裁などの救済手段を排他的に一つ選択することを投資家に求め、選択後は他の手段を選択できないとする場合もある。この場合は、投資家の選択肢はより限られたものとなろう。

また、ISDSを規定するRTA（116件中、7.5割）の半数が、紛争当事者の権利保全や状況の悪化防止などのため、仲裁廷が暫定措置を命令できることを規定する。

第二に、投資受入国の規制権限を尊重する観点から、投資受入国の政策に対する仲裁廷の審査を制限する仕組みを設ける場合がある。具体的には、投資自由化に関する規定、投資可否の決定、公的債務に関する措置をISDSの対象外とする。特に、公的債務に関する措置を対象外とする背景には、2001年のアルゼンチンの債務危機に際して同国がとった様々な対応策が外国投資家の投資財産を損なったとして損害賠償請求を受けた事情があると思われる。公的債務に関する措置を対象外とすれば、投資受入国はこうした危機に伴う債務不履行時に、政策上の柔軟性を得て経済の回復を試みることができる。

加えて、米国、カナダのRTAでは、天然資源開発やインフラ整備などのために投資家と投資受入国との間で締結される個別契約をISDSの対象とする場合がある。この場合、個別契約の違反がRTAのISDSに付託可能となる。類似の仕組みとしては、主に投資家と投資受入国との間で締結されるインフラ整備などの契約に関し、受入国が義務を履行するよう規定するアンブレラ条項（傘〔アンブレラ〕で個別契約を国家間の協定で覆う意）がある。アンブレラ条項は投資家へ保障すべき待遇を定める規定であるが、RTAが規定する例はあまり多くないといわれる[8)]。同条項は、個別契約の違反をBITやRTAの義務違反と位置づけてISDSの利用を可能にするが、その適用範囲に関する仲裁判断は一様でなく、必ずISDSに付託できるとは限らない。このため、RTAであらかじめ個別契約や許可をISDSの対象範囲に含めて、予見可能性を高めようとするのである。上述のように米国やカナダのRTAにそうした例が多く、CPTPPも例外ではないが、後述するようにCPTPPでは関連規定が適用停止対象である。

RTAの締約国が、仲裁廷によるルールの解釈に一定のコントロールを及ぼ

8) Chornyi et al (2016) 注125.

すための仕組みをRTAで定める場合もある。例えば、仲裁廷を拘束する締約国の共同解釈を許容する規定、紛争当事国以外のRTA締約国（通常は投資家の母国）に協定の解釈に関する意見書の提出を許容する規定がある。

第三に、ISDSは環境保護やタバコのパッケージ規制など人の健康に関わる問題を扱い公共的性質をもつことも多いため、透明性の向上や、より司法的な形が志向されるのも近年の傾向である（2018年末時点）。ISDSの透明性に関しては、仲裁判断に限らず、当事者の意見書などの主要なISDS関連文書の公開を含む包括的な義務を定めるRTAがみられ始めている。こうしたRTAは、2004年の米国モデルBIT以降の米国、カナダ、オーストラリア、ニュージーランドのRTAに多いといわれる[9)]。また、仲裁廷のヒアリングの公開や、アミカス・ブリーフと呼ばれる第三者による意見書の提出を認めるRTAもある（アミカス・ブリーフは本書14章**2.**(2)②「特徴」参照）。

なお、ISDSの仕組みの司法化については、例えば、CETAはISDSの上訴機関や常設の裁判所設置のための締約国間の協力などを規定するほか（CETA8. 28、8. 29条）、米国とEU間の環大西洋貿易投資パートナーシップ（Transatlantic Trade and Investment Partnership: TTIP）交渉では、EUが常設投資裁判所のような上訴機関の設置を提案した経緯がある。

3. CPTPPの投資ルールと投資家対国家の紛争処理（ISDS）手続

CPTPPは9章で投資ルールを規定する。9章は、A節（定義、投資の保護、投資の自由化などのルールを定める9. 1〜9. 17条）とB節（ISDSを定める9. 18〜9. 30条）の全30条、12の附属書[10)]で構成される（以下、特別の記載ない限り（　　）内はCPTPPの条文）。なお、9章には適用停止規定が含まれており、具体的には、定義規定（9. 1条）中の「投資に関する合意」と「投資の許可」の定義、及び、B節（ISDS）中の両定義に関連する規定と関連附属書が該当する[11)]。

---

9)　Chornyi et al (2016) p. 46.

10)　附属書9-A（慣習国際法）、9-B（収用）、9-C（土地に関する収用）、9-D（第B節（投資家と国との間の紛争解決）の規定による締約国への文書の送達）、9-E（移転）、9-F（政令法第600号）、9-G（公債）、9-H、9-I（適合しない措置の適合性の水準の低下を防止する制度）、9-J（請求の仲裁への付託）、9-K（効力発生の後三年間における特定の請求の付託）、9-L（投資に関する合意）。

11)　具体的規定は、9. 19. 1. a. i. B及びC、9. 19. 1. b. i. B及びC、9. 19. 1ただし書、9. 19. 2、9. 19. 3. b

9章の内容は、米国モデルBIT（2012年）に類似するといわれ[12]、前節の傾向に照らせばNAFTAに類似し、さらにその内容は詳細かつ包括的で先進的である。

9章の適用範囲は、他の締約国の投資家と対象投資財産（後掲3.（1）参照）に関して締約国が採用または維持する措置である[13]。9章に基づく締約国の義務は、中央政府に加えて、地域政府、地方政府、公的機関がとる措置、これらにより政府権限を委任された者がその権限行使をするにあたりとる措置に適用される（9.2条）。地域政府には主に連邦制をとる国々の州が該当し、日本には適用されない（附属書1-Aが具体的に掲載）。

なお、9章と他章が抵触する場合には、その抵触の限りにおいて、当該他の章が優先されるほか、金融サービス章（11章）の対象となる措置には適用されない（同サービスには11章が適用される）など、他章との関係が整理されている（9.3条）。以下、9章の規定内容を概観する。

（1）　投資家・投資財産の定義

締約国の投資家は「締約国又は締約国の国民若しくは企業であって、他の締約国の領域において投資を行おうとし、行っており、又は既に行ったもの」と定義され、自然人、法人に加えて、締約国それ自体を含む（9.1条）。また、締約国の国民は永住者を含み、締約国の企業は締約国法に基づいて設立または組織される事業体または同締約国内に所在する支店で、締約国の領域内で事業活動を行うものをさす（1.3、9.1条）。

投資財産は「投資家が直接又は間接に所有し、又は支配している全ての資産であって、投資としての性質を有するもの」である。投資としての性質には、資本その他の資源の約束、収益または利得の期待、危険の負担が例示される。投資財産の形態には、企業、株式・出資その他の形態の企業の持分、債券等、先物・オプションその他派生商品、生産等に関する契約、知的財産権、免許・承認・許可及び締約国法により与えられる類似の権利、その他の資産及び関連

の「投資の許可または投資に関する合意」、9.22.5、9.25.2条、附属書9-L（投資に関する合意）。

12)　石戸ほか「第5回」（2016）pp. 49-50.

13)　9.10（特定措置の履行要求）、9.16（投資及び環境、健康その他の規制上の目的）条については当該締約国内にある全ての投資財産に適用される（9.2.1.c条）。

する権利が含まれる（ただし、司法または行政上の措置として下される命令または決定を意味しない）。「対象投資財産」は、締約国にある他締約国の投資家の投資財産で、これらの締約国についてCPTPPが発効する日に存在しているもの、またはその後に設立、取得、拡張されるものをさす（以上、9.1条）。

なお、締約国は、他締約国の投資家であって、この他締約国の企業が非締約国または当該締約国の者によって所有または支配され、かつ当該締約国以外の締約国で実質的な事業活動を行っていない場合などに、協定の利益を否認することができる（9.15条「利益の否認」）。

（2） 主要なルール

① **内国民待遇と最恵国待遇**　9章は投資前後の内国民待遇と最恵国待遇を供与する義務を定める。締約国は、自国内で行われる投資財産の設立、取得、運営などについて、他締約国の投資家と対象投資財産に対して、同様の状況において、自国の投資家と自国内の自国投資家の投資財産に与える待遇よりも不利でない待遇、及び、その他のいずれかの締約国または非締約国の投資家とそれらの投資財産で自国内にあるものに与える待遇より不利でない待遇を与える義務がある（9.4、9.5条）。「同様の状況」は、もともとNAFTAの同義務で規定され、無差別待遇の保障を定めるRTAの多くはこれを採用した[14)]。9章もそれに倣ったといえる。

両義務に関しては「同様の状況」において内外差別、国家間差別があるかが問われるが、同様の状況かどうかは、正当な公共福祉の目的に基づいた区別を含む状況の全体による（9.4条注）。WTO協定中の類似の概念である「同種の産品」（GATT3条）、「同種のサービス」（GATS17条）では主として競争関係が重視されてきたが、ここでは、投資受入国において投資家・投資財産に関する差別がある場合でも、その差別が正当な目的に基づく場合には許容される余地があることを意味する[15)]。

14） Chornyi et al (2016) pp. 22, 24.

15） CPTPPの寄託者であるニュージーランドの外国貿易省のCPTPPウェブサイトによれば、起草者による9.4条及び9.5条の「同様の状況」の解釈ノート（Drafter's Note on Interpretation of "In Like Circumstances" Under Article 9.4 and Article 9.5）がCPTPPの一部である「その他文書（Other Document）」として掲載されている。このノートでは、起草者の意図として本文中の点が確認されるなど仲裁への指針が示されており、仲裁審理などの際に考慮され得る。ノートの位置づ

内国民待遇義務について、地域政府が与える待遇はその地域政府が同様の状況において当該締約国の投資家とその投資財産に与える最も有利な待遇よりも不利でない待遇とされる（9.4.3条、なお10章と同趣旨のため本書8章**4.**（3）①「内国民待遇・最恵国待遇・市場アクセス」参照）。

最恵国待遇義務に関連して、ISDSのような国際的紛争解決手続や制度はこの義務の対象に含まれないことが明示され、従来問題となってきたフォーラム・ショッピングやペーパーカンパニーの設立を防いでいる（9.5.3条）。また、全ての締約国は、CPTPP発効前に締結した国際協定を、オーストラリア、ニュージーランド、ASEAN加盟国は加盟している地域共同体に関連する国際協定を同義務の対象外とする（附属書II）。このため、これらの協定にCPTPPより有利な規定があっても、同義務により均てんされない。

② **特定措置の履行要求**　9章は、特定措置の履行要求を禁止し、禁止対象措置を規定する。これらの措置には**図表3**が示すように、禁止される措置と、投資受入国の政策的観点から、減税などの投資インセンティブを投資家に与える条件（「利益の享受またはその継続のための条件」）として許容される措置とがある（9.10.1～9.10.3条）。技術移転要求やサービスを対象とするなどの点で、対象措置はTRIMs協定より広い。**図表3**のうち、技術関連措置（9.10.1.f, h, i条）の禁止は技術保全の観点から重要であり、対外投資を行う日本企業の技術保全にとって意義深い。

ただし、特定措置の履行要求の禁止は、投資受入国の規制権限を保全する観点から、様々な制限や例外に服する。例えば、現地調達と自国製品購入などの要求は、人と動植物の生命または健康の保護のために必要な措置や有限天然資源の保存に関する措置であって、恣意的または不当な方法で適用されず、または偽装した貿易または投資制限とならなければ許容される（9.10.3.d条）。また、技術関連の履行要求は、TRIPS協定31条に従って行われる知的財産権の強制実施の場合などに許容される（9.10.3.b条）（強制実施は本書10章**2.**（4）「TRIPS協定と公衆衛生（医療品アクセス）」参照）。このほかにも、適用対象外とされる場合がある（9.10.3条）。

けは、CPTPPの実際の運用に伴って一層明らかになることが期待される。

図表3　特定措置の履行要求の禁止対象措置

1. 禁止される措置
・投資家に対する現地調達要求（9.10.1.b）
・投資受入国産の物品の購入などを求める自国製品購入・利用・優先要求（同c）
・輸出入量・額の均衡を求める輸出入均衡要求（同d）
・投資により生産される物品やサービスの受入国内の販売を輸出量または額などと関連づけて販売を制限する販売制限要求（同e）

2. 利益供与・継続のために許容される措置
・投資家に一定量の物品やサービスの輸出を求める輸出要求（同a）
・財産的な価値のある技術などを投資受入国へ移転するよう求める技術移転要求（同f）
・投資に基づく物品やサービスを投資受入国からのみ供給を求める独占的供給要求（同g）
・投資受入国の技術購入などを要求する自国技術購入、利用または優先要求（同h）
・投資受入国による技術ライセンス契約の使用料または有効期間への介入（同i）

（出所）CPTPPより筆者作成。

③　**経営幹部及び取締役会**　　経営幹部及び取締役会に関しては、締約国が対象投資財産である当該締約国の企業に対して、特定国籍をもつ人の経営幹部への任命を要求することを禁止する。一方、同企業の取締役会などの過半数については、その投資家が自分の投資財産を支配する能力を実質的に妨げられないことを条件に、国籍要件や居住要件を課すことを許容する（9.11条）。

④　**市場アクセスほか**　　投資自由化のルールがサービス貿易章で規定される場合があることは前節でも指摘した。CPTPPも、サービス貿易章（10章）の主に市場アクセス、国内規制、透明性に関するルールがサービス投資に適用される（各ルールの概要は本書8章**2.**（3）「主要なルール」及び**4.**（3）「主要なルール」参照）。この結果、サービス投資について附属書IとIIに掲載した場合を除き、締約国は市場アクセス確保などの義務を負う。ただし、この義務違反はISDSの対象外である（10.2.2条）。

⑤　**最低待遇基準**　　9章は、対象投資財産に対して、適用可能な慣習国際法上の原則に基づく待遇（公正かつ衡平な待遇並びに十分な保護及び保障を含む）を与える義務を定める（9.6.1条）。この義務の内容が必ずしも確定していないことは前節でもふれたが、9章は、この義務が対象投資財産に与えられる基準として外国人の待遇に関する慣習国際法上の最低基準を用いること、かつ公正か

つ衡平な待遇と十分な保護及び保障の概念が、この基準が要求する待遇以上のものを与えることを求めるものでないこと、さらに追加の実質的な権利を創設しないことを明確にした。加えて、公正・衡平待遇義務の具体的な内容として裁判拒否の禁止、十分な保護・保障として、慣習国際法上求められる程度の警察の保護提供義務を規定する（以上、9.6.2条）。

このほかにも、9章は最低待遇基準の内容の明確化を試みており、慣習国際法に関する締約国の理解に従った解釈を行うこと（9.6条注、附属書9-A）、本条違反にあたらない場合として、CPTPPの他の規定の違反または他の国際協定の違反、投資受入国たる締約国への投資家の期待に反する行動をとる、またはとらないという単なる事実などをあげる（9.6.3～9.6.5条）。それでもなお不明確な部分はあり、CPTPP締約国の解釈や本条に関する仲裁判断によって明らかになる部分も多いといえる。この点、CPTPP委員会（27.1条）は協定の規定の解釈を提示でき（27.2条）、その決定は仲裁廷を拘束する（9.25.3条）。

⑥　収用　9章の収用に関する規定は、RTAの標準的な内容とほぼ同様である。すなわち、直接及び間接の収用と国有化を禁止するが（TRIPS協定に基づく知的財産権の強制実施などを除く）、前述の4要件（前掲**2.**（2）⑥参照）を満たす場合はその限りでない（9.8.1条）。なお、附属書9-Bは、直接収用、間接収用の内容を含め、収用に関する締約国の「共有された理解」を記載する[16]。4要件の一つである補償については、遅滞なく、収用直前の公正な市場価格で（収用が事前に周知されることによる市場価格の変動を反映しないもの）、完全に兌換かつ自由移転可能（fully realizable and freely transferable）という要件を満たすことが求められる（9.8.2条）。

間接収用については、政府の一般的な規制措置との相違が重要であることに前節で触れた。締約国の行為が間接収用を構成するかどうかは、特にその行為の経済的影響、投資に基づく明確かつ合理的な期待を害する程度、その行為の性質を考慮し、事実に基づく調査によりケースバイケースで決定される。医薬

---

16)　9.8条（収用及び補償）注は、9.8条は、附属書9-Bに従って解釈するものとし、かつ、附属書9-C（土地に関する収用）に従うと定めることから、附属書9-B（収用）は9.8条の解釈時に用いられると考えられる。なお、附属書9-C（土地に関する収用）は、シンガポールとベトナムにおける土地収用に関する特別のルールが規定されている。

品価格の規制などの公衆衛生措置、公共の安全、環境などの公共の福祉に関する正当な目的保護のための無差別の措置は、原則として間接収用に当たらない（附属書9-B.3）。

また、補助金との関連では、補助金または贈与を実施しないなどの決定自体は収用を構成しないものの、補助金を供与する約束などがある場合にはその限りでない（9.8.6条）。

（3）不適合措置・例外ほか

①　不適合措置　9章は、中央政府、地域政府、地方政府の内国民待遇、最恵国待遇、特定措置の履行要求、経営陣の国籍要件に関する各義務について、スタンドスティル及びラチェット義務を伴うネガティブリストを採用する[17]。この方法はRTAの多くに沿う。本書8章で述べたように附属書IとIIは、10章（国境を超えるサービスの貿易）と共通である（本書8章**4**.（3）②「不適合措置と例外」参照）。

一方、不適合措置に関する投資章に特有の定めは次の通りである。まず附属書IIの自国の表の対象となる措置をとる場合に、他締約国の投資家に対してその国籍を理由に、CPTPPが自国について発効時点で既に投資財産をもつ投資家に対して財産処分を強制することを禁止し、投資家へ配慮している（9.12.4条）。また、知的財産権関連の例外、対象外の措置で、9章の内国民待遇と最恵国待遇の各義務が適用されない場合がある（9.12.5条）。

そのほか、内国民待遇義務及び最恵国待遇義務、経営幹部及び取締役会に関する義務は、政府調達、政府による補助金または贈与に適用されない（9.12.6条）。ただし、政府調達は15章（政府調達）、補助金は17章（国有企業及び指定独占企業）の規律対象となる場合がある。

②　例外・非貿易的事項に関連する規定　CPTPPの一般的例外規定は投資章に適用されない（29.1条）。代わって9章は、無差別待遇、特定措置の履行要求、間接収用などを定める個々のルールが、締約国の正当な目的に基づく規

17）附属書I（Annex I Cross-Border Trade in Services and Investment Non-Conforming Measures）とII（Annex II Cross-Border Trade in Services and Investment Non-Conforming Measures）は、それぞれ「附属書I　投資・サービスに関する留保（現在留保）」、「附属書II　投資・サービスに関する留保（包括的留保）」と和訳されている。共に「留保表」と呼ばれることもあるが、本書では附属書I、附属書IIの呼称で統一した。

制措置を許容する仕組みを含む。一般に、例外が認められるための条件は厳格であることから、それに比べると9章では投資受入国の正当な規制権限が確保されやすいといえる。

そのほか、29章「例外及び一般規定」などに規定される例外規定の中に、次のように9章に関する特別のルールを定めるものがある（CPTPPの例外は本書4章**2.**（3）「CPTPPの例外」参照）。

第一に、国際収支と対外的支払いの困難性などに起因して認められる一時的な資本規制などのセーフガードは外国直接投資に関する支払と移転に適用されない（29.3.4条）（この条の外国直接投資は本書4章**2.**（3）③「一時的なセーフガード措置」参照）。

第二に、CPTPPの規定は限定的な場合を除いて租税に係る課税措置に適用されないが、9章については、CPTPPと租税条約が抵触する場合に、抵触の限りでその条約が優先することを条件に、無差別待遇、特定措置履行要求、収用及び補償の各規定が適用対象とする場合がある（29.4.6～8条）。このため、例えばある租税措置が間接収用とみなされる場合があり得る。

第三に、金融サービス（11章）については信用秩序維持のための例外があるため、11章に組み込まれる9章の規定（最低待遇基準、収用、移転など〔11.2.2条〕）にもこの例外が適用される（金融サービスは本書8章**補論1**「CPTPPの金融サービス関連ルール」参照）。

また、多くのRTAと同様に、締約国はCPTPPが定める投資保護を実質的に侵害しない範囲で、居住要件や、投資受入国法に基づく法人設立、投資に関する情報提供を投資家に求めてもよい。これは無差別義務があっても許容されるもので（9.14条特別な手続及び情報の要求）、前節でも述べた通り、投資受入国の規制裁量を保全する仕組みに位置づけられよう。

9章はまた、締約国が環境、健康などの規制目的で措置をとることを同章の規定が妨げると解してはならないことを定めると共に（9.16条）、企業の社会的責任に関して自国が承認または支持する国際的基準、指針、原則を自国内または自国管轄下にある企業に対して取り入れるよう奨励することの重要性を確認する（9.17条）。

（4） 投資ルールの運用促進に関する規定

CPTPPは、資金移転の保障（9章）と共に、透明性の確保（26章）、ビジネス関係者の一時的入国（12章）について定める。まず、締約国は、対象投資財産に関して出資、利子、配当などの内外への自由かつ遅滞ない移転を自由利用可能（freely usable）通貨[18)]により、移転時の為替相場で認めなければならない（9.9条「移転」、ただし、破産手続などの場合を除く。その主な趣旨は10章と同じであるため本書8章**4.**（3）④(**d**)「支払及び資金移転」参照）。また、資源開発契約などが締結され、合意ある場合には、採掘される天然資源を投資収益として移転を認めなければならない。

透明性の確保は、9章を含めCPTPP全体に関して求められる（26章B節）。具体的には、締約国には、法令等の公表（公式ウェブサイトでの公表を含む）、行政手続の実効的な周知、独立した国内裁判所・手続（上訴含む）による行政行為の審査機会と決定実施の確保、他締約国に対する情報提供を行う義務などがある。

投資活動の遂行に従事する自然人などのビジネス関係者の一時的入国と滞在については本書8章で扱う（本書8章**4.**（**4**）「ビジネス関係者の一時的入国」（12章））。

（5） ISDS

CPTPPにも仲裁を含むISDSがある（9章B節「投資家と国との間の紛争解決手続」）。以下、仲裁手続の主な流れを概観する。

①　仲裁付託　　投資紛争が生じた場合、投資受入国（被申立人）が締約国の投資家（申立人）からの書面による協議要請を受領した日から6か月以内に解決されなければ、原則として申立人が仲裁付託できる。要請には、問題となっている措置に関する事実の簡潔な記述を記載する（9.19.1条）。仲裁付託に必要となる当事者の同意があることは明示されている（9.20条）。

申立人は、仲裁付託する少なくとも90日前に、書面で「付託の意図の通知」を被申立人に送付しなければならない。同通知には、申立人の氏名・住所、違反条項等、法的根拠及び事実の根拠、申立人が求める救済手段と損害賠償額の概算を特定する必要がある（9.19.3条）。

---

18)　自由利用可能通貨は、国際通貨基金（International Monetary Fund: IMF）がIMF協定に基づいて決定するものをさす（9.1条）。

付託できるのは被申立人による**図表4**のいずれかの違反で、それにより申立人（または申立人が直接または間接に所有または支配する法人。以下、申立人）が損失または損害を被ったという請求である（9.19条）。請求に関して立証する責任を負うのは投資家である（9.23.7条）。

図表4　仲裁に付託可能な請求事項

①9章A節が規定する義務 ②投資の許可（投資受入国で投資の許可制がとられている場合に関連当局が対象投資財産または他締約国の投資家に付与するもの） ③投資に関する合意（投資受入国の中央政府の当局と、他締約国の投資家または対象投資財産との間でCPTPP発効後に締結され、効力を生じる合意で、当該投資家または対象投資財産に、天然資源の採取等、公共サービス提供、インフラ整備のいずれかの権利を付与するもの）

（出所）CPTPPより筆者作成。

図表4のうち、①は投資協定に一般的にみられるが、②、③はCPTPPに特徴的である（（　　）内の定義は9.1条）。ただし、前述の通り、投資の許可と投資の合意に関する規定は全て適用停止対象である[19)]。

仲裁付託先は、①ICSID条約とICSIDの仲裁手続に関する手続規則による仲裁（被申立人と申立人の母国の両方がICSID条約当事国である場合に限る）、②ICSID追加的制度規則による仲裁（右のいずれか一方のみがICSID条約当事国である場合に限る）、③UNCITRAL仲裁規則による仲裁、④紛争当事者（申立人と被申立人）が合意する場合は、他の仲裁機関または他の仲裁規則による仲裁、のいずれかである（9.19.4条）。いつ付託されたとみなすかについても、それぞれの場合について定めがある（9.19.5条）。

付託期限は、申立人が違反の発生または損失もしくは損害を被ったことを知った日、または知るべきであった最初の日から3年6か月以内である（9.21.1条）。仲裁付託する場合には、締約国の国内裁判所、またはその他の紛争処理

19)　附属書9-Hの対象となる投資の許可（オーストラリア、カナダ、メキシコ、ニュージーランドの関連当局が行う決定が該当）は、B節ISDS及び28章紛争処理手続の対象外であると規定されるが（9.19.1.a.i.B条注）、それも含めて適用停止対象である。

手続に基づく手続開始または継続の権利を放棄した書面を添付する必要がある（9.21.2.b条）。つまり、いったん仲裁付託すると他の紛争処理手続は利用できない。また既に他の紛争処理手続に付託している場合には、それを終了しなければ仲裁付託できない。その場合には3年6か月の付託期限との関係が重要になる[20]。

②　仲裁人の任命・場所の選定・仲裁判断　仲裁廷は3名で構成され、申立人と被申立人が別途合意しない限り、各々1人を任命し、3人目の長となる第三の仲裁人を両者の合意で任命する。仲裁付託から75日以内に構成されない場合にはいずれかの当事者の要請に基づいてICSID事務局長が任命する（9.22.1〜9.22.3条）。

仲裁人は仲裁人の独立性と公平性に関する適用可能な仲裁規則に従う。締約国はCPTPP協定発効前に、仲裁人の行動規範（28章紛争処理手続に関して委員会〔27.1条〕が策定するもの）や国際仲裁における利益相反に関する規則などを適用するための指針を定めることになっており、仲裁人はその指針にも従う（9.22.6条）。この行動規範については、2019年1月に開催されたCPTPP委員会で決定され[21]、仲裁人の独立性と公平性、仲裁人及び元仲裁人の秘密保持などが定められている（行動規範は14章**補論2**の**3.**「ISDS（9章B節）の行動規範の概要」参照）。仲裁廷は、科学的な問題について紛争当事者の要請に基づき、または職権で（紛争当事者が承認しない場合を除く）、専門家を任命できる（ただし仲裁規則がその他の専門家の任命を規定する場合がある）（9.27条）。

仲裁の場所は当事者が合意でき、合意しない場合には適用される仲裁規則に従って仲裁廷がニューヨーク条約[22]の当事国の中から決定する（9.23.1条）。

仲裁廷は損害賠償（適当な利子含む）と原状回復（被申立人が代わりに損害賠償金及び適当な利子を支払えることを定めるもの）のいずれかまたは組み合わせについてのみ最終的な裁定を下すことができる。仲裁費用と弁護士費用の報酬について

20）　チリ、メキシコ、ペルー、ベトナムが投資受入国として被申立人となる場合、これらの国々の司法または行政裁判所でA節の義務違反が主張された場合（同裁判所への同請求の付託が選択された場合）には、この申立が最終的かつ排他的となり、B節の仲裁は利用できない（附属書9-J（請求の仲裁への付託））。

21）　Annex to CPTPP/COM/2019/D004, 19 January 2019.

22）　外国仲裁判断の承認及び執行に関する条約（1958）をさす（9.1条）。

も裁定を下せるが、その場合には方法と負担者とを決定しなければならない。懲罰的賠償の支払を命じることはできない。裁定は、紛争当事者間かつ特定事件に関してのみ拘束力を有する。一方の紛争当事者は、暫定的な裁定に適用される審査手続に従うことなどを条件に、遅滞なく裁定に従う。各締約国は、自国内で裁定の執行に必要な手段を定めなければならない（9.29条）。

投資受入国が発行した債務（公債）については、一定条件を満たす債務の再編は、無差別原則違反との請求を除いて仲裁の対象外である（附属書9-G）。たばこ規制に関しても、締約国は仲裁の対象としない（9章B節の利益を否認する）ことを選択できる（29.5条）。近年、オーストラリアやウルグアイが健康の保護等のために導入したタバコのパッケージ規制が投資家たるタバコ会社によって国際仲裁に付託され、これが国家の規制権限を制約すると国際的批判を浴びた経緯があり、こうした事態が生じないよう対応したものといえる。

仲裁付託された請求が明白に法的根拠を欠く申立であるなどの被申立人の異議について、仲裁廷は先決問題として判断しなければならない（9.23.4条）。

また、租税に係る課税措置に関して収用関連規定（9.8条）との整合性を仲裁に問う場合には、投資家はまず当該措置が収用に当たらないかどうかを母国及び被申立人である投資受入国の指定当局に付託し、当局の検討に委ねる必要がある（29.4.8条）。金融サービスに関する投資紛争についても特別ルールがある（本書8章**補論1**の**6.**「協議及び紛争処理手続など」参照）。

9章は、仲裁に対する締約国のコントロール手段を確保する。附属書Iまたは附属書II記載の不適合措置の適用範囲に関するCPTPP委員会の解釈（仲裁廷を拘束する、9.26条）、非紛争締約国による協定解釈に関する意見提出の可能性（9.23.2条）、CPTPP委員会（27.1条）による協定解釈の決定（仲裁廷を拘束する、9.25.3条）である。

また、9章は仲裁手続の透明性に関する包括的な義務を定める（9.24条）。業務上の秘密などを除いて、原則として仲裁関連情報は公開される。仲裁廷は第三者の意見書（アミカス・ブリーフ）も当事者と協議後に受領し、考慮することができる（9.23.3条）。

上訴制度については、将来的に他の制度的な取り決めの下で構築される場合には、それに服するかどうかを締約国間で検討することを規定するにとどまる

(9. 23. 11条)。

参考文献〈第9章〉

・石戸真平・米谷三似・藤井康次郎「第5回投資（1)」『NBL』No. 1072., 2016年、pp. 49-60。
・同「第6回投資（2)」『NBL』No. 1074., 2016年、pp. 57-68。
・同「第7回投資（3)」『NBL』No. 1076., 2016年、pp. 61-71。
・同「第7回投資（4)」『NBL』No. 1078., 2016年、pp. 75-85。
・玉田大「9. 投資（ver. 2 (2016/9/26)」『Web解説 TPP協定』
(https://www.rieti.go.jp/jp/projects/tpp/pdf/9_investment_v2.pdf)
・内閣官房TPP政府対策本部、「環太平洋パートナーシップ協定（TPP協定）の概要　平成27年10月5日」、2015年。
(https://www.cas.go.jp/jp/tpp/pdf/2015/10/151005_tpp_gaiyou.pdf)
・山﨑伊都子「特集　世界の貿易自由化の新潮流：投資が再び多国間交渉の舞台に」JETRO地域・分析レポート、2017年。
(https://www.jetro.go.jp/ext_images/biz/special/2017/pdf/36a7d896f18026a8.pdf)
・Chornyi. V., Nerushay., M. and Crawford., J. A., A Survey of Investment Provisions in Regional Trade Agreements, WTO Working Paper ERSD-2016-07, 2016.
・Meltzer., J. P., “10. Investment” in Lester., S. et al eds., *Bilateral and Regional Trade Agreements: Commentary and Analysis: Second Edition,* Cambridge University Press, 2015. pp. 245-298.
・UNCTAD, IIA Issue Note: Investor-State dispute Settlement: Review of Developments in 2017, 2018.
(http://investmentpolicyhub.unctad.org/Publications/Details/1188)
・UNCTAD, IIA Issues Note: Recent Developments in the International Investment Regime, 2018.
(http://investmentpolicyhub.unctad.org/Publications/Details/1186)
・UNCTAD, *Series on Issues in International Investment Agreements II, Expropriation: A Sequel,* 2012.
・WTOホームページ、“Trade and Investment”
(https://www.wto.org/english/tratop_e/invest_e/invest_e.htm)

第10章　知的財産権

知的財産権とは、人間の様々な創造的活動の成果や営業標識を対象とする権利をさす。文学や美術などの著作物の作者に認められる著作権、新しい技術や製品などの発明者に与えられる特許権、商品とサービスに使用するマークを保護する商標権などがある。

知的財産権を保護する国際的な取組みは古くから行われ、多国間では1883年の工業所有権の保護に関するパリ条約、1886年の文学的及び美術的著作物の保護に関するベルヌ条約が締結されている。WTOでは1995年に「知的所有権の貿易関連の側面に関する協定（Agreement on Trade-Related Aspects of Intellectual Property Rights: TRIPS協定）」が発効した。また、二国間や複数国間の取組みも存在し、最近ではRTAに知的財産権の保護に関するルールが規定されることも増えている。

本節では、知的財産権の保護制度及びその貿易との関係を概観した上で、TRIPS協定の概要、RTAにおける知的財産権に関するルールの傾向、CPTPPの知的財産権のルールを扱う。なお、本章では知的財産権自体を扱っていないので[1)]、各知的財産権の内容等については知的財産権法分野の書籍を参照して欲しい。また、知的所有権、工業所有権は、現在では各々知的財産権、産業財産権と呼ばれることから、本節ではそのように表記する。

1. 知的財産権の保護制度とGATT-WTO

知的財産権は、産業上の発明、商標、デザイン（意匠）などを保護する産業財産権と、小説、音楽、絵画、映画などの著作物を保護する著作権関連の権利とに大別される。産業財産権は、さらに商標や地理的表示（geographic indication: GIとも呼ばれる）など産業上の標識を保護するものと、特許、意匠、営業秘密

---

1)　ただし、地理的表示については後掲**2.**（2）④参照。

など、新しい技術やデザインといった主に産業上の創作を保護するものとに分けられる。

知的財産権は属地的に保護される権利で、登録またはその他の方法によって、取得された各国の領域内でのみ有効である。一般に、産業財産権は保護されるために登録が必要である一方、著作権関連は登録不要である。また、各国で成立する権利は相互に独立したものと捉えられている。具体的な保護は、国内法に基づいて、主として特定の期間、排他的な権利として権利者に与えられる。権利者は、創作や発明などの成果や産業上の標識を、自ら使用するか、対価と引き換えに使用を許可することで経済的価値を得る。

知的財産権の保護制度は、創作と技術革新を促進することで社会の発展を促す公共政策の手段として位置づけられる。しかし、公共政策の手段としての役割からその保護は無制約でなく、権利者の権利の保護と知的財産の利用を求める使用者の利益とのバランスをはかる観点から、例外や制限に服す。

上述のように、知的財産権の保護は属地的に行われるが、知的財産やその関連製品が国境を越えて取引されるなか、各国の保護水準などが異なると、様々なコストが生じたり、フリーライダーが発生したりといった問題が生じる。そこで、知的財産権の保護に関する国際的な取組みが必要になる。TRIPS 協定や各種の国際条約、RTA で規定される知的財産権ルールはそうした取組みの一環でもある。

貿易との関連では、知的財産自体や知的財産権を伴う製品の国境を越えた取引が行われることで、また、知的財産権の保護制度が貿易に影響を与える場合を通じて、知的財産権と貿易とが関わりを持つことになる。

GATT にも知的財産権に関連する規定は複数存在する。例えば、GATT3 条が規定する内国民待遇の供与義務（以下、本章で内国民待遇義務）の対象となる待遇に知的財産権関連法制も含まれるほか、同 20 条 d 項は、GATT の規定に反しない特許権、商標権及び著作権の関連法令と詐欺的行為の防止に関する法令の遵守確保に必要な措置を一般的例外の対象とする。ただし、これらの規定における知的財産権の保護水準は高いとはいえず、その水準に一貫性があるわけでもない。新たな技術が保護されるかどうかについても不確実性が伴う[2)]。

GATT 体制下では、1970～1980 年代、ソフトウェアやバイオテクノロジーといった新技術の発展を背景に模倣品対策が議論され始めた。1970年代後半の東京ラウンドでは、米国を中心として模倣品の輸入を阻止する措置に関するルール案が作成されたが、そうした問題を扱うのにGATT体制は不適切であるとして発展途上国（以下、途上国）が反対し、合意に至らなかった。

1980年代、米国産業とその意向を受けた米国政府は、知的財産権保護のための取組みを強化した。GATT体制下では、投資やサービスと共に知的財産権にもルールを拡大することを提案する一方、GATT体制外では特恵の供与や米国市場へのアクセスの条件として各国に知的財産権の保護を求めたほか、通商法301条などの米国法に基づき、知的財産権保護のため途上国との二国間交渉を強化した。こうした米国の圧力により、台湾、韓国、シンガポールなどは国内の知的財産権法の改正に至った。米国と韓国などとの間には、製品化前の医薬品に関連して、実質的に米国企業のみを優遇する二国間合意も締結された。

こうした米国の一方的な行為に対する途上国からの反発は強かったが、米国の強い交渉姿勢を背景に、1980年代半ばから開始されたウルグアイ・ラウンドで「知的財産権の貿易関連の側面」を交渉することが決定され、TRIPS協定に結実した。

2. TRIPS協定の概要

（1） 全体像

TRIPS協定は、それまでに存在した知的財産権に関する協定の中で、最も広範な知的財産権を保護対象とし、その保護も強化している。また、同協定はパリ条約やベルヌ条約などを取り込んでおり、知的財産権の保護そのものを扱う内容を有している。

上述のように、知的財産権の保護には、権利の排他的利用を認めるという側面と知的財産の自由な利用を妨げるという側面がある。TRIPS協定は、貿易ルールの原則と知的財産権法の混合ともいわれるが[3]、知的財産権の保護を焦点とする点で、貿易障壁の削減及び撤廃を通じた貿易の自由化を志向する

2） Field (2015) pp. 130-131.
3） Field (2015) pp. 148.

GATTやサービス貿易に関するルールのGATSなどとやや異なる性格を持っているといえよう。

TRIPS協定は、基本原則などを規定する第1部、各知的財産権の保護の水準などを定める第2部、国内での知的財産権の行使（エンフォースメントとも呼ばれる）を規定する第3部に加えて、紛争処理、経過措置などを含む全7部で構成される。

TRIPS協定は、前文で、国際貿易にもたらされる歪みと障害の軽減、知的財産権の有効かつ十分な保護の促進、知的財産権の行使のための措置と手続自体が正当な貿易の障害とならないことの確保を謳う。さらに知的財産権の保護と行使は、技術的知見の創作者と使用者の相互利益となり、また社会的及び経済的福祉の向上に役立つような方法で、技術革新の促進と技術の移転と普及、権利と義務との均衡に資するべきこと、を目的として規定する（TRIPS協定7条）。同時に、加盟国が公衆の健康などの公共の利益、また知的財産権の濫用などを防止するための措置をTRIPS協定に適合する限りとれることを「原則」として規定する（同8条）。

TRIPS協定の適用上、知的財産権は、第2部1〜7節が対象とするすべての知的財産権である（同1.2条）。具体的には、TRIPS協定が保護対象とする計7分野（著作権と関連する権利（国によっては著作隣接権と呼ぶ）、商標〔サービス・マークを含む〕、地理的表示、意匠、特許、集積回路の回路配置、未開示情報〔営業秘密、試験データを含む〕）である。第2部はまた、ライセンス契約などにおける反競争的行為を規律するためのルール（同40条）も含む。

TRIPS協定の意義としては、次の諸点があげられよう。第一に、知的財産権の保護に関する基本原則を規定した。第二に、TRIPS協定の対象となる知的財産権について、最低ラインとなる保護水準（保護の最低水準と呼ばれる）を定めた。ただし、加盟国は国内法でこの水準よりも広範な保護をしてもよい（同1.1条）。第三に、知的財産権が侵害された場合の救済手続などを含む国内の権利行使手続を規定した。第四に、TRIPS協定はWTO紛争処理手続の対象であり、この結果、国際的な知的財産権保護のルールが初めて実効的な紛争処理手続を伴うこととなった。

TRIPS協定は、GATTやGATSにおける一般的例外のように、一括で例外を規定せず、内国民待遇及び最恵国待遇の供与義務と各知的財産権についての制限や例外、適用除外をそれぞれ規定する。ただし、安全保障例外は協定全体を対象とする（同73条）。以下、TRIPS協定を概観する。

（2）　基本原則と保護の最低水準

①　内国民待遇と最恵国待遇　TRIPS協定は、内国民待遇と最恵国待遇を供与する加盟国の義務を規定する（同3、4条。後者について、以下、最恵国待遇義務）[4)]。従来の知的財産権に関する国際条約では、自国民と外国人に内国民待遇を保障すれば足りると考えられ、最恵国待遇義務は規定されなかった。しかし、上述のように1980年代半ばに米国と韓国などの間で特定国の企業のみ優遇する合意が結ばれ、自国民より外国人を優遇する特殊な状況が生じた。このため自国企業が差別を受けたEC（当時）や日本などが最恵国待遇義務を規定するよう主張し[5)]、TRIPS協定は両方規定することとなった。

そこで加盟国は、知的財産権の保護に関し、内国民待遇として「自国民に与える待遇よりも不利でない待遇を他の加盟国の国民に与える」義務と（同3条）、最恵国待遇として「加盟国が他の国の国民に与える利益、特典、特権又は免除は、他のすべての加盟国の国民に対し即時かつ無条件に与え」る義務を負う（同4条）。「国民」は、TRIPS協定上、WTO加盟国である独立の関税地域については、その関税地域に住所があるか、または、現実かつ真正の工業もしくは商業上の営業所のある自然人または法人をさす（同1.3条注1）。両義務に関して「知的財産権の保護」は、知的財産権の取得可能性、取得、範囲、維持及び行使に関する事項と、TRIPS協定で特に取り扱われる知的財産権の使用に関する事項を含む（同3.1条注）とされ、保護の側面と使用の側面の両方が含まれる。

②　各々の例外　内国民待遇義務については、ベルヌ条約やパリ条約などの既存の条約で許容される例外が同様に認められる。これらは相互主義に基づくもので、例えばベルヌ条約では、TRIPS協定の規定する最低保護期間（50

---

4)　ただし、TRIPS協定上の無差別待遇義務は、自国民と外国人の間の待遇を対象とする点で、輸入品と国産品との待遇差を問題とするGATTと異なることに注意が必要である。

5)　ECについては、積極的であったとする見方（Field (2015) p. 149）と消極的であったとする見方（尾島（1999）p. 39）とがある。

年）を超えて保護する場合に、追加的な保護期間は相互主義に基づいて提供されることを許容する。つまり、A国で著作権保護期間が70年の場合、B国では保護期間が50年であると、B国の著作物についてA国は50年を超えて保護する必要はないということである。

また、実演家、レコード製作者及び放送機関についてはTRIPS協定が規定する権利についてのみ適用され、国内法や他の国際条約で規定される権利について内国民待遇義務はない。さらに、司法上及び行政上の手続に関しても、TRIPS協定に反しない国内法の遵守確保に必要で、かつそれが国際貿易の偽装された制限になるような方法で適用されない限り、という条件付きで例外として許容される（同3条）。

最恵国待遇義務についても、ベルヌ条約またはローマ条約で認められる上述の相互主義に基づく例外、実演化、レコード製作者及び放送機関の権利でTRIPS協定が規定していないものが除外される。さらに、各国の法制度の相違に起因して締結される一般的な司法共助や法の執行に関する国際協定に基づく待遇、WTO協定発効前から存在する知的財産権関連の国際協定に基づく待遇も最恵国待遇義務から除外される（同4条）。ただし、この国際協定については、TRIPS理事会（後掲**2.**（3）②参照）への通報と共に、他加盟国の国民に恣意的または不当な差別とならないことが条件である。したがって、例えば上述のような米韓の二国間合意は、他加盟国の国民を恣意的または不当に差別するため認められないと考えられる。

なお、RTAとの関連では、TRIPS協定にはGATT24条やGATS5条に相当するようなRTAの締結を許容する規定はない。そこで、TRIPS協定が対象とする知的財産権に関してRTAで規定される「知的財産権の保護」は、最恵国待遇義務を通じて他の加盟国にも均てんされると考えられている（「均てん」は本書2章**3.**（1）「関税交渉と関税引下げ方式」参照）。とはいえ、国際協定による知的財産権の保護は、通常は国内法を通じて自国民と外国人の区別なく行われるため最恵国待遇義務との関係で問題は発生せず、同義務については主に地理的表示の保護に関して締結される国家間協定との関係に焦点が当たってきたといわれる[6)]。

いずれにせよ、GATTやGATSとRTAとの関連でなされるようなRTA

における自由化が他の加盟国にも均てんされるかという議論と、TRIPS協定における知的財産権の保護（上述の通り、同協定3.1条注によりこの保護には使用も含まれる）の均てんの議論は、これらの協定とTRIPS協定との性格の相違に鑑み異なることを念頭に置く必要がある。

以上のほか、知的財産権の取得または維持に関して、世界知的所有権機関（World Intellectual Property Organization: WIPO）のもとで締結された国際協定が規定する手続に、内国民待遇義務と最恵国待遇義務が適用されない（同5条）。例えば、特許協力条約が該当する。この条約に基づいて特許の国際出願を行うことで、条約の他の締約国にも同時に出願したことになるが、WTO加盟国が全て同条約の締約国ではないため、こうした例外が認められている。

③　**保護の最低水準**　TRIPS協定は、ベルヌ条約、パリ条約などを取り込むと共に追加的な知的財産権を含み、2つの条約よりも高い保護水準も導入する。そこで、TRIPS協定は「ベルヌプラス」や「パリプラス」などとも呼ばれる。

また、TRIPS協定は、上述した七つの権利について、①保護対象の知的財産権、②権利の範囲、③制限や例外、④保護の最低期間（営業秘密など該当しない権利は除く）、を定める（著作権と関連する権利〔同9～14条〕、商標〔サービス・マークを含む、同15～21条〕、地理的表示〔同22～24条〕、意匠〔同25～26条〕、特許〔同27～34条〕、集積回路の回路配置〔同35～38条〕、未開示情報〔営業秘密、試験データを含む、同39条〕）。

④　**地理的表示**　TRIPS協定の適用上、地理的表示とは、ある商品の確立した品質、社会的評価や特徴が主に地理的原産地に由来する場合に、当該商品が加盟国内をその原産地とすることを特定する表示をさす（同22.1条）。例えば、フランスのコニャック地方でとれたブランデーの「コニャック」、シャンパーニュ地方原産の発泡性ワインの「シャンパン」、インドのダージリン地方原産の紅茶の「ダージリン」があげられる。

同協定上、加盟国は、公衆を誤認させるような地理的表示の使用を防止するための法的手段の確保と、一定の商標の登録の拒絶と無効化が義務である（同

---

6)　Field（2015）p. 149.

22.2、22.3条）。

また、ワインと蒸留酒の地理的表示については保護が手厚く（追加的保護とも呼ばれる）、例えば、公衆を誤認させるような場合でなくても、地理的表示が特定する場所を原産としないワインと蒸留酒についてはその地理的表示を使用できず、そうした使用を防止するための法的手段の確保などが加盟国に求められる（同23条）。

地理的表示の保護は、TRIPS協定交渉時にEC（当時）の強い主張に基づいて導入された。知的財産権としての地理的表示の保護については、地理的表示を含む登録商標や一般名称化している表示との関係で問題が生じ得る。タイやインドなど、途上国の中にも地理的表示の保護に関心をもつ国はあったが、米国やオーストラリアなどは、地理的表示と同一の地名等を有することもあり、強く反対した。双方の溝は埋まらず、TRIPS協定では、既に多くの国が保護していたワインと蒸留酒の地理的表示の追加的保護が規定されるにとどまり、ワインと蒸留酒の多国間登録制度の設立や、その追加的保護の強化については国際交渉を行うことが規定され、それに委ねられた（同23.4、24.1条）。

その後EUは、追加的保護の対象をワインと蒸留酒から拡大することも主張し、TRIPS理事会やドーハ・ラウンドなどで議論が継続した。この問題は決着せず、EUと米国が各国とそれぞれ締結するRTAなど個別の協定に議論の場を移している。EUには地理的表示を保護する二国間協定を締結したり、地理的表示として保護対象とする品目リストを含むRTAを締結する傾向がある一方、米国は、一般名称や商標との関係に対応するため、異議申立や取消などの手続的救済をRTA締約国に義務づけるRTAを締結する例が多いといわれる[7]。

（3） 知的財産権の行使（エンフォースメント）・紛争処理手続ほか

TRIPS協定は第三部で知的財産権の行使について規定し、一般的義務や知的財産権が侵害された場合の救済手続などを定める。

① 一般的義務・民事上及び行政上の手続と救済措置　一般的義務として、加盟国は、第三部が規定する救済手続などの行使手続を国内法で確保しなければ

---

7) Field (2012) p. 148, Valdés et al (2014) p. 528.

ばならない。この手続は、正当な貿易への新たな障害とならず、また濫用に対する保障を提供するような方法で適用される必要がある。また同行使手続は、公正かつ衡平でなければならず、不必要に費用を要したり、複雑であったり、不合理な期限や不当な遅延を伴ったりしてはならない（同41.1〜41.2条）。さらに、加盟国には行政決定の司法審査の機会を確保することなどが求められる（同41.4条）。ただし、第三部の規定は、一般的な法執行制度と別の知的財産権に関する執行制度を設ける義務を加盟国に課すものではない（同41.5条）。

そのほか、民事上及び行政上の手続と救済措置（同42〜49条）、知的財産権侵害の防止や侵害に関する証拠保全のための暫定措置（同50条）、模倣品（不正商標商品）や海賊版商品（著作権侵害物品）の輸入防止のため権利者が税関の支援を受けられるようにする手続（同51条など）、商業的規模での商標の不正使用と著作物の違法な複製に対する刑事罰と刑事手続（同61条）、の確保などが加盟国の義務である。

②　紛争処理手続ほか　TRIPS協定上、加盟国には、透明性の確保が求められる。具体的には、自国の関連法令、決定などの公表とTRIPS理事会への通報、他加盟国からの書面要請に応じた情報提供のための準備が加盟国の義務である（同63条。ただし、いずれも秘密情報を除く）。

また、TRIPS協定はWTO紛争処理手続の対象である。ただし、いわゆる非違反申立に対しては、TRIPS協定発効から5年間は同手続を適用しないと規定した（同64.2条）。この期間は2000年に満了したが、閣僚決定を通じて延期され、不適用が継続している（2018年末時点、非違反申立は本書14章1.(2)①「申立の類型」参照）。

TRIPS協定の義務遵守の監視や加盟国間の協議などのため、加盟国で構成されるTRIPS理事会が設置されている（同68条）。

③　経過措置　第6部はTRIPS協定の適用について経過期間を定める（同65条）。先進国への適用は発効から1年後、途上国・市場経済移行国（旧共産主義国）への適用は発効から5年後（物質特許は10年後）と規定し、それぞれ1996年、2000年（物質特許は2005年）に適用が開始された。なお、物質特許に関連する経過期間については下記(4)で後述する。

一方、後発開発途上国（Least Developed Country: LDC）については、発効から

11 年後（2006 年の適用開始）が予定されていたが、2013 年の TRIPS 理事会決定[8)]により 2021 年 7 月 1 日までの経過期間の延長が決定された。

（4） TRIPS 協定と公衆衛生（医薬品アクセス）：TRIPS 協定 31 条改正

医薬品の開発にはコストがかかり、開発能力をもつ企業も先進国に偏在している。途上国の中には医薬品産業自体がなく、医薬品の製造が困難な国も多い。医薬品や農薬などは、新規物質の発明を保護する物質特許として TRIPS 協定で保護対象となったが、もともとは医薬品などを安価に国内供給する観点から、途上国にはインドなど物質特許を認めていない国もあった。

他方、TRIPS 協定で保護対象となることで医薬品価格は高騰し、医薬品へのアクセスが容易でなくなる。HIV（ヒト免疫不全ウイルス）などの重大な感染症が拡がるアフリカ諸国ではそうした事態が問題となり、国際社会の関心が高まることとなった。ここで知的財産権を保護して医薬品開発のインセンティブを保持することと、医薬品へのアクセスの確保をどう調和するかという問題に焦点が当たることになったのである。

TRIPS 協定は、特許権者の許諾を得ずに特許対象を利用し得る強制実施を認めており、強制実施する際に考慮すべき条件も規定する（TRIPS 協定 31 条）。例えば、同協定 31 条 f 項は、主として強制実施した加盟国の国内市場への供給目的であること、を条件とする。このため、強制実施した上で製造した医薬品を上述のアフリカ諸国などに輸出することは、同 f 項に沿わない。

この問題に関して、WTO では 2001 年に「TRIPS 協定と公衆衛生に関する特別宣言」が採択された。宣言は、HIV、結核、マラリアなどの感染症によって多くの途上国が直面する公衆衛生上の問題への認識を表明した上で、加盟国が公衆衛生上の措置をとることを妨げられず、妨げられるべきでないこと、そのため加盟国には TRIPS 協定上の柔軟性[9)]を最大限活用する権利のあることを確認した。宣言は、この問題について加盟国の検討を継続することとし（宣言パラ 6）、検討の結果、2003 年の一般理事会決定に至った。

---

8) WTO "Extension of the Transition Period under Article 66. 1 for Least Developed Country Members", IP/C/64, 12 June 2013.

9) TRIPS 協定上の柔軟性について、同宣言は特定の措置として、強制実施する権利、国家緊急事態その他の極度の緊急事態の内容を決定する権利、並行輸入の可否に関連する消尽に関する制度を決定する権利が含まれることを明示する。

2003年一般理事会決定は、主にTRIPS協定31条f項のウェーバー（義務免除）を認める内容で、強制実施の下で製造された後発医薬品（ジェネリック医薬品とも呼ばれる）の供給を強制実施した国の国内市場に限定する同f項の制約を取り払う。これにより、製造された後発医薬品を、医薬品を製造する能力のない途上国に輸出することが可能となる。ただし、輸出された医薬品の再輸出などが危惧されたため、輸出国と輸入国に対して、TRIPS委員会への通報や医薬品製造能力がないことの証明を行うこと、また必要量のみ生産することなどの条件が付された（パラ6システムと呼ばれる）。その後、この決定は、TRIPS協定を改正して同31条の2として恒久的となった[10)]。ただし、パラ6システムは利用条件が厳しいなどの事情により、利用がすすんでいない。

なお、TRIPS協定は物質特許を保護対象とする（同27.1条）と同時に、前述の通り、物質特許を認めていなかった途上国に保護義務を設ける経過期間を認めた。ただし、経過期間の補完措置として、TRIPS協定発効日（1995年1月1日）から、経過期間中も①医薬品と農業用化学品の特許出願を受け付けること（審査は制度導入後。メールボックス出願と呼ばれた）、②その特許出願対象の医薬品等について、一定条件に基づき販売承認日から一定期間の排他的販売権を認めること、を義務とした（同70.8、70.9条）。LDCについては、医薬品の物質特許とそれに伴う補完措置に関する経過期間が延長され、2033年1月1日までこの義務が免除される（2018年末時点）。

（5）　その他の問題：消尽と並行輸入・新しい問題ほか

消尽は、一般に、知的財産権の権利者の排他的権利が最初の販売等が行われた時に対価を得て使い尽くされたとする考え方で、国内では消尽することが各国で広く認められている。他方、国外で最初の販売等が行われた時に消尽したとみなすかという国際消尽に関しては、国ごとに見解が異なる。仮に、ある製品の輸入国が国際消尽を認めていない場合、この製品の国外での最初の販売後に、同輸入国でもこの製品の権利を有する権利者の許諾なくこの製品を輸入する（並行輸入と呼ばれる）と、権利者の権利侵害とみなされ得る。

消尽に関する問題については、内国民待遇と最恵国待遇の両義務を除いて、

10)　この改正は受諾した加盟国に適用され、未受諾国については2019年中が受諾期限となるが、それまでの間は2003年の決定が適用される。

TRIPS協定上の紛争処理のため同協定の規定を用いることはできないことが定められており（同6条）、つまり、両義務違反を除いて、消尽の問題はWTO紛争処理手続に申し立てできない。なお、2001年のドーハ閣僚会議で採択された上述の「TRIPS協定と公衆衛生に関する特別宣言」は、両義務に従う限り加盟国が消尽に関して自国の制度を決定可能であると同6条を明確化した（宣言5. d）。

このほかTRIPS協定に関連して議論が継続する問題に、上述した地理的表示、医薬品アクセス、非違反申立に加えて、伝統や風習に根差した植物の薬効などの遺伝資源や伝統的知識の保護、途上国への技術移転などがある。また、近年の模倣品や海賊版商品の増加への対策として「偽造品の取引の防止に関する協定（Anti-Counterfeiting Trade Agreement: ACTA）」が2011年に署名された。ACTAは、TRIPS協定に比べて知的財産権の行使を強化するが、未発効である（2018年末時点）。

3. 地域貿易協定（RTA）の知的財産権に関するルールの傾向

知的財産権に関するルールは、RTAにも含まれるようになっている。こうしたRTAでは、TRIPS協定に比べて保護対象である権利の保護水準が高いほか、例外の範囲が限定的である場合、新しい知的財産権を保護対象とする場合を含む「TRIPSプラス」と呼ばれる内容が規定されることも多い。

上述のように、TRIPS協定はいわゆるRTA例外条項を含まないため、RTAでTRIPS協定が対象とする知的財産権の保護に関してTRIPSプラスの内容が規定されると、同協定の最恵国待遇義務を通じて他のWTO加盟国にもそれが均てんされることになる。

本節では、有力な先行研究（Valdes and McCann (2014)）（分析対象：2014年1月末までにWTOに通報され、その時点で有効な245件のRTA）に基づいて、RTAにおける知的財産権ルールの傾向を概観する。

なお、物品及びサービスに関するRTAについては、WTOへの通報義務を関連協定が定めるが、TRIPS協定はそうした義務を規定しない。このため上記245件は、物品及びサービスの貿易に関連してWTOに通報されたRTAを対象とし、知的財産権に関して二国間で締結される協定を含まない。

（1）　全体的傾向

245件のRTAのうち、知的財産権に関する規定を含むRTAは7割（174件）に達している。そのうち9割（158件）がTRIPS協定の発効した1995年以降に発効したRTAであり、その多くはFTAである。上述のように、TRIPS協定は5年の経過期間を経て2000年から途上国にも適用されており、2000年以降に発効したRTAでは、そのほとんどに知的財産権に関する規定が含まれるようになっている。また、RTAにおける知的財産権の保護は、直接に関連する規定や章にとどまらず、投資など他の章と関連する場合もある。

174件のRTAには、途上国のみ締約国であるRTAも約4割（68件）、LDCを含むRTAも14件含まれる。一般論として、途上国は貿易交渉において知的財産権に関するルールへの関心は低いといわれるが[11)]、RTAの締結状況からは途上国も一定の関心をもつことが示される。

（2）　規定内容・知的財産権の権利別にみた傾向

図表1は、一般的な知的財産権の関連規定を内容別に10に分け、174件のRTAが規定する割合を示したものである。内容別にみると、知的財産権の保護に関する約束、支援・協力・協調、TRIPS協定の適用または確認、権利行使手続、WIPO条約への言及、の順に規定されることが多く、半数超のRTAに含まれる。

他方、消尽、非違反申立について規定するRTAは少数にとどまり、上述したWTOにおけるこれらの問題への対応を反映しているといえる。なお、米国のFTAの9割超では、非違反申立が可能とされている。

図表2は、11の個別の知的財産権がRTAに規定される割合を示している。この規定には、既存の義務確認を含め義務規定がある場合、関連する国際条約への加盟を義務づけたり、関連する国際条約の適用を義務づけたりする場合が含まれる。174件中、116件のRTAに1つまたは複数の個別権利に関する規定が含まれるが、一般論としては、上述した一般的な知的財産権の関連規定よりも規定される頻度は低い。

権利別にみると、地理的表示を規定するRTAの割合は半数を超えており、

11）　Valdes and McCann（2016）p. 506.

図表1　規定内容別にみたRTAの割合（174件）

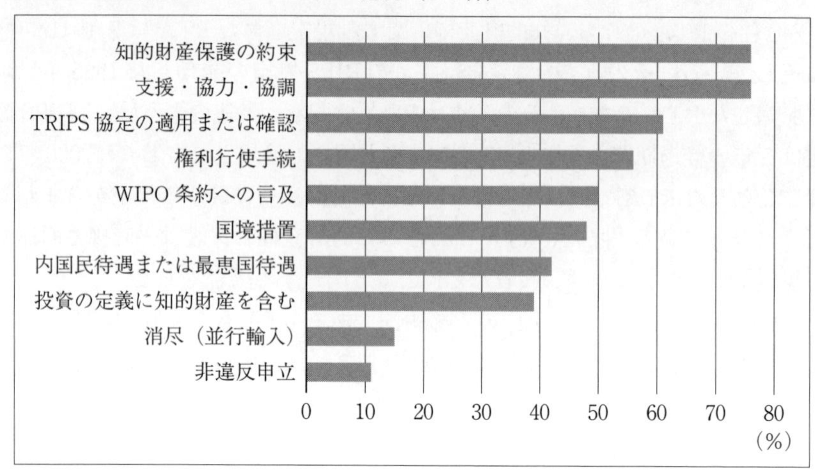

（出所）Valdes and McCann（2016）より筆者作成。

図表2　知的財産権の権利別にみたRTAの割合（174件）

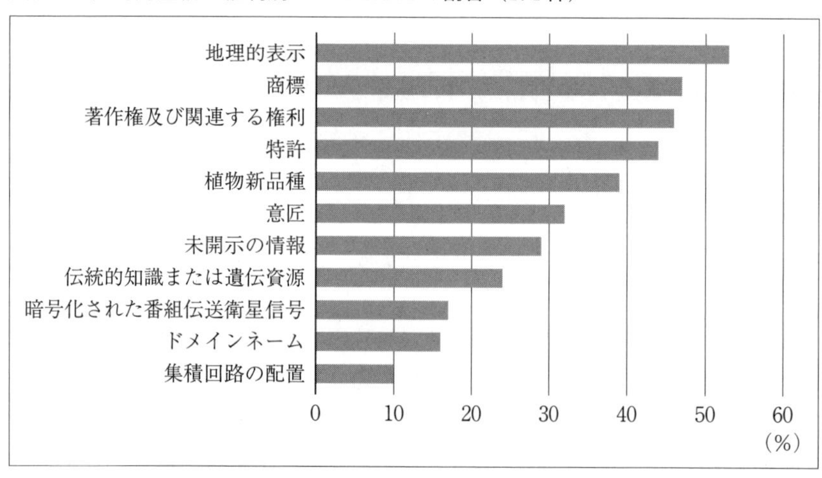

（出所）Valdes and McCann（2016）より筆者作成。

この問題に関する加盟国の関心の高さが表れている[12)]。次に、商標、著作権、特許、植物新品種を規定するRTAが174件中4割前後ある。その後に、意匠、未開示情報の保護（いずれも3割前後）、伝統的知識または遺伝資源（24%）、「暗号化された番組伝送衛星信号」（17%）、ドメインネーム（16%）、集積回路の配置（10%）と続く。

このうち、伝統的知識または遺伝資源、暗号化された番組伝送衛星信号、ドメインネームは、TRIPS協定の対象でなくTRIPSプラスといえる。

伝統的知識または遺伝資源は、主に途上国が権利の保護を求めるもので国家間で立場の分かれる分野である。EUのRTAに規定されることがあるが、最も広範な規定は途上国のRTAに多いといわれる[13)]。

暗号化された番組伝送衛星信号は、衛星放送の視聴を契約者に制限するために暗号化された同信号の保護に関わる規定である。ドメインネームは、他の知的財産権と異なり、属地的保護というよりICANN（Internet Corporation for Assigned Names and Numbers）という非営利団体を通じて国際的に管理されている。いずれもRTAで言及される割合は低く、言及するRTAの多くは米国のFTAである。

以上の分析に関しては、本節が依った先行研究において、規定内容と知的財産権の権利別の検討に際して各規定の内容を深く分析するわけではないため、各規定の性格と深さが異なり得るほか、分野別の二国間協定を対象外とするなどの限界がある。なお、本書では割愛したが、本先行研究では公衆衛生と医薬品保護に関連するルールを規定するRTAも多いことが指摘されている[14)]。この問題に対する各国の関心の高さを示すものといえる。

（3）　RTAの知的財産権に関するルールの特徴

上記を含むRTAの分析を踏まえて、本先行研究は知的財産権分野に関して以下のような特徴を指摘する。

同分野では、米国やEUなどの「ハブ」国・地域を中心に、知的財産権の保

12）　なお、EUの地理的表示に関する二国間協定は上述したように本先行研究の対象外である。仮にそれを含めると、地理的表示に関するルールが規定される割合はさらに増えると考えられる。

13）　Valdes and McCann (2016) p. 534.

14）　Valdes and McCann (2016) pp. 535–542.

護制度がRTAを通じて他国に伝播する「ハブ&スポーク」システムとも呼ぶべき現象がみられる。その背景には、RTA交渉では定型的なルールを基に交渉が行われることも多く、「ハブ」国・地域が締結するRTAで知的財産権関連ルールが複製される傾向がみられることがある。

また、TRIPS協定が対象とする知的財産権に関するRTAの規定は、同協定の最恵国待遇義務を通じて無差別にRTA域外にも適用される。仮に、最恵国待遇義務がなかったとしても、国内の知的財産権法をRTA締約国のみに有利に変更することは実務上も困難でありコストも高いため、いずれにせよ無差別に適用される。

こうして「ハブ&スポーク」システム、及びRTAの知的財産権ルールの無差別性という特徴により、RTAを通じた知的財産権の保護が徐々に強化されるプロセスが生み出される。さらに、既存のRTAに基づいて制定された国内の知的財産権法を将来締結するRTAにも活かすという誘引が働いて、RTA交渉や多国間交渉などの国際的な場面にそれがフィードバックされ、知的財産権の保護に関する新たな「国際基準」が創造されていく。これは多国間交渉ではなくRTA交渉を通じて形成され、RTA内外に適用される。物品貿易では、このような待遇の広がりは競争と貿易を促進し、ひいては経済厚生の向上にもつながり得るが、無体物で公共財としての性格をもつ知的財産の分野で同様にそれが妥当するかは不明確である。加えて、多様な保護の基準が存在することで規制の混乱と適用上の問題が引き起こされるというのである[15)]。

以上を踏まえると、TRIPS協定とRTAの知的財産権ルールに関連してみられる作用は次のような問題を示唆すると思われる。知的財産権の国際的な保護制度には、出願関連の費用などのコスト削減につながるといった観点から意義が認められる一方で、RTAとの関係では調和というよりも知的財産権の保護に関する国際的なルールが多国間の交渉プロセスではなくRTAを通じて創られる可能性がある。しかも、物品貿易などと異なり、知的財産権の保護制度は貿易の自由化を目途するというより、本節冒頭でふれたように、排他的権利を得る権利者の権利保護と知的財産の利用者の自由の保障とのバランスの上に

15)　Valdes and McCann (2016) pp. 548-552.

立っている。そのバランスは、本来は属地的保護を前提に、ある国の政策的判断も含めてとられたはずのものである。RTAとの関係で国際的に創出され得るルールでそのようなバランスがはかられるかについては検討の余地があるといえる。

4. CPTPPの知的財産権に関するルール

CPTPP18章（知的財産権）は、A〜Kの全11節83条と6つの附属書から成る大部にわたる章である。A〜K節は、各々、A一般規定、B協力、C商標、D国名、E地理的表示、F特許及び開示されていない試験データその他のデータ、G意匠、H著作権及び関連する権利、I権利行使（エンフォースメント）、Jインターネット・サービス・プロバイダ、K最終規定である。F節は、さらに一般的な特許、農業用の化学品に関する措置、医薬品に関する措置に分かれる。

18章は、TRIPS協定にない新たな義務を含め、また保護水準を高めるなどの点でTRIPSプラスの規定も多く含まれる。一方、後述する著作権に関する権利などのように、限定的ではあるがTRIPSマイナスの部分もある。既述の通り、TRIPS協定が対象とする知的財産権に関するTRIPSプラスの規定は、同協定の最恵国待遇義務を通じて他のWTO加盟国に均てんされる。

ただし、18章はCPTPP全章の中でも適用停止対象の規定を最も多く含み、TRIPSプラスの規定についても適用停止対象のものが多い（適用停止対象の規定は「適用停止規定一覧」参照）。適用停止対象の規定はCPTPPに米国が復帰すれば適用される可能性もあるため、本節では併せて概観し、本文中で同対象である旨記載した。

（1）一般規定（A節）関連

18章上「知的財産」とは、TRIPS協定第2部1〜7節の対象となる全ての知的財産である（CPTPP18.1条、以下（　　）内はCPTPPの条文）。18章はTRIPS協定と同様に、保護対象の知的財産権、権利の範囲、制限や例外、保護の最低期間と権利の行使手続などについて規定する。

18章が定める目的と原則は、TRIPS協定と実質的に同じ内容である。TRIPS協定にない規定として、締約国は国内制度の公共政策の目的などを考慮の上で、国内の知的財産制度を通じて、イノベーションと創造性促進、情報・知識・技術・文化・芸術の普及の円滑化、競争と開放的かつ効率的市場を育成する必要性を認めること（18.4条「この章の規定に関する了解」）、公衆衛生に関してWTOにおける宣言等を確認すると共に、TRIPS協定の改正受諾の通報義務を課したことなどがある（18.6条「公衆の健康についての特定の措置に関する了解」）。

また、締約国は18章の規定を実施する義務を負うが、同章に反しないことを条件に、18章が定めるよりも広範な保護と権利行使が可能である（18.5条「義務の性質及び範囲」）。この点は、TRIPS協定と同様である。

18章は、既存の知的財産権条約の締結を締約国の義務とし、この義務の対象はマドリッド議定書またはシンガポール条約、ブダペスト条約、1991年のUPOV条約、WIPO著作権条約、WIPO実演・レコード条約（WPPT条約）である（18.7.2条）[16)]。各締約国の義務の実施期限と経過期間も設ける（18.83.4条）。

以上のほか、一般規定として、内国民待遇義務、透明性の確保、18章の時間的な適用範囲[17)]、知的財産権の消尽について規定する（18.8～18.11条）。内国民待遇義務に関し、一定の場合のレコードの二次使用に関する相互主義に基づく制限を許容する点（18.8.2条）、透明性に関連して、商標、地理的表示などの権利で登録または付与された権利の情報をインターネット上で入手可能とする

---

16)　条約の正式名称等は次の通りである。マドリッド議定書は、標章の国際登録に関するマドリッド協定の1989年6月27日にマドリッドで作成された議定書、シンガポール条約は商標法に関するシンガポール条約（2006年採択）、ブダペスト条約は、特許手続上の微生物の寄託の国際的承認に関する1977年のブダペスト条約（1980年改正）、1991年のUPOV条約（International Convention for the Protection of New Varieties of Plants）は植物の新品種の保護に関する国際条約（1991年改正）、WIPO著作権条約は、著作権に関する世界知的所有権機関条約（1996年作成）、WIPO実演・レコード条約（WIPO Performances and Phonograms Treaty: WPPT）は、実演及びレコードに関する世界知的所有権機関条約（1996年作成）。
なお、各締約国は、特許協力条約（1979年修正）、パリ条約、ベルヌ条約を締結したことを確認する（18.7.1条）。

17)　具体的には、18章に別途定めがある場合を除き、①同章は、CPTPPが締約国について発効する日に既に存在し、同章が保護対象としているもの（発明、商標など）に対して同章の保護を付与する義務があること（18.10.1条）、②CPTPPが締約国について発効する日に既に「パブリック・ドメインにある対象事項」は、保護を復活させる義務がないこと（18.10.2条）（「」内は、いったん権利として存在していたが、保護期間満了等により、その権利が消滅するに至ったことをさす（尾島（1999）p. 302））、である。加えて、③18章は、CPTPPが締約国について発効する日の前に行われた行為について、締約国に、損害賠償や民事・刑事手続上の措置など何らかの措置を講じる義務を生じさせるものではない（18.10.3条）。

義務を課した点（18.9.3条）などを除くと、概ねTRIPS協定と同じ内容である。消尽についてもTRIPS協定と同様に各国に委ねている（18.11条）。

（2）　各権利に関するルールの概要

次に各権利に関連するルールについて、主にTRIPS協定との比較の観点から概観する。

①　商標（C節）　商標についてはTRIPS協定と比べて、主に次の諸点が注目に値する。第一に、商標の対象に音を含めた点、視覚による認識性を登録要件としてはならないと規定した点、匂いによる標章の登録を努力義務として含めた点である（18.18条）。第二に、18章は「広く認識されている商標」（周知商標）について、周知性の決定条件として登録を要求してはならないなどと定め、保護を強化した（18.22条）。第三に、商標に関して上述のようにマドリッド協定議定書とシンガポール条約の締結を義務とした[18)]。第四に、商標の不正使用に対する措置を強化した（後掲**4.**（3）参照）。

なお、18章は商標の最初の保護期間を少なくとも10年と規定し（18.26条）、TRIPS協定の同7年と異にするが、既に多くの国で保護期間は10年である。

②　地理的表示（E節）　18章は、地理的表示について保護を規定しながらも一定の制約も課す。締約国は商標か特別の制度（“sui generis system”、EUの保護制度が代表例）などを通じて地理的表示が保護され得ることを認めるが（18.30条）、既存の商標と地理的表示との関係については商標権者の権利が保護されることを定める（18.20条）。

地理的表示の保護または認定のため行政手続を定める場合には、申請手続や処理状況などの関連情報の一般公衆による入手可能性の確保、過度に負担となる手続を課さずに申請または認定を処理するなどの義務を締約国に課す一方で、異議申立及び一般名称となっている場合などの保護取消手続を定めるよう締約国に求める（18.31、18.32条、ただしワインと蒸留酒の地理的表示に18.32条（異議申立て及び取消しの根拠）の適用は求められない）。一般名称の該当性を決定するための

---

18)　マドリッド協定議定書は、商標の国際的な取得の円滑化を目指し、本国の出願や登録に基づいて国際出願した場合に、当該国が12か月以内に拒絶通告しない限り本国と同一の効果を持つことなどを定める。シンガポール条約は、商標登録手続の調和と簡略化を目的に、締約国が要求できる手続を規定し、それ以外の要件を要求することを禁じる内容である。

指針も規定する（18.33条）。

さらには、地理的表示の保護に関わる国際協定に関し、CPTPPの原則的な合意または妥結後に原則的合意または妥結された場合、CPTPPの締結後に一締約国により締結された場合、CPTPPの発効後に発効した場合、のいずれかの国際協定に従って地理的表示を保護または認定する場合に、その地理的表示が上述した保護または認定手続などで保護されていないときは、少なくとも上記の異議申立、保護または認定を拒絶する手続を定める義務などを規定する（18.36条）。このように、18章は米国など商標を通じて地理的表示を保護する国の立場をある程度反映する形となっている。

③　特許及び未開示の試験データとその他のデータ（F節）　18章は、特許及び未開示の試験データとその他のデータの保護を強化した。TRIPS協定と比較して異なる主な点を例示すると以下の通りである。

第一に、特許の対象事項に用途発明、植物に由来する発明が含まれることを明示した（各々18.37.2条、18.37.4条第2文。ただし、いずれも適用停止対象）。第二に、特許要件の一つである新規性について一定の場合にその喪失を猶予する期間（グレースピリオドと呼ばれる）を12か月と規定した（18.38条）。第三に、特許付与の際に当局に不合理な遅延があった場合に、特許期間の延長を調整する手段の確保を義務づけた（18.46条、ただし適用停止対象）。第四に、農業用の化学品（農薬）のデータ保護を強化した（18.47条）。

医薬品に関しても、主に、①特許期間の調整[19)]、②新薬データ保護[20)]、③特定医薬品の販売に関する措置（パテントリンケージと呼ばれる）[21)]という面で保護

19)　①特許期間の調整について、医薬品の販売承認の結果、特許期間の不合理な短縮が生じた場合に、特許期間の延長の調整を可能とすることを締約国の義務とした（18.48条、ただし適用停止対象）。

20)　②新薬のデータが販売承認のため当局に提出された場合、一定期間（医薬品5年、生物製剤8年）、第三者にこの医薬品の販売承認をしないよう締約国に義務づけるなどのルールを定めた（18.50条、18.51条。ただしいずれも適用停止対象）。

21)　③パテントリンケージは、後発医薬品の販売承認時に有効特許を考慮する仕組みで、新薬承認時に厳格な審査を経る特許権者と、比較的簡易な審査を経る後発医薬品の製造者との間でバランスを確保し、公平性を担保する制度である（米谷ほか（下）(2016) p.80）。18章では後発医薬品の販売前に、特許権者への通知、救済のための十分な期間と機会の提供、または以上に代えて特許権者の承認などを条件とする制度の確保が締約国に義務づけられた（18.53条）。

を強化した。ただし医薬品に関する措置については、国際的にも、またTPP交渉の際にも論争となったことを反映し、適用停止対象である規定が多い。

④　**著作権及び関連する権利（H節）**　18章は、著作権と関連する権利についてルールを定める。TRIPS協定と比べると、保護期間を含む保護範囲、技術的保護手段と権利管理情報の保護、行使手続などを拡充した点でTRIPSプラスの面もあるが、TRIPSマイナスの部分もある。また、TRIPSプラスの重要な規定は適用停止対象であるものも多い。

まず、関連する権利については、実演家及びレコード製作者の権利を規定するが、TRIPS協定と異なり放送機関の権利を対象としない。これがTRIPSマイナスの例の一つである。

権利者の排他的権利については、複製権や公衆への伝達権、譲渡権、放送権なども規定され、締約国には排他的権利を与える義務がある。

実演家とレコード製作者の放送と公衆への伝達の排他的権利に関しては、WPPT条約15.1条及び15.4条に基づいてこれらの権利者に報酬を請求する権利を与えることでもよいと規定されており（18.62.3.a条注1）、同条約がその権利の対象として含む配信音源（インターネットなどで配信される音源）に関しても、同様の権利を与えることが必要となる。

保護期間についてはTRIPS協定が著作者の死後等から50年と規定するところを70年とした（18.63条、ただし適用停止対象）。

技術的保護手段とは、コピーされた著作物の利用を制限するような技術的手段（「アクセスコントロール」と呼ばれる）で、締約国は、これを権限なく回避などする者が一定の場合に民事及び行政上の救済措置や刑罰の対象となるようにしなければならない（18.68条、ただし適用停止対象）。また、著作物や権利者を特定する情報などをさす権利管理情報（18.69.4条）を故意に変更するといった行為についても同様である（18.69条、ただし適用停止対象）。

（3）　権利行使（エンフォースメント）（I節）関連

18章の権利行使の関連規定は、ACTAが取り入れられた部分もあり、全体としてTRIPS協定よりも強化されている。TRIPS協定の規定を発展させると共に、新たな規定を定めるなどの点でTRIPSプラスである例は以下の通りである。

権利行使規定は、主に、18章が対象とする知的財産権の行使について、権利者による民事手続の利用を可能とする義務（18. 74. 1条）、商業的規模で行われる商標の不正使用と著作権及び関連する権利（以下、本節で著作権と表記）を侵害する複製に対して刑事手続と刑事罰を設定する義務（18. 77. 1条）、不正商標または著作権侵害の疑いのある物品について税関の職権による差止といった国境措置の開始を可能とする義務（18. 76. 5条）、で構成される。

民事手続の利用を可能とする義務に関連し、商標の不正使用と著作権侵害については、締約国は法定の損害賠償制度と懲罰的損害賠償を含む追加的な損害賠償制度のいずれか、または両方を採用し維持する義務がある（18. 74. 6条、18. 74. 7条）。

また、営業秘密に関しては、営業秘密の悪用を防止するための法的手段の確保義務、一定の行為に対して刑事手続と刑事罰を定める義務を課す（18. 78条）。

18章は、衛星放送とケーブル放送のために暗号化された番組伝送信号の保護を定めており、衛星放送とケーブルテレビの視聴を契約者に制限するための暗号を不正に解読する機器の製造や販売など、一定の行為を犯罪とすると供に、刑事罰と民事上の救済措置の対象とする義務を締約国に課す（18. 79条、ただし適用停止対象）。

（4）　その他

以上のほか18章で注目されるのは、インターネット・サービス・プロバイダ（Internet Service Providers: ISPs）に関する規定である。18章はISPsを定義し（18. 81条）、オンライン著作権侵害に関して締約国が権利者の救済措置を確保する義務や、権利者からの通報に基づいて対象のコンテンツを削除するなどの対応をとれば、プロバイダの免責を認める枠組みを確立し、また維持する義務などを規定する（18. 82条、ただし適用停止対象）。

なお、18章が規定する義務については、途上国の締約国を中心に義務実施のための経過期間が設けられている（18. 83条）。しかし、経過期間の対象となる義務の多くは適用停止対象であることから、チリとペルーは経過措置の対象から外れた。引き続き対象であるのは、ブルネイ、マレーシア、メキシコ、ニュージーランド、ベトナムである。

18章は、28章の紛争処理手続の対象であるが、TRIPS協定と同様に非違反申立は行えない。ただし、WTOで継続している非違反申立に対するWTO紛争処理手続の不適用が終了した場合には、その日から6か月以内に締約国はCPTPPでも同様の対応をとるかどうか検討する（28.3.2条）。

知的財産権の保護にはCPTPPの他の章も関わっており、なかでも投資に関する9章は関係が深い。知的財産権は「投資財産」の定義に含まれ、特定措置の履行要求の禁止など9章のルールが適用される部分がある。

参考文献〈第10章〉

・尾島明『逐条解説　TRIPS協定：WTO知的財産権協定のコンメンタール』日本機会輸出組合、1999年。
・米谷三似、藤井康次郎、濱野敏彦「第11回知的財産権（上）」『NBL』、No. 1084、2016年、pp. 80-87。
・米谷三似、藤井康次郎、濱野敏彦「第12回知的財産権（下）」『NBL』、No. 1085、2016年、pp. 77-83。
・鈴木將文「Web解説 TPP協定　18. 1　知的財産権（総論・協力等）」（ver. 1. 2（2016/9/15））（https://www.rieti.go.jp/jp/projects/tpp/pdf/18.1_ip_general_v1.2.pdf）
・鈴木將文「Web解説 TPP協定　18. 2　知的財産権（商標・地理的表示・意匠等）」（ver. 1. 1（2016/9/15））（https://www.rieti.go.jp/jp/projects/tpp/pdf/18.2_ip_tm-gi_v1.1.pdf）
・鈴木將文「Web解説 TPP協定　18. 3　知的財産権（特許及び不開示データ）」（ver. 1（2016/5/16））（https://www.rieti.go.jp/jp/projects/tpp/pdf/18.3_ip_patent_v1.pdf）
・鈴木將文「Web解説 TPP協定　18. 4　知的財産権（著作権（含・インターネット）」（ver. 1（2016/5/16））（https://www.rieti.go.jp/jp/projects/tpp/pdf/18.4_ip_copyright_v1.pdf）
・鈴木將文「Web解説 TPP協定　18. 5　知的財産権（権利行使）」（ver. 1（2016/5/16））（https://www.rieti.go.jp/jp/projects/tpp/pdf/18.5_ip_enforcement_v1.pdf）
・内閣官房 TPP等政府対策本部「TPP協定ルール分野において想定される具体的なメリット例」（https://www.cas.go.jp/jp/tpp/kouka/pdf/151224/151224_tpp_merritt01.pdf）
・Branstetter., L., "TPP and the Conflict over Drugs: Incentives for Innovation versus Access to Medicines," in Cimino-Isaacs., C. and Schott., J. J. eds., *Trans-Pacific Partnership: An Assessment,* Peterson Institute for International Economics, 2016. pp. 233-250.
・Field., C., "Negotiating for the United States" in Watal., J. and Taubman., A. eds., *The Making of the TRIPS Agreement: Personal insights from the Uruguay Round negotiations,* WTO, 2015, pp. 129-158.
・Handler., M. and Mercurio., B., "Intellectual property" in Lester., S. et al eds., *Bilateral and Regional Trade Agreements: Commentary and Analysis: Second Edition,* Cambridge University Press, 2015, pp. 324-363.
・Taubman., A. et al eds., *A Handbook on the WTO TRIPS Agreement,* Cambridge University Press, 2012.
・Valdes., R. and McCann., M., "Intellectual Property Provision in Regional Trade Agreements: Revison

and Update", in Acharya., R. eds., *Regional Trade Agreements and the Multilateral Trading System,* Cambridge University Press, 2016, pp. 497–607.
・Watal., J. and Taubman., A. eds., *The Making of the TRIPS Agreement: Personal insights from the Uruguay Round negotiations,* WTO, 2015.
・WTO "TRIPS Agreement: Changing the face of IP trade and policy-making,"（https://www.wto.org/english/thewto_e/20y_e/trips_brochure2015_e.pdf）
・WTO ホームページ "Intellectual property: protection and enforcement", "Overview: the TRIPS Agreement"（https://www.wto.org/english/tratop_e/trips_e/trips_e.htm）

第11章　政府調達

政府調達とは、政府などの公共機関による物品やサービスの購入をさす。例えば、中央政府による公共建設工事の発注や、地方自治体による設備の購入がある。CPTPPは政府調達を定義しており、それによれば「政府が、政府用の目的のために、物品若しくはサービス又はそれらを組み合わせたものを利用することができるようにする過程又は取得する過程」（ただし、商業的販売若しくは商業的再販売、またはそのいずれかのための物品またはサービスの生産または供給における利用を目的とするものを除く）である（CPTPP1. 3条）。

WTOによると、各国の政府調達市場の規模はそれぞれGDPの概ね10～15%に達しており[1)]、この市場が外国の製品やサービスに開放されているかどうかは貿易上の重要な関心事項となる。一方、政府調達については各国ともに自国産業の育成や安全保障の観点から、ある製品やサービスの調達を国内企業からの調達に限定する場合があり、貿易ルール上も内国民待遇原則の対象外として扱われてきた（GATT3. 8. a条）。

しかし、GATT体制下、自由無差別な国際貿易を追求しているのに政府調達を除外することは適当でないとの認識が徐々に各国間に広まり、同体制や経済協力開発機構（Organization for Economic Cooperation and Development: OECD）の下でルールの検討が行われ、1970年代の東京ラウンドで政府調達コードが成立した。その後、同コードは一層の協定の改善と市場アクセスの拡大を目指し、1988年の改正を経て、WTO体制下で政府調達協定（Agreement on Government Procurement、1996年発効。以下、GPA1994）、現行の改正政府調達協定（2012年改正、2014年発効。以下、GPA）へと発展した。

ただし、WTOにおいてGPA1994とGPAは一括受諾の対象でなく、参加したい国のみ参加する複数国間貿易協定に位置づけられる（複数国間貿易協定は

1)　WTO "WTO and government procurement".
（https://www.wto.org/english/tratop_e/gproc_e/gproc_e.htm）

本書1章2.（2）「WTO協定の構造」参照）。両協定では、先進国に比べて発展途上国（以下、途上国）の参加国が限られ、その増加が課題となってきた。なお、GPAに参加する国は「締約国」と表記される場合もあるが、本章ではRTAの締約国及びWTOの加盟国と区別する観点から「参加国」と呼ぶ。

一方、最近のRTAではGPAの参加国間のみならず、GPAの非参加国と参加国の間、非参加国間のRTAにも政府調達関連のルールが規定されるようになっている。これらのルールはGPAに類似し、政府調達分野ではGPAに沿う形にルールが収れんしているといわれる（後掲2.（1）参照）。ただし、政府調達市場の対外的な自由化の対象である市場アクセスの範囲は、全般的にRTAに比べてGPAで広い傾向がある（同）。

本章では、GATT-WTO体制の政府調達に関するルールとRTAにおける同分野のルールの傾向を概観する。次に、CPTPPの政府調達ルールの概要をみる。

1. WTOの政府調達関連ルール

（1） WTOの政府調達協定の歴史的経緯

政府調達市場の自由化は、自由化対象とする調達機関、基準額、調達対象（物品、サービス分野など）を参加国が附属書で特定する形で行われる。自由化範囲は、調達機関については中央政府から地方政府とその他の関連機関を含むようになり、さらに基準額についてはその引下げ、調達対象については物品に加えてサービスが追加されることで、徐々に拡大した。

GATT-WTO体制下で最初に政府調達を規律した政府調達コード（1979年）は、15万SDR以上の物品の政府調達を自由化対象とすると共に、政府調達に関して無差別原則、透明性の確保、途上国への配慮などを定めた。SDRは、国際通貨基金（International Monetary Fund: IMF）の特別引出権（Special Drawing Right: SDR）という通貨単位で、ドルやユーロ、円を含む主要通貨のバスケットで決定される。

同コードについては、1988年改正時に対象とする調達の基準額が13万SDRまで引下げられたものの、サービスを対象としないことに加え、中央政府の調達のみ対象とするなどの限界があった。そこで、ウルグアイ・ラウンドと並行して交渉が行われ、GPA1994が成立した。

GPA1994は、調達対象にサービス、加えて調達機関に地方政府とその他機関を追加して市場アクセスの範囲を拡大した。さらに、物品やサービスの供給者による申立を可能とする国内の苦情申立手続の整備義務を参加国に課すと共に、調達効果を減殺する措置（現地調達要求、技術ライセンス要求など）を規律するルールも定めた。また、参加国間で異なる自由化水準を調整するため、無差別原則の適用を制限し得る条件や相互主義などを記載した一般的注釈を附属書に挿入することとした。

また、GPA1994は、市場アクセス範囲の拡大と協定の改善、残存する差別的措置や慣行を撤廃すべく、協定発効から3年以内に交渉を開始するようあらかじめ規定した。そこでこの交渉が開始され、2014年に現行のGPAが発効した。GPAは、市場アクセスの拡大と、調達の電子化や腐敗防止など現代的課題への対応、途上国関連ルールの整備などを定め、協定の改善をはかった。

ただし、協定の適用範囲は、参加国が附属書で特定した自由化対象の範囲に限られる。附属書では、上述のように相互主義に基づいて、市場アクセスの範囲や無差別原則の適用に条件を付すことができる。複数国間貿易協定のGPA（GPA1994も同様）では、無差別原則は協定の参加国に対してのみ適用されるが、さらに参加国の付す条件により、参加国間でも待遇に差が生じ得る。こうした仕組みにより、フリーライダーの防止と協定に参加するインセンティブが保持されているともいえるが、このような構造は一般的最恵国待遇原則を規定するGATTとかなり異なっている。以上を念頭に、次にGPAの概要をみていく。

（2） 改正政府調達協定（GPA）の概要

GPAにはWTO加盟国の19か国・地域が参加している（EUについては28加盟国をEUが代表[2)]）。日本を含む先進国が中心的な参加国であるが、中国とロシアを含む10か国が参加交渉中であるほか、サウジアラビアなど5か国も参加交渉の開始を予定しており、参加国は増加する傾向にある（2018年末時点）。

---

2) EU離脱予定の英国は2018年6月に英国としての参加を申請し参加手続中であったが、2019年2月に他の参加国からこれを認められたことがWTOから公表されている。WTO “UK set to become a party to the Governnment Procurement Agreement in its own right”, 27 February 2019.（https://www.wto.org/english/news_e/news19_e/gpro_27feb19_e.htm）

図表1　附属書Ⅰの対象

付表	特定対象	備考
付表1	中央政府機関 （日本の場合、省庁など）	中央・地方・その他機関について物品、サービス、建設サービスそれぞれの基準額、適用除外とする調達や相互主義に基づく適用条件などを特定する
付表2	地方政府機関 （日本の場合、都道府県など）	
付表3	その他の機関 （日本の場合、独立行政法人やJR各社、NTT各社など）	
付表4	物品	協定の適用対象とする物品、サービスを特定する
付表5	サービス（建設サービス除く）	
付表6	建設サービス	
付表7	一般的注釈	通常、協定の適用条件などが記載される

（出所）GPAを基に筆者作成。

GPA参加国以外のWTO加盟国が行う政府調達は、GATT3. 8. a条によって内国民待遇原則の対象外である[3)]。

GPAは、前文、全22条、参加国が市場アクセスの範囲を特定する附属書Ⅰを含む四つの附属書で構成される[4)]。各条は、定義、適用範囲、例外、一般原則、途上国への待遇、調達手続に関する規定、国内審査手続の確保、協議と紛争処理手続などを規定する。附属書Ⅰは、**図表1**の通り七つの付表に分かれ、参加国が自由化する政府調達市場の範囲を特定する。

①　適用範囲　GPAは対象調達に関する（regarding）措置に適用される。対象調達は、政府の目的のための調達で、GPAの要件を全て満たす調達をさす。電子的手段によるかどうかにかかわらない。GPAの要件とは、①附属書Ⅰ

3）WTOの上級委員会は、GATT3. 8. a条を内国民待遇原則の対象外（derogation）と判断した。Canada-Renewable Energy, Feed-in Tariff Program/AB, para. 5. 56.

4）附属書Ⅱ〜Ⅳには、協定が規定する調達関連情報を公開する電子媒体や紙面、ウェブサイトのアドレスが記載される。

の参加国の付表で特定される物品、サービス、またはその組合せの調達で、商業的な販売や再販売を目的としないこと、②契約により行われること、③調達計画の公示時点で、附属書Ⅰの参加国の付表で特定される基準額以上の調達であること、④調達機関により行われること、⑤適用範囲から除外されていないこと、である。土地などの不動産の購入またはその権利の取得または借入れや、参加国による国際的な援助を明確な目的とする調達など、除外される調達がある。参加国は、附属書Ⅰで**図表1**の内容をそれぞれ特定する（以上、GPA2条）。

GPA1994に比べると、GPAでは参加国が特定する対象機関とサービス分野が広がり、基準額も引下げられて、全般的に市場アクセスの範囲が拡大した[5)]。日本の場合には、中央政府の物品の基準額は13万SDRから10万SDRに引下げられた。10万SDRは、GPAが改正され、発効した2012～14年頃に約1200万円前後であった。

参加国は、政府調達委員会（後掲**1.**（2）⑥参照）に対する通報などの手続を経て附属書Ⅰを修正することもできる。ただ、修正によって参加国間の権利と義務のバランスが影響を受け得るため、そうした影響を受け得る国は、通報された修正案に対する異議を政府調達委員会に申し立てできる。異議申立があった場合については、協議、仲裁手続、異議申立国による実質的に同等の適用範囲の撤回という対応手段が規定されている（同19条）。仲裁手続や適用範囲の撤回に用いる基準などについては、政府調達委員会が採択することになっており（同）、仲裁手続（GPA/139）は2016年に採択された。その他の基準については未採択である[6)]。

②　**例外**　　GPAは、安全保障例外と一般的例外を規定する。安全保障例外は、GPAの規定が、参加国に自国の安全保障上の重大な利益の保護のために必要と認める措置または情報で、武器等または国家の安全保障もしくは防衛上の目的のために不可欠の調達関連の措置をとること、またその情報を公表しないこと、を妨げると解されてはならないと定める。

5)　各国の市場アクセスの範囲については、WTOがポータルサイト（e-GPA）を設けている。同サイトでは参加国の基準額や注釈などのほか、実施しようとする調達がGPAの適用対象かどうかなどを把握することができ、利用しやすい（https://e-gpa.wto.org/）。

6)　WTO, "Report (2018) of the Committee on Government Procurement", GPA/AR/1, 29 November 2018, para. 2. 5.

一般的例外は、GPAの規定が、参加国が公衆の道徳、公の秩序、公共の安全のいずれかの保護、人と動植物の生命または健康の保護、知的財産権の保護のためにそれぞれ必要な措置と、障害者や刑務所労働などにより生産される物品または提供されるサービスに関する措置を一定の条件に基づいてとることを妨げると解してはならないと定める。この条件とは、同様の条件の下にある参加国間で恣意的または不当な差別手段となるような方法で、または国際貿易に対する偽装した制限となるような方法で措置がとられないこと、である（同3条）。

③　**主要原則ほか**　GPAは一般原則として、主に、無差別待遇の確保、調達の実施に関するルールなどを規定する。

(a)　**無差別待遇**　参加国は、対象調達に関する措置について、GPAの他参加国の物品とサービス、及びそれらの供給者に対して、国内の物品、サービス及び供給者と、GPAの第三の参加国の物品、サービス及び供給者に与えるより不利でない待遇を即時かつ無条件に与えなければならない（同4.1条）。ただし、GPAの適用対象となる調達は参加国が附属書Iの付表で特定するため、そこで条件が付されればその条件に従う。

無差別待遇は、調達に固有でない措置に適用されない（同4.7条）。調達に固有でない措置には、輸入または輸入関連の関税及び課徴金、その徴収方法その他の輸入関連規則または手続、サービス貿易に影響を及ぼす措置が該当する（同）。そこで、関税削減やサービス貿易に関する規制など、一般的な市場アクセスに関わる措置はGPAの対象外である。

この点、サービス貿易に影響を及ぼす措置を規律するGATSも、13条で同2条（最恵国待遇）、16条（市場アクセス）、17条（内国民待遇）の規定は、政府機関が政府用の目的のために購入するサービスの調達を規律する法令及び要件については適用しないと規定する。しかし、実際には、外国企業がサービスの調達に参加するためには国内の商業拠点設置の可否が関わるなど、GATSを通じたサービス貿易の自由化が前提となる部分がある。つまり、GATSはサービス貿易の市場アクセスを規律し、GPAはそのサービスの政府による購入の仕方を規定しているということである。このため、サービスの政府調達については、GPAとGATSとの関わりが深いといわれる[7]（GATSは本書8章参照）。

(b)　調達の実施に関するルール　　調達は、①協定に適合する方法、②利益相反の回避、③腐敗した慣行の防止、という要件を全て満たす透明かつ公平な方法で実施されなければならない。実施方法としてGPAは、公開入札、選択入札、限定入札を例示する（同4.4条）。

公開入札は、「関心を有する全ての供給者が入札を行うことのできる調達方法」をさす。選択入札は「資格を有する供給者のみが調達機関から入札を行うよう招請される調達方法」で、指名入札を意味する。限定入札は、「調達機関が、自己が選択した供給者と折衝する調達方法」をいい、随意契約に相当する（いずれも同1条）。

いずれの方法を優先すべきかをGPAは明示しないが、限定入札が可能な場合は限られているため（同13条）、原則として、公開入札と選択入札が優先して用いられるべきと考えられている[8]。

(c)　その他のルール　　一般原則として、電子調達を行う場合、参加国には、一般に利用可能な情報技術システムとソフトウェアで、他の同システムとソフトウェアと相互運用性のあるものの利用の確保、及び参加申請と入札の信頼性を確保する仕組みの維持が求められる（4.3条）。また、参加国は、調達の効果を減殺する措置（現地調達要求、技術ライセンス要求など）の要請や強制をしてはならない（同4.6条）。

加えて、GPAは関連国内法令などの公表や調達情報の公示などについて定め、参加国に調達制度に関する情報について透明性を確保するよう求める（同6条ほか）。

さらにGPAは、調達に関する手続的公平性や適正性の確保を求め、市場アクセスの約束が無効化されないように、手続が透明かつ差別的でない競争的方法で行われるための様々なルールを定める。具体的には、公示、調達参加条件、供給者の資格審査、技術仕様及び入札説明書、入札期間、調達機関による交渉、限定入札、電子オークション、入札書の取扱い及び落札、調達情報の透明性に関するルールである（同7～16条）。

GPA1994に比べてGPAで注目すべきは、調達時の利益相反の回避と腐敗

---

7)　Anderson et al (2017) p. 65, Dawar (2017) pp. 118-123.

8)　松下 (2012) p. 665.

した慣行の防止への配慮が加わった点である（同前文）。上述の通り、調達機関には、利益相反を回避し、腐敗した慣行を防止するとの条件を満たす透明かつ公平な方法で調達を実施する義務がある（同4.4条）。

④　**苦情申立手続**　参加国は、個別の政府調達手続に関する調達機関のGPA違反といった苦情を企業などの供給者がもつ場合に、直接に苦情申立ができる国内手続を設けなければならず、そのために調達機関から独立した行政機関または司法機関を設置する義務がある（同18条）。日本では、この機関として内閣府に政府調達苦情処理体制（Office for Government Procurement Challenge System: CHANSと呼ばれる）がおかれ、1996～2018年までに15件の申立が処理されている。

代表的な申立の一つとして、GPA1994に基づくJRのSUICAの調達手続に関する苦情申立がある。JRによるSUICAの入札に際して、SUICAの共同開発を行っていたソニー社が落札し、米国モトローラ社は落札できなかった。モトローラ社は技術仕様に関するルールが守られず、ソニー社に有利な入札が行われたなどとしてJRのGPA1994違反を申し立てたが、CHANSは、結論としては本調達手続に関する協定違反を認めなかった。

⑤　**途上国への待遇**　GPAは、途上国に対する「特別かつ異なる待遇（Special and Differential Treatment: S&D）」に関するルールの充実をはかった。参加国には、途上国及び後発開発途上国（Least Developed Country: LDC）の貿易上のニーズなどに特別の考慮を払い、途上国とLDCの要請に応じて、GPAに従ってS&Dを与える義務がある（同5.1条）。ただし、LDC以外の途上国については、S&Dが開発上のニーズを満たすのに必要な程度で、という条件を付す（同）。

具体的には、途上国は、参加国との同意に基づいて、経過期間中に附属書Iのその途上国の関連する付表に従い、無差別適用という条件下で、一定の条件に基づく自国企業の価格面での優遇、調達の効果を減殺する措置の採用や維持、GPAの義務実施のための一定の経過期間の設定などが可能である（同5.3、5.4条）。さらに、途上国の要請に基づいて、協定参加時やGPA実施時に技術支援やキャパシティ・ビルディングの支援が行われる（同5.8条ほか）。

つまり、GPAのS&Dは、途上国とLDCが要請した上で参加国と同意することが求められる場合があり、条件付きである。また、S&Dは開発上のニーズを満たすのに必要な程度で（LDCを除く）、という制約を受ける。これらの点は、同意やこうした制約を条件としないWTOの他の協定上のS&Dと異なっている。

⑥　**その他**　GPAは、交渉時に交渉国間で合意できなかった点などについて「作業計画」を設定した。これには、中小企業の取扱いや持続可能な調達の取扱い、締約国の付表における適用除外及び制限などが含まれる（同22.8条）。GPAは、GPA1994と同様に将来の交渉をあらかじめ規定しており（同22.7条）、作業計画と相まって、協定の一層の改善が予定されている。

GPAは、WTOの紛争処理手続の対象である。そこで、協定違反などがあった場合には、参加国は同手続を利用できる。ただし、GPAはクロス・セクトラル・リタリエーションの対象にならない（同20条）（クロス・セクトラル・リタリエーションは本書14章**1.**（1）「WTO紛争処理手続の特徴」参照）。

また、GPAの実施と運用に関する検討などを行うため、GPA参加国で構成される政府調達委員会が設置されている（同21.1～21.3条）。

2.　地域貿易協定（RTA）の政府調達ルール

政府調達に関するルール（以下、政府調達ルール）を規定するRTAは増加し、政府調達市場はRTAを通じても徐々に自由化されている。以下では、RTAにおける政府調達ルールの傾向を概観し、次にGPAとRTAの関係について提起される論点を提示する。

（1）　RTAの政府調達ルールの概要

本節では、RTAの政府調達ルールに関する有力な先行研究（Anderson et al（2014, 2015））（分析対象：2013年8月までにWTOに通報され、かつ有効な250件のRTA）に基づいて、RTAの政府調達ルールの傾向を概観する。

図表2は、政府調達ルールを規定するRTAの割合を示す。このうち、第一に政府調達分野の詳細なルールと市場アクセスの約束とを含むRTA（第1カテゴリー）が3割弱（73件）、第二に同分野の若干の規定があるものの具体的な手続や市場アクセスの約束を含まないRTA（第2カテゴリー）が3割弱（67件）、第三に政府調達分野の規定がないRTA（第3カテゴリー）が5割弱（110件）を占

図表２　政府調達ルールを規定するRTAの割合（250件中）／第１カテゴリー内訳（73件）

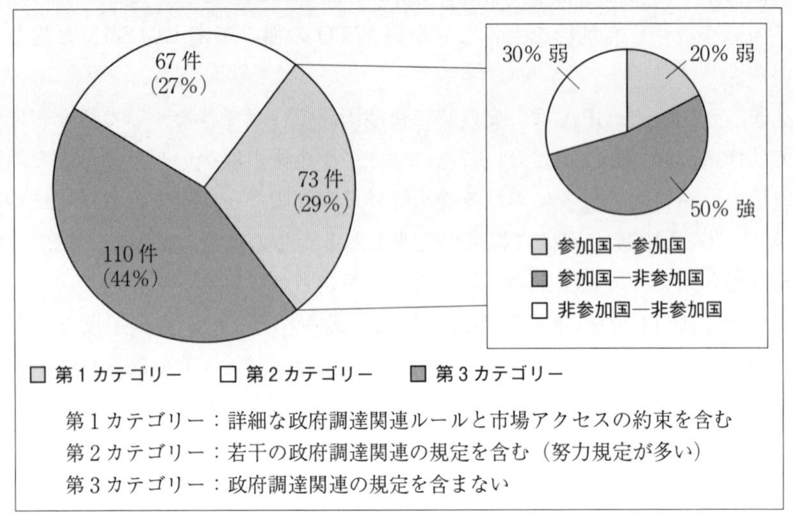

（出所）Anderson et al (2017) より筆者作成。

める。

第１と第２カテゴリーを合わせると、政府調達分野のルールを何らかの形で規定するRTAは５割強（140件）に達している。第３カテゴリーのRTAは、GPA非参加国間で締結されたRTAが過半数を占める。また、このカテゴリーの半数近く（50件）は15年以上前に締結されたRTAである。近年締結されるRTAには、CPTPPのように政府調達分野を含むものも多く、全般的には政府調達ルールを規定するRTAは増加傾向にある。

政府調達ルールは、手続や行為に関わるものであるため、GPAやRTAのルールで内容が異なると、調達の実施機関や入札に参加する事業者にとってはコストの増加につながり得る。特にGPAとの比較の観点からは、政府調達分野の詳細なルールと市場アクセスの約束を含む第１カテゴリーのRTAが重要である。この点、第１カテゴリーのRTAの多くは、GPA1994またはGPAをモデルとする内容で、WTOのルールから大きく乖離しない。さらには、GPA参加国が政府調達ルールを含むRTAを締結する場合には、両者の抵触を避ける努力がなされる。具体的には、RTAで両協定に類似の義務を規定したり、これらの協定を組み込む方法がとられたりするほか、一般的に最恵国待遇義務をRTAで規定せず、RTAの義務とGPAの義務とを明確に分ける形をとる[9)]。

RTAの市場アクセスは、調達機関、基準額、調達対象を特定し、相互主義に基づいて自由化範囲を画定する点でGPAと類似する場合が多く、自由化水準は全般的にはRTAよりもGPAで高い傾向がある。ただし、自由化対象範囲にGPAにない追加的なサービス分野やBOT（build-operate-transfer）契約を含む場合、GPA参加国間及びラテンアメリカ諸国が締結するRTAの中にGPAの自由化水準を超える場合がみられるなど、限定的ではあるもののGPAより高水準の市場アクセスが達成される場合もある[10)]。なお、GPA参加国と非参加国とのRTAにおける自由化水準は、GPAよりも低い場合が多い。

図表2が示すように、第1カテゴリー（73件）には、GPAの参加国間のRTAに加えて参加国と非参加国との間のRTA、非参加国間のRTAも含まれる。このことは、GPAに非参加の国であってもGPA類似のルールを受け入れる場合のあることを示唆している。

（2）　改正政府調達協定（GPA）とRTAの関係

フリーライダーを防止する観点から相互主義を徹底するGPAと、本来的に相互的なRTAとの関係は、他のWTO協定と比べても独特である。本節では、それに関わるいくつかの論点を提示する。

第一に、GPA参加国間でRTAを締結し、GPAを超える自由化が果たされた場合、その自由化がGPAの参加国間での無差別待遇の供与義務（GPA4.1条）に従って、GPAの他の参加国に均てんされるかという問題がある（均てんは本書2章3.（1）「関税交渉と関税引下げ方式」参照）。

GPAには、GATT24条などのいわゆるRTA例外条項がないことに加え、GPAの前文で、国際貿易の一層の自由化と拡大の達成が目途されていることから、本来的には均てんされるのが妥当なはずである。しかし、GPAの適用範囲は、参加国が附属書Iの自国の付表で特定する対象調達に関する措置であり（同2.1条）、無差別待遇義務もその措置に適用される（同4.1条）。そこで、

9)　Anderson et al (2017) pp. 70–71.
10)　Anderson et al (2017) p. 73.

RTAで達成されたGPAを超える自由化はGPAの適用対象外であり、この自由化をGPA参加国に均てんすることは相互主義という考え方に沿わないことになる。

第二に、GPAもRTAも相互主義という点で共通であれば、それぞれを選択する意義は何かという点である。しかも上述のように、GPAの非参加国がRTAでGPA類似の政府調達ルールを規定する場合があること、自由化水準もGPAの方が高いことに鑑みると、GPAに参加する方がひ益し得るとも考えられる。同様に、GPAの参加国が参加国間のRTAで市場アクセスを含む政府調達ルールを規定する場合があるが、RTAとは本来的には相互的な貿易協定であるため[11)]、GPAで相互主義が徹底されているのであれば、RTAで別途政府調達分野に合意する必要性はないともいえる。しかし、実際には、近年のRTAで政府調達ルールが規定される一方で、GPAの参加国は増加傾向にある。

この点、GPAに参加する意義としては、市場アクセスの確保以外にもWTO紛争処理手続の利用可能性や多国間監視の仕組みの有用性、紛争処理手続を用いる場合のコストがRTAに比べて低いこと、GPAへの参加や実施に際してWTO事務局から支援が期待できることなどがあげられよう。

他方で、RTAでは交渉国数が少なく早いスピードでの交渉が可能である中で、政府調達以外の様々な分野や、政府調達のサービス分野の個別セクターなどを交渉時の交換条件に用いることが可能である。特に、RTAの交渉相手国に自国が関心を持つ政府調達の未自由化の市場があれば、なおさらRTAの締結が選択肢の一つとなる。各国は、それぞれの事情と関心に応じて両者を選択しているということであろう。

政府調達に関するWTOやRTAのルールの核心は、政府調達市場の対外的な自由化と共に、調達時の透明性や適正性の確保などの規律にあるといえるが、特に前者は相互主義に基づく場合が多い。そこでは無差別待遇の供与義務が規定されても、その義務の適用範囲はGPA参加国とRTA締約国が様々な条件

11)　WTOは、RTAを2以上の貿易相手との相互的な貿易協定と定義し、自由貿易協定（free trade agreement: FTA）と関税同盟を含む、と説明する。
（https://www.wto.org/english/tratop_e/region_e/rta_pta_e.htm）

を付す対象調達に関する措置に限られており、本来的に自由化が広がりにくい仕組みであるといえる。ドーハ・ラウンドの停滞に伴って「プルリ」協定の取組みがみられることは本書1章で扱ったが、GPA のあり方と RTA との関係は、そうした取組みへの示唆に富んでいる。

図表3 CPTPP 締約国の GPA と FTA の締結状況

CPTPP 締約国	GPA	FTA	備考
カナダ	○		
日本	○		
ニュージーランド	○		
シンガポール	○		
オーストラリア	参加交渉中[12)]	○	米国との FTA あり
ブルネイ		△	P4 協定／FTA を通じた自由化水準は他国より低い
チリ		○	米国との FTA あり
メキシコ		○	米国との FTA あり
ペルー		○	米国との FTA あり
マレーシア			
ベトナム			EU との EPA あり、ただし未発効

（注）GPA 参加国を網掛け。TPP 協定では米国も GPA 参加国。
（出所）各種資料より筆者作成。

12) オーストラリアは、批准手続を終了しており、2019年5月初旬から GPA 参加国となる予定である。WTO “Australia ratifies WTO procurement pact”.
(https://wto.org/english/news_e/gpro.05apr19_e.htm)

3. CPTPPの政府調達ルール

（1） CPTPPの政府調達ルールの意義

CPTPPは、15章で政府調達に関するルールを規定する。ルールの内容はGPAに準じている。市場アクセス確保の仕組みもGPAと同じであり、締約国は15章の適用対象とする調達機関、基準額、物品とサービスとを附属書の各締約国の表で特定する。その際には、相互主義に基づく条件を付すことができる。例えば、メキシコはニュージーランドを附属書15-A. C節から除外し、ニュージーランドは、同様にメキシコを除外する（C節で各締約国はその他機関を特定〔後掲3.（2）参照〕）。それでもなお、GPAと比較すると15章には次のような意義が認められる。

第一に、マレーシアとベトナムの政府調達市場が初めて対外的に自由化された。上述の通り、GPAでは途上国の参加促進が課題であるが、CPTPPでは、経過期間を伴い、また、市場アクセスの対象範囲も限定的であるものの、両国が市場を自由化した[13)]。

第二に、ルールの内容についてもGPAを発展させた部分がある。ただし、15章にはCPTPPで適用停止対象の規定が二つ（CPTPP15. 8. 5条〔注を含む〕、15. 24. 2条「この協定の効力発生の日の後3年以内に」部分。以下（　　）内はCPTPPの条文）含まれ、そのうちの一つ（15. 8. 5条）はGPAを発展させた規定に該当する（内容は後掲3.（2）①参照）。

第三に、GPAの参加国についても市場アクセスが改善した部分がある。CPTPP締約国は、**図表3**のように、①GPA参加国（カナダ、日本など）、②GPA非参加であるが主要国とのFTAを通じて政府調達市場を自由化している国（オーストラリア、ブルネイなど）、③GPA非参加でFTAを通じた同市場の自由化もない国（マレーシア、ベトナム）に分かれるが、②に該当する国についても、政府調達市場の自由化が進展した。

（2） CPTPPの政府調達ルールの概要

15章は全24条と附属書15-Aで構成される。各条は、同章適用のための用語の定義（15. 1条）、適用範囲（15. 2条）、例外（15. 3条）、一般原則ほか主要なル

13）　ベトナムについては、EUと実質合意したEPAが政府調達分野も含むが、このEPAは未発効である（2018年末時点）。

ール（15.4〜15.20条）、中小企業の参加促進、協力などその他の取り決め（15.21〜15.24条）を規定する。

15章の適用範囲は対象調達に関する措置である。対象調達とは、①附属書15-Aの各締約国の表で特定される物品、サービス、またはその組合わせの調達で、②契約により行われること（BOT契約を含む）、③調達計画の公示時点で附属書15-Aの各締約国の表で特定される基準額以上の調達であること、④調達機関により行われること、⑤適用範囲から除外されていないこと、という要件を全て満たす政府調達をさす。GPAと同様に、不動産またはその権利の取得または借入れ、国際的援助を明確な目的とする調達など、除外される調達がある（15.2条）。

本章の冒頭で述べたように、CPTPPは政府調達を定義するが、規律対象となる調達の趣旨はGPAと変わらない。なお、基準額はGPAにおいては参加国間で類似するが、CPTPPでは締約国間で相当程度異なっている。発展段階の異なる途上国を含むとの事情が背景にあると思われる。

締約国は、附属書15-Aで、中央政府（A節）、地方政府（B節）、その他機関（C節）とそれぞれの基準額、物品（D節）、サービス（E節）、建設サービス（F節）を特定すると共に、一般的注釈（G節）を付す。そのほか、同附属書は、基準額の調整方式や調達関連情報なども記載する（それぞれH、I節）。

15章の一般的例外はGPAと概ね同様の内容を定める（15.3条。ただし、内容が発展した部分がある〔後掲**3.**（2）①〕）。安全保障例外は29章が規定する（29.2条）。29章の安全保障例外の規定内容は、GPAよりやや対象範囲が広い（安全保障例外に関するこの点について本書4章**2.**（3）②「安全保障のための例外」参照）。

入札方法に関しては、GPAで公開入札の優先が導かれていたが、15章は選択入札と限定入札が適用される場合を除いて、公開入札の利用を締約国の調達機関の義務とする（15.4.4条）。それぞれの入札方法の定義はGPAと同じ趣旨である。その他の調達に関するルールもGPAに類似する。

途上国に対する特別待遇の内容や条件もGPAに類似する[14]。国内苦情申立手続の確保も締約国の義務であり、日本ではCHANSが対応している[15]。

14）ただし、GPAと異なり途上国の開発上のニーズに基づくという条件はない（15.5条）。

15）内閣府「チャンス：政府調達苦情処理体制」。

① **GPAを発展させたルール**　15章は、GPAを発展させた内容であることは上述した。以下では、その主な点をあげる。

第一に、一般的例外に、人と動植物の生命または健康の保護に必要な「環境に関する措置」が含まれることを明記した（15.3.2条）。

第二に、一定の条件に基づいて、調達への参加条件の設定を通じて調達機関が国際的な労働者の権利（labor rights）の保護を促進できることを規定した。具体的には、物品の生産またはサービスが行われる領域において、調達機関は、労働者の権利（締約国が認め、かつ19.3条に規定するもの）に関連する法令の遵守促進を妨げられない。その場合の条件は、CPTPP26章（透明性及び腐敗行為防止）に適合する方法で適用されること、締約国間で恣意的または不当な差別手段となるような方法または締約国間の貿易に対する偽装された制限となるような方法で適用されないこと、である（15.8.5条）。ただし、この規定は適用停止対象である。

第三に、15章は腐敗行為の防止を強化した。締約国は、自国の政府調達における腐敗行為に対処するための刑事上または行政上の措置の確保、さらに、調達に従事または影響を及ぼす者の潜在的な利益相反を可能な限り排除し、または管理する政策と手続の確保が義務である（15.18条）。

第四に、調達への中小企業の参加促進のため、中小企業の参加の重要性に対する締約国の認識と共に、そのための措置を規定する。ただし、調達時に中小企業優遇などの措置を維持する場合には、関連措置の透明性の確保が締約国の義務である（15.21条）。

第五に、15章は「建設・運営・移転に係る契約及び公共事業に関する特別の許可に係る契約（build-operate-transfer contract/public works concession contract: BOT契約）」を定義した（15.1条）。BOT契約はインフラ投資などの際に用いられる。GPAではBOT契約は明示されないが、15章はこうした契約も「対象調達」への適合条件の一つである契約による、とする契約に含まれることを明示する（15.2.2.b条）。BOT契約については、GPAでもCPTPPでも自由化の対象としている国がある一方で、マレーシア、ベトナムなど、CPTPPで対象

（https://www5.cao.go.jp/access/japan/chans_main_j.html）

外とした国もある。

② **市場アクセス**　**図表 3** で示した通り、CPTPP の締約国は GPA 参加国と GPA 非参加国を含むが、非参加国は、FTA による自由化を経た国、CPTPP で初めて対外的な自由化を行った国（マレーシア、ベトナム）に分かれた。**図表 4** は、CPTPP 締約国の調達機関別の基準額（CPTPP 発効から自由化までの年数を含む）を示す。

このうち GPA の参加国については、カナダやシンガポールが調達機関やサービスを追加するなど、GPA より市場アクセスが改善した部分がある。一方で、地方政府の範囲を限定するなどアクセスが後退した部分もある。例えば、ニュージーランドは地方政府の調達を 15 章の対象外とする。

GPA の非参加国であるが FTA による自由化を経た国は、CPTPP で政府調達市場の自由化を進めた。例えば、オーストラリア、チリ、ペルーが基準額をそれぞれの既存の FTA よりも引下げ、さらにオーストラリアはサービスと調達機関を追加した。

マレーシアとベトナムについては、経過期間が長く、適用範囲も限定的である。マレーシアでは、マレー系住民を優遇するブミプトラ政策によって、政府調達の際にもマレー系企業が優遇されてきた。同国にとってその政策の維持が重要であったが、CPTPP でも対象調達である建設サービスについて年間調達額の 30% までブミプトラ政策の対象企業に割り当てられるほか、価格に関する優遇措置を継続することが可能となった。ただし、優遇策の上限がある（マレーシアの附属書 15-A. G 節）。

なお、GPA は適用範囲の修正に関して異議申立制度を設けていることに言及した（前掲 **1.**（2）④）。15 章も同様の異議申立制度を定めるが、協議による解決努力を規定し、GPA のような仲裁手続を規定しない（15. 20 条）。

③ **協定の遵守・運用**　15 章は、28 章紛争処理手続の対象である。特に、いわゆる非違反申立も可能な七つの章の一つである（非違反申立は本書 14 章 **1.**（2）①「申立の類型」参照）。ただし、マレーシアとベトナムについては、両国について協定が発効する日から 5 年間、紛争処理手続を不適用とする経過期間がある（両国の附属書 15-A. J 節）。

15 章は政府調達に関する締約国の協力努力を定めると共に、同章の運用の

図表 4　調達機関と基準額（国の表記順は図表 3 と同じ）　（単位：SDR）

	中央政府		地方政府		その他の機関	
	物品・サービス	建設サービス	物品・サービス	建設サービス	物品・サービス	建設サービス
カナダ	13 万	500 万	35.5 万	500 万	35.5 万	500 万
日本	10 万	450 万(注 2)	20 万	1,500 万(注 2)	13 万	機関別に 450 万または 1,500 万(注 2)
ニュージーランド	13 万	500 万	×	×	40 万	500 万
シンガポール	13 万	500 万	—	—	40 万	500 万
オーストラリア	13 万	500 万	35.5 万	500 万	40 万	500 万
ブルネイ	25 万(～Y2) 19 万(Y3～Y4) 13 万(Y5～)	500 万	—	—	50 万(～Y2) 31.5 万(Y3～Y4) 13 万(Y5～)	500 万
チリ	9.5 万	500 万	20 万	500 万	22 万	500 万
メキシコ	79,507 米ドル	10,335,931 米ドル	×	×	397,535 米ドル	12,721,740 万ドル
ペルー	9.5 万	500 万	20 万	500 万	16 万	500 万
マレーシア	物品 150 万(～Y4) 80 万(Y5～Y7) 13 万(Y8～) サービス 200 万(～Y4) 100 万(Y5～Y7) 50 万(Y8～Y9) 13 万(Y10～)	6,300 万(～Y5) 5,000 万(Y6～Y10) 4,000 万(Y11～Y15) 3,000 万(Y16～Y20) 1,400 万(Y21～)	×	×	物品 200 万(～Y4) 100 万(Y5～Y7) 15 万(Y8～ サービス 200 万(～Y) 100 万(Y5～Y7) 50 万(Y8～Y9) 15 万(Y10～)	6,300 万(～Y5) 5,000 万(Y6～Y10) 4,000 万(Y11～Y15) 3,000 万(Y16～Y20) 1,400 万(Y21～)
ベトナム	200 万(～Y5) 150 万(Y6～Y10) 100 万(Y11～Y15) 26 万(Y16～Y20) 19 万(Y21～Y25) 13 万(Y26～)	6,520 万(～Y5) 3,260 万(Y6～Y10) 1,630 万(Y11～Y15) 850 万(Y16～)	×	×	300 万(～Y5) 200 万(Y6～)	6,520 万(～Y5) 5,500 万(Y6～Y10) 4,000 万(Y11～Y15) 2,500 万(Y16～Y20) 1,500 万(Y21～)

（注 1）GPA 参加国を網掛け。（Y）は協定発効後の年数を示す。「—」地方政府が存在せず。「×」対象機関なし。マレーシアについては別途ブミプトラ政策に関連する注釈が存在する。
（注 2）ただし、中央政府が調達する建築のためのサービス、エンジニアリング・サービスその他の技術的サービス（15 章の適用対象であるもの）の基準額は 45 万 SDR、地方政府が調達する同サービスの基準額は 150 万 SDR、その他機関が調達する同サービスの基準額は 45 万 SDR。
（出所）CPTPP より筆者作成。

ため、締約国で構成される政府調達小委員会の設置を定める。同小委員会は、締約国間の協力を推進するなどの活動を行う（15. 22、15. 23 条）。

15 章はまた、締約国の市場アクセス範囲の改善などのため、今後交渉することを規定する（15. 24 条）。当初発効から 3 年以内の交渉開始という期限があったが（15. 24. 2 条）、期限の部分は適用停止対象となり、締約国が別途合意する場合を除き、いずれかの締約国の要請に応じて、CPTPP 発効後 5 年以降に開始することが合意された（CPTPP 附属書 6（b）注）。

参考文献〈第 11 章〉

- 松下満雄「WTO 新政府調達協定について」『国際商事法務』Vol. 40、No. 5、2012 年、pp. 663〜669。
- Anderson R. D., et al, "Regional Trade Agreements and Procurement Rule: Facilitators or Hindrances?" in Georgopoulos. A., et al eds. *The Internationalization of Government Procurement Regulation,* Oxford Univ. Press, 2017, pp. 56-85.
- Dawar K., "The Government Procurement Agreement, the Most-Favored Nation Principle, and the Regional Trade Agreements" in Georgopoulos. A., et al eds. *The Internationalization of Government Procurement Regulation,* Oxford Univ. Press, 2017, pp. 111-139.
- Moran T., "6 Government Procurement" in PIIE eds., *the Trans-Pacific Partnership Vol. 1.,* PIIE Briefing 16-1, February 2016, pp. 75-80.
- Anderson R. D. and Müller A. C., "The Revised WTO Agreement on Government Procurement (GPA): Key design features and significance for global trade and development," WTO Staff Working Papers ERSD-2017-04, WTO Economic Research and Statistics Division, 2017.
- Anderson, R. D. et al, "The relationship between services trade and government procurement commitments: Insights from relevant WTO agreements and recent RTAs," WTO Staff Working Papers ERSD-2014-21, WTO Economic Research and Statistics Division, 2014.
- WTO, "Government Procurement Agreement: Opening markets and promoting good governance", (https://www.wto.org/english/thewto_e/20y_e/gpa_brochure2015_e.pdf)
- WTO, "WTO and government procurement" (https://www.wto.org/english/tratop_e/gproc_e/gproc_e.htm)

第12章　電子商取引

インターネットの発展に伴って、電子商取引は世界規模で拡大している。電子商取引によって国境を越えたビジネスが容易となる一方で、取引の安全性の確保や消費者保護などの要請から、電子商取引についての国際的な規律も必要となる。国際社会では、電子商取引の国際的規律や各国の政策調整のため、様々な場で議論が行われてきた。

WTOでも、インターネットが普及した1990年代後半から、電子商取引と貿易ルールとの関係に関する議論が開始された。しかし、電子商取引の性質に関する加盟国の見解の相違もあり、ルールの交渉には至っていない。その後、電子商取引の拡大を受けて、2015年頃から加盟国間の議論は再び活発になりつつある。

一方、その間に多くのRTAで電子商取引に関するルール（以下、電子商取引ルール）が策定された。特にCPTPPは電子商取引に関して新たなルールを定めており、その先進性が評価されている[1)]。RTAの電子商取引ルールは、電子商取引の性質や規律方法に関する各締約国の考え方の相違を反映し、非常に多様である。こうしたRTA間のルールの相違は事業者の国境を越えた取引に影響し得るため、いずれ調整が必要となると思われる。

本章では、WTOにおける電子商取引に関する議論の経緯を踏まえて、RTAの電子商取引ルールの傾向、次にCPTPPの電子商取引ルールの概要を扱う。

1. WTOにおける電子商取引に関する議論の経緯

WTOでは、1990年代後半のインターネットの普及を受けて、加盟国は1998年に「グローバルな電子商取引に関する閣僚宣言」を採択し、電子的送

---

1)　例えば、内閣官房（電子商取引）。

信に対する関税の不賦課と電子商取引に関する作業計画の作成に合意した。電子的送信に対する関税不賦課は、閣僚会議ごとに延長が決定されているが、恒久的ではない。

同年に作成された「電子商取引に関する作業計画（WT/L/274）」は、WTOの関連委員会で電子商取引とWTO協定との関係を検討することとした。ただし、電子商取引に関する交渉やルールを策定することまでは明示しなかった。以来、WTOではこの作業計画に従って議論が継続している。

この議論では、主として、電子商取引の性質や関税賦課、租税との関係などの財政的問題が扱われてきた。特に、電子商取引の性質については、電子的なコンテンツの取引を物品、サービスのいずれの取引とみるか、知的財産の取引と捉えるか、またその性質はCDなどのキャリア・メディアにこのコンテンツが記録されて取引される場合と異なるか、といった点を中心に、物品とする米国、サービスとみなすEUとの間で大きく意見が分かれた。物品であればGATT、サービスであれば内国民待遇などで自由化に制限と条件を付せるGATSの対象となる（GATSは本書8章参照）。EUは、文化保護の観点からGATSで音響・映像サービスの自由化を制限しているため、電子商取引をサービスと主張することで自由化範囲を限定しようとしているのではないかと加盟国の間で懸念された。また、電子商取引は知的財産権を伴う取引とみなされれば、TRIPS協定の対象ともなり得る（TRIPS協定は本書10章参照）。こうした加盟国の見解の相違は、各国の締結するRTAにも反映することとなった。例えば、米国の大半のFTAには電子商取引に関する独立した章が設けられ、デジタル・プロダクトという新しい概念が含まれる一方で、EUのRTAに同様の章はなく、電子的送信はサービス章のサービスの越境取引に該当すると明示される場合すらある。

加盟国間の議論は、電子商取引の飛躍的な発展を受けて2015年頃から再び活性化し、2017年のWTO閣僚会議では、日本、米国、EUなど先進国を含む有志の約70か国・地域による「電子商取引に関する共同声明」が公表されるに至った。その中では、電子商取引の貿易関連の側面に関してWTOでの将来の交渉を目指して試験的な作業を開始すると明示されており、今後の進展が注目される（2018年末時点）。

2. 地域貿易協定（RTA）の電子商取引ルールの傾向

本節では有力な先行研究（Monteiro and Teh (2017)）（分析対象：1957～2017年5月までにWTOに通報された275件のRTA）に基づいて、RTAにおける電子商取引ルールの傾向を概観する。

電子商取引に関する規定を含むRTAは2001年頃から登場した。2001年のニュージーランド―シンガポールFTAでペーパーレス・トレードに関する規定、同年の米国―ヨルダンFTAに電子商取引に関する規定、2003年にはオーストラリア―シンガポールFTAで電子商取引に関する章が設けられた（いずれも発効年）。上記先行研究によれば、275件中、3割弱（75件）のRTAが電子商取引に関する明示的な規定を含み、その6割は2014～2016年に締結されている。RTAにおける電子商取引のルールはこの頃から増加しており、電子商取引ルールの策定はRTAで先行した。また、RTA中の電子商取引関連の規定数は増加傾向にあり、規定内容も徐々に詳細になっている。これらの規定は、RTAの本文のほか、サイドレターや附属書などに含まれる場合もある。

RTAが規定する電子商取引ルールは、全般的にはRTAごとに多様で、同一国・地域が締結するRTA間でも異なることもある。規定される内容は、主に、国境措置（関税、貿易手続など）、消費者保護や個人情報保護などに関する国内の規制枠組み、締約国間協力を通じた電子商取引の促進、に大別される。具体的には、**図表1**及び**2**が示すように、26の主要な規定があげられる。なお、電子商取引のための物理的インフラについては、通信サービスに関するルールなど、RTAの他の規定や章で規律されることが多い。

図表1は、RTAにみられる電子商取引の主要な規定とそれを有するRTAの割合を示す（各規定の概要は、**図表2**「電子商取引の主要規定の概要」参照）。**図表1**からは、RTAの電子商取引ルールのなかでも、電子商取引の促進、締約国の協力、関税不賦課、定義規定が比較的共通する要素であることが示される。電子的送信に対する関税不賦課はWTOにおける慣行でもあるが、WTOと異なり、RTAでは締約国間で恒久的である。ただし、RTAにおける電子商取引や電子的送信などの定義は範囲及び内容ともに多様である。前述のように、これらの定義は電子的送信の性質とも関係する。また、定義される場合であっても、キャリア・メディアへの言及の有無などの点でRTA間で異なることもあ

り、それによって関税不賦課の対象範囲に相違も生じ得る。

近年関心が高まっているのは、「国境を越えるデータ移転」と「コンピュータ関連設備の設置と使用」に関わるデータローカリゼーションと呼ばれる問題である。電子商取引を越境的に展開する際に、国境を越えたデータ移転の禁止や、締約国内のサーバ設置などが義務づけられると、事業者のビジネス活動の阻害や追加的なコスト負担につながる。そこで、RTAで、国境を越えるデータ移転を許容すると共に、ビジネス活動の条件として領域内でのコンピュータ関連設備の設置と使用を義務づけることを原則禁止する例がある。他方で、個人情報保護の観点からは、越境的なデータ移転を制約する必要も認められる。

図表1　電子商取引の主要規定とRTA数（(　)内は75件中の件数）

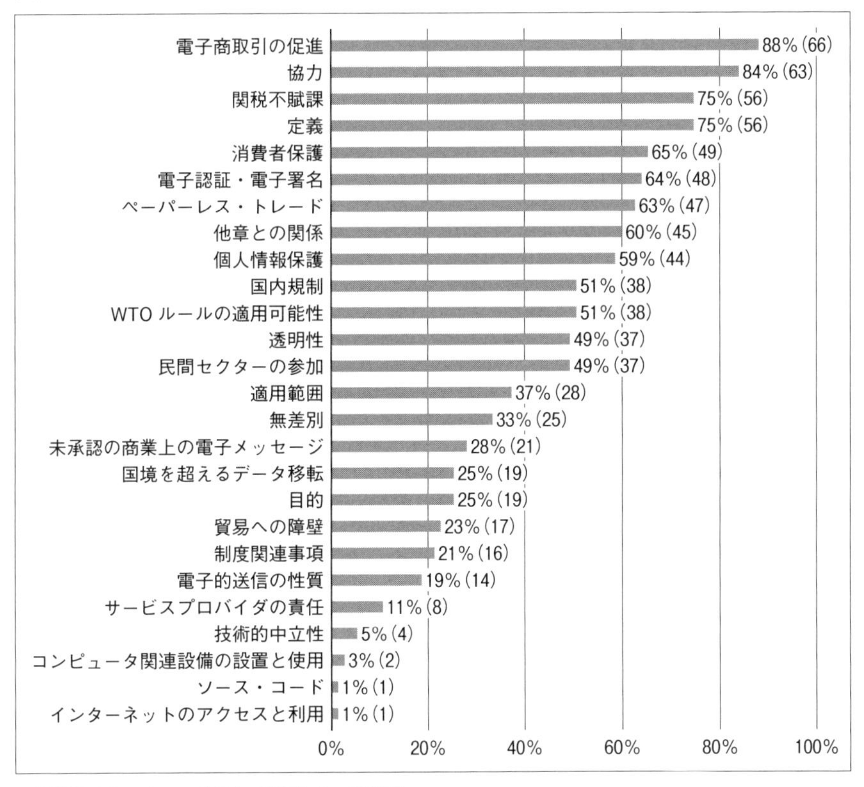

（出所）Monteiro and Teh (2017) を一部修正。

図表 2　電子商取引の主要規定の概要

主要規定	概要
電子商取引の促進	締約国間の電子商取引を促進する趣旨で、目的規定やその他の一般規定などに含まれる。
協力	電子商取引促進などのため、電子商取引一般と分野別（国内規制、電子認証、消費者保護など）の締約国間の協力、協力方法（情報交換、トレーニング、研究など）、協力のための機関などを規定する。
定義	電子商取引関連用語の定義規定をさす。「電子商取引」を定義するのはRTA4件のみで、そこでもWTO作業計画中の定義（注）は用いられていない。多くのRTAは、コンピュータ処理という用語を用いながら「電子的手段」や「電子的手段を用いて」を定義する。
関税不賦課	締約国間の電子的送信またはデジタル・プロダクトに関税をかけないことを明示する内容である。関税に加えて、手数料その他の課徴金を含む場合もある。ただし、関税を定義するRTAはほぼない。デジタル・プロダクトは定義されることが多いが、その定義はRTA間で異なる。
消費者保護	電子商取引に対する消費者の信頼向上が取引促進につながるとの観点から、消費者保護の重要性に対する締約国の認識、保護措置の採用または維持、技術的中立性の担保要求、協力などを規定する。
電子認証・電子署名	電子認証・電子署名それぞれの定義、利用、関連する措置の採用義務、技術的中立性の担保要求、技術の相互承認、デジタル認証の互換性確保、締約国間の協力などを内容とする。
ペーパーレス・トレード	貿易関連文書の電子化と電子的受理をさし、行政サービス提供時の情報通信技術活用を含む場合がある。行政文書の電子的公開の努力、法的同等性の確保努力または義務、ペーパーレス・トレード化努力、協力などを内容とする。貿易円滑化を含むほか、電子オークションなどの電子調達は政府調達ルールを規定する章が対象とする場合もある。
他章との関係	電子商取引章以外のRTA中の規定を電子商取引章に適用するかどうか規定される場合がある。該当規定の代表例は、一般的例外、サービス・投資章の不適合措置、紛争処理手続である。電子商取引章（またはその一部の規定）と他章が抵触する場合には、他章が優先することが大半である。

個人情報保護	プライバシー保護の観点を中心に、個人情報保護措置の採用義務または努力、締約国間の情報交換、個人情報の定義、個人情報保護に関する国際基準の遵守や考慮などを定める。国境を越えるデータ移転の自由とのバランスの確保が重要である。
WTO協定の適用可能性	電子商取引に影響を与える締約国の措置に対してWTO協定の適用を認める内容で、RTAの一般規定や目的と適用範囲に関する規定が定めることが多い。WTO協定上の権利と義務を確認する場合もある。
国内規制枠組み	電子認証、消費者保護など電子商取引関連の国内の法的枠組みを対象とする規定である。国内の関連法の採用から、規制負担の最小化、透明性及び予見可能性確保を求める場合などがある。UNCITRALモデル法（後掲3.(2)参照）が定める電子商取引に関する一般的な規制枠組みなどの採択を求めるRTAもある。
民間セクターの参加	電子商取引への民間セクターの参加に関連する規定である。一般企業や中小企業に言及しながら、電子商取引に関する民間セクターの自律的規制（行動準則、モデル契約などの採択）を通じた電子商取引奨励及び促進の重要性の確認、消費者の信頼性向上のための当該規制の促進、民間セクターへの奨励努力または義務、締約国間の協力などを規定する。
透明性	消費者保護規定との関連で、一般的に電子商取引関連規制または措置の透明性確保義務または努力や、関連国内法の公開義務、他締約国からの照会への対応義務などを規定する。透明性に関するルールを規定する章を補完する位置づけであることが多い。
適用範囲	電子商取引章の適用範囲を明示する内容である。明示しない場合でも、定義規定や電子的送信の義務や分類、電子商取引章が対象としない貿易を規定することで、適用範囲を画定することもある。政府調達、補助金、租税などを適用除外とする場合がある。
無差別待遇義務	デジタル・プロダクトに関して内国民待遇義務を規定する。最恵国待遇を規定する場合もある。政府調達、補助金、サービス及び投資各章の不適合措置が義務の対象外とされる場合がある。
未承認の商業上の電子メッセージ	未承認の商業上の電子メッセージは、主に商業目的で受領者の承諾なくインターネット等を通じて送付される電子メールをさすが、これに類する定義のほか、一定の規制措置採用の義務づけ、締約国間の情報交換、協力活動などを規定する。

目的	電子商取引章を有するRTAで目的が明示される場合がある。最も多い目的は、締約国間の電子商取引促進と世界的な電子商取引利用の拡大である。
国境を越えるデータ移転	締約国間のデータ移転の重要性に対する認識、移転の許容義務、協力などを定める。
貿易上の障害	電子商取引の利用及び発展を阻害する障害を防止する重要性にかかる締約国の認識や、そのための努力、電子商取引を制限等する措置の採用または維持の禁止が規定される場合がある。
制度関連事項	電子商取引に関する締約国間の作業部会や委員会など、協力のための制度を規定する。関連当局の特定を求める場合もある。協力内容は、電子商取引章の運用の評価及び監視などである。
電子的送信の性質	電子商取引を物品貿易、サービス貿易のいずれとみなすかに関わる。EUのRTAの一部を中心に、サービス貿易と位置づけるRTAがある一方、電子商取引ルールの規定ぶりは締約国の立場に関わらないと明示するRTAもある。
サービス・プロバイダの責任	プロバイダの定義、免責（第三者による違法コンテンツ提供について一定の条件下で免責を認める場合など）、締約国間の協力などを規定する。
技術的中立性	電子的送信によるなど、技術的手段の相違によって差別しないよう締約国に求める内容である。
コンピュータ関連設備の設置と使用	締約国内でのビジネス活動の条件として、域内でのコンピュータ設備の設置または使用を義務づけることを原則禁止する。国境を越えるデータ移転と関連し、データローカリゼーションの要求を規制する。
インターネットのアクセスと利用	消費者によるデジタル・プロダクトへのアクセスと利用の可能性に対する締約国の認識などを規定する。
ソース・コード	主に、締約国に対して、他締約国の者が所有する一定のソフトウェアのソース・コードの開示要求を行うことを禁止する内容である。

（注）WTOの作業計画は、この作業計画のためのみ、との限定を付した上で、「電子商取引」とは「電子的手段による物品及びサービスの生産、流通、マーケティング、販売または配送」を意味すると明示する。

（出所）Monteiro and Teh（2017）等より筆者作成。

例えば、EUは厳格な「一般データ保護規則（General Data Protection Regulation: GDPR）」を有しており、域外のデータ移転にデータ主体の明確な同意など、一定の条件を満たすことを求める。両者のバランスの確保は電子商取引の規律に関連する課題の一つといえる。CPTPPも個人情報保護のための法的枠組みの採用または維持を締約国に義務づけるが（CPTPP14.8条）、情報移転に条件を付したり制限を課したりする場合に、電子的手段による情報の越境移転の許可を義務づける規定（同14.11条）との関係で、どの程度まで条件や制限を付せるかは協定から必ずしも明らかでない。

以上のような電子商取引ルールは、電子商取引に関する明示的な規定を含むRTAの大半（75件中58件）で、そのRTAの紛争処理手続の対象である。ただし、国内規制、電子認証、消費者保護などの一部のルールが適用対象外とされる場合もある。

3. CPTPPの電子商取引ルール

CPTPPは、14章（全18条）で電子商取引ルールを定める[2)]。14章はこれまでのRTAと同様に、主に、国境措置、国内の規制枠組み、協力について規定するが新しいルールも含む。以下、CPTPPの電子商取引ルールの主な特徴を概観する。

（1）一般規定・適用範囲

14章は同章に関わる様々な用語を定義する。同章は、電子商取引も電子的手段も定義しないが、「電子的送信」については、「電磁的手段（光通信などを含む）を用いて行われる送信」と定義する。デジタル・プロダクトも「コンピュータ・プログラム、文字列、ビデオ、映像、録音物その他のものであって、デジタル式に符号化され、商業的販売又は流通のために生産され、及び電子的に

2）具体的には、14.1定義、14.2適用範囲及び一般規定、14.3関税、14.4デジタル・プロダクトの無差別待遇、14.5国内の電子的な取引の枠組み、14.6電子認証及び電子署名、14.7オンラインの消費者の保護、14.8個人情報の保護、14.9貿易に係る文書の電子化、14.10電子商取引のためのインターネットへの接続及びインターネットの利用に関する原則、14.11情報の電子的手段による国境を越える移転、14.12インターネットの相互接続料の分担、14.13コンピュータ関連設備の設置、14.14要求されていない商業上の電子メッセージ、14.15協力、14.16サイバーセキュリティに係る事項に関する協力、14.17ソース・コード、14.18紛争解決の各条。

送信されることができるもの」と定義する。なお、デジタル化された金融商品（金銭を含む）はデジタル・プロダクトに含まれない。この定義には、電子的に送信されるデジタル・プロダクトの貿易が、物品貿易かサービス貿易かに関する締約国の見解を反映すると解されるべきでない、との注が付されている。この注は、前節でふれた電子商取引の性質に関するWTO加盟国の見解の相違を反映したものといえる。

次に一般規定として、電子商取引による経済成長と機会の創出、及び電子商取引における消費者の信頼向上のための枠組みと電子商取引の利用と発展のための不必要な障害を回避する重要性、を締約国が認めることを規定する。

14章の適用対象は、電子的手段による貿易に影響を及ぼす締約国の措置であるが、対象外とされるものがある。第一に、政府調達である。第二に、締約国によって、もしくは締約国のために保有もしくは処理される情報またはその情報に関連する措置（その情報の収集に関連する措置を含む）である。

電子的に納入または遂行されるサービスの提供に影響を及ぼす措置は、CPTPPの9章（投資）、10章（国境を越えるサービスの貿易）、11章（金融サービス）の関連規定に含まれる義務に従う（これらの義務に適用される例外と不適合措置を含む）。さらに、14章の一部の義務については、9～11章が規定する義務や不適合措置が優先されることを定め[3)]、9～11章の関連規定、例外、不適合措置が適用対象の広い14章によって覆されないことを明示する（以上、CPTPP14.1～14.2条、以下（　　）内は全てCPTPPの条文）。

（2）　主要な義務

国境措置関連では、締約国の者の間で行われる電子的送信（コンテンツを含む）への関税賦課を締約国に禁じる（CPTPPに適合する方法で課される内国税、手数料、その他課徴金を除く）（14.3条）。CPTPPは、締約国間の電子商取引に対する関税不賦課を義務的かつ恒久的にしたのである。

---

3)　具体的には次の通り。14.4（デジタル・プロダクトの無差別待遇）、14.11（情報の電子的手段による国境を越える移転）、14.13（コンピュータ関連設備の設置）、14.17（ソース・コード）条に含まれる義務は9～11章の関連規定、例外、不適合措置に関する規定に従い、かつCPTPPの他の関連規定と併せて解釈される（14.2.5条）。また、14.4、14.11、14.13条に含まれる義務は、9.12（不適合措置）、10.7（不適合措置）、または11.11条（不適合措置）に従って採用または維持される措置の不適合な点に適用されない（14.2.6条）。

また、国内の規制枠組みにも関連して、まず、締約国はデジタル・プロダクト[4]に対する無差別待遇の供与が義務である。具体的には、締約国は、他締約国のデジタル・プロダクトに対して他の同種のデジタル・プロダクト（非締約国のものを含む）に与える待遇より不利な待遇を与えてはならない（ただし、18章〔知的財産権〕の権利及び義務に抵触する部分、補助金または贈与〔公的借款、保証、保険を含む〕、放送には適用しない）（14.4条）。

次に、国内の電子的な取引を規律する法的枠組みについては、電子取引に関する国連国際商取引法委員会（1996年、United Nations Commission on International Trade Law: UNCITRAL モデル法）、または国際契約における電子的な通信の利用に関する国連条約（2005年）の原則に適合する法的枠組みの維持を締約国に義務づける（同14.5条）。これらの条約は、主に、書面の代わりに電子的手段や電子署名を用いる場合に生じ得る法的問題に対応する国内法のモデルを各国に提供する内容である。また、締約国は、電子的取引に対する不必要な規制の負担を回避すると共に、自国の電子的取引の法的枠組みの策定において利害関係者による寄与を容易にするよう努めなければならない（14.5.2条）。

14章は、さらに、電子署名の有効性の否定の原則禁止、電子認証に関して、取引当事者間における適当な認証方式の相互決定を禁じる措置などをとることの禁止を定めると共に、オンラインの商業活動を行う消費者保護に関する国内法令の制定または維持、電子商取引の利用者の個人情報保護を定める法的枠組みの採用または維持、を締約国の義務とする（14.6～14.8条）。また、対象者[5]の事業実施のための電子的手段による情報（個人情報を含む）の越境移転を原則として許容する義務、及び、締約国内でのコンピュータ設備の使用または設置要求を同国内での事業遂行の条件として対象者に要求することの原則禁止を定め（14.11、14.13条）、データローカリゼーションを禁じる。ただし、締約国は、

4)　厳密には、他締約国内で創作、生産、出版、契約、委託、または商業的条件に基づき最初に利用可能となったデジタル・プロダクトまたはその著作者、実演家、制作者、開発者若しくは所有者が他締約国の者（自然人または企業）のデジタル・プロダクト、である（14.4.1条）。

5)　対象者は、CPTPP9.1条に定義する対象投資財産または締約国の投資家（ただし、金融機関への投資家を含まない）、または同10.1条に定義する締約国のサービス提供者をさす。ただし、同11.1条に定義する締約国の金融機関または越境金融サービス提供者を含まない（14.1条）（各定義は本書9章、10章、8章**補論1**「CPTPPの金融サービス関連ルール」参照）。

公共政策の正当な目的達成のため、これに適合しない措置を採用または維持することを妨げられない。そのための条件は、その措置が恣意的もしくは不当な差別待遇の手段または貿易に対する偽装した制限となるような方法で適用されず、かつ目的達成のため必要である以上に情報の越境移転／コンピュータ関連設備の使用または設置に制限を課さないこと、である（同）。

そのほか、未承認の商業上の電子メッセージ（スパムメールなど）について、これを防止または最小化などする措置の採用または維持、加えて、これらの措置を遵守しない送信者に対する措置を定めること、ソース・コードについて、一定の場合のソフトウェアのソース・コードの開示要求を締約国に禁じる（14. 14、14. 17条）（詳細は**図表3**参照）。

（3） 主な奨励・促進規定（非義務的規定）・協力

14章は、ペーパーレス・トレード（貿易に係る文書の電子化）、電子商取引のためのインターネット接続と利用、インターネット相互接続料の分担のための努力や奨励、に関して規定を設ける（14. 9、14. 10、14. 12条）。なお、**(2)** の主要な義務にも努力規定が伴う場合がある。例えば、個人情報保護に関して、国内の保護の仕組みについて締約国が情報公開すべきことを定める。

協力については、電子商取引に関連する締約国の政策などの情報交換や中小企業支援のための協力のほか、サイバーセキュリティに関する協力を規定する（詳細は**図表3**参照）。

（4） 例外・不適合措置

以上については、GATS14条一般的例外の一部が必要な変更を加えたうえで適用可能であるため、締約国は、公衆の道徳保護、公の秩序維持、人と動植物の生命または健康の保護（環境措置を含む）それぞれのために必要な措置をGATS14条の柱書の要件を満たした上でとることができる（同29. 1. 3条）（一般的例外は本書2章**5.**（1）「一般的例外」参照）。安全保障例外も同様に認められる（同29. 2条）。不適合措置については上述の通り、9～11章の関連規定（例外、不適合措置含む）が優先する（前掲**3.**（1）参照）。

（5） CPTPPの電子商取引ルールの新しい側面

CPTPPについては、既存のRTAが定める電子商取引ルールを深化させた点、及び新たな規定を定めた点が評価されている[6)]。下記の**図表3**でその主な

図表3　CPTPPの電子商取引ルールの新しい側面の概要

	規定	概要
深化した規定	14.8条 個人情報保護	自国内で生じる個人情報保護違反から電子商取引利用者を保護するにあたり、無差別の慣行を採用する努力、個人の救済方法など個人情報保護に関する情報を締約国が公開する努力などを定める。
	14.14条 未承認の商業上の電子メッセージ	未承認の商業上の電子メッセージについて、受信者が円滑に受信防止できるよう送信者に要求する措置、受信者の受信同意を要求する措置（各締約国の法令で特定されるもの）、その他の方法によりこれらのメッセージを最小化し得る措置のいずれかの採用または維持を締約国の義務とする。
	14.17条 ソース・コード	他締約国の者が所有するソフトウェア、またはこれを含む製品の自国内の輸入、頒布、販売または利用の条件として、そのソフトウェアのソース・コードの移転またはアクセスを要求することを締約国に禁止する（対象となるソフトウェアは、大量販売用ソフトウェアまたはそれらを含む製品に限定され、中枢的な基盤のために利用されるソフトウェアを含まない）。なお、本規定は以下を妨げない。 ・商業的な契約中にソース・コード提供の条件を含め、またはその契約を履行すること、CPTPPに反しない法令に適合させるためコード修正を求めること ・上記禁止は、特許出願または付与された特許に関連する要求（特許紛争関連の司法当局の命令を含む）には影響しない（締約国法または慣行に基づき、無認可の開示から保護されることを条件とする）。
新しい規定	14.12条 インターネット相互接続料の分担	商業的原則に基づいた事業者間交渉（各サービス提供者の設備の設置、運営と維持のための補償に関する交渉を含む）の可能性を締約国が認める。
	14.16条 サイバーセキュリティに係る事項に関する協力	締約国は、以下の重要性を認識する。 ・コンピュータの安全性に関する事件を管轄する自国機関の能力構築 ・締約国の電子的ネットワークに影響する悪意ある侵入または悪意のコード拡散の特定及び軽減のために協力すべく、現行の協力の仕組みを利用すること

（出所）CPTPPより筆者作成。

---

6)　例えば、USTR “TPP Chapter Summary: 14. Electronic Commerce”.
(https://ustr.gov/sites/default/files/TPP-Chapter-Summary-Electronic-Commerce.pdf)

点を示す。

（6） 紛争処理

14章は28章（紛争処理手続）の対象であるが、マレーシアとベトナムについては一部の義務について、28章の適用の経過期間（CPTPPが各国について効力を生じる日から2年間）がある（14. 18条）。

参考文献〈第12章〉

・内閣官房TPP等政府対策本部「TPP協定の章ごとの内容：(14) 電子商取引（ルールの概要）」（https://www.cas.go.jp/jp/tpp/naiyou/pdf/chapters/ch14_1.pdf）
・山崎伊都子「電子商取引に関する貿易ルール構築」2017年、JETROウェブサイト
・Branstetter, L., "TPP and Digital Trade" in C. Cimino-Isaacs and Shott. J. J. eds., *Trans-Pacific Partnership: An Assessment*, PIIE, 2016, pp. 309-322.
・Monteiro, J-A. and Teh, R., Provisions on Electronic Commerce in Regional Trade Agreements, WTO Working Paper ERSD-2017-11, 2017.
・WTO, "Work Programme on Electronic Commerce", WT/L/274, 1998.

補論　CPTPPの国有企業及び指定独占企業に関するルール

CPTPPは、17章で国有企業と指定独占企業を規律するルールを定める。国有企業（State-Owned Enterprises: SOE）は、民間企業が行う貿易や投資と市場で競争する際に、国有である故に資金などの面で民間企業より有利となるなど競争条件を異にすることや、政府の意向を受けた企業活動を行って市場を歪曲することなどが問題視される。17章のSOEに関する規律は、既存のRTAの中でも最も包括的であるともいわれ[7)]、今後締結されるRTAにとっても示唆に富む。指定独占企業については、独占的地位を利用した反競争的行為も規律対象となるが、いずれについても私企業と同じ原理で行動するよう求めるものといえる。

17章は全15条と6つの附属書（A～F）で構成され、定義、適用範囲、主なルールと例外、締約国別の適用除外、その他の制度関連事項などを規定する。加えてCPTPPの附属書IVには17章の規定の一部に不適合な締約国別のSOEまたは指定独占企業の活動と条件が記載され、不適合な活動に対してはその条件に従ってこれらの規定が適用されない。以下、17章の主な内容を概観する（以下（　　）内はCPTPPの条文）。

7)　Miner (2016) p. 335.

1. 国有企業（SOE）と指定独占企業の定義・適用範囲（17.1、17.2条）

SOEと指定独占企業は、概ね**図表1**のように定義される（17.1条）。

17章は、自由貿易地域内の締約国間の貿易または投資に影響を及ぼす締約国のSOEと指定独占企業の活動に適用される。締約国のSOEの活動で17.7条（悪影響）に規定する非締約国の市場において悪影響を及ぼすものについても17章を適用する、との注が付されている（17.2.1条注）。

なお、17章は、締約国の政府調達、一定の独立年金基金、ソブリン・ウェルス・ファンド[8)]（Sovereign Wealth Fund: SWF）などに適用されない。ただし、SWFについては、SWFを通じて締約国が行う間接的な非商業的援助、及びSWFが行う同援助に対しては非商業的援助を規律する規定（17.6条）が適用される。また、17章の一部の規定（17.4、17.6、17.10条。規定内容は次節参照）は、政府権限の行使として提供されるサービスに適用されない（17.2条）。

図表1　SOEと指定独占企業の定義

・SOE：主として商業活動[9)]に従事する企業であって、以下のいずれかに該当するもの
　(a) 締約国が50%超の株式を直接所有する企業
　(b) 締約国が持分を通じて50%超の議決権行使を支配している企業
　(c) 締約国が取締役会またはそれに相当する経営体の構成員の過半数を任命する権限を有する企業
・指定独占企業：CPTPP発効後に指定される私有の独占企業及び締約国が指定する（指定した）政府の独占企業[10)]

（出所）CPTPPより筆者作成。

8) SWFは、締約国が所有し、または持分を通じて支配している企業で、(a) 締約国の金融資産を利用して資産運用、投資及び関連活動を行う特定目的の投資基金または投資枠組みとしての役割を専ら果たすもの、かつ、(b) SWF国際フォーラムの構成員、またはサンチアゴ原則もしくは締約国が合意するその他の行動規範と慣行を承認する企業、に該当するものをさす（17.1条）。なお、サンチアゴ原則は、2008年にSWF国際作業部会によって作成された「一般的に認められている行動規範及び慣行（Generally Accepted Principles and Practices: GAPP）」の呼称である。この原則は、莫大な運用額を通じて影響力を増した政府系ファンドについて、主として透明性や説明責任を確保しようとする内容である。

9) 主に営利を指向して行う活動で、その活動の結果として、その企業が決定する量と価格で関連市場において消費者に販売される物品の生産またはサービスの提供が行われるもの、をさす（17.1条）。

10) 政府の独占企業とは、締約国が所有し、もしくは持分を通じて支配している独占企業またはそのような独占企業が所有し、もしくは持分を通じて支配している他の独占企業をいう（17.1条）。

2. 主要な義務

17章に基づき、締約国は、SOE及び指定独占企業について主に次のような義務を負う。なお、締約国は自国のSOE、公的企業、指定独占企業に対して、免許の付与や割当を行うなど政府の権限の実施を指示または委任した場合には、これらの企業が権限を行使する際に、この締約国が負うCPTPPの義務に反しない方法で活動するよう確保する義務を負う（17.3条）。

（1）　無差別待遇及び商業的考慮（17.4条）

締約国には、自国の各SOEが商業活動に従事する場合、以下を確保する義務がある。

第一に、各SOEの物品またはサービスの購入または販売にあたり、商業的考慮に従って行動すること、第二に、各SOEの物品またはサービスの購入にあたり、他締約国企業の物品またはサービスに対して、自国、第三の締約国、非締約国の企業の同種の物品またはサービスより不利でない待遇を与えること、ならびに自国内の対象投資財産[11)]である企業が提供する物品またはサービスに対して、自国、第三の締約国、非締約国の投資家の投資財産である企業によって自国内の関連市場で提供される同種の物品またはサービスより不利でない待遇を与えること、第三に、各SOEの物品またはサービスの販売にあたり、他締約国の企業と自国内の投資対象財産である企業に第二の点と同様の無差別待遇を与えること、である。

自国の各指定独占企業についても、締約国は、独占する物品またはサービスの関連市場における購入または販売にあたり、商業的考慮に従って行動すること、独占する物品またはサービスの購入、販売にあたっても上記のSOEの場合と同様の無差別待遇を確保する義務を負う。また、締約国は、指定独占企業がその独占的地位を利用して、自国内の非独占市場で締約国間の貿易と投資に悪影響を及ぼす反競争的行為に直接または間接に従事しないことを確保する義務を負う。例えば、郵便サービス市場での独占的地位を利用して、そうした地位にない保険サービス市場で他締約国からのものと競合する保険商品を安価に販売することが規律の射程に入ると考えられる。

なお、商業的考慮とは、価格、品質、入手可能性、市場性、輸送などの購入または販売の条件、または関連する事業もしくは産業で私有企業が商業的決定

11)　対象投資財産は、ある締約国に所在する他締約国の投資家の財産で、CPTPPがこれらの締約国について効力を生ずる日に存在しているもの、またはその後に設立、取得、拡張されるもの、をさす（1.3条）。

を行う際に通常考慮するであろう他の要因をさす（17.1条）。

（2）　裁判所及び行政機関（17.5条）

締約国は、外国政府が所有し、または持分を通じて支配している企業に対する民事請求について、自国内で行われる商業活動に基づいて国内裁判所に管轄権を付与すること、及び、SOEを規制する行政当局が公平に規制裁量を行使することを確保しなければならない。

（3）　非商業的な援助（17.6条）

締約国は、自国のSOEに対して直接または間接に[12)]、(a)そのSOEによる物品の生産と販売、(b)そのSOEによる越境サービスの提供、(c)他締約国内または第三の締約国内の対象投資財産である企業を通じた当該他締約国内でのサービス提供、のいずれかに非商業的な援助を行うことで、他締約国の利益に悪影響を及ぼしてはならない。

また、締約国は、自国の公的企業及びSOEによる自国のSOEに対する非商業的援助により、他締約国の利益に悪影響を及ぼさないことを確保する義務を負う。

また、非商業的援助が他締約国内に投資している自国のSOE（対象投資財産である自国のSOE）による物品の生産及び販売に関して提供されている場合で、かつ同種の物品が当該他締約国の国内産業[13)]により同国内で生産及び販売されている場合、当該他締約国に所在する自国のSOEに対する直接または間接の非商業的援助によって、当該他締約国の国内産業に対して損害を与えてはならない。

非商業的援助とは、SOEが「政府によって所有され、又は支配されていることに基づく」[14)]そのSOEへの援助をさす。ただしグループ内取引などを含まない。援助とは資金の直接的な移転、資金若しくは債務の直接的な移転の可能性（贈与または債務の免除など）、SOEが商業的に利用可能な条件より有利に提供される一般的な社会資本以外の物品またはサービス、のいずれかに該当するものをいう（17.1条）。

12）　間接の提供には、締約国が非商業的援助の提供を非SOE企業に委託または指示することを含む（17.6.1条注1）。

13）　国内産業は同種の物品の国内生産者の全体またはこれらの国内生産者のうち当該同種の物品の生産高の合計がその国内総生産高の主要な部分を占める国内生産者をさす（17.6.3条注）。

14）　締約国またはその公的企業若しくはSOEによって、政府の支援が当該締約国のSOEに明示的に限定されるか、支配的に利用されるか、均衡を逸して提供されるか、政府の裁量により優遇されるか、のいずれかが行われることをさす（17.1条）。

なお、ある締約国のSOEが同国内で提供するサービスは悪影響を及ぼさないとみなされる（17.6.4条）。例えば、日本の場合、日本郵政株式会社が非商業的援助を受けたとしても、日本国内でサービスを提供している限りは悪影響を及ぼさないとみなされる[15)]。

悪影響、損害の概要は以下の通りで、それぞれWTOの補助金協定に類似する部分がある。

①　悪影響（17.7条）　SOEに対する非商業的援助による悪影響には**図表2**のような場合がある。端的には、そうした援助を受けたSOEの物品の生産・販売により、同種物品の輸入、販売、価格に負の影響が生じる場合である（同様のSOEによるサービス提供については、他締約国市場での同様の負の影響が問題となる）。

図表2　SOEに対する非商業的援助による悪影響

- 非商業的援助を受けたSOEの物品の生産・販売による、自国、他締約国、非締約国の市場で同種物品の輸入または販売の代替または妨げ（17.7.1条（a)、(b)）
- 非商業的援助を受けたSOEの物品の生産・販売による、一締約国、非締約国の市場内で同種物品の価格の著しい下回り、著しい価格の上昇の妨げ／押下げ、著しい販売の減少（以下、価格・販売への影響）（17.7.1条（c)）
- 非商業的援助を受けたSOEのサービス提供による、他締約国市場で、同種サービスの提供の代替または妨げ、価格・販売への影響（17.7.1条（d)、(e)）

（出所）CPTPPより筆者作成。

なお、輸入または販売の代替または妨げは、相対的な市場シェアの著しい変化が同種物品またはサービスに不利益となるように生じた場合を含み、価格・販売への影響については、商取引の同一段階で価格比較を行うなどのルールがある（17.7.2、17.7.4条）。

②　損害（17.8条）　損害は、国内産業に対する実質的な損害若しくはそのおそれ、または国内産業の確立の実質的な遅延をいう。この判断は実質的証拠に基づいて関連する要因の客観的検討を行う必要があるなど、損害決定のためのルールが定められている（17.8条）。

（4）透明性（17.10条）

締約国は、CPTPPが自国について効力を生じた後6か月以内に、自国の

15)　Miner（2016）p. 337.

SOEの全リストを他締約国へ提供し、または公式ウェブサイトで公に入手可能とする義務[16]がある（その後は毎年更新）。指定独占企業についても、独占企業の指定または既存の独占企業の独占の範囲拡大及び指定の条件について、速やかに他締約国に通報し、または公式ウェブサイトで公に入手可能とする義務がある。

また、締約国には他締約国の書面要請（締約国間の貿易または投資に影響を及ぼしていること等の説明を含む場合に限る）に応じて、特定のSOEと独占企業に関する情報[17]、及び、非商業的援助の提供について定める政策または制度に関する十分に明確な情報[18]を書面で提供する義務がある。

3. 締約国別の除外と免除・例外

（1） 締約国別の免除

締約国は、締約国別の附属書IVの自国の表（スケジュール）に、無差別待遇及び商業的考慮（17.4条）、非商業的援助（17.6条）の規定に不適合なSOE及び指定独占企業の活動を記載する。また、締約国は同表に免除対象の義務、事業体、不適合活動の範囲、根拠法令等の条件を記載する。附属書IVに記載される不適合活動については自国の表に定める条件に従って、これらの規定が適用されない（17.9条）。なお、日本は不適合である活動を記載していない。

無差別待遇及び商業的考慮（同）、裁判所及び行政機関（17.5条）、非商業的援助（同）、透明性（17.10条）の規定は、締約国が附属書17-Dに掲げる地方政府が所有または支配するSOE及び指定独占企業に適用されない[19]。

以上のほか、シンガポールのSWFに固有の適用除外（附17-E）とマレーシアの国営投資会社と巡礼基金に固有の適用除外（附17-F）がある。

（2） 例外

17章は例外も規定する。これにより主要な義務の全部または一部が一定の条件のもとに適用されない場合がある。主な例外は以下の通りである（17.13条）。【　】内は不適用となる規定を示す。

16) ブルネイ、ベトナム、マレーシアについては5年間の適用経過期間がある（17.10条注）。

17) 政府株式の割合、経営陣に占める公務員数、年間収益、資産総額など、提供されなければならない情報が指定されている（17.10.3条）。

18) 贈与か貸付かなど形態、法的根拠、目的、援助額など、回答に含まれるよう確保しなければならない情報が指定されている（17.10.5条）。

19) オーストラリア、カナダ、チリ、日本、マレーシア、メキシコ、ニュージーランド、ペルー、ベトナムが記載。

図表3　17章の主な例外

・国家的または世界的な経済上の緊急事態に一時的に対応するための締約国の措置（同措置の対象となるSOEを含む）【17.4、17.6条】 ・政府の任務に従ってSOEが提供する一定の金融サービス（輸出入支援、国外の民間投資の支援、OECDの公的輸出信用アレンジメントやそれを継承する約束に適合する金融サービス）【17.4.1条、17.6条の一部】 ・過去3年の年間収益が一定の収益基準（附17-Aが算定方法を規定、CPTPP発効日は2億SDR）未満のSOEと指定独占企業【17.4、17.6、17.10、17.12条】

（出所）CPTPPより筆者作成。

4. その他

17章は、可能な範囲での締約国間の技術協力のほか、17章の運用と実施等を検討するため締約国で構成されるSOE及び指定独占企業に関する小委員会の設置を定める（17.11、17.12条）。

また、17章は28章紛争処理手続の対象である[20)]。この手続において17.4条（無差別待遇及び商業的考慮）及び17.6条（非商業的な援助）の下で生じる申立を検討するためパネルが設置された場合、容易に入手ができない関連情報の入手確保のため、書面質問及び回答交換に関する特別ルールが定められている（附17-B）。

以上のルールについては、営利を指向しないSOEや政府が主要な株主ではないが支配している場合などを17章の対象にできないといった課題も指摘されている[21)]。また、上記を踏まえると、主として、①一定の収益基準を満たさないSOEと指定独占企業、②地方政府が所有または支配するSOE（附17-D）、③締約国別の不適合活動（附IV）、④一定の輸出信用機関、⑤SWF（ただし、SWFによるSOEに対する非商業的援助の供与は規律対象）、⑥商業的援助を受けたSOEのサービス提供による非締約国市場に対する悪影響、⑦国内市場に限定されたSOEのサービス提供、について17章が適用されない部分がある。このうち②と⑥に適用を拡大するかどうかは、CPTPP発効後5年以内に追加で交渉することが予定されている（附17-C）。②、⑥以外についても、設置予定の小委員会等で前述した課題も含めて必要に応じて検討することが求められよう。

20）　マレーシアについて経過期間が設けられている場合がある（17.2.5条注）。
21）　Miner（2016）p. 337、松下（2016）pp. 980-981.

それでもなお17章は、世界最大の国有企業保有国といわれながら透明性に欠けるとして批判を浴びる中国[22]が今後CPTPPに参加した場合には、重要な役割を果たすと考えられる。

参考文献〈補論〉

・米谷三似・藤井康次郎・根本拓「第13回　国有企業」『NBL』No. 1088, 2016年、pp. 64-74。
・松下満雄「TPP国有企業規制」『国際商事法務』Vol. 44, No. 7, 2016年、pp. 975-981。
・松下満雄「TPPコンメンタール：第17章　国有企業」『貿易と関税』66巻6号、2018年、pp. 63-75。
・Gadbaw., R. M. "Competition Policy", in C. Cimino-Isaacs and Shott. J. J. eds., *Trans-Pacific-Partnership: An Assessment,* PIIE, 2016, pp. 323-334.
・Miner., S. "Commitments on State-Owned Enterprises", in C. Cimino-Isaacs and Shott. J. J. eds., *Trans-PacificPartnership: An Assessment,* PIIE, 2016, pp. 335-348.

22)　Miner (2016) p. 336.

第13章　環境・労働

貿易と非貿易的な社会的価値を追求する各国の政策との関係は長年論争になってきた。こうした政策分野の例として、環境保護、労働基準の遵守や労働者の権利保障、人権保障がある（以下、非貿易的事項と総称する）。環境分野では、海洋資源保護を目的とする輸入数量規制と、数量制限を原則として禁じるGATTとの整合性をめぐり貿易紛争が生じた経緯がある。労働分野では、例えば、児童労働の結果として安価で競争力をもつ製品の輸出が許容されるかという問題がある。この問題は人権の保護にも関わっている。

WTOでも、こうした非貿易的事項の重要性は認識されており、WTO設立協定前文は、環境の保護及び保全と持続可能な開発に言及し、また各協定も公共目的の政策をとる権利を各国に明示的に認める場合がある。さらには、GATT20条をはじめとする例外条項もある。特に貿易と環境の関係については、環境保護への世界的な関心の高まりを受けて、加盟国の環境保護政策がWTO協定に違反しても例外として許容される範囲が徐々に広がってきた。それでも、WTOはもともと環境保護を目的とする国際機関ではなく、積極的な環境保護を行うには限界がある。貿易と労働の関係については、環境問題よりもさらにWTOで対応は進まず、人権に至ってはほぼ扱われていない。

一方、RTAでは非貿易的事項に関するルールが規定されることが増えている。こうしたルールが扱う分野は、環境、労働を中心に、文化保護、先住民の権利保護に広がり、近年はこれらを例外的に認めるだけでなく、RTA締約国に保護を義務づけたり、義務違反の場合などをRTAの紛争処理手続の対象としたりする場合もある。

以上を踏まえ、本章では、WTOにおける貿易と環境及び貿易と労働の問題への対応、これらの問題に関するRTAのルールの傾向とCPTPPのルールを概観する。

1. WTOにおける貿易と環境・貿易と労働

（1） 貿易と環境

国際社会では、先進国を中心とした経済発展とその越境的な展開に伴う環境破壊の防止、さらに環境の保護及び保全への意識が高まるにつれ、環境問題に対する国際的な関心も深まった。まず、1972年に国連人間環境会議が開催され、人間を取り巻く環境の保全と向上に関する原則を定めた人間環境宣言が採択された。その後、環境に関する国際条約の締結が進んだ。1992年には環境と開発に関する国連会議が開催され、人間環境宣言を発展させたリオ宣言が採択された。これと前後して、GATT体制下では1990年に貿易と環境に関するリーディング・ケースとして知られるマグロ・イルカ事件が生じた。

マグロ・イルカ事件は、イルカの混獲する方法でとられたメキシコ産マグロを、米国が海洋資源を保護する国内法に基づいて輸入禁止とした措置とGATTとの整合性が問われた事例である。こうした漁法でとられたマグロを米国に輸出していたメキシコが、米国の措置を主としてGATT3条（内国民待遇原則）、同11条（数量制限の一般的廃止）違反としてGATTの紛争処理手続に申立を行った。一方、米国はマグロに対する上記措置は国内販売規則であるので同11条でなく同3条の問題であり、仮に違反であるとしても同20条g項に基づき、有限天然資源としてのイルカの保存を目的とする措置であって、この措置が国内生産または消費に対する制限と関連して実施されるため、一般的例外として許容されるなどと反論した。GATTパネルは、米国の措置はマグロの販売を直接規制しないので同3条の適用範囲にないなどとして同11条違反を認定した。加えて、g項の求める「国内生産又は消費に対する制限」は有限天然資源がその国の管轄下にある場合にのみ実効的に行えるが、イルカは管轄下になく米国の域外適用は認められないなどとして同20条の要件を満たさないと判断した[1)]。

この事件のように、貿易と環境に関しては、環境保護を目的として貿易を制限する措置（貿易関連環境措置）が問題の一つである。この事件ではまた、生産方法の違い、すなわち産品の生産工程及び加工方法（process and production meth-

---

1)　US-Tuna (Mexico) (GATT).

od: PPM）も議論となり、最終製品に物理的に残らない生産方法（非産品関連PPMと呼ばれる）が、産品間の同種性の判断に影響を及ぼさないと判断された点が論争になった。PPMの問題は、例えば地球温暖化との関係では、温暖化防止のため温室効果ガスの排出が少ない製法で製造された鉄鋼と、通常の方法で製造された鉄鋼を国内販売に際して区別すると、同種の産品間の差別とされ得るとの形で表れる。環境保護のために、PPMの異なる産品を輸出入の際に規制することが有効な場合があることを考えると、非産品関連PPMをいかに扱うかは重要な問題である。

また、貿易関連環境措置は、多国間環境協定（multilateral environmental agreement: MEA）が定める内容によっても生じる場合がある。例えば、「オゾン層を破壊する物質に関するモントリオール議定書（1987年採択、1989年発効）」は、オゾン層を破壊する恐れのある物質を指定し、議定書締約国と非締約国との間でこれらの物質の輸出入を禁止するなどの規制を行う。同様に、「有害廃棄物の国境を越える移動及びその処分の規制に関するバーゼル条約（1989年採択、1992年発効）」は、一定の廃棄物の非締約国との輸出入の禁止などを定める。「生物多様性条約バイオセーフティに関するカルタヘナ議定書（2000年採択、2003年発効）」は、遺伝子組換え作物の輸出入を規制する。これらのMEAに定める義務と、WTO協定上の義務が抵触（MEAが定める義務に従う結果、WTO協定上の義務に違反する趣旨）する事例については、両者間の調整が課題である。また、最近では環境ラベルも貿易関連環境措置の例として重要となっている。

以上のような貿易と環境の問題について、WTOは次のような対応を試みてきた。まず前述のように、WTO設立協定前文で環境の保護及び保全、持続可能な開発に従った資源の最適利用を謳う。さらに、加盟国は1995年のWTO成立時に「貿易と環境に関する決定」に合意し、「貿易と環境に関する委員会」を設置した。また、ドーハ・ラウンドでは、貿易と環境に関して、①WTOルールとMEAに規定された特定の貿易義務との関係、②MEAの事務局とWTOの関連委員会などとの間での定期的な情報交換手続の制定、及びMEA事務局に対するWTOのオブザーバー資格の付与、③環境物品及び環境関連サービスに対する関税及び非関税障壁の削減または撤廃、が交渉対象である。ただし、交渉はラウンド全体の停滞もあり、実質的な成果につながっていない。

WTOでは、さらに紛争処理手続を通じて貿易と環境の調整余地が広がっている。例えば、WTOの上級委員会は、環境の保護及び保全、持続可能な開発に従った資源の最適利用というWTOの主要目的の一つは例外措置を通じて追求可能であると先例で認める[2)]。また、GATT-WTO体制下で貿易と環境に関わる貿易紛争は、マグロ・イルカ事件のように、ある加盟国の環境保護措置が貿易を制限するという場面で生じることが多く、その措置がGATT20条などの例外条項によって認められるかが焦点となる（詳細は本書2章**5.**（1）「一般的例外」参照）。パネルと上級委員会は、ルールには忠実に従いながらも環境保護措置として許容される基準を緩やかにすることで、例外とする範囲を徐々に広げてきている。

例えば、GATT20条b項が規定するのは人と動植物の生命または健康の保護のために必要な措置である。そこで、ある加盟国の措置がこれに該当するかどうかは、第一にその措置が人と動植物の生命または健康の保護を目的とし、第二に「必要な」ものかが焦点となる。特に、第二の点について、従来は「必要な」とは、他に合理的に選択し得る代替措置がないことを被申立国が証明しなくてはならないと判断されていたが[3)]、上級委員会は、代替措置のないことを被申立国が立証する必要はなく、申立国の方が代替措置を提示すれば、被申立国がその代替措置が合理的に利用可能でないことを証明すればよいと判示し、「必要な」の意味を緩やかに解した[4)]。

（2）　貿易と労働

貿易と労働の問題に関する議論は古くから存在し、国際労働機関（International Labour Organization: ILO）によれば、18世紀にも労働者の権利保護が弱い場合に競争上の優位性が創出されるなどと、貿易と労働基準との関係が論じられていた[5)]。この点はGATT成立前後にも議論となったが、GATTは同20条e項が刑務所労働の産品に関する措置を例外として規定するにとどまった[6)]。そ

2)　EC-Tariff Preferences/AB, para. 94.
3)　US-Tuna (Mexico)（GATT）、US-Gasoline/Panelほか。
4)　Brazil-Retreaded Tires/AB, paras. 158, 178.
5)　ILO（2017）p. 18.
6)　刑務所労働による産品は、通常より割安であるため、輸入が制限または禁止される場合がある（津久井（1993）p. 571）。

の後も先進国を中心に、貿易と労働に関わるルールをWTO協定に含めようとする動きがみられたが、生産コストの優位性の低下などを危惧する途上国が反対し奏功しなかった。

両者の関係に関する議論はWTO成立後も続き、1996年シンガポール閣僚宣言で妥協に至った。この宣言では、加盟国が国際的に承認された中核的な労働基準を遵守すること、ILOがそうした基準を設定し取扱う権限をもつこと、保護主義目的のための労働基準の使用を拒否すること、特に低賃金の途上国の比較優位を問題にすべきでないこと、WTO事務局とILO事務局との協力関係の継続、が確認された。つまり、この宣言により、貿易と労働の関係については、WTOではなくILOが対応すべきことが決定されたといえる。

ILOは、1998年に「労働における基本的原則及び権利に関するILO宣言とそのフォローアップ」を採択し、基本的原則として、結社の自由及び団体交渉権、強制労働の禁止、児童労働の禁止、雇用及び職業の差別排除、を掲げた。これらの実現はILO加盟国の普遍的義務であり、シンガポール閣僚宣言で中核的な労働基準の遵守を約束したWTO加盟国にもこれらを遵守するとの意識はあるだろう。なお、上記宣言に基づくWTO事務局とILO事務局との協力関係も継続しているが、実際には2007年に共同報告が公表された以外に顕著な活動はみられない。その後WTOでは、2001年ドーハ閣僚宣言で上記シンガポール閣僚宣言が確認されたほかは、貿易と労働基準の問題に関する議論に大きな進展はみられない。

2. 地域貿易協定（RTA）の環境・労働関連ルールの傾向

WTOとは対照的に、RTAでは環境、労働分野のルール策定が進んでいる。ある先行研究（Bartels (2015)）によれば、これらのルールには、大きく三つの傾向がみられる[7]。第一に、GATT20条などWTO協定中の例外条項をRTAに定める形である。例外条項に環境という言葉を用いたり、GATT20条の柱書の全部または一部を削除したりするなど、例外条項を修正して規定する場合もある。第二に、MEAのような非貿易的事項に関する国際協定の遵守を

7) Bartels (2015) pp. 368-383.

RTA締約国間で義務づける方法である。RTAと国際協定とが抵触する場合には、当該国際協定を優先するという形で規定する場合もある。第三に、環境保護や労働基準の遵守を義務とする場合である。こうした義務の違反をRTAの紛争処理手続の対象とするRTAも増えている。以下、各分野をみていく。

（1）環　境

本節では、RTAの環境分野のルールを横断的に検討した有力な先行研究（Monteiro (2016)）（分析対象：2016年5月までにWTOに通報され、その時点で有効な270件のRTA）に基づいて、RTAにおける同分野のルールの傾向を概観する。

この先行研究によれば、270件のRTAのうち97%（263件）が直接的及び明示的に環境保護や持続可能な開発、その他の環境関連問題に関する規定（以下、環境関連規定と総称する）を少なくとも一つ規定する。

1990年代にRTAが増加し始めた際、環境関連規定を含むRTAもそれに伴って増加した。しかし2000年代半ばまで、その規定は環境関連措置を例外として位置づけるもの（以下、環境例外）、また、前文で環境関連措置に言及するものがほとんどであった。ただし、1990年代半ばに締結された北米自由貿易協定（North America Free Trade Agreement: NAFTA〔1992年署名、1994年発効〕）は、協定本体に国内環境法と環境基準の実効的な執行や、投資誘致目的で環境基準の引下げをしないなどの詳細な環境関連規定を初めて含めた。NAFTAには、環境分野に関する紛争処理手続や監視を含む環境協力に関する補完協定も存在する（NAFTAの再交渉は本書3章**1.**（2）「RTAの拡大と特徴」参照）。

RTAの環境関連規定は年々詳細化しており、2008年以降に締結されたRTAは、特に多くの環境関連規定を有している。具体的には、環境例外だけでなく環境関連義務などを規定するものが増加している。この背景には、先進国の一部で、国内法上RTAに環境関連規定を含む義務が生じたことがあるといわれている[8)]。例えば、米国では2002年通商法で米国が交渉するRTA全てに環境及び労働関連規定を含むことが義務づけられたほか、EUでも2001年持続可能な開発戦略が採択され、EUは持続可能な開発を世界規模で積極的に促進するよう求められるようになった。同年からニュージーランドでも、貿易

8)　Monteiro (2016) p. 7.

と環境政策を全ての国際交渉に含むことが要求されるようになった。

このような経緯を経て、環境関連規定を含むRTA263件のうち、環境協力を規定するRTAが40件、環境関連義務を規定するRTA34件、両方を規定するRTA79件の計153件と、半数以上のRTAが環境協力や環境関連義務を規定するようになっている（協定本体、附属書、補完協定などを含む）。また、2割弱（46件）のRTAが環境に特化した章（以下、環境章）をおく。なお、EUとEFTAのRTAは、「持続可能な開発」という章で環境と労働に関するルールを規定する。

RTAの環境関連規定は、各国の環境政策への対応を反映して多様である。同一国が締結するRTAでも、相手国や締結時期によって、環境関連規定の有無、協定中の位置づけ、目的、性質、範囲、文言が異なり得る。先進国の中でも、カナダ、EFTA、EU、ニュージーランド、米国が締結するRTAには環境関連規定が多く、途上国間のRTAにもそうしたRTAは存在する。

図表1はRTAの環境関連規定の主要な要素とその概要を示している（努力義務の場合を含む）。前文と目的は、あるRTAの環境関連規定に関して貿易紛争が生じて紛争処理手続の対象となった場合に、RTAの紛争処理パネルなどの審理機関がその規定を解釈する際に参照する可能性がある点でも意義がある。

環境関連規定の遵守を確保する手段として、協議を含む紛争処理手続は重要である。環境関連規定を含む263件のRTAのうち、2割強（64件）のRTAが何らかの協議手続を規定する。協議手続は、主に、環境章や環境関連の補完協定に定められる。また、投資促進のために国内環境保護措置から逸脱することを投資章で禁じるRTAも多く、このような場合に投資章が協議手続を伴う場合がある[9)]。環境章が協議手続を規定する場合には、その協議が紛争処理手続に進むための前提条件になっていることも多い。

RTAに環境章がある場合、環境関連規定が詳細になる傾向があるため、環境章を有する46件のRTAの紛争処理手続の概要をみておく。これらのRTA46件のうち、7割強（34件）が協議手続を伴い、半数（23件）が何らかの紛争処理手続を規定する。その手続には、環境関連規定の全部または一部をRTA

9)　投資章では、環境関連規定が投資家対国家の紛争処理手続（ISDS）手続の対象となる場合もある。

図表1　RTAの環境関連規定の主要な要素

主要な要素	概要（いずれか、または複数をRTAが規定）
RTAの前文	持続可能な開発、環境保護、天然資源保護、グリーン経済に言及する。
目的	RTAの前文以外の目的規定に、環境関連の目的を規定する場合である。内容は、前文に類似する。
国内環境法関連	環境法令の定義及び範囲、規制する権利及び環境保護水準を決定する権利、高い環境保護水準、環境保護の改善、環境法令の制定・維持・執行、環境法令の調和、環境法令の原則、CSR（注）、環境影響評価、貿易保護目的での環境法令の使用禁止、一般的例外、その他の例外・免除・除外・セーフガード、環境関連措置が間接的収用を構成しないようにする義務。
多国間環境協定（MEA）	MEAの重要性及び義務の確認、MEAの遵守とMEAを実施する国内環境法令の実効的な執行、MEA遵守のための国内法制定と維持、MEAの加盟と批准、MEAに関する対話と協力、RTAとMEAの関係、MEA関連の協議と紛争処理。
知的財産権	植物品種保護権、生物多様性及び伝統的知識。
環境物品・サービス・技術	環境物品及びサービスの貿易促進、無関税の環境物品のリスト化、環境サービスの自由化約束。
天然資源管理及び個別環境問題	漁業管理と漁業貿易、森林管理と森林貿易、エネルギーと鉱物資源管理、気候変動。
環境ガバナンス	透明性と情報を得る権利、市民参加（public participation）の機会、司法的権利及び手続保障。
協力	個別問題または個別分野の環境協力、協力形態など。
制度的調整	制度（連絡部局の設置、諮問委員会や市民参加を促進する仕組みなど）、RTAの環境影響評価、RTA実施の問題に関する意見表明。
協議	投資章、環境章、補完協定それぞれに基づく環境問題の協議。
紛争処理手続	RTAとMEA間のフォーラム選択、投資章、環境章、環境合意それぞれに基づく紛争処理。

（注）CSRは、corporate social responsibilityの略で企業の社会的責任をさす。
（出所）Monteiro（2016）より筆者作成。

の紛争処理手続の対象とする場合、それに加えて環境関連の専門家の関与など環境分野に特別の手続を規定する場合、RTA の紛争処理手続を適用せず環境分野に特定的な手続の対象とする場合、とがある。特筆すべきは、米国の RTA の多くが紛争処理手続に金銭支払という手段を含める点である（ただし、環境分野に限らない。金銭支払は本書 14 章 **2.**（2）②「特徴」参照）。他方で環境章のある RTA の半数（23 件）は、協議手続を伴う場合であっても、同章を RTA の紛争処理手続の対象外とする。

（2）労　　働

ILO は RTA が定める労働関連規定について研究を行っている[10)]。本節はその ILO の研究の一つで、RTA の労働分野のルールを分析した先行研究（ILO (2016)、ILO (2017)）（分析対象：2016 年 8 月までに WTO に通報された 260 超の RTA）に基づいて、RTA における同分野のルールの傾向を概観する。

ILO の上記先行研究によれば、労働関連規定を含む RTA は 2008 年頃から徐々に増加し、2016 年には分析対象の RTA の 3 割弱（77 件）を占めている。また、2014 年以降に発効した RTA の 8 割に労働関連規定が含まれるようになっており、比較的最近になって RTA に労働関連規定が含まれるようになったといえる。また、RTA の労働関連規定が対象とする範囲も徐々に包括的になっている。

ここでいう労働関連規定には、労使関係または最低労働基準に言及する規定、そうした基準の遵守促進のための一時的または恒久的な仕組みに関する規定、労働関連の技術支援、ベストプラクティスの交換、締約国間協力に関する規定、が広く含まれる。

RTA で労働関連規定を最初に含めたのは、NAFTA の労働分野に関する補完協定（North American Agreement on Labour Cooperation: NAALC）である。NAALC は、11 の労働原則（結社の自由、団体交渉の権利、ストライキの権利、強制労働の禁止、児童及び年少者労働に関する保護、雇用最低基準、労働差別撤廃、男女給与均等化、労働災害の防止、労働災害に対する補償、移民労働者保護）の促進を目的の一つとして規定し、主な一般的義務として、高い労働基準を実現する労働法の確保

10)　ILO (2013)、ILO (2016)、ILO (2017).

とその基準の改善、国内労働法の実効的な執行、公平な裁判などの手続的保障を定めた。さらに、様々な協力活動推進のための労働協力委員会の設立と、金銭支払や対抗措置を伴う紛争処理手続も規定した。その背景には、NAFTA締結の結果、労働基準の緩いメキシコが生産の優位性をもち、米国の雇用を脅やかすと懸念する米国世論にNAALCが対応しようとしたことがあった。

RTAの労働関連規定は、NAALC以降徐々に発展し包括的となった。NAALCは、安全・衛生、児童労働、最低賃金基準という三つに関してのみ紛争処理手続の対象としたが、米国のFTAでその対象は徐々に拡大し、2006年以降に同国が締結したFTAは労働関連規定全てを紛争処理手続の対象とする場合がほとんどである。カナダのRTAも同様の発展を遂げている。

労働関連規定を含むRTAの締結に積極的なのは、カナダ、チリ[11)]、EU、米国であり、労働関連規定をもつRTA77件の約6割はこれらの国々が締結したRTAであるといわれる[12)]。また、そうしたRTAは、先進国と途上国のRTAにとどまらず途上国間で締結されるRTAにも広がりつつあり、途上国間のRTAは、RTA77件の1/4に達している。

RTAの労働関連規定には、様々な義務規定（努力義務を含む）がある。その主要な要素には**図表2**のようなものがある。

さらには、労働に関する国際的な宣言などがRTAで言及される例も増えている。特に「労働における基本的原則及び権利に関するILO宣言とそのフォローアップ」（1998年）に言及するRTAは多い。この宣言に次いで主要なILOの宣言といわれる「公正なグローバル化のための社会正義に関するILO宣言」（2008年）[13)]なども含まれるようになっている。以上のほか、各国が個別に関心をもつ事項がRTAに含まれる場合がある。例えば、EUやカナダのRTAに

---

11)　チリはカナダとのFTA（1997年発効）で最初に労働関連規定を導入し、その後EUや米国とのFTAでも同様の対応をとった。これが可能であった背景には、労働者や労働組合の保護を含めたチリ国内の労働改革と連動したとの政治的事情があった（ILO（2017）pp. 51–52）。チリの例は、途上国も労働関連規定をRTAで規定し得ることを示している。

12)　ILO（2017）pp. 12–13, ILO（2016）p. 35.

13)　公正なグローバル化への対応策の一環として、ディーセント・ワーク（働きがいのある人間らしい仕事）の実現に向け、①雇用の促進、②社会的保護（社会保障及び労働者保護）の展開と強化、③政労使の三者構成とその社会的対話の重視、④労働における基本的原則及び権利の尊重、促進、実現、という四つの目標を掲げ、その目標達成のためのILOと加盟国の役割と方法を記載する。

図表 2　RTA の労働関連規定の主要な要素

- 労働法及び労働基準の実効的な執行の確保
- 労働法及び労働基準の採択、維持、改善
- 労働法及び労働基準から逸脱しないこと
- ILO 加盟国としての義務の再確認
- 労働問題と法の周知、及び、透明性と一般公衆へのコミュニケーション促進
- 労働法及び労働基準遵守のため裁判所へのアクセス確保
- 労働法及び労働基準の実効的な適用のため手続的保障の確保

（出所）ILO（2017）より筆者作成。

は、移民労働者の保護やジェンダーに関する規定がある。

このように、労働関連規定については、徐々に対象範囲が広がり、また、紛争処理手続の対象となる範囲も広がっているといえる。

労働関連規定の遵守を確保する手段には、対話や監視のための協議委員会、協議手続、紛争処理手続、金銭支払や対抗措置などがある。多くの RTA は対話や監視を含むのみであり、最も活発に労働関連規定を RTA に含めてきた上記 4 か国の中でも、米国とカナダの RTA は金銭支払やその他の対抗措置を含めた紛争処理手続を含む一方、EU は協議を中心とする。EU の RTA は、協議が不成功の場合に独立した第三者による審査手続も定めるが、金銭支払や対抗措置を含まない[14)]。チリの RTA も協力活動が中心である。

近年は、米国と EU がそれぞれ締結する RTA を中心に、市民団体などの利害関係者（ステークホルダー）の関与を認める仕組みが規定されることも多い。この仕組みには、国内諮問グループの設立などを通じた国内の対話の仕組みから、越境的に関係者が交流する市民社会フォーラムの設立[15)]まで様々な形態がある。利害関係者に与えられる役割や権利も、情報提供にとどまる場合から意見表明機会の付与まで多様である。CPTPP も国内協議機関、諮問機関、類似の仕組みの設置を求める（CPTPP19. 14 条）。ILO（2017）によれば、こうした仕組みには、少なくとも労働問題に対する社会認識の向上、対話の促進、政治的議

---

14)　EU-CARIFORUM（the Forum of Caribbean Group of African Caribbean and Pacific States）EPA では紛争処理手続の対象となる（ただし、対抗措置の対象とならない）。

15)　例えば EU-韓国 FTA13. 13 条。

題化といった効果が認められる[16]。

3. CPTPPの環境・労働関連のルール

（1）環　境

CPTPPは20章が環境分野に関するルールを定める（全23条、附20-A、附20-B[17]）。20章は、環境保護を積極的に定めると共に保護対象の範囲も広く、これまでに締結されたRTAと比べても包括的である。また、20章は28章紛争処理手続の対象であるなど、ルールの遵守を確保する手段を伴う（ただし紛争処理については環境協議などを前提とするほか、特別のルール〔CPTPP20.23条〕がある）（以下、（　）内はCPTPPの条文）。

20章は、貿易と環境の相互補完的政策の促進、高い水準の環境保護及び環境法令の実効的執行の促進、貿易関連環境問題に対処する締約国の能力向上を目的とする（20.2条）。

また、同章適用のため関連する用語を定義し、環境法令は、締約国の法律または規則、またはそれらの規定（MEAに基づく当該締約国の義務を履行するものを含む）で、(a)～(c)を通じて環境の保護または人の生命若しくは健康に対する危険の防止を主な目的とするもの、と定義される[18]（(a)環境汚染物質の流出、排出または放出の防止、低減または規制、(b)化学物質その他の物質または廃棄物で、環境上有害なまたは毒性を有するものの規制及び当該規制に関連する情報の周知、(c)野生動植物〔絶滅のおそれのある種を含む〕、野生動植物の生息地及び特別に保護された自然の区域の保護または保全（生物多様性の保護または保全を含む））（20.1条及び同条注）。

20章は、一般的約束として、環境法令及び政策をとる締約国の主権的権利を認めながらも、高い水準での環境保護と保護法令の確保努力を定める。加えて、締約国に対して、主に、一連の作為または不作為を締約国間の貿易または

16）ILO（2017）p. 47.

17）両附属書には、MEAに関する締約国の措置が掲載される（後掲**3.**（1）①(**a**)参照）。

18）ただし、労働者の安全または健康に直接関連する法律または規則、またはそれらの規定、及び自給のための、または先住民による天然資源の採捕の管理を主たる目的とする法律または規則、またはそれらの規定を含まない（20.1条）。なお、「法律または規則」については各国別の定義が定められており、日本は「国会の法律、政令又は省令及び当該法律に基づいて定めるその他の命令であって、中央政府の行為によって執行することができるもの」である（20.1条）。

投資に影響を及ぼす方法で継続または反復することにより、環境法令の実効的な執行を怠ってはならないこと、貿易または投資奨励目的で自国の環境法からの免除その他の逸脱を認めてはならないこと、を求める（20.3条）。

20章はさらに、(a) MEAの実施強化、(b) 生物多様性の保全、(c) 温室効果ガス排出への対応、(d) 海洋資源の保護、(e) 野生動植物の違法採捕・取引（適用停止規定を含む）、という5分野について締約国の認識や義務を規定する。

そのほか、陸生及び水生の侵略的外来種（invasive alien species）の貿易関連の越境移動による危険と悪影響、環境物品及びサービスの貿易について、環境委員会（後掲3.(1)②参照）における検討や協力などを定める（20.14、20.18条）。

以下では、5分野の主要な義務とその遵守確保のための手段を概観する。

①　分野別のルール

(a)　MEAの実施強化（20.4条「環境に関する多数国間協定」ほか）　20章は、自国が締結しているMEAの実施について自国の約束を確認すると共に（20.4.1条）、MEAに関して定める個別の規定でその実施を強化する形をとる。具体的には、主として、オゾン層の保護について、モントリオール議定書が規制するオゾン層の破壊等につながる物質の「生産、消費及び貿易を規制する措置」をとる義務を定める（20.5.1条）。また、船舶による海洋汚染防止の観点から、重油や廃棄物の海洋投棄を規制するMARPOL条約[19)]が規制対象とする汚染について、海洋環境汚染防止措置をとる締約国の義務を定める（同20.6.1条）。

いずれについても、締約国が附属書でリスト化する現存措置及びそれと同等の保護を行う将来措置を維持していれば義務を遵守しているとみなされる（各々20.5.1条注2及び附20-A、20.6.1条注2及び20-B）。なお、この義務の違反の確定には、措置をとらなかったことがCPTPP締約国間の貿易または投資に影響を及ぼす方法であったことを、主張する締約国が立証しなければならない（20.5.1条注3、20.6.1条注3）。

また、締約国はいずれの分野についても、関連する自国の計画及び活動についての適切な情報を公に入手可能とすると共に、締約国間で協力する義務がある（20.5.3、20.6.3条）。

---

19)　正式名称は、International Convention for the Prevention of Pollution from Ships. Marin Pollutionの頭文字からMARPOL条約と呼ばれる。

同様に、絶滅のおそれのある野生動植物の種の国際取引に関する条約（Convention on International Trade in Endangered Species of Wild Fauna and Flora: CITES。ワシントン条約と呼ばれることもある）に関する義務も定める（後掲3.（1）①(e)参照）。

(b)　生物多様性の保全（20.13条「貿易及び生物の多様性」）　20章は、貿易と生物多様性に関し、締約国の自国法令または政策に従って生物多様性の保全と持続可能な利用を促進し、及び奨励する義務（20.13.2条）、それに関する自国の計画及び活動を公に入手可能とする義務（20.13.5条）、そのための締約国間の協力義務（20.13.6条）、を定める。

以上のほか、生物多様性の保全と持続可能な利用に寄与する伝統的生活様式を有する先住民社会の知識と慣行の尊重、保存、維持の重要性を認めること、協力義務の対象として遺伝資源の取得機会とその資源利用から生じる利益配分などをあげる（同20.13.3、20.13.6.c条）。

(c)　温室効果ガス排出への対応（20.15条「低排出型の及び強靱な経済への移行」）　20章は、低排出型の経済に移行するため、締約国間の協力義務を定める（20.15.2条）。協力分野として、再生可能エネルギー源の開発、森林減少及び森林劣化への対処、排出の監視などをあげる。

(d)　海洋資源の保護（20.16条「海洋における捕獲漁業」）　20章は、海洋資源の保護に関連して、漁業補助金の撤廃と漁業資源管理を新たに義務づけたと評価されている[20]。ただし、20章は漁業補助金の全てを禁じるわけでなく、WTO補助金協定上の補助金の定義を満たし、かつ同協定上の特定性を有する補助金[21]であって、濫獲[22]状態にある魚類資源に悪影響を及ぼす漁獲[23]に対する補助金、及びIUU漁業を行う漁船[24]に対する補助金を原則として撤廃

---

20)　Schott (2016) p. 253.

21)　本条の適用上、補助金は、関係する船舶の国籍または関係する魚類への原産地規則の適用に関わりなく、当該補助金を交付する締約国に属するもの、をさす（20.16.5条注）。

22)　本条の適用上、濫獲は、ある魚類資源の水準が、最大持続生産量の実現水準または入手可能な最良の科学的証拠に基づく代替的な基準値にその魚類資源を回復させ得るため漁獲量制限が必要である程度に低い場合、または漁獲場所の管轄国または関連する地域的な漁業管理機関が濫獲されていると認める場合、をさす（20.16.5条注2）。

23)　本条5の適用上、漁獲は、魚類の探知、引き寄せ、採捕（以下、探知等）または探知等の結果になると合理的に予測し得る活動、をさす（20.16.5条注1）。

24)　漁船は、あらゆる種類の船舶で、漁獲もしくは漁獲の関連活動のために使用されるもの、使用

する義務を定める（20. 16. 5. a及びb条）。IUU漁業は、Illegal, Unreported and Unregulatedの略で、漁業海域を管轄する国の法令に違反するほか、必要な報告を行わないなど、違法、無報告、無規制で行われる漁業をさす[25)]。補助金の規律については、締約国は濫獲と過剰な漁獲能力に寄与する補助金の撤廃のため、環境小委員会（後掲3.（1）②参照）で検討しなくてはならない（20. 16. 8条）。

なお、CPTPPが自国について発効する前に設けられた補助金制度で、濫獲状態にある魚類資源に悪影響を及ぼす漁獲に対する補助金は、出来る限り速やかに、かつその締約国についてCPTPP発効後3年以内に撤廃する必要がある（20. 16. 6条）[26)]。

また、漁獲又は漁獲関連活動に従事する者に交付または維持する補助金について、締約国はCPTPPが自国について発効した後1年以内に他締約国に通報し、その後は2年ごとにアップデートすることが必要である。補助金制度の名称など、通報すべき内容も定められている（20. 16. 9、20. 16. 10条）。いずれも、WTO補助金協定上の定義を満たし、特定性を有する補助金が対象となる。

加えて締約国は、IUU漁業という漁業慣行に対抗し、またそうした慣行を通じて採られた種から得られる製品の貿易を抑止するよう支援するため、監視及び取締りなどの制度を支援するなどの義務を負う（20. 16. 14条）。

そのほか20章は、漁業資源の保存管理を促進する義務も規定する（20. 16. 4条）。そのための措置として濫獲等が懸念されるサメ類についてはひれ漁の禁止など、ウミガメや海鳥等については混獲緩和措置などを、締約国がとるべき具体例としてあげる。

(e)　野生動植物の違法採捕・取引（20. 17条「保存及び貿易」）　20章は、野生動植物の保存、その違法な採捕[27)]と取引に対処するため、次のような締約国の義務を定める。まず、締約国はCITESの義務履行のため、法令その他の

される設備を有するもの、または使用されることを目的とするもの、をさす（20. 16. 5. b条注）。

25)　20章では、厳密には次のように了解されている。「2001年にローマで採択された国際連合食糧農業機関の違法な漁業、報告されていない漁業及び規制されていない漁業を防止し、抑止し、及び排除するための国際行動計画の3と同一の意味を有するもの」（20. 16. 2条注）。

26)　ベトナムに関する特例がある（20. 16. 6条注）。

27)「採捕」は、捕獲、殺傷、または収集されることをさし、植物については、収穫、切断、伐採、または除去されること、をさす（20. 17. 1条注）。

措置を採用、維持、実施する義務を負う（20. 17. 2条）。締約国は、他締約国がこの義務を遵守していないと認める場合については、まずCITESの下での協議その他の手続により対処するよう努める。なお、この義務の違反の確定には、CITESの義務履行のための法令などを締約国が採用しないといった不作為がCPTPP締約国間の貿易または投資に影響を及ぼす方法であったことを、主張する締約国が立証しなければならない（20. 17. 2条注2及び注3）。

また、締約国は信頼ある証拠[28]によれば自国法令に違反して行われた野生動植物の採捕及び取引への対処措置をとり、及びその防止のために協力する義務がある。この対処措置には、こうした取引を抑止する制裁や罰則その他の効果的な措置が含まれなければならない（20. 17. 5条）。この義務の対象は、CITES対象の掲載種に限らないため、絶滅危惧種に限らず違法採捕及び取引を規制する新しい義務として注目されている[29]。なお、20. 17. 5条は自国法令にとどまらず「他の関係法令[30]」も含むが、この部分はCPTPPで適用停止対象である。

締約国は20. 17. 5条の実施にあたり、各締約国が行政上、捜査上、執行上の裁量の行使と資源配分に関する決定を行う権利を保持することを認める（20. 17. 6条）。

②　ルール遵守確保の手段・その他　上記のほか、20章は締約国間の協力義務、環境法令の実効的執行のための情報公開や制度整備などの手続的義務、様々な努力規定、締約国間の協力規定を含む。

同章はルールの遵守を確保する手段として、公衆参加の機会（自国の者からの意見書提出機会と締約国による適時の回答・公表義務、協議の仕組み整備など（20. 8、20. 9条））、協議手続、28章紛争処理手続の利用を伴う紛争解決について規定する。協議では、事務レベルの協議、上級の代表者による協議[31]、閣僚による協議の順で問題解決をはかり、それでも問題解決できない場合には、28章紛争処理手続の利用が可能である（20. 20～20. 22条）（ただし、同章の一部の規定に基づく問題について特別手続がある（20. 23条）[32]）。

28）　その内容については各締約国が決定する権利を保持する（20. 17. 5条注1）。
29）　Schott（2016）p. 258.
30）　採捕または取引が生じる場所の管轄国または地域の法令で、野生動植物が当該法令に違反して採捕され、又は取引されたかどうかの問題についてのみ関係するもの、をさす（20. 17. 5条注2）。
31）　環境小委員会の代表者によるものである（20. 21条）。

同章は以上のように包括的であるが、規律対象外である重要な問題に、環境補助金がある。漁業補助金は対象であるものの、漁業補助金はCPTPPの締約国に漁業産品の輸出国と漁業補助金の提供国が含まれており、また分野限定的であるなどの事情により、例外的に可能となったということであろう。もともと締約国数が限られるRTAで補助金を規律するには限界があるものの、環境保護に貢献する補助金について一定の理解を示す立場を示してもよかったのではないかと思われる。また、20章は気候変動という表現を用いず、温室効果ガス排出を規制する締約国の義務を定めない。この点はTPP交渉に参加していた米国で、そのような義務を課す貿易協定を許容しない国内事情のあったことが反映したといわれている[33)]。温室効果ガスの排出への対応が国際的にも喫緊の課題であることに鑑みれば、この点についても積極的な対応が期待される。

なお、20章の実施にあたり締約国間の円滑な連絡のため、締約国は連絡部局を指定し他締約国に通報する義務がある。また、20章の実施を監督するため、締約国で構成される環境小委員会が設置される（20.19条）。

（2）労　　働

CPTPPは19章で労働分野に関するルールを定める（全15条）。19章は、ルールの遵守を確保するための様々な手段も規定する。既述の通り、RTAでは、労働関連規定を含める場合でも遵守確保の手段を伴うかどうかについては、国や地域により相違があった。CPTPPにはそれに積極的な国々が参加したことで、19章を28章紛争処理手続の対象としつつ、国際的に認められた労働基準を守る義務などが締約国全てに課されることとなった（以下（　　）内はCPTPPの条文）。

19章は、同章適用のため、労働法令など関連する用語を定義する。労働法令は、締約国の法律及び規則、またはそれらの規定であって、国際的に認められた労働者の権利に直接関係するものをさし、この権利は、(a)結社の自由及び

32）20章に基づく協議を経ることを前提とするほか、保存及び貿易に関わる20.17.2条に基づく紛争について、28章のパネルがCITES上権限を付与された機関の助言・支持を適当な場合に求めるなどCITESとの関係、環境法令の実効的執行に関わる20.3.4、20.3.6条に基づく紛争を提起する場合、対象となる環境法令と実質的に同等な範囲の環境法令を自国が維持しているかを考慮することなどを定める。

33）Schott（2016）p. 259.

団体交渉権の実効的な承認、(b)あらゆる形態の強制労働の撤廃、(c)児童労働の実効的な廃止、最悪の形態の児童労働の禁止その他の児童及び未成年者の労働に関する保護、(d)雇用及び職業に関する差別の撤廃、(e)最低賃金、労働時間並びに職業上の安全及び健康に関する受入れ可能な労働条件、である（19.1条）[34)]。

また、共通の約束の表明として、締約国は自国内の労働者の権利に関するILO加盟国としての義務を確認すると共に、保護主義的な貿易を目的として労働基準を用いるべきでないことを認める（19.2条）。

19章が締約国に課す主な義務は次の通りである。

①　主な義務

(a)　労働者の権利（19.3条）　19章は、労働者の権利の保障を締約国に求める。具体的には、①締約国が自国の法律及び規則とそれらに基づく慣行で採用及び維持しなければならない権利としてILO宣言[35)]が言及する権利をあげ[36)]、加えて、②受入れ可能な労働条件、についても締約国の義務を定めた。すなわち②について締約国は、最低賃金、労働時間、職業上の健康及び安全に関する受入れ可能な労働条件を規律する法律及び規則とそれらに基づく慣行を採用及び維持する義務がある（19.3.1、19.3.2条）。ただし、19章は締約国が遵守すべき労働条件などの内容は定めないため、具体的な実施方法は各締約国に委ねているといえる。①と②の義務違反の確定には、締約国が法律及び規則または慣行を採用、または維持しなかったことが締約国間の貿易または投資に影響を及ぼす方法であったことを、主張する締約国が立証しなければならない（19.3.1条注2）。

(b)　逸脱の禁止（19.4条）　19章で締約国は、各締約国の労働法令で与えられる保護を弱め、または低下させることで貿易または投資を奨励することが適当でないことを認める。このため締約国は、上記の自国の法律及び規則

34)　連邦制をとっている締約国が「法律及び（または）規則」を連邦法とそれに基づく下位法令や規則などと、締約国別に定義する（19.1条）。

35)　ILO宣言は、ILOの1998年の労働における基本的な原則及び権利に関する宣言及びその実施についての措置をさす（19.1条）。

36)　具体的には、(a)結社の自由及び団体交渉権の実効的な承認、(b)あらゆる形態の強制労働の撤廃、(c)児童労働の実効的な廃止、及びこの協定の適用上、最悪の形態の児童労働の禁止、(d)雇用及び職業に関する差別の撤廃。

で、締約国間の貿易や投資に影響を及ぼす方法による次のような免除その他の逸脱（以下、免除等）を認めてはならない。第一に、免除等が上記①の権利と両立しない場合は、①を実施する自国の法律または規則からの免除等を認めてはならない。第二に、免除等が輸出加工区などの特別貿易地域や特別関税地域において①の権利、または②の労働条件を弱め、また低下させる場合に①または②を実施する自国の法律または規則からの免除等を認めてはならない（19.4条）。これらの地域では、外国投資を誘致するため労働基準の緩和などが行われて労働法令の執行が不十分となることが懸念されていたが[37]、締約国には同地域における労働者の権利及び受入れ可能な労働条件の保障が義務づけられ、懸念に対処された。

(c)　労働法令の執行（19.5条）及び強制労働（19.6条）　加えて、締約国は、CPTPP発効後、締約国間の貿易または投資に影響を及ぼす方法で一連の作為または不作為を継続し、または反復することにより、自国の労働法令の実効的な執行を怠ってはならない（同19.5条）。さらに、締約国は強制労働の撤廃という目標を認め、「自国が適当と認める自発的活動を通じ、全部又は一部が強制労働（児童の強制労働を含む）によって生産された物品を他の輸入源から輸入しないように奨励する」義務を負う（19.6条）。以上のように、19章は強制労働を規律し、非締約国からの輸入も対象に含む点で重要であるが、強制労働の撤廃義務は規定せず、上述した他の義務と比べるとその内容は弱い。

(d)　その他の義務（19.7、19.8条）　以上に加えて、19章は労働法令の実効的な執行のための情報公開や制度整備などの手続的義務、CSRを奨励する努力などの努力義務も定める（19.7、19.8条ほか）。

②　ルール遵守確保の手段・その他　ルール遵守を確保する手段は、締約国間の協力、対話、協議、紛争処理手続に大別できる。この手段に関連して、締約国は自国の労働省等を連絡部局として指定すると共に、締約国の閣僚級その他のレベルの代表者で構成される労働評議会を設置する。労働評議会は19章の関連事項の検討、19章の実施促進、会合後の活動報告書の公表、関連する地域機関と国際機関との協力などを行う。また、労働評議会は活動実施にあ

---

37)　Cimino-Issacs (2016) p. 270.

たり、19 章の関連事項について利害関係者の意見を受領及び検討する手段を提供する。連絡部局は締約国間の連絡と調整、締約国間の協力活動の立案と実施、労働評議会の支援などを行う（19. 12〜19. 14 条）。

(a)　協力（19. 10 条）　19 章は、締約国間の協力についての指針（19. 10. 2 条）と共に、利害関係者などの関与可能性を明示し、また、労働法令及び労働慣行や、雇用創出など 20 の協力分野を例示する。

(b)　協力的な労働対話（19. 11 条）　協力的な労働対話に関する規定は、締約国の対話に関して締約国の義務や手続を主に次のように定める。締約国は 19 章の下で生じる問題について、根拠などを含む具体的かつ十分な情報と共に書面で他締約国にいつでも対話を要請できる。対話は、原則として要請受領後 30 日以内に開始され、締約国は誠実に対話する義務がある。締約国は、問題を解決した場合には、対話の結果を文書化し、別途合意する場合を除いて公に入手可能なものとしなければならない。対話を行う締約国は、共同で適当な行動指針を決定することが可能であり、その行動指針には、行動計画（労働監督、遵守などに関する具体的かつ検証可能な取組みと適当な期間を含み得る）、ILO を含む独立機関の検証、協力計画などの適当な奨励措置を含めることが可能である。

労働対話は、後述する労働協議と並行して利用することもできる（19. 15. 14 条）。労働対話と労働協議との相違は、労働協議が 28 章紛争処理手続に移行する場合の前提条件となる点である。労働対話は、いわば労働協議と紛争処理手続の中間を目指した新しい仕組みに位置づけられよう。

(c)　労働協議（19. 15 条）　労働協議で締約国は 19 条の下で生じる問題について協議を行い、問題解決できなかった場合には 28 章紛争処理手続の利用が可能である。19 章は労働協議に関して時間的枠組みを含む詳細な手続を定める。なお、労働協議は秘密とされるが、問題が解決できた場合には結果を文書化し、協議国は別途合意する場合を除き、その結果を公に入手可能なものとする必要がある。

(d)　その他　以上のほか、19 章は公衆の関与を定め、国内の利害関係者を含む自国の公衆が 19 章に関する意見を述べるため、労働に関する協議機関、諮問機関、または類似の仕組みを国内に設置し、それらの仕組みに意見を求めることを締約国に義務づける（19. 14 条）。また、締約国には、自国の公衆からの意見提出機会の確保や適時の回答・公開などの義務がある（19.9条）。

19章は、以上のように積極的に労働者の権利を保護する労働関連規定に加えて遵守確保の手段も伴い、締約国における労働分野の慣行などの改善が期待される画期的な内容といえる。ただし、19章は移民労働者の問題を扱っていない。強制労働に関する比較的緩やかな規律と共に、移民労働者の権利の保護は引き続き課題である。

参考文献〈第13章〉

環境・労働共通

・飯野文「今後の貿易・投資協定に対するTPP協定の含意：分野横断的観点から」『商学集志』86(4)、2017年、pp. 207-229。
・Bartels, L., "Social Issues: Labour, Environment and Human Rights", in Lester, S., et al eds. *Bilateral and Regional Trade Agreements: Commentary and Analysis: 2nd edition,* Cambridge University Press., 2015, pp. 324-384.

環境

・Monteiro, J-A. Typology of Environment-Related Provisions in Regional Trade Agreements, WTO Working Paper ERSD-2016-13, 2016.
（https://www.wto.org/english/res_e/reser_e/ersd201613_e.pdf）
・Schott, J. J., "TPP and the Environment", in C. Cimino-Isaacs and Shott. J. J. eds., *Trans-Pacific Partnership: An Assessment,* PIIE, 2016, pp. 251-260.

労働

・津久井茂充『ガットの全貌：コンメンタール・ガット』日本関税協会、1993年.
・Elliott, K. A. "Labor Rights" in Chauffour, J-P. & Maur, J-C. eds.. *Preferential Trade Agreement Policies for Development–A Handbook,* World Bank, Washington., 2011, pp. 427-442.
・Cimino-Issacs. C., "Labor Standards in the TPP", in C. Cimino-Isaacs and Shott. J. J. eds., *Trans-Pacific Partnership: An Assessment,* PIIE, 2016, pp. 261-297.
・ILO, *Social Dimensions of Free Trade Agreements,* 2013.
・ILO, *Assessment of Labour Provisions in Trade and Investment Arrangements,* 2016.
・ILO, *Handbook on Assessment of Labour Provisions in Trade and Investment Arrangements,* 2017.

第14章　紛争処理制度

交渉を通じてルールに合意しても、遵守されなければルールの存在意義が問われる。GATT-WTO体制下では、ルール違反などにより貿易紛争が生じた際に、それを処理するための紛争処理手続が徐々に発展してきた。特に、ウルグアイ・ラウンドで合意された「紛争解決に係る規則及び手続に関する了解（Understanding on Rules and Procedures Governing the Settlement of Dispute: DSU）」により、従来、外交的な協議の色彩が強かった紛争処理手続は強化され、司法化が進んだ。この紛争処理手続は、WTO体制下で活発に利用されている。

RTAも紛争処理手続を規定することが多い。その仕組みは一様ではないが、WTO成立以降に締結されたRTAでは、WTOの紛争処理の仕組みを受け継いでいるものが多い。また、RTAの紛争処理手続についてもGATT-WTO紛争処理手続と同様に、外交的な協議からより司法的な手続を採用するという大きな流れがみられる。

本章では、WTOとRTAの紛争処理手続の特徴や仕組み、両手続の関係、CPTPPの紛争処理手続を扱う。

1. WTOの紛争処理手続

（1） WTO紛争処理手続の特徴

WTO紛争処理手続の下で、手続は概ね次のように進む。貿易紛争が生じると、まず紛争当事国間で協議を行う。利害関係のある第三国が協議に参加する場合もある。協議で解決しない場合には、紛争処理のために組織されるパネル（小委員会）の設置が要請され、このパネルが審査を経て、審査結果としてパネル報告を出す。紛争当事国は、パネル報告中の法的判断[1)]について、上位機関である常設の上級委員会（以下、上級委）に上訴して審査を求めることもできる。

1）パネル報告中の法的問題及びパネルが行った法的解釈（DSU17.6条）の意で用いる。

上訴があれば上級委は審査を経て上級委報告を出す。これらの報告を全加盟国で構成されるWTOの紛争解決機関（Dispute Settlement Body: DSB）が「採択」して、DSB「勧告」とすることで審査結果が確定し、問題となった措置の是正または撤廃の手続へと移行する。速やかに措置が是正または撤廃されない場合には、申立を行った国は対抗措置をとるためDSBの承認を求めることも可能である。

WTO紛争処理手続が強化、司法化されたと評価される理由は、次のような注目すべきその特徴にある。

第一に、紛争処理手続における自動性である。GATT体制下では、パネル報告の採択や対抗措置の承認が加盟国のコンセンサスにより行われていたため、被申立国は自国に不利な報告であると、採択に同意しない場合があった。このためGATT体制下では、未採択のパネル報告が複数存在する。WTOでは、DSUがネガティブ・コンセンサスを採用し、決定の自動性が高まることとなった（ネガティブ・コンセンサスは本書1章**2.**（3）②「意思決定」参照）。

第二に、手続期限の設定である。例えば、GATT体制下では、DSB勧告の実施期限が明確でなく実施が長期化するなどの問題があったが、DSUは実施期間を原則として15か月とする（DSU21.3.c条）。加えて、協議、審査、報告の実施という各段階に明確な期限を設定し、迅速な紛争処理を志向する。

第三に、WTOで新たに設置された常設の上級委の存在がある。紛争当事国はパネル報告中の法的判断に不服がある場合、上級委に上訴できる。上級委は7名で構成され、上訴があった場合、そこから3名の上級委員が審理を行い、パネル報告を検討した上でパネルの法的認定及び結論の支持、修正、取消のいずれかを行って（同17.13条）、その判断を上級委報告として公表する。この報告は、上述の通り、DSBの採択を経てDSB勧告として確定する。WTOの紛争処理制度は、加盟国のWTO協定上の権利義務の維持と現行規定の解釈の明確化に貢献するが[2)]（同3.2条）、常設の上級委が設置されたことにより、貿

2)　解釈の明確化は、解釈に関する国際法上の慣習的規則に従って行う（DSU3.2条）。この規則は、条約法に関するウィーン条約（1969）31条及び32条に規定されると理解されている（US-Gasoline/AB, p. 17, Japan-Alcoholic BeveragesII/AB, p. 10.）

なお、DSBの勧告と裁定は、加盟国のWTO協定上の権利義務に新たな権利義務を追加し、または減ずることはできない（同）。

易紛争に関する法的判断の一貫性が向上し、予見可能性も高まっている。

第四に、DSB勧告が被申立国によって実施されない場合に、申立国は、物品、サービス、知的財産権という各分野（セクター）の間で、一定の条件の下で横断的な対抗措置（「クロス・セクトラル・リタリエーション」と呼ばれる）をとることが可能である。貿易量の少ない発展途上国（以下、途上国）が、貿易大国に対抗措置をとったとしても、圧倒的な経済力の相違故に勧告の実施を促す手段として必ずしも効果的でない場合があるからである。そこで、WTO紛争処理手続は、対抗措置をとるための原則と手続として、協定違反などがあると認定された分野と同分野の対抗措置を原則とするが、それが実際的また有効でない場合には同一の協定の他の分野での対抗措置をとる。この措置も実際的または有効でなく、かつ十分重大な事態が存在すると認める場合に、別分野で対抗措置をとることを認める。

例えば、小国のA国が米国のある措置をWTOに申し立て、パネル、上級委（上訴があった場合）の審査を経て米国のGATT違反が確定したとする。米国がDSB勧告を実施しなければ、A国は原則として物品貿易の分野で関税引上げなどの米国への対抗措置を検討するが、輸入量が少ないといった理由でこの措置が実際的また有効ではなく、かつ十分重大な事態が存在すると認める場合に、知的財産権やサービス貿易の分野で対抗措置を申請することが可能である[3)]。

第五に、一方的措置の禁止である。特に各加盟国の念頭にあった一方的措置として、米国の通商法301条及びその関連手続がある。本手続は、端的には米国が一方的に不公正と判断する貿易相手国の政策や慣行などについて、調査や協議を経つつ、究極的には米国が制裁を発動し得る内容である。DSUは、WTO協定違反の措置などの是正を求める場合には、DSUに定める規則及び手続により、かつそれらを遵守すること、この場合を除いて、協定の違反があるなどの決定を加盟国が行ってはならないと定め、一方的な措置を明確に禁じる（同23条）。

3)　物品は全ての物品を一分野、サービスはサービス分野分類表（MTN・GNS/W/120（本書8章**2.**（2）②「分類」参照））の11の主要分野のそれぞれを一分野、知的財産権はTRIPS協定第2部1～7節の各知的財産権と第3部及び第4部に定める各義務を一分野とする（DSU22.3.f条）。

（2） WTO紛争処理手続の仕組み

WTO協定に関して発生した貿易紛争は、DSUに基づいて処理される。

DSUが定める規則と手続は、DSU附属書1が掲載するGATTや農業協定などの各協定をさす「対象協定（covered agreements）」中の協議及び紛争処理に関する規定に従って提起される紛争、及びWTO設立協定とDSUに基づく加盟国の権利義務に関する協議及び紛争の処理に適用される。貿易歪曲効果が大きく通常よりも早い手続が必要な場合など、追加的な手続はDSUの附属書2が掲載する（DSU1条）。

また、WTO紛争処理手続を利用できるのは加盟国のみで、企業などの私人や非加盟国は利用できない。

手続は、協議要請からパネル設置要請前まで、パネル設置要請から上級委手続を含めた報告採択まで、報告採択後の実施、という大きく三段階に分けることができる。以下ではGATTを例に、申立の類型を概観し、次に段階ごとに手続をみる。

①　**申立の類型**　対象協定の中で、GATTは、22条が加盟国間の協議を定め、同23条が協議後の申立のための根拠などを規定する。同23.1条は、ある加盟国が「①この協定に基づく義務の履行を怠った結果として」（違反措置）、「②この協定の規定に抵触するかどうかを問わず、なんらかの措置を適用した結果として」（非違反措置）、「③その他なんらかの状態が存在する結果として」（状態）、この協定に基づき自国に与えられた利益が無効化または侵害された場合（以下、無効化・侵害）、または、協定の目的達成が妨げられている場合に、申立可能と定める。利益の無効化・侵害は、何らかの悪影響が生じたことを意味する。以上によれば**図表1**の通り6通りの申立が可能であることになる。

しかし、実際の申立の多くは、ある加盟国の協定違反措置により自国の協定上の利益の無効化・侵害が生じたと主張される違反申立である。まれに、ある加盟国の協定違反でない措置により、自国の利益が無効化・侵害されたという非違反申立が行われることもある。それ以外の状態を理由とした申立や、協定の目的達成の阻害があったと主張される申立は行われていない。

非違反申立が認められるのは、WTO協定に反しない措置や貿易分野以外の措置によっても加盟国の協定上の利益が損なわれる可能性があるためである。

図表1　申立の類型

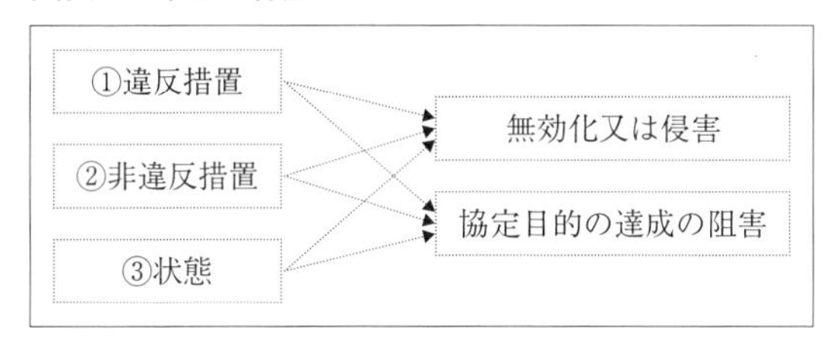

（出所）GATTより筆者作成。

例えば、ある加盟国の協定違反でない補助金の支給により、同国の関税引下げで期待された輸出が伸びずに他加盟国の協定上の利益が無効化・侵害される事例があり得る。WTOでは、日本政府の行った流通対策、販売促進対策、大規模小売店舗に対する制限（協定違反でない措置）により、写真フィルムの輸出に関して米国の協定上の利益が無効化・侵害されたと主張し、米国が日本に対して非違反申立を提起した事例がある。この事例では、米国の主張は結局認められなかった[4]。

対象協定の義務違反の場合には、無効化・侵害の存在が推定される（DSU3.8条）。つまり、違反申立の場合、申立国は違反措置の存在を立証すれば、無効化・侵害の存在の立証まで求められない。被申立国は、違反措置があったとしても利益の無効化・侵害はないと反証することは可能であるが（同）、実際には反証は困難である。

他方、非違反申立の場合には、無効化・侵害の存在は推定されない。申立国は申立を正当化するための詳細な根拠を提示し、非違反措置の適用と、協定上の利益の存在、措置の適用と利益の無効化・侵害との因果関係を証明する必要がある（同26.1条）[5]。つまり、非違反申立の方が申立国の負う立証責任は重い。加えて、違反申立の場合には、パネルと上級委は違反措置を協定に適合させるように勧告するが（同19.1条）、非違反申立の場合には、仮に無効化・侵害があったと認定されても被申立国は措置を撤回する義務を負わず、パネルまたは上級委は、相互に満足すべき調整を行うよう勧告するにとどまる（同26.1.b条）。

4）　Japan-Film/Panel.
5）　Japan-Film/Panel, para. 10.41.

このように、非違反申立については、申立国の立証の負担の重さや、措置の撤回に直接つながらない点が利用頻度の少なさにつながっていると考えられる。

② 手続の各段階の概要　**図表2**は、紛争処理手続の全体像を示している。以下では、この**図表2**に基づきながらDSUの定める手続の各段階を概観する（主要なDSUの関連規定のみ文中で明示する）。

(a) 協議要請からパネル設置要請前まで　紛争処理手続は、申立国による書面の協議要請から始まる。協議要請を受けた国は、原則として10日以内にこの協議要請に対して回答し、また、要請日から30日以内に誠実に協議を開始しなければならない。

協議要請には、問題となっている措置と申立の法的根拠を含む要請理由を明示することが必要である。協議は秘密とされるが、申立国及び被申立国以外の加盟国で、協議に実質的な貿易上の利害関係を有する国が協議参加を希望する旨を通報し、被申立国が許容した場合には第三国参加国として参加する場合もある。

協議によって、当事国間で相互に満足のいく合意に至れば紛争は処理されたことになるが、合意に至らなければ、協議要請日から60日を経た後にパネル設置要請を行い、パネル手続に進むことが可能である。

(b) パネル設置要請から報告採択まで（上級委手続を含む）　パネル設置要請も書面で行われ、この要請には「協議が行われたという事実の有無」、「問題となっている特定の措置」、「申立の法的根拠」の明記が必要である。この要請書が被申立国とWTOに送付された後、原則としてDSBにおける二回の審理を経て加盟国のネガティブ・コンセンサスによりほぼ自動的にパネルが設置される。パネルに付託された問題に実質的利害関係を有している加盟国は、一定の期間内にDSBに通報すれば、第三国参加国としてパネル手続の一部に参加できる。

パネルが設置されると、手続日程や検討手続、パネル議長を含め通常3名のパネリストが決定される。パネルは十分な適格性[6)]のある者で構成される。パ

6)　パネリスト経験者、パネル会合における陳述の経験者、加盟国の代表経験者、WTO事務局勤務経験者、国際貿易に関する法律または政策の教授または著作発表者、加盟国の貿易政策担当の上級職員経験者などが例示されている（DSU8.1条）。

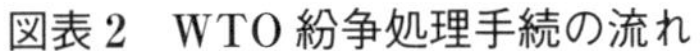

図表2　WTO紛争処理手続の流れ

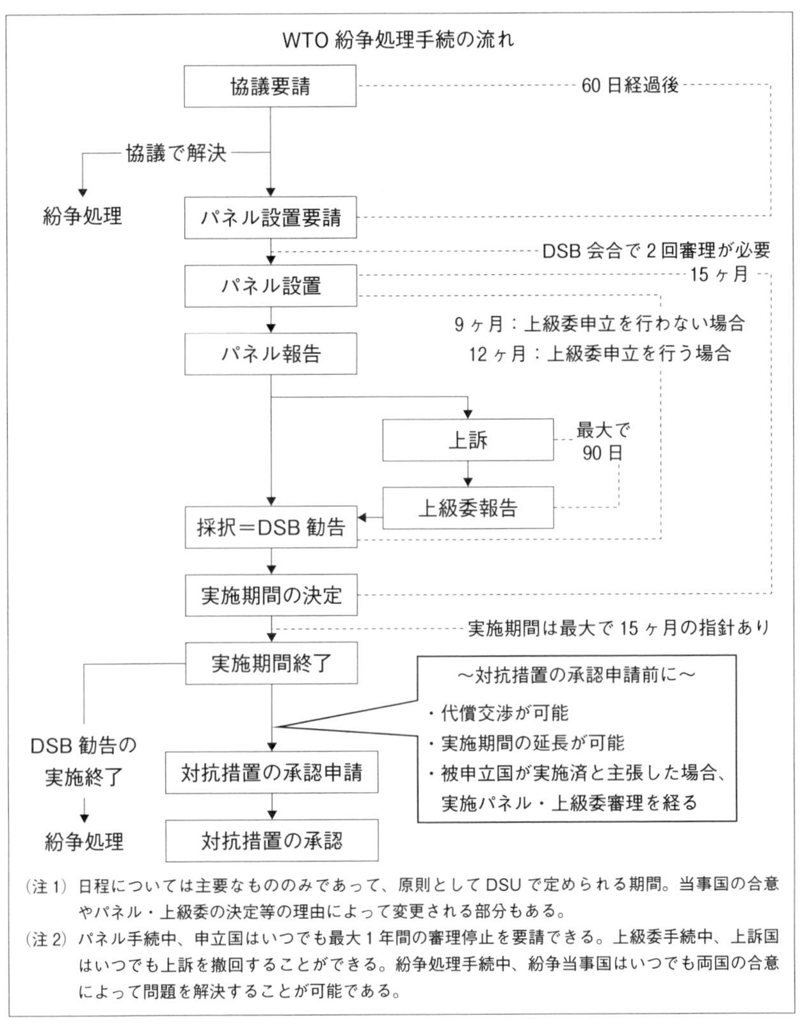

（出所）各種資料より筆者作成。

ネリストは個人の資格で職務を遂行し、紛争当事国及びパネルへの第三国参加国の国民は、紛争当事国が別途合意する場合を除き、パネリストを務められない。加盟国はパネリストの候補者を定期的に提案し、WTO事務局はそれを候補者名簿（インディカティブ・リスト）として保持し、適当な場合にはそこからパネリストを選べるようにする。事務局は、当事国に対してパネリスト候補の提案を行う。パネル設置から20日以内にパネリストが合意されない場合、いずれかの当事国の要請に基づいて当事国と協議後に、WTO事務局長はDSBその他関連委員会等の議長と協議した上でパネリストを任命する。

パネリスト決定後、実際の審理が行われる。パネルの付託事項は、紛争当事国がパネル設置後20日以内に別途合意しない限り、（紛争当事国引用の対象協定の）関連規定に照らして、当事国がDSBに付した問題を検討し、DSBがDSUの定める勧告または裁定を行うために役立つ認定を行うことである（同7.1条）。パネルの任務は、DSUと対象協定が規定するDSBの任務遂行を補佐することである。したがって、パネルは付託された問題を客観的に評価[7)]すると共に、DSBが勧告または裁定を行うのに役立つその他の認定を行うべきとされる（同11条）。

審理のため、パネル会合は二回開催され、申立国と被申立国は、会合の際にそれぞれ意見書を提出する。全ての会合ではないが、第三国参加国にも意見書の提出と会合参加の機会がある。会合後もパネルの審理が進められ、当事国に対してのみパネル判断を含めた中間報告が送付される。当事国は中間報告に対して意見も提出できるが、中間報告の結論が大きく変わることはない。

中間レビューを経て、パネルから最終報告が当事国に送付された後、翻訳などのための一定期間を経て、最終報告が加盟国に公開される。この報告は、DSBの審理を経て加盟国のネガティブ・コンセンサスによりほぼ自動的に採択され、DSB勧告となる。

DSUは、パネル設置日から採択日までは原則として9ヶ月、上級委への申立が行われる場合には12ヶ月と定めるが、パネリスト選定や報告の翻訳に時間をとられ、これらの期限を大幅に上回ることもある。

パネル報告中に示された法的判断について、一定の手続期限内に上級委に申立（上訴）が行われると、上級委によって速やかに手続日程が決定される。それに基づいて当事国及び第三国参加国による意見書の提出が行われた後に、オ

---

7)　特に、問題の事実関係、関連する対象協定の適用可能性と、その協定との適合性についての評価を含む（DSU11条）。

ーラルヒアリング（口頭聴聞）が開催される。これを経て、上級委は上訴日から最大で90日以内に上級委報告を加盟国に公開する。近年、上訴の増加や後述する実施パネル・上級委手続の増加などによって期限の遅れが生じ、懸念されている。

上級委報告は、公開されてから30日以内にパネル報告と共に採択され、DSB勧告となる。ここでパネル及び上級委手続が完了し、問題となった措置のWTO協定の整合性の有無が確定する。被申立国の措置がWTO協定に適合しないと判断された場合には、被申立国はDSB勧告の内容を速やかに実施しなければならない。ここから実施段階が始まる。

(c)　**報告採択後の実施**　被申立国は、まずDSB勧告を実施する意図の表明をDSBに通報する。速やかに実施することができない場合には、妥当な実施期間が与えられる。この期間については、当事国間で合意するか、それが難しい場合には仲裁が決定する（同21.3.c条）。仲裁人は原則として報告採択から15か月を超えないというガイドラインに従って実施期間を決定し、DSBの報告採択から90日以内に公表する。

妥当な実施期間内に実施が完了しなければ、被申立国は代償交渉を開始することも可能である。しかし代償は任意で、その内容はWTO協定に適合する必要がある。また、申立国は「譲許その他の義務の停止」（本章では、これまで「対抗措置」と呼んできた。以下、引き続き対抗措置と呼ぶ）を行うべく、その承認を理由と共にDSBに求めることができる。DSBが承認する対抗措置の程度は、無効化・侵害の程度と同等でなければならない。DSBによる承認は、妥当な実施期間満了後から30日以内に行われなければならない。代償も対抗措置も一時的な手段と位置づけられる。

実施がなされたかどうか、また実施措置とWTO協定が適合するか紛争当事国間で意見の相違がある場合には、再びパネル・上級委手続に申し立てることが可能である（実施パネル及び上級委と呼ばれる）（同21.5条）。

なお、DSBに対する対抗措置の承認申請と、実施パネル手続（以下、上級委手続を含む）のどちらを最初に行うかの順番はDSU上明確でない（「順番」という趣旨からシークエンスの問題と呼ばれる）。このため当事国間で手続について合意し、実施パネル手続を経た後でも、対抗措置の承認申請を行う権利が申立国に保持されるよう当事国間で取り決める場合もある。

実施パネルが、被申立国の実施措置を WTO 協定に非適合的と判断した場合には、さらに実施が求められていく。いつ実施が完了するかについて DSU は定めないが、実際には当事国間で問題が処理されるまで実施は続けられることになる。多くの場合には、対抗措置の承認申請に至らない段階で実施が完了するが、対抗措置の段階まで進む事例もある。

承認申請された対抗措置の程度に異議がある場合、または申立国が対抗措置をとるための原則と手続（主に前掲 1.（1））を遵守していないとの主張が関係加盟国から行われる場合には、それを仲裁に委ねることもできる（同 22.6 条）。仲裁が行われると、仲裁判断の公開後にその内容に沿う形で、再度対抗措置の承認申請が行われる。対抗措置の承認は DSB で加盟国のネガティブ・コンセンサスによってほぼ自動的に行われるが、承認後も対抗措置が発動されないこともある。対抗措置の承認申請自体が被申立国の実施を促す一つの手段として用いられていることを示すといえる。これまで DSB によって行われた対抗措置の承認数は 46 件程度（2019 年 3 月末時点、申請国別の承認数）であり、それほど多くない。

（3） WTO 紛争処理手続の課題

WTO 成立以来、加盟国は紛争処理手続を活発に利用している。申立の最初の段階である協議要請件数は 581 件、パネル報告は 187 件、上級委報告は 115 件出されている（2019 年 3 月末時点）。こうした利用状況からは、WTO 紛争処理手続の有用性が示されるが、それでも課題がないわけではない。

例えば、DSU の規定が不明確であることにより生じた上述のシークエンスの問題や、パネリスト選定の長期化の問題、実施パネル手続の増加、上訴件数の増加による上級委や WTO 事務局の負担増加などの問題が存在する。これらの一部については、DSU の改善を目指して加盟国間で「DSU レビュー」と呼ばれるルールの見直しが 20 年以上行われたが、終結していない。DSU 改正の実現はかなり厳しいといわざるをえないが、レビューでの議論を通じて各国間で問題が共有されるという効果はある。実際、次節以降で後述するように WTO の紛争処理手続の経験が RTA の紛争処理手続に活かされる場合がある。

そもそも WTO の紛争処理手続は裁判ではなく、ルールに則るものの貿易問題を相互に満足のいくように処理していくという面も強い。とはいえ、ルールに則った解決を志向しなければ、経済規模が大きい国などが有利となりかねず、また、審査の結果、違反とされた措置の迅速な是正または撤廃が行われる必要もあり、全加盟国で構成される DSB がそのプロセスを監視するのは、多国間で監視し、是正または撤廃するよう圧力をかけるという意味合いもある。つまり WTO 紛争処理手続は、政治・外交的性格と司法的性格の両方を備えており、またそのバランスの確保が重要な仕組みであるといえる。しかしながら、近年はそのバランスの確保が難しい局面も見られるようになっている。

例えば、パネル審理の際に先決的判断[8)]を求める事例が増加し、法的手続が偏重されたり、上訴件数が増加し制度に負担がかかったりしている状況がある。また、上級委の判断に対して不必要な判断まで行っているとして米国が異論を唱えるなど、過度な司法化に対して加盟国が懸念を示す事態も生じた。2016 年頃からは任期が終了した上級委員会委員の再任や選考を米国が差し止めるなど、現状の形での紛争処理制度の継続が危ぶまれる状況も生じている（本書 1 章補論 2「WTO の改革・現代化のための取組み」参照）。

また、WTO の紛争処理手続を実際に用いるには費用がかかる。米国や EU など政府内に法律専門家を有する例を除いて、民間の法律事務所の関与が必要となることも多く、その場合の費用は高額である。特に、途上国がこうした費用を支払うには限界がある。途上国支援のため、WTO の紛争処理に関して途上国支援を行う ACWL（Advisory Centre on WTO Law）も設立されているが限界もあり、費用面では資金が潤沢な国の方が WTO の同手続を利用しやすいだろう。

2. 地域貿易協定（RTA）の紛争処理手続の傾向

（1） RTA の紛争処理手続の意義

RTA の多くは何らかの紛争処理手続を有している。しかし、実際に用いら

8）　一般に、先決的抗弁（国際裁判・仲裁において、本案の決定を阻止するため、当事国により提起される抗弁のこと）に関する判断をさし、WTO 紛争処理手続では、パネル設置要請の要件を満たさないとの主張や、同要請とパネル手続上の申立国の請求（claim）が整合していないとの主張など、パネル設置要請に関するものがほとんどといわれる（阿部克則「WTO 紛争解決手続におけるパネル設置要請と先決的抗弁」『千葉大学法学論集』27（4）、2013、pp. 59-60）。

れているRTAの紛争処理手続はごく少数であり、可能な場合にはWTOの紛争処理手続が選択されることも多い。それでもなお、RTAの紛争処理手続が存在することで、ルール違反への備えとなり、ルールの遵守が促進され得る。

また、RTAでは特定分野全てまたはその一部について、ルールは定めても紛争処理手続の対象外とする場合もある。例えば、競争政策、貿易救済措置、環境などの分野である。この場合には紛争処理手続の対象とならないため、そもそもルールを定める意味が問われるかもしれない。しかしRTAにルールが存在することで、国内的にその分野の重要性が意識されたり、将来的に紛争処理手続の対象とされるまでの前段階に位置づけられたりといった意義が認められる。

こうしたRTAの紛争処理手続について全体像を把握し、検討する意義は主に次の点にあるだろう。第一に、RTAとWTOの紛争処理手続が併存することで両者に調整が必要な場面が生じることがある。第二に、本書3章で指摘したように、RTAは深化を遂げて、WTO協定より深い内容を定めたり、新たな分野を規律対象としたりする場合がある。これらに関する紛争はRTAの紛争処理手続によって処理され得る。

以上に鑑み、本節ではRTAの紛争処理手続を横断的に検討した有力な先行研究（Chase et al (2016)）（分析対象：2012年末までにWTOに通報済でその時点で有効なRTA226件）に基づいてRTAの紛争処理手続の傾向を概観する。この先行研究は、分析対象範囲に一定の制約はあるが、2012年以降に締結されたRTAの紛争処理手続はWTO類似の準司法型の手続（後掲（2）①参照）を採用しているものも多いため、現在の大まかな姿を把握するのに有効である（2018年末時点）。

（2）　RTAの紛争処理手続の概要

①　類型　上記の先行研究によれば、RTAの紛争処理手続は、大きく「外交・政治型」、「準司法型」、「司法型」という三つの類型に分けて捉えることが可能である。

「外交・政治型」は、紛争処理手続がない場合を含み、あるとしても当事国間の交渉や政治的機関への付託のみ規定し、WTOのパネルのような第三者審査制度についてはいずれかの当事国が審査を拒否し得る手続、つまり自動的に第三者審査に委ねることができないものをさす。「準司法型」は、当事国が求めれば第三者審査に自動的に付託でき、法の適用による紛争処理が行われるものをさす。「司法型」は、「準司法型」の要素に加えて、独立性や法人格、予算などを有し、より制度的基盤も整っている裁判制度に近いものをさす。

RTAの紛争処理手続は、以前は「外交・政治型」が多かったものの、1990年代中頃から「準司法型」が増え、その割合は2012年末にはRTA226件の65%に達し、さらに年々増加している。他方、「司法型」の紛争処理手続を有するRTAは2012年末の時点で10件に過ぎない。

「準司法型」が増えた理由の一つには、1995年に成立したWTOとその紛争処理手続の発展が、同手続に類似する「準司法型」の採用を促進したことがある。さらには、WTOの紛争処理手続のモデルともいわれる北米自由貿易協定(North American Free Trade Agreement: NAFTA)の紛争処理手続が1990年代半ばに成立したこともそれを後押ししたであろう。また、2000年以降のRTAが地理的近接性を越え、構成国も多様となり、ルールの内容、範囲ともに「深化」したことも、紛争処理手続の洗練化を促していると考えられる。

他方で「司法型」を採用するRTAは極めて限定的である。このことは、各国がルールに則った紛争処理手続を望みつつも、一定以上の手続の司法化は志向していないことを表すと考えられる。

②　特徴　RTA紛争処理手続の多くを占める「準司法型」は、特に1995年以降に成立したRTAを中心に、WTO紛争処理手続に類似している。ただし、WTOのように上訴段階まで含むものは非常に少なく[9)]、上述した通り無制限の司法化が志向されているわけではない。

また、RTAの紛争処理手続については、WTO紛争処理手続の運用を通じて顕在化した課題に対応するため手続が工夫されたり、各国の紛争処理手続に対する考え方が反映したりすることがある。

例えば、WTOではパネリストの選定に時間がかかる場合もあるが、RTAの中には、あらかじめ作成する候補者リストからくじで決定するなどの方法をとり、選定が滞らないようにする場合がある。前節でふれた違反措置の是正または撤廃が行われたかどうかという実施の有無の問題と対抗措置をとる時期と

---

9)　上記先行研究によれば、その時点で、SADC（南部アフリカ開発共同体）、MERCOSUR（南米南部共同市場）、ASEAN（東南アジア諸国連合）の3件に過ぎない。

の関係に関するシークエンスの問題についても、パネルの判断後に対抗措置の段階へ進むなど手続を明確にするRTAもある。

さらに比較的新しいRTAの中には、実施の段階で、WTO紛争処理手続にない方法を採用するものがある。特に米国が締結するFTAでは、ルール違反が認定された場合に、対抗措置の代替として金銭支払という手段を採用するのが特徴的である（CPTPPでも同様。後掲 **3.**（1）④(**d**)参照）。金銭支払はDSUレビューで提案された経緯もあるものの、こうした考え方は違反措置の是正または撤廃を優先するWTO紛争処理手続の考え方になじまず、現在のところはRTAに独特といえる。

RTAの紛争処理手続では、WTOの同手続よりも一層の透明性が確保されていることが多い。例えば「準司法型」手続を有するRTAには、アミカス・ブリーフの受容を明示的に認めるものも少なくない。一般にアミカス・ブリーフとは、紛争の当事者以外に第三者の「法廷の友」（amicus curiae: アミカス・キュリィ）が係争中の手続に対して提出する意見書をさし、手続の透明性の向上に貢献し得るものである。また、ヒアリングの公開や当事国の意見書の公開は、より多くの「準司法型」及び「司法型」手続を有するRTAが明示的に認める。WTOに対しては、WTO外から対外的透明性の確保が求められてきたが、これがRTAにおいて意識されたことの表れといえよう。

このようなRTA紛争処理手続があまり利用されず、その手続を利用できる場合であってもWTOの同手続が用いられることについては様々な理由が指摘されている。代表的な理由としては、WTOの同手続に対する信頼性、多国間監視というWTOの仕組みの有効性、先例としての重要性、コストの問題があげられる[10)]。

特にコストに関しては、WTO紛争処理手続を用いれば紛争当事国の費用はもともとのWTOの分担金で済むことに加え、WTO事務局の支援も得られる。具体的には、パネルへの支援、加盟国に対する紛争解決に関する支援（DSU27条）、上級委に対する運営上及び法律問題に関する支援（同17.7、17.8条）である。RTAでは、このような組織的支援が得られない場合がほとんどで、また

10)　Chase et al (2016) pp. 681-685.

費用も紛争ごとに当事国の負担となる場合が多い。利用する国からみると、特に途上国の場合、このコスト負担は大きいだろう。

なお、RTAの紛争処理手続については統一的データベースが存在せず、係争中のケースの有無についても把握することは容易ではない（2018年末時点）。貿易分野でもWTOとRTAでルールの重複や抵触、同一問題に関する異なる判断の可能性などの問題が指摘されて久しいなか、類似分野や類似ルールに関するRTAの判断を統一的に把握できる仕組みがあれば有用であろう。

（3）　WTO紛争処理手続とRTAの紛争処理手続の関係

WTOとRTAの紛争処理手続が併存していることで、様々な問題が生じ得る。代表的なものに、両手続の管轄競合の問題がある。同一事項がWTO協定とあるRTAに規律されているとき、この事項に関する貿易紛争が生じた場合、紛争当事国はいずれかの紛争処理手続を使うのか、それとも両方の手続を使うことができるか、といった問題である。さらに、もし両方の手続を用いて異なる判断が出た場合はどう対応し得るのか、という問題もある。

この点、上述の先行研究によれば、実際のRTAでは「準司法型」及び「司法型」の手続を有するRTAのほとんどが何らかのフォーラム関連規定を定める場合が多い。フォーラムとは「場」の意であり、つまり紛争処理の「場」の選択をどうするか、ということに関する規定である。

具体的な規定方法としては、①RTA紛争処理手続の排他的利用を定める場合、②いずれも選択できるが、一旦選択した後は他の手続を選択できないとする場合、③制約なくいずれでも選択できるとする場合、④WTO紛争処理手続の排他的利用を定める場合、に大別できる。実際には現在では、②が置かれることが多い（2018年末時点）。このほか、環境分野などの特定分野で被申立国が求めれば、RTA紛争処理手続の排他的利用が可能となる場合もある。これについては、NAFTAの関連規定が知られている（NAFTA2005.4条）。①は、「司法型」手続を有するRTAに多い。

また、「準司法型」手続を有するRTAでは、SPS（衛生植物検疫）措置、TBT（貿易の技術的障害）、貿易救済措置といった分野で、WTOの関連協定と同様のルールを定めながら、WTO紛争処理手続の優先的利用を規定したり、これらの分野をRTA紛争処理手続の対象外としたりするものも多い。

この先行研究以降、つまり2013年以降のRTAは「準司法型」手続を有するものが多いことから、フォーラム選択に関しては何らかの調整規定が存在すると想定され、管轄競合の問題は実態としては頻出する問題ではないとも考えられる。上述の通り、これまでも、両方の紛争処理手続の利用が可能な場面ではWTO紛争処理手続が利用されることが多いとの事情もある。

しかし、少数ではあるが、WTOとRTAの紛争処理手続の関係がWTOにおける実際の貿易紛争の場面で問題になった事例はある。ただし、先例の結論としては、現在のところDSUに基づいて適切に付託された紛争に関してパネルに管轄を否定する裁量はないとする以上の指針は示されない[11)]。この指針に従えば、RTAの紛争処理手続への付託を理由にWTOパネルに対して管轄を認めないように求めても、その要請は認められがたいことになる。

同一の問題について両方の紛争処理手続が用いられることは、時間や費用といったコスト面からも望ましいことではない。仮に異なる判断が出た場合には、いずれかの判断に従うことがもう一方に反することになり、その判断の実施が困難にもなる。

こうした事態を調整するための例えばWTOとRTAを包含するさらに上位の機関といった仕組みは存在しない。RTAに関する紛争をWTOの紛争処理手続で処理するということも、DSUが適用対象を「対象協定」、WTO設立協定、DSUに基づく協議と紛争処理としていること（DSU1. 1条）や、WTO紛争処理手続の中心的要素を多角的貿易体制の安定性と予見性確保としていること（同3. 2条）などを考えると現実的ではない。また、実際の貿易紛争の場面でWTOパネルに対して関連するRTAの検討を求めることも、パネルの付託事項は対象協定の関連規定に照らして検討を行うこと（前掲1.（2）②(b)参照）などと定めるDSUの規定（同7条ほか）に鑑みると難しい。

興味深いのは、少数であるが、フォーラム選択にとどまらない規定がRTAの紛争処理手続に定められる場合である。具体的には、WTOの紛争処理手続を通じて確立した解釈を関連するRTAの紛争処理手続で考慮するように求めるものがある。例えば、EU—韓国FTAでは、FTA上の義務がWTO協定上

11）　Mexico-Taxes on Soft Drinks/Panel, AB.

の義務と同一である場合、FTAパネルにWTOのDSBの決定（rulings）で確立した（established）関連する解釈に適合する解釈の採用を義務づける（EU―韓国FTA14.16条）。CPTPPの紛争処理手続でも、WTO協定が組み込まれた規定については、採択されたパネル及び上級委報告中の関連解釈を検討することがCPTPPのパネルに求められる（CPTPP28.12.3条）。これは、RTAの紛争処理手続からみてWTO紛争処理手続をどう位置づけるかに関わる問題であるが、両者の調整をはかろうとする現実的なアプローチの一つといえるだろう。ただし、実際にどう機能するかは今後の運用をみる必要がある。

3. CPTPPの紛争処理手続

CPTPPで紛争処理手続は28章が規定する。28章A節は「紛争解決」（28.1～28.21条）、B節は「国内手続及び民間の商事紛争の解決」（28.22、28.23条）[12]を定める。本節では、国家間の紛争処理手続を規定するA節（以下、28章手続）を扱う（以下（　）内はCPTPPの条文）。

28章手続はWTO紛争処理手続に類似しており、申立国と被申立国との協議を経て、3人のパネリストで構成されるパネルの審理後、パネル報告書の発出を経て実施段階へと進む[13]。

協議は秘密とされるが、パネル会合（ヒアリング）については秘密情報の保護を条件に公開される。これを含むパネルの手続規則（以下、本節で28章手続規則）は、締約国で構成される委員会（27.1条）が定めることになっている（27.2.f、28.13条）。この手続規則については、2019年1月に開催されたCPTPP委員会で、パネリスト（関係者を含む）の行動規範を含めて決定され[14]、パネリストの

12）　B節は、締約国が国内法で、他締約国のCPTPPの義務違反または不履行を理由に、この他締約国に対して訴えを提起する権利を定めることを禁じる（28.22条）。また、民間当事者間の自由貿易地域内の国際商事紛争解決のため、仲裁その他の代替的紛争解決手段の利用をできる限り奨励及び円滑化するよう締約国に求める。このため、締約国は仲裁合意の遵守及び仲裁判断の承認と執行のための適当な手続を定める義務がある（外国仲裁判断の承認及び執行に関するニューヨーク条約を締結かつ遵守していれば、この義務を遵守しているとみなされる）（28.23条）。

13）　締約国は紛争解決の代替的方法（あっせん、調停、仲介等）をとることをいつでも合意できると共に、いつでも停止または終了可能である。あっせん、調停、仲介は、秘密とされ、紛争当事国の合意の上、パネル手続中も継続可能である（28.6条）。

14）　Annex to CPTPP/COM/2019/D003, 19 January 2019.

図表3　28章紛争処理手続の流れ（協議要請〜実施期間終了）

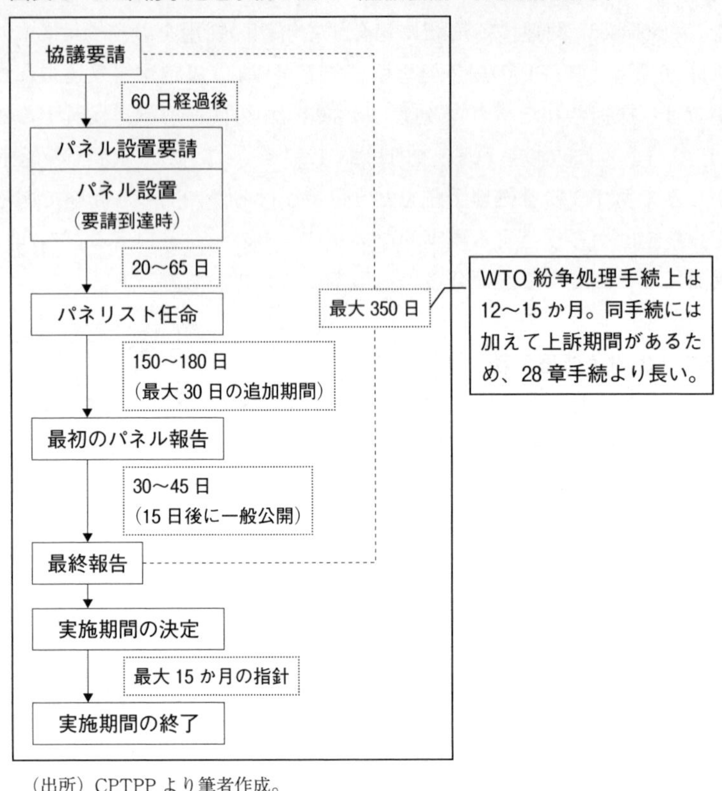

（出所）CPTPP より筆者作成。

無作為抽出の手続、文書の送達や公開方法、秘密情報の取扱方法、パネルの運営・構成に関する手続、アミカス・ブリーフの関連手続、パネリスト等の報酬などが定められている。同規則に附属するパネリストの行動規範では、パネリストの独立性と公平性、パネリストと元パネリストの秘密保持などが規定される（本章補論2「国家間紛争処理（28章）手続のパネル手続規制等の概要」参照）。なお、協議には実質的利害関係を有する他締約国、パネル手続には利害関係を有する他締約国が参加可能である。

パネルは、パネル報告で事実認定と共に、主として被申立国のCPTPPの義務違反、義務不履行、非違反措置の適用による申立国のCPTPPに基づく利益の無効化・侵害のいずれかを決定する。いずれかが決定されると、被申立国は妥当な期間内に報告を可能な限り実施（違反または無効化・侵害の除去）する。実施されない場合の選択肢としては、代償の支払、協定上の利益の停止（対抗措置）、金銭評価額の支払（申立国への直接支払または貿易を促進するイニシアチブ支援のためのファンドへ支払）が存在する。

ただし、WTO 紛争処理手続と比べて異なる面もある。以下では、28 章の手続を段階ごとに概観した上で、WTO 紛争処理手続との調整及び相違点について扱う。

（1）国家間紛争処理（28 章）手続の概要

①　適用範囲　28 章手続は、CPTPP が別途定める場合を除いて次の三つの場合に適用される。第一に CPTPP の解釈または適用に関する締約国間の全ての紛争の回避または処理[15)]、第二に他締約国の措置[16)]の CPTPP の義務違反（またはその可能性）もしくは不履行、第三に他締約国の CPTPP に違反しない措置の適用の結果、CPTPP の 7 つの章[17)]に基づいて自国に与えられると当然に予想していた利益の無効化・侵害（非違反申立と呼ぶ）である[18)]（28.3.1 条）。28 章手続を利用できるのは締約国のみである。

②　協議　締約国は、①の適用範囲に定める問題について、他締約国に書面で協議を要請できる。この書面には、要請理由（問題の措置・措置案・その他の事項のいずれかの特定、申立の法的根拠を含む）を示さなければならない。要請国と被要請国（以下、協議国）が別途合意する場合を除き、被要請国は要請受領から 7 日以内に書面回答し、要請受領後から 30 日以内に協議を誠実に開始する必要がある。いずれの書面も他締約国への同時送付が求められる。

15）“settlement” は「解決」と訳される場合もあるが、本節では「処理」とし、“resolution” は「解決」と訳す。

16）措置の案も含まれるが、案の審査のためにパネル設置してはならない（28. 7. 7 条）。

17）2 章（内国民待遇及び物品の市場アクセス）、3 章（原産地規則及び原産地手続）、4 章（繊維及び繊維製品）、5 章（税関当局及び貿易円滑化）、8 章（貿易の技術的障害）、10 章（国境を越えるサービスの貿易）、15 章（政府調達）。

18）WTO では TRIPS 協定の非違反申立に対する紛争処理手続の不適用が継続している（本書 10 章 **2.**（3）②「紛争処理手続ほか」参照）。CPTPP18 章（知的財産権）の非違反申立については、WTO でこれが可能となった日から 6 か月以内に CPTPP でも可能とするかどうか検討される（28. 3. 2 条）。

この問題に実質的な利害関係を有すると自ら認める締約国（以下、協議への第三国参加国）は、協議要請日から7日以内に他の締約国にその旨の説明を含む書面通報後に協議に参加できる。

協議は、対面または協議国が利用可能な技術的手段により行うことができる。対面の場合には、協議国が別途合意する場合を除き、被要請国の首都で協議を行わなければならない。協議国は、問題について相互に満足する解決に達するようあらゆる努力を払う必要があり、各協議国が十分な情報を提供する義務がある。協議は秘密とされる（28.5条）。

③　**パネル手続段階**　パネル手続については、主にパネリスト選定及びパネルの意思決定と個別意見の扱いについての明示規定と、第三国参加する締約国の権利が拡充されているほかは、WTO紛争処理手続と大きな相違はない。

(a)　**パネル設置と構成・パネリストの資格**　協議要請国は、協議国が合意する場合を除き、被要請国が要請受領後、原則として60日以内に問題を解決できない場合に、被要請国への書面通報によりパネル設置を要請できる。パネル設置要請には、問題となっている措置またはその他の事項の特定、問題を明確に提示するために十分な申立の法的根拠の簡潔な要約を含めることが必要である。同通報は他締約国に同時送付しなければならない。

パネルは要請が到達した日に設置される。パネルは、紛争当事国（以下、当事国）が別途合意する場合を除き、28章とパネル手続規則に従って構成される（28.7条）。パネル手続には、利害関係を有すると自ら認める他締約国（以下、パネルへの第三国参加国）がパネル設置要請日から10日以内に当事国への書面通報を行った上で参加する権利を得る（28.14条）。

WTO紛争処理手続では、パネリストの選定に時間を要し、それが手続の長期化する要因の一つでもあった。28章はこの選定が長期化しないよう、パネリストの「締約国別名簿」[19)]とパネル議長の「登録簿」[20)]の事前作成を含め、具

19)　CPTPP発効後、締約国がいつでも数の制限なくパネリスト候補（自国民以外を含められる）の名簿を作成するもの（28.11.9～28.11.11条）。

20)　CPTPP発効後、原則として120日以内に、自国についてCPTPPが効力を生じている締約国が作成する、原則として少なくとも15人で構成されるもの。各締約国は登録簿のために1人の自国民を含む2人まで個人を指名でき、締約国はコンセンサス方式で登録簿の構成員に任命する（各締約国は自国民を一人含めることができる）（28.11.1～28.11.8条）。

体的手続を定める。その主な内容は次の通りである。

まず、当事国が別途合意する場合を除き、申立国及び被申立国が各々1名パネリストを任命し、第3のパネリスト（パネル議長）は当事国の合意で任命する。被申立国がパネリストを任命しない場合、申立国は、被申立国の名簿から、名簿を未作成の場合はパネル議長の登録簿から選出する。いずれも未作成の場合、申立国が指名する3人の候補者から無作為抽出する。

当事国がパネル議長に合意できない場合には、パネル議長の登録簿から、2人のパネリストが合意により任命する。任命を合意できない場合には、2人のパネリストは当事国の同意を得て議長を任命する。それでも任命できない場合、当事国は登録簿からの無作為抽出を行う。または、当事国は、一定の条件（依頼を選択する当事国による費用負担など）が満たされる場合には独立の第三者に登録簿から任命するよう依頼できる。

以上の選定手続にはいずれも期限が伴う。このほか、登録簿が未作成の場合や、パネリストの代替などの手続も定められている。なお、パネル議長は、当事国が別途合意する場合を除き、当事国及びパネルへの第三国参加国の国民であってはならない（28.9.2、28.9.3条）。

パネリストには、①法律、国際貿易その他CPTPPの対象となる事項の専門知識、経験、または国際貿易協定の下で生じる紛争解決の専門知識または経験の保有、②客観性、信頼性、判断の健全性という基準に厳格に従った選出、③締約国からの独立性、無関係性、指示を受けていないことの確保、④手続規則に定める行動規範の遵守、という要件を全て満たすことが必要である（28.10条）。加えて、CPTPP19章（労働）、20章（環境）、26章（透明性及び腐敗行為の防止）の下で生じる紛争については、各分野の法令または実務の専門知識または経験が議長を除くパネリストに求められる（28.9.5条）。

(b)　パネルの付託事項及びパネルの任務　パネルの付託事項は、パネル設置要請到達日から20日以内に当事国が別途合意する場合を除き、CPTPPの関連規定に照らしてパネル設置要請で付託される問題を検討すること、及び理由を付して、認定と決定、及び当事国が共同で要請した場合には勧告を行うことである（28.8.1条）。

パネルの任務は、付託される問題の客観的評価（事実関係の審査、CPTPPの適用可能性と整合性に関する審査を含む)、付託事項に定められ、かつ紛争解決に必要な認定、決定、勧告を行うことである。パネルは、当事国が別途合意する場合を除き、28章と手続規則に整合する方法で任務を行う必要がある。

また、パネルは、条約法に関するウィーン条約(1969年)(以下、ウィーン条約法条約)31条及び32条に反映されている国際法上の解釈の規則に従ってCPTPPを検討し、また、CPTPPに組み込まれたWTO協定の規定については、WTOのDSBが採択したパネル及び上級委報告中の関連する解釈も検討しなければならない。パネルの認定、決定、勧告は、CPTPPに基づく締約国の権利義務を新たに追加または減じてはならない。パネルはコンセンサスで意思決定するが、それができない場合には多数決が可能である(28.12条)。

また、パネルは、一定の条件の下に専門家の意見と情報を受領できるほか(28.15条)、アミカス・ブリーフについても紛争当事国がコメント機会を得ることなどを条件に検討可能である(28.13.e条、28章手続規則62〜69)。

(c) **パネル報告**　パネルは、CPTPPの関連規定、紛争当事国と第三国参加国の意見と主張、上述した専門家の意見と情報に基づいて、締約国の参加なく報告を作成する。最初の報告は最後のパネリスト任命日から原則150日以内(30日間の延長可)に、締約国に提示する。パネルは、当事国のコメント機会を確保した後、適当な場合にその報告を修正し、また更に検討を行うことができる。

パネルは、当事国が別途合意する場合を除き、最初の報告書の提示後30日以内に、最終報告を当事国に提示する。最終報告は、当事国による秘密保護を経て、提示から15日以内に一般公開される。

報告には、事実の認定、パネルの決定(問題となっている措置のCPTPPの義務の不適合、義務の不履行、上述した非違反措置による申立国の利益の無効化・侵害のいずれかに関するもの)、付託事項で要請されたその他の決定、当事国が共同で要請した場合には紛争解決のための勧告、認定及び決定の理由を含める(以上、28.17、28.18条)。

パネリストは、全会一致でない事項について個別意見をパネル報告に示せるが、そのパネリストを含め、パネルはどのパネリストが多数または少数意見に関係しているか開示してはならない(28.17.6、28.18.2条)。

④　**実施段階**　28章手続の実施段階では、WTO紛争処理手続と同様に、違反または無効化・侵害の除去による完全な実施が優先される。これが可能でない場合、代償、協定上の利益の停止（対抗措置）、金銭評価額の支払という手続があるが、これらは一時的な措置で、被申立国が違反または無効化・侵害を除去する時まで、または相互に満足すべき解決に達するまでの間にのみ適用される（28.20.15条）。WTO紛争処理手続と最も異なるのは、被申立国による金銭評価額の支払という仕組みである。以下、**図表4**に従って手続の流れをみていく。

(a)　妥当な実施期間満了から協定上の利益の停止の通報まで　パネルの最終報告で、義務違反、義務の不履行、非違反措置による申立国の利益の無効化・侵害、のいずれかが決定された場合、被申立国は可能な限り、その違反または無効化・侵害を除去しなければならない。ただちに除去できない場合、当事国が別途合意するほか、被申立国に妥当な実施期間が与えられる。最終報告提示後45日以内に当事国がこの期間に合意できない場合、いずれかの当事国が同60日以内にパネル議長に仲裁を付託できる。議長は、同期間は最終報告提示から15か月を超えるべきでないという指針のもとに、付託から90日以内にこの期間を決定する（28.19条）。

妥当な実施期間満了後、上記の除去について当事国間に意見の相違がある場合、または除去の意図がないことを被申立国が申立国に通報した場合、申立国の要請があるときは要請日から15日以内の代償交渉の開始が被申立国の義務である（28.20.1条）。交渉開始後30日以内に合意できない場合、または、合意したが守られなかったと申立国が認める場合、申立国は、被申立国に同等の効果を有する利益の停止意図を書面通報する。通報では、停止を提案する利益の程度[21]（以下、程度と表記）を特定する。申立国は、通報日（または後掲〔3.(1)④(c)〕の再招集パネルの決定日のいずれか遅い日）から30日目に、利益を停止できる（28.20.2、28.20.3条）。

(b)　協定上の利益の停止に関する原則及び手続　協定上の利益の停止を

21)　この「程度」は、CPTPPに基づく譲許の程度で、パネルが最終報告で存在を決定する違反、または非違反措置による無効化・侵害の程度と同等の効果を有すると申立国が認めるもの、をさす（28.20.3条注）。

図表 4　28 章紛争処理手続の流れ（代償及び利益の停止）

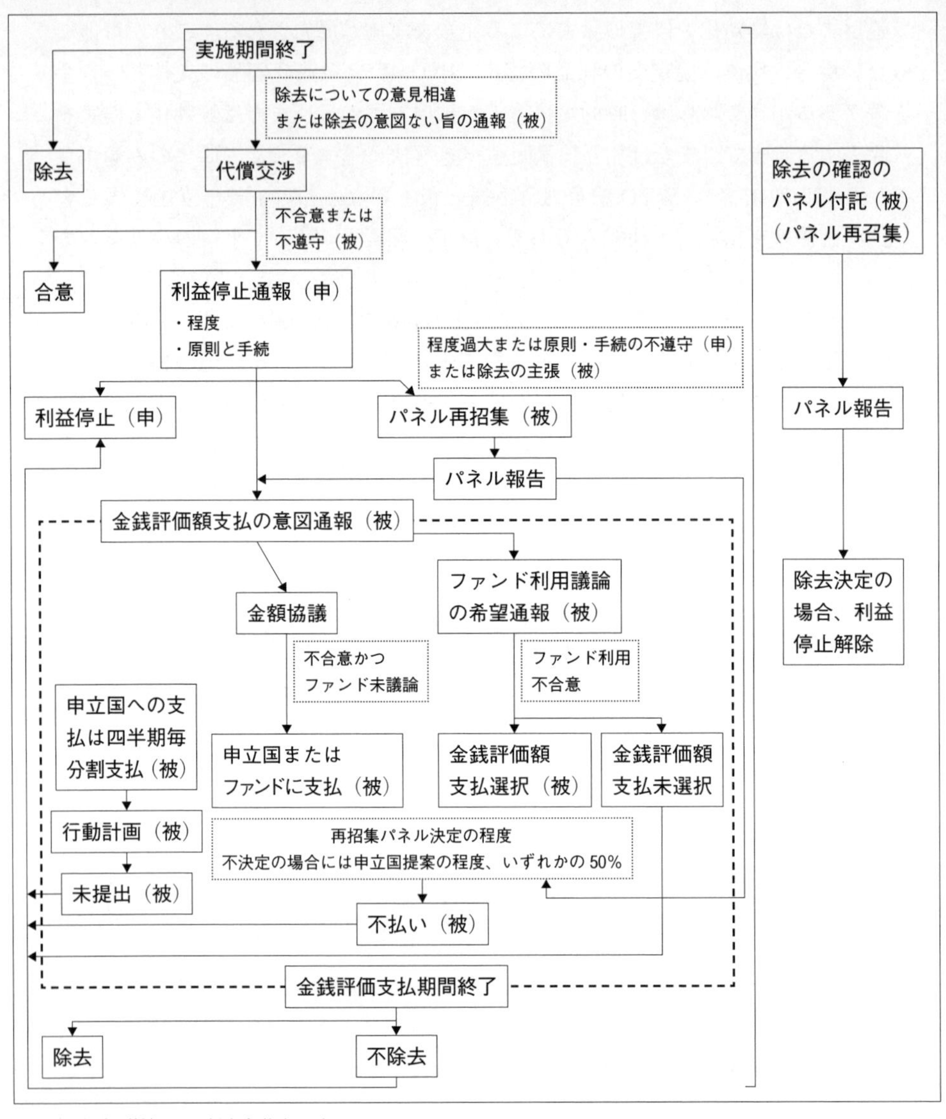

（注）（申）（被）は、行為主体を示す。
（出所）CPTPP より筆者作成。

検討するにあたり、申立国は、次の原則と手続に従う必要がある。まず、パネルが違反等を決定した対象事項（物品など）と同一の対象事項における利益の停止を試みるべきであり、それが実際的または実効的でなく、かつ事態が十分重大であると認める場合には、異なる対象事項の利益を停止（物品に対してサービスなど、WTO紛争処理手続でいうクロス・セクトラル・リタリエーション）できるが、上記の通報でその理由を示さねばならない。この原則を適用する際、申立国は、物品、CPTPP11章（金融サービス）対象の全金融サービス、それ以外のサービス、同18章（知的財産）各節がそれぞれ別個の対象事項であることなどを考慮する必要がある（28.20.4条）。

(c)　**再招集パネル手続**　被申立国が、①提案された程度を過大と考える場合、または申立国が上記原則と手続に従っていないと考える場合、もしくは②パネルが決定した違反または無効化・侵害を除去したと認める場合、被申立国による利益の停止意図の通報の到達日から30日以内にパネルの再招集を要請できる（WTO紛争処理手続の実施パネルと同趣旨）。被申立国は、申立国にその要請を書面で行い、パネルは要請到達後にできる限り速やかに再招集される。

パネルは①または②のために再招集後90日以内（①及び②であれば同120日以内）に決定を当事国に提示する。程度を過大と決定する場合には、同等の効果を有すると認める程度を決定し、また、申立国が原則と手続に従っていないと決定する場合には停止できる対象事項と程度を決定に明記する。申立国は、パネルの決定に適合する方法によってのみ利益停止できる（28.20.5、28.20.6条）。

(d)　**金銭評価額に関する手続**　協定上の利益の停止という対抗措置の代わりに、被申立国は金銭評価額の支払が可能である。

申立国が利益停止の意図を通報後30日以内（または再招集パネルが決定提示後20日以内）に、被申立国が金銭評価額の支払意図を申立国に書面通報すると、申立国は利益停止できない。その通報日から10日以内に当事国は金額について協議を開始するが、合意できない場合かつファンド利用（本節で後掲）を議論していない場合には、評価額の金額は、上記(c)の再招集パネルが決定した程度、パネルが決定しなかった場合には上記(a)で申立国が提案した程度いずれかの50％の水準（米ドルによる）に設定される。

金銭評価額は、被申立国の通報後60日目から申立国に四半期ごとに均等で分割払い[22]するか、状況により正当な場合ファンドへ支払う。ファンドへの支払は当事国が決定でき、そのファンドは、締約国間の貿易円滑化のための適当なイニシアチブ支援のために当事国が指定する（28.20.7、28.20.8条）。金銭評価額の支払は、申立国が延長に合意する場合を除き、上記の被申立国による支払意図の通報日から最大12か月間を限度として申立国の利益停止の代わりに支払える（28.20.10条）。

なお、被申立国は四半期ごとの分割払いの最初の支払期限時に、申立国に違反または無効化・侵害除去のための行動計画を提出しなければならない。提出しない場合、申立国の利益停止が可能となる。そのほか、被申立国が金銭評価額の支払いを決定後に支払わない場合、金銭評価額支払期間の終了時に被申立国が違反または無効化・侵害を除去しない場合も、申立国は利益を停止できる（28.20.9、28.20.12条）。

ファンドの利用可能性については、被申立国がそれを議論したい旨を申立国に通報できる。上述の通り、申立国が利益停止の意図を被申立国に書面通報後、被申立国が一定期間内に申立国に金銭評価額の支払意図を書面通報すれば、申立国は利益停止できない。この被申立国の通報日から3か月以内にファンド利用が当事国間で合意できず、その3か月の選択期間も延長されない場合、被申立国は、金銭評価額の支払を選択できる。これが選択される場合、金銭評価額の支払意図の通報から9か月以内に支払いされなければならない（金額は、パネルが決定する程度の50%、またはその決定がない場合には申立国が提案した程度の50%（支払通貨は注22）と同様））。これが選択されない場合には、申立国は、選択期間終了時に、パネルが決定する程度またはその決定がない場合には自らが提案した程度を停止できる（28.20.13条）。

なお、被申立国は、パネルの認定した違反または無効化・侵害を除去したと認める場合、上述の対抗措置に関する手続を妨げることなく、申立国に書面通報することで、問題をパネルに付託するためパネルを再招集できる[23]。パネル

22）支払通貨は米ドル、または同等額の被申立国の通貨、または当事国が合意するその他の通貨による（28.20.8条）。

23）28.21条（履行状況の審査）はパネルの「再召集」との表現を用いないが、28章手続規則87は、同条に従って問題が付託される時はパネルは「再召集」されると定める。なお再召集されるパネル手続は、手続期間が短くなる（28章手続規則88）。

は同通報後、90日以内に報告を発出する。パネルが除去があったと決定する場合、申立国は利益の停止を速やかに解除しなければならない（28.21条、28章手続規則87）。

以上に関する規定は、本文中で示していない場合であっても金銭評価額の支払の延長手続などを含め、期限を伴う。

（2） WTO紛争処理手続との調整

28章には、紛争処理手続の選択に関してフォーラム選択規定がある。CPTPP及び紛争当事国が締結している他の国際貿易協定（WTO協定を含む）から生じる問題について紛争が生じた場合、申立国が紛争処理のフォーラム（場）を選択できる。いったん、申立国がCPTPPのパネルまたは上述の他の協定の裁定機関の設置を要請した場合、またはいずれかに問題を付託した場合には、選択後は他のフォーラムを利用できない（28.4条）。

28章手続は、WTO紛争処理手続との調整を更に進め、上述の通り、CPTPPに組み込まれたWTO協定の規定については、WTOのDSBに採択されたWTOのパネル及び上級委報告中の関連する解釈の検討をCPTPPパネルの義務とする（28.12.3条）。この点について、CPTPPパネルは、WTOのパネルと上級委の関連する解釈に法的に拘束されないものの、それを指針として判断し、異なる判断をする場合にはそれを説得力ある形で説明することなどが求められると考えられる。ただし、関連する解釈の範囲、組み込まれた規定の範囲など、規定から必ずしも明らかでない部分があり、今後の運用を注視する必要がある。

なお、WTO協定の規律対象でなく、CPTPPで実質的に新たに含まれ、28章手続の対象とされる分野や、CPTPPで新たに規定されたルールについて貿易紛争が生じた場合には、CPTPPの紛争処理手続が利用されることになるだろう。こうした分野には、電子商取引、国有企業及び指定独占企業、労働、環境、腐敗行為の防止などがある。

補論1　WTO協定と地域貿易協定（RTA）の関係：WTO協定とCPTPP・他のRTAとの関係

本書でみてきた通り、RTAには、WTO協定と同一の規定、WTO協定から逸脱する規定、WTO協定中にない規定、WTO協定を組み込むがその一部を変更する規定（WTO協定のある規定の注のみ組み込まない場合など）、が定められる場合がある。

一般に、同一事項に関する国際協定の間では後法優位の原則がある（ウィーン条約法条約30条「同一の事項に関し相前後する条約の適用」）。仮にWTO協定とRTAが同一事項に関して定める場合、後法が優先することになる。

WTO協定を組み込むがその一部を変更するRTAの規定については、RTAで不適用とするために変更しているのか、WTO協定との重複を避けたのかなど、趣旨が不明確な場合がある。加えて、WTO協定に定められる規定がRTAで規定されない場合（例えば、GATS6.4条の無効化・侵害手続（本書8章**2.**(3)②「特定約束の一般的義務」参照））、このWTO協定中の規定はこのRTA締約国間に適用されるのか（つまり、RTAによってWTO協定に基づくRTA締約国間の権利義務は影響を受けるのか）ということも問題となる。

WTO協定に限らず、他の国際協定とRTAとの関係でも以上のような状況は生じ得る。この点、RTAでは他の国際協定との調整について規定される場合がある。例えばCPTPPは次のように規定する。

CPTPPで各締約国は、CPTPPと締約国の現行の国際協定とを共存させるとの締約国の意図を認め、①WTO協定を含む全締約国が締結している既存の国際協定に関して当該締約国が他締約国に対して有する現行の権利義務、②当該各締約国を含む2以上のCPTPP締約国が締結する既存の国際協定に関して、当該各締約国が当該他締約国に対して有する現行の権利義務、を確認することを定める。加えて、締約国が、自国を含む2以上のCPTPP締約国が締結している他の協定とCPTPPが抵触していると認める場合、当該締約国が要請すれば、当該他の締約国は相互に満足する解決のため協議する義務がある（この規定はCPTPP28章の紛争処理手続に基づく締約国の権利義務に影響を及ぼさない）、と定める（1.2条）。

この規定は、CPTPPとWTO協定を含む他の国際協定がそれぞれ独立しており、CPTPPが後法だとしても優先するわけではなく、相互に独立していることを確認したものと捉えることができる。

しかし、RTAがこのような調整ルールを規定したとしても、RTAに基づく、またはRTAが許容する措置が、WTO協定に反する場合をどのように捉えればよいだろうか。RTAに基づくことを理由に許容されるだろうか。その場合、GATT24条などのRTA条項が根拠になるだろうか。

この点、WTOの先例では、あるFTAに基づく措置がWTO協定に反すると判断されたケースがある（このFTAにはWTO紛争処理手続とFTA紛争処理手続を含むフォーラム選択規定があった）。このFTAは、上記CPTPPの①と同様の調整ルールを規定していたが、WTOのパネル及び上級委はその措置がWTO協定に適合しないと認定した[24)]。ただし、この事例では、焦点となったFTAが未発効で、また、問題となった措置はFTA成立前から存在したなどの固有の事情もあった。加えて、GATT24条はルール違反が例外として許容されるための根拠として明確には援用されていない。それでもなお、紛争当事国が上級委に提出する意見書中で同24条に言及したことをうけ、上級委は「WTO協定の権利義務を後退させるFTAの措置への抗弁（defense）として24条を解釈することは、24.4条が貿易の容易化と一層緊密な統合に言及していることにそぐわない」と述べ、24条の援用に否定的な姿勢をとった[25)]。

このケースでは否定されたが、WTO協定とRTAが抵触する場合、それがWTOの紛争処理手続で問題となると、GATT24条などのRTA条項によって許容される余地がある。ただし、問題となっているRTAの規定の趣旨が不明確であったり、RTA条項の対象とする範囲が必ずしも明確でなかったりすることもある。そのような場合には、両者が抵触しないと解釈できる余地があればなるべく調和する形でルールを解釈することが求められよう。

それでもなお、そうした解釈が難しい場合には、一方の国が補償を行うなど政治的解決を目指すことが想定される。

（3）　WTO紛争処理手続との相違

以上みてきた通り、28章手続は、WTO紛争処理手続と主に次の点で異なっている。

第一に、WTOの上級委のような上訴のための仕組みがない。第二に、WTOがDSBを通じて行っているような紛争処理プロセスの多国間監視の仕組みがない[26)]。第三に、適用対象も異なる面がある。対象となる紛争に相違があることに加え、**図表5**が示すようにCPTPPでは28章手続の対象とならな

24)　Peru-Agricultural Products/Panel, AB.

25)　Peru-Agricultural Products/AB, para. 5. 113–5. 116.

26)　CPTPP委員会（27. 1条）の義務的任務として、CPTPPの実施または運用に関する問題の検討、任意の任務として、CPTPPの解釈または適用に関する意見の相違または紛争の解決努力があるものの（27. 2条）、監視としての機能は現段階で未知数である（2018年末時点）。

図表5　28章（紛争解決）の対象となるCPTPPの規定

CPTPP各章と28章の適用： ○適用、×不適用、△条件付適用または不適用、 □修正して適用		各章中の関連規定
前文	○	—
第1章（冒頭の規定及び一般的定義）	○	—
第2章（内国民待遇及び物品の市場アクセス）	○	—
第3章（原産地規則及び原産地手続）	○	—
第4章（繊維及び繊維製品）	○	—
第5章（税関当局及び貿易円滑化）	○	—
第6章（貿易上の救済） 第A節セーフガード 第B節ダンピング防止税及び相殺関税 附属書6-A　ダンピング防止税及び相殺関税の手続に関する慣行	 ○ ×	 — 6.8.3不適用明示
第7章（衛生植物検疫措置）	△	7.8.6.b，7.9.2対象外 7.17技術的協議（CTC: Cooperative Technical Consultations）の前置 7.18 特別規定及び技術専門家諮問部会の設置等を規定
第8章（貿易の技術的障害）	△	8.4.2 TBT協定で組み込まれた規定についてのみ違反申立する場合は対象外
第9章（投資）	△	ただし、「第9章第B節投資家と国との間の紛争解決」が存在 （B節中、CPTPPによる適用停止規定あり）
第10章（国境を越えるサービスの貿易）	△	10.2.7　航空業務協定が存在する場合について規定
第11章（金融サービス）	□	11.21　修正適用明示し、パネリストの金融専門性、信用秩序の維持に関する特別の手続等を規定 附11-B-C郵便保険事業体による保険の提供に関連して特別規定
第12章（ビジネス関係者の一時的な入国）	△	12.10一時的な入国の拒否について不適用明示但し例外有（12.10.1.a及びb）
第13章（電気通信）	△	13.21電気通信に関する紛争の一部について国内申立機関の設置等規定 （13.21.1.dはCPTPPにより適用停止）
第14章（電子商取引）	△	14.18マレーシア及びベトナムについて一部経過期間を規定

第 15 章（政府調達）	○	—
第 16 章（競争政策）	×	16.9 不適用明示
第 17 章（国有企業及び指定独占企業）	△	17.2.5 SWF（注 4）に対する条件付不適用 17.8.5 注に特別規定有 17.15 及び附 17-B 特別規定
第 18 章（知的財産）	△	18.83 ベトナムの医薬品データ保護に関する一定期間の不適用明示 附 18-A.3 及び 4　ワイタンギ条約関連の不適用明示
第 19 章（労働）	△	19.15 労働協議の前置
第 20 章（環境）	△	20.23 環境協議等の前置及び特別規定
第 21 章（協力及び能力開発）	×	21.6 不適用明示
第 22 章（競争力及びビジネスの円滑化）	×	22.5 不適用明示
第 23 章（開発）	×	23.9 不適用明示
第 24 章（中小企業）	×	24.3 不適用明示
第 25 章（規制の整合性）	×	25.11 不適用明示
第 26 章（透明性及び腐敗行為の防止）	□	26.12.1 修正適用明示 26.12.3 26.9（腐敗行為の防止に関する法令の適用及び執行）の下で生じる問題への不適用明示 附 26-A.6　附 26-A に対する不適用明示
第 27 章（運用及び制度に関する規定）	○	—
第 28 章（紛争解決）	○	—
第 29 章（例外及び一般規定）	○	—
第 30 章（最終規定）	○	—

（注 1）サイドレターついては省略。また、CPTPP 中に 28 章の不適用・修正等の明示規定がない場合は適用対象と位置づけている。

（注 2）ワイタンギ条約の解釈については 28 章の対象外（29.6.2 条）。また、租税条約関連の特別規定が存在する（29.4.4 条）。

（注 3）網掛け部分は CPTPP 附属書が記載する適用停止規定を含む章。

（注 4）SWF は、sovereign wealth fund をさす（定義は 17.1 条、本書 12 章補論の 1.「国有企業（SOE）と指定独占企業の定義・適用範囲（17.1、17.2 条）」参照）。

（出所）飯野文「今後の貿易・投資協定に対する TPP 協定の含意：分野横断的観点から」『商学集志』第 86 巻第 4 号、2017 年を一部変更。

い章（23章開発、24章中小企業など）があるほか、AD税及び相殺関税のように、WTOでは紛争処理手続の対象であってもCPTPPで28章手続の対象外とされる分野がある。一方、WTOで規律対象外であっても、CPTPPでは規律対象で、かつ28章手続も適用される分野（電子商取引〔14章〕、国有企業〔17章〕、環境〔19章〕、労働〔20章〕など）もある。

他方、28章手続がWTOの紛争処理手続に比べ、手続面で工夫したとみられるのは次の諸点である。第一に、全体の期間がWTOよりも若干短く、迅速な手続を志向する。パネリストの任命に必要以上に時間がかからないように、パネル議長の登録簿やパネリストの締約国別名簿など、詳細な手続を定める（28.9、28.11条ほか）。同様に、パネル報告の実施の有無の審査についてもパネル手続の前に協議を条件とせず[27)]、期間の短縮化に貢献するだろう（28.21条）。第二に、ヒアリングや意見書の公開、アミカス・ブリーフの受容可能性を明示し、透明性の向上をはかっている（28.13条）。第三に、紛争処理を促進するための選択肢として、金銭評価額の支払（ファンドへの支払を含む）を導入している（28.20条）。

ただし、WTO紛争処理手続の場合には、WTO事務局の支援を享受でき、また同手続の利用のための追加的費用は加盟国に発生しないが、28章手続にそうした支援はなく、費用も発生する。28章手続については、自国が紛争当事国の場合にパネルに対する運営上の支援を行うと共に、その他CPTPP委員会が指示する関連任務遂行のため、事務所（office）の指定、運営、費用の負担を行い、事務所について他締約国に書面通報する義務が締約国にある（27.6条）。

参考文献〈第14章〉

・Hilman, J., “Dispute Settlement Mechanism”, in C. Cimino-Isaacs and Shott. J. J. eds., *Trans-Pacific Partnership: An Assessment,* PIIE, 2016, pp. 213–232.

・Chase, C., Yanovich, A. and Crawford, J. –A., “Mapping of Dispute settlement Mechanisms in Regional Trade Agreements: Innovative or Variations on a Theme?” in Acharya., R. eds., *Regional Trade Agreements and the Multilateral Trading System,* Cambridge University Press, 2016, pp. 608–702.

・Donaldson, V. and Lester, S., “Dispute Settlement”, in Lester, S., et al eds. *Bilateral and Regional Trade Agreements: Commentary and Analysis: 2nd edition,* Cambridge University Press, 2015, pp. 385–433.

27）　前述の通り、被申立国は、パネルが認定した違反もしくは無効化・侵害を除去したと認める場

補論2　国家間紛争処理（28章）手続のパネル手続規則等の概要

28章手続のパネル手続規則については、CPTPP委員会が定めること（27.2条）、また、この手続規則が満たすべき最低条件が規定されている（28.13条）[28)]。これに従って、同委員会の第1回会合（2019）でパネル手続規則が決定された（同会合の決定全体は本書4章**補論1**「第1回CPTPP委員会（2019）の決定事項」参照）。パネル手続規則には、パネリスト等の行動規範も附属する。本補論では、主にこの手続規則と行動規範の概要を扱う。

また、投資家対国家の紛争処理（ISDS）の行動規範も同会合で決定された。その内容は、28章手続パネルの行動規範に類似しているため本補論で併せて言及する。

1. 28章手続のパネル手続規則の概要

パネル手続規則は、柱書と21項目で構成され（全100規則（Rule））、付録1～4と附属書Ⅰ（パネルの行動規範）を伴う（**図表1**）。

柱書（Rule1～2）は、①紛争当事国が別途合意しない限り、28章手続に基づく紛争処理に本規則が適用されること、②本規則に定めのない手続上の問題については、パネルが当事国と協議の上でCPTPPまたは本規則に反しない手続を採択してもよいこと、を定める。

手続規則は、紛争当事国の意見書の提出期限など手続上の各期限やパネル議長とパネリスト（以下、本補論で別途明記ない限りパネリストと総称する）の無作為抽出方法などの具体的な手続を定める。特に、非政府団体（Non-Governmental Entities、以下NGEs）による書面意見の提出に関する手続（28.13.

合、申立国に対する書面通報で問題をパネルに付託できる。この通報から90日以内にパネルは報告を発出する。除去があったとパネルが決定する場合には、申立国は利益の停止を速やかに解除しなければならない（28.21.2条）。

28）（a）パネル審理中、当事国が少なくとも1度パネルに口頭で意見を述べる権利を有すること、（b）秘密保護を条件として、当事国が別途合意する場合を除きパネル審理が公衆に公開されること、（c）各当事国が最初の意見書及び反論書を提出する機会を有すること、（d）秘密保護を条件として、各当事国が意見書、口頭陳述の書面版、パネルからの要請または質問への書面回答を提出後できる限り速やかに公表するよう最善の努力をすること（未公開の場合はパネル最終報告の発出までに全て公表）、（e）紛争当事国内に所在する非政府団体からの要請（紛争に関する書面意見を提出する内容）をパネルが検討すること、（f）秘密情報の保護、（g）当事国が別途合意する場合を除き、意見書及び口頭の主張を英語で行うこと、（h）当事国が別途合意する場合を除き、審理を被申立国の首都で行うこと（28.13条）。

e条関連)、情報及び専門的助言に関する手続（28. 15条関連)、再招集パネル手続（28. 20、28. 21条関連）について通常の手続よりも短い手続が規定されている点が注目される。

手続規則によれば、28章手続の事務局（responsible office）は、被申立国の指定事務局（designated office）が務める。事務局の役割は、図表1中の⑲事務局が定めており、パネルへの事務的支援や報酬と費用の支払などがある。

以下では、主な項目について概観する。

④無作為抽出によるパネル議長またはパネリストの選出手続：主催者（host）は申立国で、紛争当事国が別途合意しない限り、申立国の首都で開催される。その他、抽出方法の詳細を定める。

⑥意見書及びその他の文書：紛争当事国の意見書の提出期限など、手続の時間的枠組み、電子的送信といった意見書等の送付方法、パネル手続日程の公表、意見書の微小な修正などについて定める。

⑨パネルの運営：パネルの審議は秘密（ただし、補助者、事務局、通訳の同席は許可され得る）とされる。パネルは、パネル手続に付された問題のみを検討する。

⑩パネルの構成：パネル設置要請受領後、パネル議長及びパネリストの任命のため、事務局による登録簿及び名簿掲載者へのコンタクトとその期限などを定める。パネリストの行動規範違反について紛争当事国が合意した場合の罷免なども併せて規定する。

⑪（パネルの）ヒアリング：被申立国の反論書送付から14日以内にヒアリングが設置されるべきとの指針、ヒアリングの原則公開（ただし、物理的公開に限らず、秘密情報を除く)、録音、録画の禁止を定める。

⑬非政府団体（NGEs）からの書面意見の提出：NGEsの書面意見は、NGEsによる意見提出要請に基づき、パネルがそれを許可すれば提出可能となる。要請は一定の手続（要請に含まれなければならない事項など）に従って行われなければならず、また書面意見についても一定の条件が規則及び付録4に定められている。当事国には、パネルが行う許可やNGEsによる書面意見に対するコメント機会が与えられる。パネルは、パネル報告中でNGEsの意見を扱うよう要求されない。

⑮一方当事者のみとの連絡：パネリストは、一方の紛争当事国のみと他当事国

図表1　パネル手続規則の構成

項目	Rule
柱書	1，2
①定義	3，4
②協議及びパネル設置要請の事務局［Responsible Office］への送付	5
③連絡先の情報	6
④無作為抽出によるパネル議長またはパネリストの選出手続	7，8
⑤付託事項	9，10
⑥意見書及びその他の文書	11～21
⑦文書の一般公開	22～29
⑧秘密情報の特定及び取扱手続	30～34
⑨パネルの運営	35～38
⑩パネルの構成	39～45
⑪（パネルの）ヒアリング	46～57
⑫補足の意見書及びパネルの（書面）質問	58～61
⑬非政府団体からの書面意見の提出	62～69
⑭立証責任	70，71
⑮一方当事者のみとの連絡（禁止）［Ex Parte Contact］	72～74
⑯情報及び専門的助言	75～84
⑰期間の計算	85，86
⑱利益の停止、未実施、履行状況の審査	87，88
⑲事務局	89
⑳締約国別の名簿の維持	90
㉑報酬及び費用の支払	91～100
付録1　承認対象者（秘密情報にアクセス可能な人）［Approved Persons］	
付録2　秘密情報	
付録3　情報不開示宣誓書	
付録4　非政府団体の要請及び書面の見解	
附属書Ⅰ　行動規範	
付録　情報開示宣誓書	

（注）（　）内は筆者追記。［　］内は原文。邦訳は筆者による。
（出所）手続規則より筆者作成。

不在のところで連絡してはならないことなどを定める。

⑯情報及び専門的助言：情報及び専門的助言（以下、専門的助言等）は、パネルが希望して紛争当事国に通知するか、または、一方の紛争当事国が、パネルがそれを求めるべきと考えて他当事国とパネルに通知することが契機となる。いずれかの通知後、パネルが当事国と協議の上で、専門的助言等を求めるかどうか、誰／どの機関から求めるかを決定する。決定後、パネルまたは当該一方当事国は、要請案を提示し、他当事国のコメント機会を確保した上で、パネルと当事国の間で専門的助言等を要請する条件を合意する。要請は公開される。パネルは、被選出者／機関に当事国が合意した期限までに回答するよう要請する。専門的助言等は、秘密情報の保護の上で公開される。当事国は専門的助言等にコメントする機会がある。以上に関する時間的枠組みについても定めがある（なお、専門的助言等を求める手続の間はパネル手続の期限との関係では停止中の扱いとなる）。

⑱利益の停止、未実施、履行状況の審査：再招集パネル手続（28.20、28.21条による）に際し、パネリストが対応不可の場合、パネリストを新たに選出する。本手続規則が定める手続は、期限などを含め再招集パネル手続にも適用されるが、意見書の提出期限は短く、また、紛争当事国から要請がない限りヒアリングを行わない旨パネルが決定可能である。

⑳締約国別の名簿の維持：各締約国の指定事務局が、他締約国の事務局に対して名簿とその変更について通知する。

㉑（パネリストの）報酬及び費用の支払：パネリスト等の報酬及び費用は、紛争当事国が平等に負担することなどを定める。

2. 28章手続のパネルの行動規範の概要

パネルの行動規範は、前文と全9項目、付録（情報開示宣誓書）で構成される。9項目は、1定義、2手続への責任、3主要原則（Governing Principles）、4情報開示義務、5パネリスト及び候補者による職務の遂行、6パネリストの独立性及び公平性、7元パネリストの義務、8保秘、9専門家・補助者・スタッフの責任、である。

前文では、締約国は28章手続の統一性と公平性が重要であると認め、28.10条（パネルの構成員の資格）の促進の観点から行動準則を定めるとし、2で、パネリスト候補、パネリスト、元パネリストに高い行動基準の遵守を求める。3の主要原則では、パネリストに対する独立性、公平性の保持と利益相反を避けること、パネル手続の保秘（元パネリストを含む）、手続の一貫性と公平性確保の観点から自身の情報開示（パネリスト候補者を含む）、を求める。4〜9は、主としてこれらの原則を詳細に規定する。

3. ISDS（9章B節）の行動規範の概要

ISDSの行動規範は、28章手続の行動規範とほぼ同様の内容であるが、より強化されている。異なる点は、主に次の通りである。第一に、主要原則が強化され、仲裁人への選出後は、CPTPPに基づく他のISDS及び他の国際協定に基づく手続で代理人等を務めてはならないこと、国際的に認知された利益相反に関するガイドラインの遵守義務、が付加されている。第二に、自身の情報開示に関する義務が強化されている。第三に、新たに「10. 審査（Review）」が追加され、これに基づき締約国は、CPTPP委員会に対してISDSの関連する発展を考慮に入れて同規範を審査及び改訂するよう要請可能である。なお、28章手続の行動規範では、前文等で手続の趣旨や目的に言及があったが、ISDSの行動規範では、前文はなくまた趣旨や目的にも言及がない。

資料1　適用停止規定一覧[1)]

1. 5章（税関当局及び貿易円滑化）関連
　5.7条（急送貨物）中の以下の規定
　・5.7.1.f条第2文

2. 9章（投資）関連
(a) 9.1条（定義）中の以下の規定
　・「投資に関する合意」の定義（注を含む）
　・「投資の許可」の定義（注を含む）

(b) 9.19条（請求の仲裁への付託）中の以下の規定
　・9.19.1.a.i.B条（注を含む）及び9.19.1.a.i.C条
　・9.19.1.b.i.B条及び9.19.1.b.i.C条
　・9.19.1.条ただし書
　（「ただし、申立人は、請求の対象である事項及び請求に係る損害が、関連する投資に関する合意に依拠して設立され、若しくは取得された又は設立され、若しくは取得されようとした対象投資財産に直接関連する場合にのみ（a）(i)（C）又は（b）(i)（C）の規定に従い当該投資に関する合意に対する違反についての請求を付託することができる。」）
　・9.19.2条（注を含む）
　・9.19.3.b条中の「投資の許可又は投資に関する合意」

(c) 9.22条（仲裁人の選定）中の以下の規定
　・9.22.5条

(d) 9.25条（準拠法）中の以下の規定
　・9.25.2条（注を含む）

(e) 附属書9-L（投資に関する合意）

---

1)　邦訳は内閣官房TPP等政府対策本部ホームページによるが、趣旨を変更しない範囲で一部簡素化した部分がある。

3. 10章（国境を超えるサービスの貿易）関連
附属書10-B（急送便サービス）中の以下の規定
・10-B.5（注を含む）
・10-B.6（注を含む）

4. 11章（金融サービス）関連
(a) 11.2条（適用範囲）中の以下の規定
・11.2.2.b条中の「第9.6条（待遇に関する最低基準）」（注1を含む）

(b) 附属書11-E

5. 13章（電気通信）関連
13.21条（電気通信に関する紛争の解決）中の以下の規定
・13.21.1.d条（見出し（再検討）及び当該見出しの注を含む）

6. 15章（政府調達）関連
(a) 15.8条（参加のための条件）中の以下の規定
・15.8.5条（注を含む）

(b) 15.24条（追加的な交渉）中の以下の規定
・15.24.2条中の「この協定の効力発生の日の後三年以内に」
（注）締約国は、別途合意する場合を除くほか、15.24.2条に規定する交渉をこの協定の効力発生後五年以降に開始することに合意する。当該交渉は、いずれかの締約国の要請に応じて開始する。

7. 18章（知的財産）関連
(a) 18.8条（内国民待遇）中の以下の規定
・18.8.1条の注2第3文及び第4文

(b) 18.37条（特許を受けることができる対象事項）中の以下の規定
・18.37.2条
・18.37.4条第2文

(c) 18.46条（特許を与える当局の不合理な遅延についての特許期間の調整）（注を含む）

(d) 18.48条（不合理な短縮についての特許期間の調整）（注を含む）

(e) 18.50条（開示されていない試験データその他のデータの保護）（注を含む）

(f) 18.51条（生物製剤）（注を含む）

(g) 18.63条（著作権及び関連する権利の保護期間）（注を含む）

(h) 18.68条（技術的保護手段）（注を含む）

(i) 18.69条（権利管理情報）（注を含む）

(j) 18.79条（衛星放送用及びケーブル放送用の暗号化された番組伝送信号の保護）（注を含む）

(k) 18.82条（法的な救済措置及び免責）（注を含む）

(l) 附属書18-E（J節（インターネット・サービス・プロバイダ）の附属書）

(m) 附属書18-F（J節（インターネット・サービス・プロバイダ）の附属書）

8. 20章（環境）関連
20.17条（保存及び貿易）中の以下の規定
・20.17.5条中の「又は他の関係法令」（注2を含む）

9. 26章（透明性及び腐敗行為の防止）関連
附属書26-A（医薬品及び医療機器に関する透明性及び手続の公正な実施）中の以下の規定
・26-A.3条（手続の公正な実施）（注を含む）

10. 附属書II関連

・ブルネイのスケジュール-14-3[2]中の「この協定の署名の後」

（注）締約国は、この規定の適用停止の結果、「この協定の署名の後」とは、この協定がブルネイについて効力を生じた後をいうものとすることに合意する。したがって、締約国は、同3中の「採用し、又は維持する適合しない措置」とは、この協定がブルネイについて効力を生じる日の後に採用し、又は維持する適合しない措置を意味することを了解する。

11. 附属書IV関連

・マレーシアのスケジュール-3及び4[3]「適合しない活動の範囲（以下、範囲）」中の「この協定の署名の後」

（注）締約国は、この規定の適用停止の結果、「この協定の署名の後」とは、この協定がマレーシアについて効力を生じた後をいうものとすることに合意する。したがって、締約国は、範囲中の各規定であって次に掲げるものについては、この協定がマレーシアについて効力を生ずる日から起算する次に掲げる期間とすることを了解する。

(a)「一年目」とは、最初の一年間

(b)「二年目及び三年目」とは、二番目及び三番目の一年間

(c)「四年目」とは、四番目の一年間

(d)「五年目」とは、五番目の一年間

(e)「六年目」とは、六番目の一年間

2）10. については、邦訳でなく、原文に準じた条文の表記となっている。

3）11. については、邦訳でなく、原文に準じた条文の表記となっている。

資料 2　引用判例一覧[1)]

【GATT（申立順）】

US-Fur Felt Hats/GATT Panel

Report on the Withdrawal by the United States of a Tariff Concession under Article XIX of the General Agreement on Tariffs and Trade, GATT/CP/106, adopted 22 October 1951.

EEC-Apples I（Chile）/GATT Panel

GATT Panel Report, *EEC Restrictions on Imports of Apples from Chile,* L/5047, adopted on 10 November 1980, BISD 27S/98.

Spain-Unroasted Coffee/GATT Panel

GATT Panel Report, *Spain-Tariff Treatment of Unroasted Coffee,* L/5135, adopted 11 June 1981, BISD 28S/102.

US-Section 337 of the Tariff Act/GATT Panel

GATT Panel Report, *United States Section 337 of the Tariff Act of 1930,* L/6439, adopted 7 November 1989, BISD 36S/345.

US-Tuna（Mexico）/GATT Panel

GATT Panel Report, *United States-Restrictions on Imports of Tuna,* DS21/R, 3 September 1991, unadopted, BISD 39S/155.

【WTO（DS 番号順）】

US-Gasoline/Panel, AB

Panel Report, *United States-Standards for Reformulated and Conventional Gasoline,* WT/DS2/R, adopted 20 May 1996, as modified by Appellate Body Report WT/DS2/AB/R, DSR 1996: I, p. 29.

Appellate Body Report, *United States-Standards for Reformulated and Conventional*

---

1)　はしがきでも述べたように、本文中では簡易な表記方法（太字部分）としている。引用元は以下の通り。

“WTO Dispute Settlement Reports and Arbitration Awards（1 July 2019）”
（https://www.wto.org/english/tratop_e/dispu_e/dispu_e.htm）
“GATT Dispute Settlement and Working Party Reports（August 2006）”
（https://docs.wto.org/gtd/GATTdisputesettlement/Table_of_Cases_GATT_e.pdf）

Gasoline, WT/DS2/AB/R, adopted 20 May 1996, DSR 1996: I, p. 3.

Japan-Alcoholic Beverages II/AB

Appellate Body Report, *Japan-Taxes on Alcoholic Beverages,* WT/DS8/AB/R, WT/DS10/AB/R, WT/DS11/AB/R, adopted 1 November 1996, DSR 1996: I, p. 97.

Australia-Salmon/AB

Appellate Body Report, *Australia-Measures Affecting Importation of Salmon,* WT/DS18/AB/R, adopted 6 November 1998, DSR 1998: VIII, p. 3327.

Canada-Periodicals/AB

Appellate Body Report, *Canada-Certain Measures Concerning Periodicals,* WT/DS31/AB/R, adopted 30 July 1997, DSR 1997: I, p. 449.

Turkey-Textiles/AB

Appellate Body Report, *Turkey-Restrictions on Imports of Textile and Clothing Products,* WT/DS34/AB/R, adopted 19 November 1999, DSR 1999: VI, p. 2345.

EC-Hormones/AB

Appellate Body Report, *European Communities-Measures Concerning Meat and Meat Products (Hormones),* WT/DS26/AB/R, WT/DS48/AB/R, adopted 13 February 1998, DSR 1998: I, p. 135.

Japan-Film/Panel

Panel Report, *Japan-Measures Affecting Consumer Photographic Film and Paper,* WT/DS44/R, adopted 22 April 1998, DSR 1998: IV, p. 1179.

Japan-Agricultural Products II/AB

Appellate Body Report, *Japan-Measures Affecting Agricultural Products,* WT/DS76/AB/R, adopted 19 March 1999, DSR 1999: I, p. 277.

Argentina-Footwear (EC)/AB

Appellate Body Report, *Argentina-Safeguard Measures on Imports of Footwear,* WT/DS121/AB/R, adopted 12 January 2000, DSR 2000: I, p. 515.

EC-Asbestos/AB

Appellate Body Report, *European Communities-Measures Affecting Asbestos and Asbestos-Containing Products,* WT/DS135/AB/R, adopted 5 April 2001, DSR 2001: VII, p. 3243.

Korea-Various Measures on Beef/AB

Appellate Body Report, *Korea-Measures Affecting Imports of Fresh, Chilled and Frozen Beef,* WT/DS161/AB/R, WT/DS169/AB/R, adopted 10 January 2001, DSR 2001: I, 5.

US-Wheat Gluten/AB

Appellate Body Report, *United States-Definitive Safeguard Measures on Imports of Wheat Gluten from the European Communities,* WT/DS166/AB/R, adopted 19 January 2001, DSR 2001: II, p. 717.

US-Lamb/AB

Appellate Body Report, *United States-Safeguard Measures on Imports of Fresh, Chilled or Frozen Lamb Meat from New Zealand and Australia,* WT/DS177/AB/R, WT/DS178/AB/R, adopted 16 May 2001, DSR 2001: IX, p. 4051.

EC-Sardines/AB

Appellate Body Report, *European Communities-Trade Description of Sardines,* WT/DS231/AB/R, adopted 23 October 2002, DSR 2002: VIII, p. 3359.

EC-Tariff Preferences/AB

Appellate Body Report, *European Communities-Conditions for the Granting of Tariff Preferences to Developing Countries,* WT/DS246/AB/R, adopted 20 April 2004, DSR 2004: III, p. 925.

US-Steel Safeguards/Panel

Panel Reports, *United States-Definitive Safeguard Measures on Imports of Certain Steel Products,* WT/DS248/R and Corr. 1/WT/DS249/R and Corr. 1/WT/DS251/R and Corr. 1/WT/DS252/R and Corr. 1/WT/DS253/R and Corr. 1/WT/DS254/R and Corr. 1/WT/DS258/R and Corr. 1/WT/DS259/R and Corr. 1, adopted 10 December 2003, as modified by Appellate Body Report WT/DS248/AB/R, WT/DS249/AB/R, WT/DS251/AB/R, WT/DS252/AB/R, WT/DS253/AB/R, WT/DS254/AB/R, WT/DS258/AB/R, WT/DS259/AB/R, DSR 2003: VIII, p. 3273.

US-Upland Cotton/Panel, AB

Appellate Body Report, *United States-Subsidies on Upland Cotton,* WT/DS267/AB/R, adopted 21 March 2005, DSR 2005: I, p. 3.

Panel Report, *United States-Subsidies on Upland Cotton,* WT/DS267/R, Add. 1 to Add. 3 and Corr. 1, adopted 21 March 2005, as modified by Appellate Body Report WT/DS267/AB/R, DSR 2005: II, p. 299.

Dominican Republic-Import and Sale of Cigarettes/AB

Appellate Body Report, *Dominican Republic-Measures Affecting the Importation and Internal Sale of Cigarettes,* WT/DS302/AB/R, adopted 19 May 2005, DSR 2005: XV, 7367.

Mexico-Taxes on Soft Drinks/Panel, AB

Appellate Body Report, *Mexico-Tax Measures on Soft Drinks and Other Beverages,* WT/DS308/AB/R, adopted 24 March 2006, DSR 2006: I, p. 3.

Panel Report, Mexico-Tax Measures on Soft Drinks and Other Beverages, WT/DS308/R, adopted 24 March 2006, as modified by Appellate Body Report WT/DS308/AB/R, DSR 2006: I, p. 43.

US-Continued Suspension/AB

Appellate Body Report, *United States-Continued Suspension of Obligations in the EC-Hormones Dispute,* WT/DS320/AB/R, adopted 14 November 2008, DSR 2008: X, p. 3507.

Canada-Continued Suspension/AB

Appellate Body Report, *Canada-Continued Suspension of Obligations in the EC-Hormones Dispute,* WT/DS321/AB/R, adopted 14 November 2008, DSR 2008: XIV, p. 5373.

Brazil-Retreaded Tyres/AB

Appellate Body Report, *Brazil-Measures Affecting Imports of Retreaded Tyres,* WT/DS332/AB/R, adopted 17 December 2007, DSR 2007: IV, p. 1527.

US-Tuna II (Mexico)/AB

Appellate Body Report, *United States-Measures Concerning the Importation, Marketing and Sale of Tuna and Tuna Products,* WT/DS381/AB/R, adopted 13 June 2012, DSR 2012: IV, p. 1837.

US-COOL/AB

Appellate Body Reports, *United States-Certain Country of Origin Labelling (COOL) Requirements,* WT/DS384/AB/R/WT/DS386/AB/R, adopted 23 July 2012, DSR 2012: V, p. 2449.

China-Raw Materials/AB

Appellate Body Reports, *China-Measures Related to the Exportation of Various Raw Materials,* WT/DS394/AB/R/WT/DS395/AB/R/WT/DS398/AB/R, adopted 22 February 2012, DSR 2012: VII, p. 3295.

EC-Seal Products/AB

Appellate Body Reports, *European Communities-Measures Prohibiting the Importation and Marketing of Seal Products,* WT/DS400/AB/R/WT/DS401/AB/R, adopted 18 June 2014, DSR 2014: I, p. 7.

US-Clove Cigarettes/AB

Appellate Body Report, *United States-Measures Affecting the Production and Sale of Clove Cigarettes,* WT/DS406/AB/R, adopted 24 April 2012, DSR 2012: XI, p. 5751.

Canada-Renewable Energy/Canada-Feed-in Tariff Program/AB

Appellate Body Reports, *Canada-Certain Measures Affecting the Renewable Energy Generation Sector/Canada-Measures Relating to the Feed-in Tariff Program,* WT/DS412/AB/R/WT/DS426/AB/R, adopted 24 May 2013, DSR 2013: I, p. 7.

Peru-Agricultural Products/Panel, AB

Appellate Body Report, *Peru-Additional Duty on Imports of Certain Agricultural Products,* WT/DS457/AB/R and Add. 1, adopted 31 July 2015, DSR 2015: VI, p. 3403.

Panel Report, *Peru-Additional Duty on Imports of Certain Agricultural Products,* WT/DS457/R and Add. 1, adopted 31 July 2015, as modified by Appellate Body Report WT/DS457/AB/R, DSR 2015: VII, p. 3567.

Indonesia-Import Licensing Regimes/AB

Appellate Body Report, *Indonesia-Importation of Horticultural Products, Animals and Animal Products,* WT/DS477/AB/R, WT/DS478/AB/R, and Add. 1, adopted 22 November 2017, DSR 2017: VII, p. 3037.

Russia-Railway Equipment/Panel

Panel Report, *Russia-Measures Affecting the Importation of Railway Equipment and Parts Thereof,* WT/DS499/R and Add. 1, circulated to WTO Members 30 July 2018 [appealed by Ukraine 27 August 2018].

China-Agricultural Producers/Panel

Panel Report, *China-Domestic Support for Agricultural Producers,* WT/DS511/R and Add. 1, adopted 26 April 2019.

Russia-Traffic in Transit/Panel

Panel Report, *Russia-Measures Concerning Traffic in Transit,* WT/DS512/R and Add. 1, adopted 26 April 2019.

China-TRQs/Panel

Panel Report, *China-Tariff Rate Quotas for Certain Agricultural Products,* WT/DS517/R and Add. 1, adopted 28 May 2019.

事 項 索 引

こ

さ

し

す

み

む

め

も

や

ゆ

よ

ら

り

れ

ろ

わ

判　例　索　引

A

B

C

D

E

I

J

K

P

著者紹介

飯野　文（いいの　あや）

1995年　慶應義塾大学総合政策学部卒業
1997年　慶應義塾大学大学院政策・メディア研究科修士課程修了
2006年　慶應義塾大学大学院政策・メディア研究科後期博士課程入学
2008年　慶應義塾大学大学院政策・メディア研究科後期博士課程退学
日本大学商学部専任講師着任
その間　三菱UFJリサーチ＆コンサルティング研究員（1997〜2006年）、外務省専門調査員（在ジュネーブ国際機関日本政府代表部（2000〜2003年）、OECD日本政府代表部（2006〜2008年））勤務

現　在　日本大学商学部准教授（2012年〜）

WTO FTA CPTPP
——国際貿易・投資のルールを比較で学ぶ

2019（令和元）年9月15日　初版1刷発行

著　者　飯　野　　文
発行者　鯉　渕　友　南
発行所　株式会社　弘文堂　101-0062 東京都千代田区神田駿河台1の7
TEL 03(3294)4801　振 替 00120-6-53909
https://www.koubundou.co.jp

装　幀　青山修作
印　刷　三陽社
製　本　井上製本所

ISBN 978-4-335-35793-0